Überwindung der Ständischen
Grenzen

Ingo Hermann
KNIGGE

Ingo Hermann

KNIGGE

Die Biografie

Propyläen

Für Eve

INHALT

Der weite Weg zum wahren Knigge 9

DER ERBE

Aller Anfang ist schwer · GEBURT 23
Mit Vaters oder Mutters Augen · KINDERJAHRE 30
Versenkt ins Meer der jugendlichen Wonne · STUDENT IN GÖTTINGEN 36

DER HOFMANN

Auf nach Kassel · BERUFSANFANG 43
Fehl am Platz · SCHWIERIGKEITEN BEI HOFE 48
Eine Frau fürs Leben · HENRIETTE VON BAUMBACH 51
Neuer Horizont · FREIMAUREREI 58
Suche nach Amt und Würden · BEWERBUNGEN 63
Das Drama des begabten Junkers · HANAU 70

DER BUNDESGESCHÄFTSFÜHRER

»Lüstern nach der Freymaurerey« · GEHEIMBÜNDE 79
Ernüchterung · LESSING 86
Im Fach der schönen Wissenschaften · ALS FREIER SCHRIFTSTELLER 91
»Am Bockenheimer Thore« · FRANKFURT 96
»Die höchst unverantwortliche Verachtung« · KNIGGE UND DIE JUDEN 101
Spartacus an Philo · DER ORDENSGENERAL 104
Gipfeltreffen · BEGEGNUNG MIT WEISHAUPT 111
Der dritte Mann · LEGATIONSRAT BODE 117

DER FREIE HERR SCHRIFTSTELLER

Kummer und Schreibseligkeit · HEIDELBERG 123
»Ich habe die Heldenweiber nie leiden können« · ERZIEHUNGSBERATER 132
Schillers Einladung · NACH MANNHEIM 135
»Jedes Ding muß ein Ende haben« · HANNOVER 139
»Soll man sich ewig herumkatzbalgen?« · ZIMMERMANN, CAMPE UND TRAPP 144
Wider die dogmatische Spitzfindigkeit · PREDIGTEN 154
Die Erfindung des Anstands · DAS HAUPTWERK 159
Moral und Politik · ADEL UND BÜRGERTUM 171
Was macht Knigge auf dem Fest? · JAHRESTAG DES STURMS AUF DIE BASTILLE 175
Der arme Herr von Mildenburg · EIN ROMAN? 179
»Mein liebstes, bestes Kind« · DIE TOCHTER 187

DER OBERHAUPTMANN

»Auf immer nach Bremen« · STATTHALTER DES
KURFÜRSTEN 195
Im Qualm der Fettlampen · KNIGGE UND
DAS THEATER 201
Kein Rhythmus im Quartetto · KNIGGE UND
DIE MUSIK 207
Die Tücke der Begebenheiten · BLANCHARDS BALLON 214
Vom Geist der Utopie · PETER CLAUS 223
Glückseligkeit ist Lebensgenuss · NOLDMANN 228
Politisches Glaubensbekenntnis · WURMBRAND 233
Unvollständig, verstümmelt und entstellt · DIE RÜGE
DER REGIERUNG 242
Teilnahme am Zeitgespräch · DIE ÖFFENTLICHKEIT 247
»Mit gebührender Verachtung« ·
DER ZIMMERMANN-PROZESS 255
Die Methoden des Generals · SCHEINMISSION IN STADE 257
»Durchaus bloß für Freunde« · ANGRIFF GEGEN
LAVATER 262

DER KÄMPFER

Die Schatten der Vergangenheit · GROLMANN UND
SCHIRACH 265
Die nicht geheime Verbindung · DAS MANIFEST 268
Der Super-Carga · DIE VERTEIDIGUNG DES
HERRN DELIUS 271
Ideentauschhandel · DIE FREUNDE IN
HAMBURG 276

Die Fälschung des Herrn von Kotzebue · PYRMONT 282
Eigennutz, Undank und das Bündnis mit
dem Leben · KANT 288
»Hier pökelt man Prälaten« · DIE BLUMAUER-AFFÄRE 294
Am Ende der Lebenskraft · TOD 297

Sein Bild in der Geschichte
oder: Das doppelte Missverständnis 300

Hinweis zur Zitierweise 316
Anmerkungen 319
Bibliographie 349
Zeittafel 358
Danksagung 362
Personenregister 363
Bildnachweis 370

Der weite Weg zum wahren Knigge

August 1852. Sommerferien in Bad Harzburg. Die Badegäste unternehmen einen Ausflug, und »wie es dem Kreise wissenschaftlicher praktischer Männer nahe zu liegen pflegt«, kommt die Rede auf Literatur, Schriftsteller und Bücher – und so auch auf den Freiherrn von Knigge, »über dessen nachgelassene Scripturen ebenso wenig bekannt sei, wie über die tieferen Gründe seiner öffentlichen Handlungen und Lebensschicksale«.[1] Der Braunschweiger Volksschriftsteller und Arzt Hermann Klencke erfährt dabei »in einer heitern Morgenstunde« von einer geheimnisvollen alten Kiste, die »grau, roh, vernagelt, mit Spinngewebe und den Spuren des Mäusefraßes gezeichnet« sei.[2] Gerade, am 4. August, hatte der Professor den früheren Rittmeister Carl Friedrich Ernst von Naefe aus Goslar kennengelernt. Am 7. August notiert er, der Rittmeister bewahre offenbar den Nachlass eines gewissen Freiherrn Knigge in einer alten Kiste auf.

Naefe hatte sich nie um den Inhalt der Kiste gekümmert und war gern bereit, den ungenutzten Besitz dem Schriftsteller Klencke zu überlassen. »Ich weiß überhaupt nicht, was alles darin ist und ob die Mäuse nicht längst die besten Gedanken und berühmtesten Briefunterschriften weggenagt haben.«[3] Naefe hatte sogar ein paar der »von Alter, Staub und dumpfer vieljähriger Lagerung mürbe und gelb gewordenen Papiere« nach Bad Harzburg mitgebracht, darunter eine von Knigge eigenhändig geschriebene testamentarische Verfügung über seinen literarischen Nachlass.

Wie dieser Nachlass, bestehend aus unveröffentlichten und gedruckten Manuskripten, einer umfangreichen Sammlung von Briefen sowie Akten, die die Güter Bredenbeck und Pattensen betrafen, in den Besitz des Rittmeisters gekommen war, bleibt bei Klencke in romanhafter Ungenauigkeit: »Der Besitz der Kiste«, so zitiert er Naefe, »schreibt sich von meinen Jünglingsjahren her – zarte, nicht mitzutheilende Verhältnisse machten mich zum Aufbewahrer und zum Eigenthümer der Kiste – Jahre und Feldzüge, weite Entfernung, neue Zeiten und Vergessenheit ließen mich nicht wieder daran denken – von den Recherchen, die mich hätten wieder daran erinnern können, erfuhr ich nichts.«[4]

Was waren die »zarten, nicht mitzutheilenden Verhältnisse«, die Naefe in den Besitz der Kiste gebracht hatten? Die Erbin des Nachlasses jedenfalls war Knigges Tochter Philippine, die am 26. März 1798, also bald nach dem Tod des Vaters, heiratete und mit ihrem Mann, Claus Friedrich von Reden, zuerst in Wendlinghausen und dann, mitsamt ihren zahlreichen Kindern, auf dem Gut der Familie in Hastenbeck bei Hameln lebte. Philippine veröffentlichte zwar 1823 eine »Kurze Biographie des Freiherrn Adolph Knigge«, erwähnt aber den Nachlass des Vaters mit keinem Wort.

Die Papiere waren Teil ihres Erbes. Sie hat sich aber nicht sonderlich darum gekümmert, obgleich Knigge an eine posthume Gesamtausgabe seiner Werke gerade deshalb gedacht hatte, weil er seine Tochter versorgen wollte: *Wenn ich dann sterbe, so kann vermuthlich, durch die Herausgabe meiner Schriften, für meine Tochter ein Capitälchen gewonnen werden.*[5]

Philippine von Reden, geborene Freiin Knigge, war offensichtlich auch am »Capitälchen« nicht interessiert. Möglicherweise kannte sie das literarische Testament des Vaters nicht einmal. Ob sie eine Liaison mit dem Rittmeister von Naefe gehabt und die alte Kiste seiner Obhut übergeben hatte? Der Herausgeber der großen Reprint-Ausgabe der Werke Knigges, Paul Raabe, will eine frühe Beziehung zwischen ihr und Naefe nicht ausschließen.[6] Vielleicht aber genügt die Erklärung, dass Philippine beim Tod des Vaters erst zwanzig Jahre alt war, ein Alter, in dem junge Menschen sich oft nur um sich selbst und ihre Zukunft kümmern, erst recht, wenn die durchaus rigiden Erziehungsmethoden des Vaters negative Gefühle hinterlassen haben. Dass sie als Schriftstellerin dem Nachlass des Vaters so wenig Aufmerksamkeit schenkte, bleibt dennoch rätselhaft.

Die verschollene Kiste ist wie ein Symbol für das Geheimnisvolle im Vermächtnis eines Mannes, dessen Namen heute jeder kennt, der als Person aber nahezu unbekannt ist. Die Kiste zu öffnen und ihren Inhalt zu erforschen, ist ein aufregendes Unternehmen. Spannung und Neugier wachsen mit jedem Blatt, das ans Tageslicht gefördert und in den Zusammenhang der Geschichte gestellt wird. Sichtbar wird ein Mensch, der zu den faszinierenden Figuren der deutschen Geistesgeschichte gehört; ein Autor, dessen Lebenswerk bedeutend ist, dessen Hauptwerk aber gründlich verfälscht und missverstanden wurde und dessen Veröffentlichungen lange Zeit falsch gewichtet und der Vergessenheit überantwortet wurden; ein Philosoph, der sich in die Geheimbündelei des späten 18. Jahrhunderts verstrickte, weil dies für ihn wie für viele andere die einzige Möglichkeit war, politisch mitzureden; ein Adeliger, der die Impulse der Französischen Revolution aufgriff und die Gedanken der europäischen Aufklärung verbreitete; einer der ersten deutschen Publizisten und Journalisten, der zu den aktuellen Fragen seiner Zeit Stellung nahm, auch wenn ihm das die Kritik und Verachtung seiner Standesgenossen und die Verfolgung durch staatliche Behörden einbrachte; ein Mensch, der immer wieder zu den Verlierern gehörte, sich aber niemals aufgab, der ein Leben lang gegen Schwäche und Krankheit zu kämpfen hatte und der schließlich im Alter von 44 Jahren vom Tod besiegt wurde.

Auf dem weiten Weg zum wahren Knigge muss ein Gebirge an Missverständnissen überwunden werden. Das Internet – am Beginn des 21. Jahrhunderts Informationsbörse, Kommunikationsagentur und Glaubensquelle – offeriert bei Nennung der sechs Buchstaben K-n-i-g-g-e erst einmal alles, was heute im Verständnis der Zeitgenossen mit dem Begriff »Knigge« verbunden wird: zum Beispiel einen Reise-Knigge, einen Öko-Knigge oder einen Campus-Knigge, einen Flirt- und einen Sex-Knigge, einen Hochzeits- und einen Karriere-Knigge, einen zum Hummer- oder Weißwurstessen oder einen zum Umgang mit Hunden. Man erfährt, dass die Apotheker einen Schnupfen-Knigge anbieten und damit Händewaschen mit Wasser, Seife und Einmalhandtuch meinen. Man kann einen Schmerz-Knigge zu Rate ziehen, wenn man Tipps für das Verarbeiten von schmerzhaften Entscheidungen beherzigen will, und man erfährt, dass man sich sogar zum lizenzierten Knigge-Trainer ausbilden lassen kann. Offenbar ernennt heute jeder, der Ratschläge präsentieren oder verkaufen will, den Freiherrn Knigge zu seinem Schutzheiligen, indem er dessen Namen als Chiffre und Gattungsbegriff hernimmt und sich dadurch als Ratgeber für alle Lebenslagen empfiehlt – was der wahre Knigge nie war und nie sein wollte.

Die meisten der einschlägigen Angebote machen sich nicht einmal die Mühe zu erklären, warum sie den Namen oder den Begriff Knigge verwenden, so dass der Mensch Adolph Freiherr Knigge, sein Leben und sein Werk hinter dem entwendeten Namen nahezu unsichtbar geworden sind. Der Rundfunkjournalist Walter Weber nennt das »die Geschichte vom Verschwinden eines Autors hinter dem werbeträchtigen Emblem seines Namens; ja mehr noch: die Geschichte von der Umkehr einer aufgeklärt-kritischen Lebensphilosophie in ihr Gegenteil.«[7]

Es ist jedoch nicht nur die Person Knigges, die hinter seinem Namen verschwindet. Auch ein großer Teil des Werkes verschwindet hinter seinem bekanntesten Buch »Über den Umgang mit Menschen«. Wenn Philosophen wie Friedrich Schleiermacher oder Literaten wie August von Platen, Heinrich Heine oder E. T. A. Hoffmann auf Knigge verwiesen, meinten sie den Autor dieses Werkes. »Auf dieses Buch bezog sich alles, was nach den Befreiungskriegen über Knigge publiziert wurde«, stellt der Historiker und Germanist Wolfgang Fenner fest. Dabei muss man froh sein, wenn es der Original-Knigge war, auf den Bezug genommen wurde, das Aufklärungsbuch vom Anstand – und nicht die unaufgeklärte Benimmfibel aus der Hand derer, die sich des Originals bemächtigt hatten.

Bis zu Knigges Tod, 1796, hatte der *Umgang* fünf noch von ihm selbst bearbeitete Auflagen und elf nichtautorisierte Ausgaben erlebt. Aber kaum war Knigge im Bremer Dom begraben, erschien unter seinem Namen eine als Denunziation gedachte Schrift, die sich als »Pendant zu dem Buche Umgang mit Menschen« ausgab und Knigge als politischen Demagogen verleumdete.[8] Es dauerte nicht lange, bis sich Ideologen und Geschäftemacher über Knigges

Erfolgsbuch hermachten und den Text veränderten, verstümmelten oder auf eigene Faust erweiterten – wohl in der Erwartung, es würde sich dann noch besser verkaufen.

1817/18 erschien bei der Verlagsbuchhandlung Hahn in Hannover eine »Original-Ausgabe. Durchgesehen und vermehrt von F. P. Wilmsen«. Das »Durchsehen und Vermehren« bestand darin, dass er den Text redigierte, »als sei Knigge bei ihm Zeitungsvolontär«.[9] In den Folgejahren »vermehrte« Wilmsen das Original immer weiter und ergänzte es schließlich 1824 durch einen eigenen Text mit dem Titel »Weltton und Weltsitte, ein Rathgeber für junge Männer und Jünglinge bei ihrem Eintritte in die große Welt« – eine reine Etikette-Schrift. Wolfgang Fenner vermutet, dass durch diesen Schritt das Mißverständnis entstanden sei, Knigges Umgang sei ein Benimmbuch.[10] Wilmsen begnügte sich nicht damit, das Buch für den Umgang mit Kindern und Jugendlichen umzuschreiben, sondern tilgte alle Stellen, die mit dem Anspruch eines preußischen Predigers unter der Herrschaft Friedrich Wilhelms III. nicht zu vereinbaren waren. So kürzte er zum Beispiel rigoros alle Passagen, die er für zu franzosenfreundlich hielt.[11]

Der Umgang war sofort ein beispielloser Erfolg. Schon im August 1788 erschien die zweite Auflage, die folgenden kamen 1790, 1792 und 1796 heraus, begleitet von etlichen Nachdrucken – Urheberrechte wurden zu dieser Zeit noch ignoriert. Bis 1922 erschienen zwanzig Originalausgaben, die gekürzten und erweiterten Ausgaben nicht eingerechnet. Bald folgten auch Übersetzungen ins Holländische, Dänische, Ungarische, Englische, Schwedische, Italienische, Russische, Polnische und Tschechische. Kurios ist, dass eine französische Übersetzung erst 1992 auf den Markt kam.[12]

Knigges Hauptwerk konnte die lange Zeit dieser »freundlichen Übernahmen« nicht unbeschadet überstehen. »Hundert Jahre nach seinem Tod war Knigge vollständig mutiert zum Anstands-Apostel im Gartenlauben-Idyll einer gutbürgerlichen Gesellschaft, zum Verkünder goldener Regeln für höhere Töchter und bemühten Ratgeber in allen Lebenslagen.«[13]

Walter Weber markiert die rabiate Vermarktung des Namens Knigge als Label und Werbe-Etikett mit interessanten Eckdaten: 1916 erschien mitten im Gemetzel des Ersten Weltkriegs »Der moderne Knigge«. Im Vorwort dieser Ausgabe wird allen Ernstes behauptet, »das Ideal eines unblutigen Ausgleichs von Streitfragen im Völkerleben« sei zu verwirklichen, wenn alle Menschen nach Knigges goldenen Regeln handeln würden. 1918 wurde ein »Kleiner Knigge für heimkehrende Sieger«, 1924 ein »Kleiner Knigge für Schieber« herausgebracht. 1936 erfuhr man in einem Benimm-Buch unter Knigges Namen, das Streben des nationalsozialistischen Staates sei darauf gerichtet, der Verderbnis einer Vermischung von rassefremdem und entartetem eigenen Blut Einhalt zu gebieten. 1946 hieß es dann schlicht und einfach »Benimm dich wieder anständig«, 1950 »Man benimmt sich wieder« und 1953 musste es dann ein »Welt-Knigge« sein. Und 1956 lehrte Adenauers Protokoll-Chefin Erica Pappritz die Bundesdeutschen ihre Etikette neu: »Wer früher ›Knigge‹ meinte, meint heute ›Pappritz‹.«[14] Wie Ernst August Freiherr Knigge erzählt, hat seine Mutter damals an Erica Pappritz die Frage gerichtet: »Nennen wir Ihr Buch jetzt den gekniggten Pappritz oder den pappritziösen Knigge?«

Mit der »Zurichtung des Originals zum Ratgeber« (Weber) und der Reduzierung auf die Etikette war der wahre Knigge endgültig verwunschen. Sein Schicksal ähnelt dem des legendären Mönchs von Heisterbach, der nach seinem Jahrhundertschlaf in seine alte Welt zurückkehrt, von niemandem mehr erkannt wird und seinen Platz besetzt findet.

Aber dieser nicht Erkannte hält die Schlüssel zu einem Zauberschloss in der Hand, einem Schloss, hinter dessen Toren die Geheimnisse des menschlichen Lebens und die Rätsel einer ganzen Epoche verborgen sind. Wer immer sich aufmacht, die europäische und deutsche Aufklärung verstehen zu wollen, ihre politischen und gesellschaftlichen Ideen, ihre religiösen und pädagogischen Programme, der findet in der Lebensgeschichte und im publizistischen Werk Knigges ebenso unvermutete wie nützliche Wegweiser. Ihm begegnet Knigge als gewitzter und witziger Aufklärer, als kritischer Humanist, der für die Selbstbestimmung freier Menschen und ihre Rechte kämpft, auch wo er Kompromisse eingeht und auch dann, wenn seine Motive hier und da ins Zwielicht gestellt wurden. »Mit männlichem Mute« – so formulierte es Knigges Freund Friedrich Rebmann in seinem Nachruf – »griff er jedes

Vorurteil an, wo er es fand, und achtete nicht der unmenschlichen Neckereien, womit das Heer der Pinsel und Buben ihn, wie jeden rechtlichen Mann, umso heftiger verfolgte, da diese elenden Pygmäen vor dem Talente und dem unerschöpflichen Witze des guten Knigge zu beben Ursache hatten.«[15]

Heute ist Knigge wieder aktuell: als politischer Kopf, als Kenner der Menschen und Bestien, wie Heinrich Heine ihn im dritten seiner »Briefe aus Berlin« nannte, als Anwalt einer in Vergessenheit geratenen Kultur menschlichen Anstands und als Lehrmeister einer überzeitlichen Aufklärung. Über fast zweihundert Jahre war er wie ein ruhender, aber nicht erloschener Vulkan. Cora Stephan hat in einem Essay über »Knigges Aktualität« die deutsche Gegenwartsgesellschaft kritisiert, die bestimmt wird von »Propagandisten der Formlosigkeit«, die sich auf ihre »authentische Ungehobeltheit (so) viel zugute halten«, und die ihre Affekte gegen eine Kultur der Umgangsformen ausleben, obgleich die Regelfreiheit den Einzelnen völlig überfordert und ein Leben ohne Spielregeln oft genug auch Beziehungslosigkeit bedeutet. Stephan kommt zu dem Schluss: »Eine ›multikulturelle‹ Gesellschaft braucht mehr, nicht weniger unmissverständliche Gesten der Verständigung über das Allernötigste, braucht einen Konsens über die basics des Zusammenlebens, ohne den ›Multikulturalität‹ zu einem endlosen Wertrelativismus, zum Kampf der einen Minderheit gegen die andere wird.«[16]

Ein Jahrzehnt nach dieser Analyse hat sich die Situation zugespitzt. Das kulturelle Erscheinungsbild im Nachwendedeutschland droht umzukippen, weil die traditionellen Bildungs- und Lebensart-Hierarchien nicht mehr ›von oben‹, sondern ›von unten‹ bestimmt werden. Die Nivellierung des Geschmacks, der Ess- und Kleidungsgewohnheiten oder des Freizeitverhaltens führt immer mehr dazu, dass die kulturellen Unterschiede innerhalb der Bevölkerung geleugnet oder verdrängt werden, obgleich es diese Unterschiede weiterhin und sogar in verschärfter Form noch immer oder schon wieder gibt. Dabei ist nicht die Nivellierung selbst das Problem, sondern die Nivellierung nach unten. Die Einrichtungen der öffentlichen Kultur pendeln sich nach unten ein. Die Chancengleichheit – wenn es sie denn gibt – hat nicht dazu geführt, dass der von der Kultur und für die Kultur weniger erschlossene Mensch sich nach oben orientiert und seine Lebensgewohnheiten, wie es im bürgerlichen Zeitalter selbstverständlich war, nach oben korrigiert.

Im Gegenteil: Der eigentlich mit einem höheren kulturellen Anspruch lebende Bürger der sogenannten Mittelschicht hat angefangen, sich nach unten zu orientieren und mit seinen Lebensgewohnheiten auch sein Gefühl für Anstand und Kommunikation nach unten zu korrigieren. Wer gelernt hatte, sozial verantwortlich und rücksichtsvoll zu leben, beginnt inzwischen egozentrisch nur seinen Vorteil zu greifen. Und wer gelernt hatte, am kulturellen Leben teilzuhaben und zum Beispiel einen festlichen Anlass auch durch festliche Kleidung zu würdigen, beehrt den »Event« heute mit kindischer Selbstgenügsamkeit in Freizeitkleidung. Die Massenmedien haben sich längst zur Transmissionsagentur des Massengeschmacks gemacht, indem sie die kulturellen Eliten immer mehr enteignen und in ihrem Programmangebot die nach kulturellem Vergnügen Hungernden nun abspeisen mit der erbärmlichen Nahrung einer wertearmen Massenzivilisation – was auf längere Sicht ja bedeutet: Man verzichtet auf einen wichtigen Teil der Bevölkerung und deren Werte und raubt damit der Gesamtgesellschaft gerade jenen Teil, der für die Erhaltung der kulturellen Standards und das Erneuerungspotential der Zivilisation sorgen könnte.[17]

Knigge ist in seinem *Umgang* den umgekehrten Weg gegangen. Er hat die positive Quintessenz der aristokratischen Lebenskultur – dass es auch Abgründe der aristokratischen Gesellschaft gab, wusste niemand besser als er – in die zu eigenem Selbstbewusstsein kommende Bürgerkultur übersetzt. Seiner Lebensphilosophie ging es aber nicht etwa darum, höfische Manieren zu kopieren. Denn Gegenstand seiner Schrift sind nicht die Manieren. Gegenstand des *Umgangs mit Menschen* ist der Anstand. Ihn versucht Knigge in konkrete Denkmuster und differenzierte Verhaltensweisen zu übertragen. Damit tut er das Gegenteil von dem, was zum Beispiel Joseph von Eichendorff ihm unterstellt: Knigge habe »die höflichen Bücklinge und diplomatischen Kunstgriffe des geselligen Egoismus ganz wacker portraitirt«.[18]

Die Knigge-Story ist, oberflächlich gesehen, keine Heldengeschichte. Dazu geriet der Freiherr viel zu oft in die Rolle des Verlierers, wenngleich viele Gewinner von damals vor dem Horizont der Geschichte als Verlierer erscheinen. Vielleicht hatte der Freiherr für eine Heldenrolle auch zu viel Humor und ironische Distanz zu den Großen und Mächtigen seiner Zeit, ja sogar zu sich selbst. Vielleicht ist er auch zu vielen Irrwegen gefolgt und hat zum Beispiel »geheimnislüstern« (Grabe) den Ausweg aus dem Aberglauben, der Unmündigkeit und politischen Sprachlosigkeit seiner Zeitgenossen – wie viele andere – in obskurer Geheimbündelei und okkulten Praktiken gesucht. Vielleicht ist er dabei zuweilen – seine Lebensgeschichte wird das zeigen – gerade den Verhaltensmustern nicht entkommen, die er bekämpfte. Trotzdem muss man die Rolle der Geheimbünde aus der Zeit heraus verstehen und ihre Bedeutung für den gesellschaftlichen und politischen Diskurs der europäischen Eliten anerkennen.

Wie zu Lebzeiten wurde Adolph Freiherr Knigge auch nach seinem Tod um die Ernte seines Lebens betrogen. Als 1852 die verschollene Kiste wieder aufgetaucht war und Hermann Klencke Knigges Nachlass dem Vergessen entriss, war das noch nicht das Ende der Odyssee eines Lebenswerkes: Sein Nachlass aus der Kiste ging ein weiteres Mal verloren, diesmal wahrscheinlich für immer. Paul Raabe meint, der Grund dafür sei die Verachtung des 19. Jahrhunderts für den »demokratischen Schriftsteller« Knigge gewesen. Deshalb könne sogar ein Autographensammler wie Wilhelm Künzel oder – widersprüchlicherweise – Hermann Klencke, der Herausgeber der »alten Kiste«, die Handschriften vernichtet haben.

Noch unverständlicher ist aber die Tatsache, dass auch Knigges Tagebücher verschwunden sind. Knigge hatte seine handgeschriebenen Tagebücher von 1776 bis zu seinem Tod 1796 sorgfältig in einer leicht zu entziffernden Geheimschrift geführt und eigenhändig in zwanzig Bänden für die Nachwelt gebunden. Diese Aufzeichnungen wären für die Knigge-Forschung von unschätzbarem Wert. Um 1885 noch hatte Ernst Franz Georg Adam Freiherr Knigge geschrieben: »Die interessanten Tagebücher Adolphs befinden sich im Besitze des Freiherrn Wilhelm Knigge zu Harkerode ...«[19] Wilhelms Sohn Kurt Freiherr Knigge bezeugt, dass die

Tagebücher sich noch 1945 im Besitz der Familie befanden. Er ließ sie bei Kriegsende in Harkerode zurück und begab sich nach Hannover, weil er – in völliger Verkennung der politischen Lage – glaubte, nach wenigen Wochen wieder auf seinen Besitz zurückkehren zu können.

Zeitweilig hatten sich die Tagebücher auch im Besitz von Knigges Urenkel, des Freiherrn von Reden-Esbeck (1842–1889) befunden. Der veröffentlichte (in einer bibliographisch noch nicht verifizierten Form) einige wenige Bruchstücke als gedruckte Zitate.[20]

Die Spur der Original-Tagebücher verliert sich erst 1945. Da die Knigge-Forschung längst den Anschluss verloren hatte, waren die Handschriften immer noch nicht ausgewertet oder ediert worden. Wie in einem Kriminalroman, der inmitten einer turbulenten Epoche der Geschichte spielt, bleibt der Hergang des Geschehens ebenso im Dunkeln wie die mutmaßlichen Täter. Als die Westalliierten, entsprechend den Vereinbarungen der Konferenz von Jalta im Februar 1945, auch das Gebiet Sachsen-Anhalt den sowjetischen Truppen überließen, kamen in der Zeit zwischen dem Abzug der amerikanischen und britischen Truppen und dem Einmarsch der Roten Armee etliche Gegenstände aus dem Kniggeschen Schloss abhanden. Später wurde ein Teil der gestohlenen Sachen von der Gemeinde wieder eingetrieben und dem Volksbildungsamt Hettstedt und der Landesgalerie Moritzburg in Halle übergeben. Besonders der Bürgermeister von Harkerode war bemüht, das noch vorhandene Kulturgut aus dem Schloss sicherzustellen.

Nach der Wende von 1989 wurde bekannt, dass in der DDR-Zeit Kunst- und Kulturgegenstände der »Antikhandel Pirna GmbH« zugeführt worden sind, einer Firma, die zum Wirtschaftsunternehmen Schalck-Golodkowskis gehörte und als Devisenbringer Verkäufe ins westliche Ausland tätigte. Ob nun die Tagebücher Knigges vernichtet oder verkauft wurden oder ob sie sich noch unentdeckt irgendwo im Raum Halle befinden, ist nicht bekannt. Alle Nachforschungen blieben bisher ohne Ergebnis.

Zum »wahren Knigge« gehört nicht nur das Werk, sondern auch der Mensch. Wie hat er auf seine Zeitgenossen gewirkt, wie haben seine Freunde ihn geschätzt, seine Feinde ihn missachtet? Die erhaltenen Porträts zeigen ein Gesicht, in dem Feinnervigkeit und Durchsetzungsvermögen eine eigentümliche Verbindung eingegangen sind. Ein Zeitgenosse, der dänische Schriftsteller Jens Baggesen, schildert Knigges Ausstrahlung so: »Baron Knigge hat uns zum Mittagessen eingeladen. Er ist ein sehr unterhaltsamer Mann, der in seinem ganzen Anstand und Wesen so viel Originalität besitzt, dass man allein über sein Kinn ein ziemlich dickes Buch schreiben könnte … Doch bei alledem scheint mir die Physiognomie seines Besitzers eine der interessantesten auf der Welt zu sein. Es liegt viel Geist darin, auch eine Milde ist darüber ausgebreitet, die sogleich besticht … Freundlichkeit, Aufmerksamkeit, feine Lebensart und vor allem eine wunderbare Gefälligkeit zeichnen Baron Knigge aus.«[21]

Auch ein anderer Zeitgenosse, Carl Julius Weber, findet Knigges Kinn einer besonderen Bemerkung wert: »Knigge hatte das längste Kinn, das ich je sah, und wenn er ein langes Gesicht machte, machte er auch das längste Gesicht, das man sehen konnte.« Noch 1971 lässt sich ein Autor über Knigges Kinn, seine Nase und seinen Mund aus, um dann zusammenhanglos zu resümieren, sein berühmtes Buch *Über den Umgang mit Menschen* sei eine Selbstkritik und das Ergebnis seiner eigenen Misserfolge und Fehler.[22] Dabei hatte Knigges kritischer Blick in selbstironischer Übertreibung längst eine Distanz zu seinem, wie er sagt, *Paviansgesicht* hergestellt, die weit über die der mehr oder weniger hilflosen Zeitgenossen hinausgeht.[23]

Hermann Klencke, der Herausgeber der »alten Kiste«, bezieht sich auf mündliche Erzählungen und schriftliche Mitteilungen, wenn er Knigge als einen Menschen schildert, »der vor seiner eigenen Temperamentshitze nicht zum friedlichen Lebensgenusse kommen konnte«[24] und als einen Mann »von lebhaftem Geiste, nervöser Constitution, unruhigem, sich selbst quälendem Temperamente, großer sensibler Empfänglichkeit für Alles, was im Allgemeinen die Zeit, in Literatur und öffentlichen Zuständen, oder insbesondere seine eigene Person berührte …«[25] Klencke wundert sich auch, wie Knigge als »ein Schriftsteller kluger Lebenskunst, sich selbst so oft in Personen hatte irren und das eigene Temperament nicht hatte beherrschen können«.[26]

Der Philosoph Max Rychner zeichnet dagegen ein anderes Bild: »Er war menschenfreundlich, früh schon und bis zuletzt: Hunderte von Dankbriefen fand man in seinem Nachlass, rührende Zuneigung spricht aus der Grabinschrift, wo er ›Bürgerfreund, Aufklärer, Völkerlehrer‹ genannt wird.«[27]

Auf der anderen Seite mutmaßt 1935 der Literaturwissenschaftler Werner Milch: »Er war ein umhergetriebener und gehetzter Mensch, vom Pech verfolgt, an manchem Unheil, das ihn traf, nicht ganz unschuldig und um die Mitte der Dreißig schon ein schwerkranker, niemals glücklicher Mann, der seines Erfolges nicht froh werden konnte.«[28] Und 1936 heißt es in der Biografie von Hans Georg Brenner alias Reinhold Th. Grabe, die sich zwischen Dichtung und Wahrheit bewegt: »Knigge, der immer anmaßende und düpierte, der oft erfolgreiche und immer erniedrigte Pechvogel.«[29]

Dieser Blick auf Knigge erklärt sich zum großen Teil aus dem Erscheinungsjahr. Verlag und Autor hatten Schwierigkeiten, sich angesichts der nazistischen Kanonbildung in der deutschen Literaturgeschichte überhaupt mit Knigge zu beschäftigen. Ein Vorwort des Verlags Henry Goverts beschäftigte sich mit der Frage: »Warum Knigge?« 1936 stand Knigge längst auf der schwarzen Liste jener Autoren, denen die Nazis »lebensfeindliche ratio« und »zerstörerische Aufklärung« anlasteten. Für sie sollte kein Platz mehr im Überlieferungskanon der deutschen Literatur und Publizistik sein.[30]

Die Widersprüchlichkeiten in der Rezeption von Knigges Werk und seiner Lebensgeschichte sind eben auch durch den verändernden Zugriff historisch bedingter Ideologien entstanden. Doch die »Jahre und Feldzüge«, von denen Naefe sprach, die »weite Entfernung« und »Vergessenheit« sind vorüber. Neue Zeiten haben begonnen. Die »alte Kiste« des Kniggeschen Lebenswerkes mag grau, roh und vernagelt erscheinen, aber ihr Inhalt ist durch Alter, Staub und Lagerung weder mürbe geworden noch vergilbt. Sie enthält so viele ungehobene Schätze, so wesentliche bis heute aktuelle Gedanken zu Gesellschaft und Politik, Kommunikation und menschlichem Anstand, dass es töricht wäre, Adolph Freiherrn Knigge weiterhin so zu ignorieren und totzuschweigen, wie es vom

19. Jahrhundert an bis in die zweite Hälfte des 20. Jahrhunderts hinein geschah.

Noch 1976 schreibt Inge Stephan von der »außerordentlich unbefriedigenden Knigge-Forschung«.[31] Inzwischen jedoch werden Person und Werk des Freiherrn intensiv erforscht und dem Bewusstsein des modernen Menschen zurückgegeben. Seine wahre Bedeutung kann man vielleicht in einem einzigen Begriff zusammenfassen: Knigge war ein bedeutender Wegbereiter demokratischen Denkens. Walter Grab nennt in seinem Buch »Ein Volk muss sich seine Freiheit selbst erobern« den Freiherrn Knigge »einen der bedeutendsten radikalen Demokraten«.[32]

Die Aufmerksamkeit der Öffentlichkeit, für die die hier vorgelegte Biografie geschrieben ist, könnte – neben den Bemühungen der Knigge-Forschung – die Chance vergrößern, dass der weite Weg zum wahren Knigge neue Ausblicke auf wichtige Grundsatzfragen des demokratischen Lebens eröffnet. Diese Ausblicke werden höchst vergnüglich sein, wenn der schnurrige Freiherr zum Begleiter in eine neue Aufklärung und eine aufgeklärte Zukunft wird.

DER ERBE

Aller Anfang ist schwer
Geburt

Endlich ein Junge. Aber was für einer. Der Hofgerichtsrat und Oberhauptmann Dr. jur. Philipp Carl Freiherr von Knigge, Herr von Bredenbeck und Pattensen, Erbherr auf Leveste und Thale, blickt auf eine Familiengeschichte, die bis ins Jahr 1135 zurückgeht. Das Adelsgeschlecht war 1665 von Kaiser Leopold I. in den Reichs- und erbländisch-österreichischen Freiherrenstand erhöht worden, und Adolphs Urgroßvater, Friedrich Ulrich, hatte mit zwei Stimmen in der Calenberger Ritterschaft gesessen, war zweimal verheiratet und hatte vierzehn Kinder.

Und nun dies: Der Erstgeborene, Adolph Franz Friedrich Ludwig, erscheint ihm wie ein Kümmerling, zart und zerbrechlich, viel zu klein und schmächtig für einen Jungen. Wer weiß, wie lange er überhaupt am Leben bleibt? Erwartet hatte der Reichsritter einen ebenbürtigen Sohn, der einmal das Familienoberhaupt eines Adelsgeschlechts, Landwirt und Gerichtsherr, hoher Staatsbeamter sein soll – wie soll das gehen? Philipp Carl ist enttäuscht. Er scheint sich seines Sohnes zu schämen und überlässt den Missglückten der Mutter, die ihn geboren hat.

»Er war der einzige Sohn«, schreibt sein Biograf Karl Goedeke. »Sein zarter fast schwächlicher Körperbau und die mannigfach behutsame Pflege, die derselbe bedingte, standen dem harten, mitunter tyrannischen Vater nicht an. Die Mutter dagegen verzog den Liebling ... während sein Herz sich von dem rauhen Vater abwandte.«[33]

Adolph scheint mit seiner Konstitution auf den ersten Blick überhaupt nicht in die Familie zu passen. Die Vorfahren waren handfeste Haudegen und Militärs und galten, wie man an ihren

Zügen kreuz und quer durch Europa und ihren Beteiligungen an Belagerungen und Feldschlachten gegen die Türken erkennen kann, als ziemlich strapazierfähig. Erst der Vater Philipp Carl zeigte andere Interessen – umso erstaunlicher, dass er dem Begabungsprofil des Sohnes nicht viel abgewinnen konnte. Philipp Carl hatte Jura studiert, hörte auch Vorlesungen in Mathematik, Philosophie, Theologie und Geschichte und wurde zum Doktor beider Rechte promoviert.[34]

Die Mutter Louise Wilhelmine, geborene Freiin Knigge aus dem Hause Thale, ist die Nichte ihres Mannes, die Tochter eines Vetters ersten Grades.[35] Die wenigen Mitteilungen aus der Familiengeschichte lassen vermuten, dass sie dem Sohn ihre ganze Liebe zuwendet, ihre Einbindung in die patriarchalische Familienstruktur es aber nicht zulässt, den Sohn vor der negativen Voreingenommenheit des Vaters vollständig zu bewahren. Sie versucht offenbar, dem Jungen all das zu geben, was der Vater ihm vorenthält. Während der Vater seinen Sohn missachtet, bestätigt und bewundert die Mutter jede Lebensäußerung des Kindes.

Knigges Tochter wird 1823 in ihrer »Kurzen Biographie des Freyherrn Adolph Knigge« sehr karg mitteilen, ihr Vater sei »von seiner Mutter ein wenig verzogen, von dem Vater aber, der ihn um seines zarten Körpers willen, nicht recht leiden mochte, hart, oft tyrannisch behandelt« worden. Der Knabe habe das tief empfunden und »wandte sein Herz von ihm ab, während er sich mit inniger Liebe zu der mütterlichen Freundinn hinneigte«.[36]

Die Mutter verhindert mit ihrer Liebe zwar, dass der Sohn sich am Ende selbst für wertlos hält, bloß weil er vom Vater als missglückt betrachtet wird. Aber damit gerät Adolph nur in eine Doppelfalle: Das Verhalten des Vaters untergräbt sein Selbstbewusstsein, und die Kompensationsbemühungen der Mutter verleiten ihn dazu, sein Selbstwertgefühl zu übertreiben. Zwischen Verzagtheit und Selbstüberschätzung pendelt er hin und her.[37]

Es ist unvermeidlich, dass die Ablehnung des Vaters für den Sohn ein Leben lang Folgen hat. Die Wunde durch frühe Zurückweisung und Verachtung wird niemals heilen. Immer wird der Missachtete nach Anerkennung durch väterliche Autoritäten suchen. Immer wird er sich Vaterfiguren anschließen und ausliefern.

Immer wird er alles daransetzen, ihnen zu gefallen und sie nicht zu enttäuschen – auch wenn er selbst immer wieder enttäuscht wird.

Der völlig gegensätzliche Blick der Eltern formt das Selbstbild des Sohnes. Welche Rolle dabei die um drei Jahre ältere, in den biografischen Zeugnissen nur selten erwähnte Schwester Juliane Ernestine Charlotte spielt, ist schwer zu beschreiben. Falls der Vater sie ebenso ignoriert wie den femininen Sohn, dürfte die Schwester eher dazu geneigt haben, mit der Mutter zu kollaborieren, ohne dass sie deshalb schon loyal auf der Seite des kleinen Bruders stünde. Ein Familiensystem, das mit einem in Ungnade gefallenen Mitglied funktionieren muss, macht jeden zu einem Teil des Problems, auch die eigentlich Unbeteiligten. Umgekehrt verschärft aber allein die Existenz eines Geschwisters die Lage des »Sündenbocks«, der ja nur die Probleme der Gesamtfamilie, insbesondere die der Eltern spiegelt.

Über die Ehe der Eltern Knigge ist wenig überliefert. Psychologische Befindlichkeiten bleiben in biografischen Notizen des 18. Jahrhunderts meist unerwähnt und werden erst recht nicht diskutiert, weder von den Beteiligten noch von Beobachtern. Was aber aus der historischen Distanz als sicher gelten kann, ist der Umstand, dass die heikle wirtschaftliche Lage der kniggeschen Haushaltung nicht ohne Auswirkung auf die heranwachsenden Kinder geblieben ist.

Der Lebenszuschnitt der Familie ist zunächst großzügig, angelegt auf standesgemäßes Auftreten und gesellschaftliches Prestige. Man führt »ein großes Haus«. Aber hinter der Fassade ist ein Schuldenberg angewachsen, dessen Ausmaße niemand ahnt und den selbst der pater familias kaum noch überblickt. Zur wirtschaftlichen Lage der Familie gehört, dass Philipp Carl den größten Teil der Schulden, etwa 80 000 Reichstaler, bereits von seinem Vater geerbt hatte und außerdem noch die Tanten und Schwestern auszahlen muss.[38] Den wachsenden Druck wird der Hausherr in seinen letzten Lebensjahren immer deutlicher gespürt haben. In einem sehr ausführlichen »Schreiben an meine Gläubiger« vom 22. März 1765 legt Philipp Carl Baron von Knigge seine Vermögensverhältnisse offen. Er wehrt sich gegen Vorwürfe, er könne oder wolle seine Schulden nicht tilgen: »Das Mistrauen, so einige meiner Gläubiger in mein Vermögen und in meinen guten Willen setzen, dieselben bezahlen zu können, oder zur Zahlung geneigt zu seyn, erregete in mir natürlicher Weise alle die Empfindungen, die einem Manne beywohnen müsten, der so wenig je den Gedanken gehabt, jemanden seiner Gläubiger an Zinsen und Kapital, die geringste Verkürzung zu machen ...« Er erklärt, seine Schulden ganz genau zu kennen. Er verweist auf seinen stattlichen Besitz und den Ertrag seiner Güter, bietet sie als Sicherheit an und fügt hinzu: »Mein Hausgeräth, Equipagen, Bibliothek und dergleichen, bleiben auch allemahl von einigem Werthe.« Er beschreibt im einzelnen die Bewirtschaftung der Gebäude, Felder und Wiesen, der Viehhaltung und Fischerei – und stellt schließlich in Aussicht, bei einer Gläubiger-Versammlung »das Geschäfte völlig zur Endschaft« zu bringen.[39]

Den Widerspruch zwischen Lebensführung und tatsächlichem Vermögen kann Philipp Carl also nicht ignorieren, sondern allenfalls verdrängt haben. Die latente Bedrohung muss jedoch das Leben der Familie, auch das Verhältnis zwischen dem Vater und seinen Kindern, zusätzlich belastet haben. Vollends sichtbar wurde dieser riesige Schuldenberg erst nach dem Tod Philipp Carls.

Offenbar ist es dem kleinen Adolph gelungen, die Bewunderung der Mutter und nicht die Missachtung des Vaters, den gelebten Wohlstand und nicht die verdrängte Schuldenlast zum Angelpunkt seines Selbstverständnisses zu machen. Das hat ihn davor bewahrt, sein Leben mit der Last einer allgegenwärtigen Ich-Schwäche zu führen. Aber der Preis dafür ist hoch: Er wird abhängig von ständiger Bewunderung, wie sie ihm von Seiten der Mutter entgegengebracht wird. Werden ihm Anerkennung, Bewunderung und Applaus vorenthalten, ist er augenblicklich gekränkt und verliert das Interesse an Situationen und Menschen. Wie in narzisstischer Spiegelung verliebt er sich in sein Selbstbildnis und erwartet von seiner gesamten Umgebung nichts als Beifall und Lob. Er langweilt sich, sobald sein Ego nicht mit Bewunderung genährt wird. Gleichzeitig aber kämpft er immer wieder um die Anerkennung des Vaters, der für ihn ja keineswegs ein windiger Schuldenmacher ist, sondern ein bewunderter Mann von Statur und Bildung.

Dieses Ansehen genießt Philipp Carl auch in der Öffentlichkeit. In den »Göttingischen Zeitungen von Gelehrten Sachen« kann man nicht nur lesen, dass »das hochadeliche Geschlecht des Freyherrn von Knigge ... theils zahlreich an Ahnen, theils wegen seiner großen Verdienste berühmt« ist, sondern auch, dass Philipp Carl als »unser Gelehrter« bezeichnet wird. 1747 promovierte er zum »Doctor beyder Rechte« mit einer Dissertation über Rechtsfragen von Burgen und Schlössern in Deutschland. »Das Besondere an diesem Herrn, das ihm vor allen seinen Vorfahren einen Vorzug verschaffet, ist seine ausnehmend schöne Gelehrsamkeit; denn er hat es so weit gebracht, daß er die höchste Würde beyder Rechten annehmen, und mit vollem Ruhm dasjenige wird leisten können, was von einem Candidaten der Rechten erfordert wird.«[40]

Dass ein Adliger an einer Universität studierte, war damals nicht ungewöhnlich. Dass er sich aber von bürgerlichen Professoren einen Titel verleihen ließ, war etwas Besonderes. Wolfgang Fenner begründet damit sogar seine Aussage, Philipp Carl habe »etwas Paradiesvogelhaftes« an sich gehabt.[41] Vielleicht aber war es auch nur die Freiheit, die Philipp Carl sich aufgrund seiner Bildung und seiner Verankerung in der Freimaurerei nahm – er war 1744 in Halle der Loge »Zu den drei Schlüsseln« beigetreten und amtierte fünf Jahre lang, von 1747 bis 1752, als Meister vom Stuhl der Loge »Friedrich« in Hannover. Zum Horizont seines Selbstverständnisses gehörte auch die Tatsache, dass er 1745, noch als Student, an der Wahl und Krönung Kaiser Franz I. teilgenommen hatte und bei dieser Gelegenheit in den Reichsritterstand erhoben worden war.[42]

Für ein anerkennendes Wort des Vaters hätte der Sohn alles gegeben. Aber der Vater spricht dieses Wort nicht aus. Er bleibt ambivalent: Er lehnt den Sohn weiterhin ab, glaubt aber trotzdem, es sich selbst und seinem Stand schuldig zu sein, ihn aufs Beste zu erziehen und auszubilden. Er unterrichtet den Sohn zunächst sogar selbst – Religion, Sprachen, Naturkunde. Er wird ihn auch auf eine Reise nach Kopenhagen mitnehmen, so dass der Heranwachsende – geführt und kontrolliert durch einen Hofmeister – zum ersten Mal das Leben an einem königlichen Hof kennenlernen kann.

Im *Roman meines Lebens* schlägt sich dies nieder. 1780, also mit 28 Jahren, lässt Adolph seine Erfahrung mit dem Vater in der Gestalt des aufgeklärten und weisen Barons von Leidthal aufleben, der dem Hofmeister seines Pflegesohns in einem langen Brief sein Leben erzählt.[43] Was Leidthal berichtet, sind für Knigge *wahre Begebenheiten also, welche ich theils selbst erlebt, theils in der Nähe oder von Weitem beobachtet habe ...*[44] Diese Begebenheiten werden im *Roman meines Lebens* literarisch überhöht, so dass im Verhältnis zu Knigges tatsächlicher Vater-Sohn-Geschichte ein viel positiveres Bild entsteht: *Mein Vater versäumte nichts bey meiner ersten Erziehung. Er selbst war ein sehr guter, geschickter und vernünftiger Mann, und das Schicksal hatte ihn in Vermögens-Umstände gesetzt, die ihm alle Mittel darbothen, für die Ausbauung meiner natürlichen Talente zu sorgen.*[45]

Zur Vervollkommnung der Ausbildung seines Sohnes engagiert Philipp Carl, neben einem Reit- und Tanzlehrer, einen dänischen Hofkapellmeister für den Unterricht im Komponieren und den Pfarrer und Superintendenten in Hannover, Johann Adolph Schlegel. Johann Adolph ist der Vater der später berühmten Brüder Schlegel, des Sprach- und Literaturwissenschaftlers August Wilhelm und des Kulturphilosophen und Dichters Friedrich Schlegel. Die Wahl Johann Adolph Schlegels zum Erzieher, der in Hannover als der Beste seines Fachs gilt, zeigt, dass Philipp Carl, ungeachtet seiner negativen Gefühle für den Sohn, doch dessen Lebenschancen optimal gefördert wissen will, wobei ihm die besten Lehrer nicht zu teuer sind.

So lange der Vater lebt, führt Adolph auf Gut Bredenbeck ein großzügig angelegtes Leben. Das gastfreundliche Elternhaus lockt viele interessante Menschen an, und Adolph verlegt sich darauf, diese Leute zu beobachten. Bald kann er die Auffälligsten unter ihnen so gut nachahmen, dass der Unterhaltungswert seiner Begabung erkannt und seine Kunststücke abgerufen werden. Das bringt den Gästen ein ungewöhnliches Vergnügen, den Eltern Stolz und ihm den immer erwünschten Applaus.[46]

Unter den Gästen sind auch viele Freimaurer, die nicht nur vom Schlesischen Krieg, dem später so genannten Siebenjährigen Krieg, und vom preußischen Friedrich reden, sondern auch von den Geheimnissen der Loge »Friedrich«. *Schon als Kind hörte ich in meines Vaters Hause täglich mit Enthusiasmus von Freymaurerei und geheimen Wissenschaften reden.* [47] Die Herren munkeln von Lebenselixieren, magischen Formeln und dem Stein der Weisen. Sie ziehen sich gelegentlich in ein alchimistisches Labor zurück, um Gold herzustellen. Ihre Geheimnistuerei fasziniert den Jungen. Er beginnt zu glauben, dass die Probleme des Lebens durch den Zusammenschluss weiser Menschen gelöst werden können. Er beginnt zu hoffen, dass er dem Vater zeigen kann, wie man auch ohne große körperliche Kraft, allein durch die Macht der Vernunft, durch Interesse, Beobachtung und soziale Intelligenz ein nützliches Mitglied der menschlichen Gemeinschaft werden kann.

Mit Vaters oder Mutters Augen
Kinderjahre

Adolph ist erst elf Jahre alt, als die Mutter mit gerade 33 Jahren stirbt. Drei Jahre später stirbt auch der Vater und hinterlässt einen Schuldenberg in Höhe von etwa 100 000 Reichstalern. Das ist eine enorme Summe – nach der Münztabelle von Jülich-Berg für das 18. Jahrhundert entspricht sie einer heutigen Kaufkraft von fünf Millionen Euro. Philipp Carl Freiherr Knigge hatte offenbar darauf gesetzt, eines Tages durch alchimistische Praktiken Gold herzustellen und dadurch seine finanziellen Verhältnisse zu sanieren.

In seiner Schrift *Philos endliche Erklärung und Antwort auf verschiedene Anforderungen und Fragen, die an ihn ergangen, seine Verbindung mit dem Orden der Illuminaten betreffend* wird Knigge 1788 in einem Nebensatz die alchimistischen Experimente seines Vaters erwähnen: *Mein Vater, der es freylich dahin wohl nicht muß gebracht haben, Gold zu machen, war doch vielfältig von Leuten umgeben, die vom Steine der Weisen und dergleichen Sächelchen redeten.*[48] Diese Bemerkung zeigt, wie sehr Knigges Vater von der wahnwitzigen Hoffnung der Zeit ergriffen war, man könne Gold künstlich herstellen. Man brauche nur die chemische Formel zu finden. Diesem Irrglauben war ja sogar der große Friedrich von Preußen verfallen.

Viele Freimaurerlogen hatten eigene Labors, in denen experimentiert wurde. Man versuchte, mit Pulver und Tinkturen, Stahlblech, Bleiglas, Urin, Schwefel und Salz Gold zu kochen. Aus der Wiener Loge »Zur gekrönten Hoffnung« wurde 1780 eine solche Anlage beschrieben: »Das Laboratorium soll abgelegen, räumlich licht, von dichtem Gemäuer, mit gutem Zug und einer Requisitenkammer versehen sein, ferner soll darin ein Schmelz-, Reververier-, Calcinir-, Capellir- und Destillirofen, nebst einem Balneo

Mariae angelegt werden. So müssen auch Retorten, Recipienten, Kolben, Helme, Circulir- und Zuckergläser, auch Separir- und Filtrirgefäße, im gleichen Tiegel, Treib-Scherben, Capellen, Zangen, Eintrag-Löffel, Rührstangen und Güß-Buckel vorhanden seyn.«[49]

Natürlich gelang es Knigges Vater nicht, Gold zu kochen. Für ihn und seine Erben blieb die finanzielle Lage desaströs. In einem späteren Brief an den Verleger Nicolai beschreibt Adolph Freiherr Knigge seine finanzielle Lage: *Ich bin im Ueberflusse zeitlicher Güter erzogen; Mein Vater war aber ein schlechter Wirth. Er hinterließ mir 100 000 Reichsthaler Schulden aber über 9000 Rth. Einkünfte.*[50]

Die Folge der Überschuldung: die ansehnlichen Güter Bredenbeck und Pattensen, die Philipp Carl besitzt, werden den Gläubigern überantwortet, indem ein Sequester für die einstweilige Verwahrung und Verwaltung eingesetzt wird. Der Besitz kann nicht verkauft werden, da er ein Lehen ist. Die Regelungen sind so, dass die Gläubiger gar kein Interesse an einer Entschuldung haben. Sie ziehen die Nutzung vor. Der Erbe wird keine Chance haben, die Schulden zu tilgen. *Meine Vormünder waren vornehme Leute; (der eine ist noch jetzt Minister hier; der Andere war es) Sie bekümmerten sich nicht viel um meine Geschäfte; Advocaten und Richter teilten sich meine Revenüen; die Zinsen und mein Unterhalt nahmen Geld weg; An Capitalien wurde wenig abgetragen.*[51]

Für den vierzehnjährigen Erben werden 500 Reichstaler pro Jahr ausgeworfen, was einer Kaufkraft von ungefähr 20 000 Euro entspricht. Das ist nicht viel für einen jungen Adligen, aber auch nicht wenig für einen Schüler. Trotz der finanziellen Mindestausstattung und der Hoffnung, das Erbe irgendwann entschulden und die Güter selbst bewirtschaften zu können, ist Adolphs Zukunft ungewiss. Ihn kümmert das zunächst wenig. Er hat noch nicht die Reife im Umgang mit sich und der Welt, um nach dem Tod der Eltern ein selbständiges Leben zu beginnen. Für ihn gab es nach dem Tod beider Eltern nur zwei Möglichkeiten: Er konnte sich mit den Augen des Vaters oder mit denen der Mutter betrachten.

Natürlich entschied er sich für den Blick der Mutter, denn mit Selbstverachtung kann niemand leben. Sah Knigge sich mit dem Blick der Mutter, fand er sich unwiderstehlich und seine Möglichkeiten grenzenlos. 1765 verstieg er sich dazu, eine »Lehre von Gott« zu verfassen. Der Schüleraufsatz ist nicht erhalten geblieben, gilt aber als erste schriftliche Arbeit aus Knigges Feder und wurde, zum Beispiel von seinem Lehrer J. A. Schlegel, als Zeugnis einer guten Begabung wahrgenommen. Schlegel geht sehr ausführlich auf die Arbeit des Jungen ein. Er spart nicht mit Lob: »Der Schluß Ihrer Abhandlung läßt mich glauben, dass Ihnen schon jetzt die Wahrheit aus der Erfahrung bekannt ist.« In der Erwartung, dass »Sie die Wahrheit, den Tadel vertragen können«, äußert er auch Kritik und stellt die Arbeit des jungen Schülers in den richtigen Zusammenhang: »Doch diesen Beweis von Gründen der Vernunft zu führen, würde Ihnen, da Sie noch kein Collegium über Philosophie gehört haben, schwer fallen ... Die Beweise der Eigenschaften Gottes aus der Vernunft sind Ihnen nicht geglückt ... Ich kenne keine einzige Stelle in einem heidnischen Schriftsteller, den man zum Zeugnisse davon anführen könnte ...«[52]

Der begabte junge Mann glaubt, sich gar nicht erst große Mühe geben zu müssen, um zu Ansehen und Zuneigung zu gelangen. Er hat gelernt, höflich und charmant zu sein, und kann sich auch ohne solides Wissen in die Gespräche der Erwachsenen einschalten. Seine Beobachtungsgabe, seine schauspielerischen Fähigkeiten, sein Imitationstalent, seine Konversationsfreude sind allgemein anerkannt und dienen der Unterhaltung und dem Vergnügen der Umgebung.

Dass dies allein nicht ausreicht, wird ihm bewusst, als er 1766 von seinen Vormündern in die Obhut des Kammersekretärs Augspurg gegeben wird. Augspurg unterhielt in Hannover eine Art pädagogische Pension für junge Adlige. Der erste Befund im neuen Lebensabschnitt ist für den jungen Knigge nicht gerade schmeichelhaft: »Keine solide Ausbildung, nur saubere Handschrift, Französisch, Tanzen und Musik ..., mancherlei oberflächlich Angelerntes war alles, was er aus dem Vaterhause mitbrachte ...«[53]

Adolph muss im Hause des Lehrers Augspurg zunächst hinter seinen Mitschülern zurückstehen. Dieses Zurückstehen wird zum Antrieb für eine grundsätzliche Besinnung. Augspurg notiert: »... der junge Mann fing an sich zu schämen, sein Ehrgeiz erwachte und spornte ihn zu so kraftvoller Anstrengung, daß er mit Hülfe eines vortrefflichen Gedächtnisses und ausgezeichneter Natur-Anlagen in kurzer Zeit seine Mitschüler nicht nur einholte, sondern ihnen zuvoreilte.«[54] Der Schüler nimmt sich vor, mit aller Energie und allen seinen Talenten zu lernen, was zu lernen ist. Schon in eineinhalb Jahren wird er seine Mitschüler überholt haben. Ihm wird ein »kavaliersmäßiger Ton«, ein treffliches Gedächtnis und leichtes Auffassungsvermögen bescheinigt. Überdies bringt ihm seine Freundlichkeit viel Zuneigung, sogar Liebe ein.[55]

Seine Vorbilder sind keine Geringeren als Alkibiades, Richelieu, Peter der Große, Cäsar, aber auch Brutus, Alexander und Luther.[56] Er entwickelt hohe Ansprüche. *Wer nur auf irgend eine kühne oder verschlagene Weise je Aufsehn erregt hatte, der reizte mein warmes Herz zur Nacheiferung.*[57]

Die Zeit bei Lehrer Augspurg ist nicht nur positiv: Der Heranwachsende wird um seine Jugend betrogen. Er wird wie in einem Kloster gehalten, viel zu ernst und ohne die unbekümmerte Fröhlichkeit einer unbelasteten Kindheit. Alle öffentlichen Vergnügungen, alle Feste werden ihm verboten, was naturgemäß – gerade als Folge dieser Strenge – zu Ausschweifungen führen wird, sobald ihm an der Universität die Flügel wachsen. Diese Automatik spiegelt sich im stark autobiografisch geprägten *Roman meines Lebens*. Knigge spiegelt seine Erfahrungen in den Erlebnissen des Freyherrn von Leidthal im Göttingen des Jahres 1737: *Was an meiner Erziehung versehen wurde, so war es, daß man mich auf einmal zu einem gelehrten Greise machen wollte, daß man einen lebhaften Jüngling, in diesen Jahren der Fröhlichkeit, nur beständig mit Wissenschaften vollpfropfte, und daß man mich zu wenig mit öffentlichen Lustbarkeiten und allerley Vergnügungen bekannt machte ... Da kam es dann, daß ich freylich aus Ehrgeiz und Eitelkeit sehr viel lernte, daß mir aber auch die Freuden der großen Welt so ganz fremd wurden, daß, als man mich im Jahr 1737 mit einem Hofmeister nach Leipzig schickte, ich in allerley Ausschweifungen verfiel. In der Pension war ich wie in einem Kloster gewesen, und mein itziger Hofmeister war im Gegensatze ein Mann, der mir zuviel Freyheit ließ, weil es ihm nur darum zu thun war, sich auf meine Unkosten gute Tage zu machen.*[58]

Zwischen dem Kloster und *allerley Ausschweifungen* findet der junge Knigge schon 1769 in Hannover die Gelegenheit, einem Studentenorden beizutreten, der Georg-August-Loge des »Unzertrennlichen Concordienordens«. Geheimbünde waren um die Mitte des 18. Jahrhunderts an die Stelle der alten landsmannschaftlichen Studentenverbindungen getreten. Sie hatten sich in ihren Ritualen und Symbolen, den hierarchischen Graden und wohl auch in ihrer Ideologie an den Freimaurerlogen orientiert, ohne der Freimaurerei anzugehören. Sie verstanden sich als Lebensbund, traten für Freundschaft, Bruderliebe und Hilfsbereitschaft ein und verpflichteten sich zu lebenslanger Charakterbildung.

Als Student in Göttingen bleibt Knigge Mitglied dieser Loge, steigt in den zweiten und dritten Grad auf und wird 1770 ihr Ordensmeister. Er ist gerade achtzehn Jahre alt. Für ihn bestätigen und festigen sich die frühen Beobachtungen der freimaurerischen Rituale in seinem Elternhaus. *Auf Universitäten gehörte ich zu einem Orden, der manche lobenswerthen Absichten hatte, dessen Plan aber wohl nicht mit derjenigen Gründlichkeit angelegt war, mit welcher man ihn jetzt, da die Erfahrungen in diesem Fache so sehr vervielfältigt worden sind, ausarbeiten würde.*[59]

Die Gründlichkeit, die er vermisst, schafft er sich 1775 selbst. Er gründet einen »Freundschaftsorden« und formuliert dessen Satzung, *Das Buch des Ordens für vollkommene Freunde. Höchster Grad des Ordens der Freundschaft.* Er bleibt allerdings für eineinhalb Jahre dessen einziges Mitglied. Erst dann nimmt er seine Cousine Louise von Hoym als zweites und wieder erst nach fast eineinhalb Jahren ein drittes Mitglied auf, die neunzehnjährige Gesellschafterin der Landgräfin von Hanau, die Gräfin Stolberg-Stolberg. Es folgen noch vier weitere Mitglieder, zwei Soldaten und zwei Ärzte. Aber dann nimmt Knigge sich offenbar nicht mehr die Zeit, eine weitere Ausbreitung des Ordens zu organisieren.

Wie aus der Satzung des Freundschaftsordens hervorgeht, verfolgt Knigge kein anderes Ziel als die Freundschaft unter wenigen, die als Vorbilder für andere ihr Leben leben und nur verpflichtet werden, einen Briefwechsel zu unterhalten, ihre Erfahrungen in einem Buch aufzuzeichnen und dieses im Todesfall einem der Mitglieder zu hinterlassen. Es gibt keine äußeren Zeichen der Zugehörigkeit, außer dass jeder etwas Grünes an seiner Kleidung tragen soll.[60]

Die Gründung dieser privaten Verbindung zeigt eindrucksvoll, wie ausgeprägt Knigges Bedürfnis nach Nähe ist und wie sehr er versucht, diese durch einen Lebensbund herzustellen und zu bewahren. Zugleich ist – neben den Beobachtungen im Elternhaus und den Erfahrungen während der Studentenzeit – die ganze Atmosphäre des zeitüblichen bündischen Lebens die Grundlage dafür, dass er sich später so intensiv auf Freimaurer und Illuminaten einlässt. Dieses Engagement konkretisiert sich im Grunde schon 1770, als er den Grad eines Meisters der Gustavsloge im Concordienorden einnimmt und damit zum ersten Mal eine Führungsrolle in einem Geheimbund spielt. Zuvor jedoch sollte ihm das Studentenleben in Göttingen eine ganz andere Art von Erfahrung bringen.

Versenkt ins Meer der jugendlichen Wonne
STUDENT IN GÖTTINGEN

Göttingen ist gar nicht schön, aber die Herrn Pursche seyn doch sehr lustig. Spazierengehen kann man gar nicht, denn es ist hier kein Garten. Es ist der Blick des Bediensteten Christoph Birnbaum auf Göttingen, wie Knigge ihn im *Roman meines Lebens* schildert. Der Diener zeigt sich in einem Brief an seine *allerliebste Jungfer Sievers* wenig angetan von der Stadt und ihrer Universität. *Die Herrn Professors sollen nicht sehr lustig in Gesellschaft seyn, und haben alte Frauen ...*[61] Ob Knigges eigener Blick mit dem des literarischen Briefschreibers übereinstimmt?

Am 23. Oktober 1769 wird Adolph als Student der Jurisprudenz in Göttingen immatrikuliert. Später nimmt er noch die Kameralwissenschaften hinzu. Er studiert also Jura und Öffentliche Verwaltung. Für die noch junge Verwaltungswissenschaft waren erst 1727 die ersten Lehrstühle eingerichtet worden (in Halle und Frankfurt/Oder).

Die Universität Göttingen gilt – nach einem Bericht des von Schiller so genannten »Universitäts-Bereisers« Friedrich Gedike aus dem Jahr 1789 – als die »vorzüglichste« Universität Deutschlands. Diesen Ruf verdankt sie vor allem der Universitätsbibliothek, der Philosophischen Fakultät und Professoren wie Heyne, Pütter, Schlözer und Lichtenberg. Der Anteil der Adligen unter den Studenten beträgt in der Mitte des 18. Jahrhunderts dreizehn Prozent und wird bis zum Ende des Jahrhunderts auf achtzehn Prozent steigen (der Durchschnitt liegt in Deutschland bei elf Prozent) – bei einem Anteil des Adels an der Gesamtbevölkerung von einem Prozent (um 1800).

Das geistige Klima in Göttingen ist liberal und modern, was

man zum Beispiel daran ablesen kann, dass hier 1787 eine Frau zum Dr. phil. promoviert wird. Sie heißt Dorothea Schlözer und ist, nach Dorothea Christiane Leporin 1754 in Halle, die zweite Frau, die überhaupt in Deutschland promoviert wird.

Knigges intellektuelle Entwicklung ist eng mit seinen Studienjahren, 1769 bis 1772, verwoben, aber auch mit seiner Bereitschaft, lebenslang zu lernen und die Strömungen der Zeit in sich aufzunehmen. Es zeigen sich erstaunliche Parallelen in seinem geistigen Profil und der allgemeinen Mentalitätsentwicklung in der zweiten Hälfte des 18. Jahrhunderts. Der Stuttgarter Historiker Axel Kuhn und sein Schüler Jörg Schweigard haben in einer Studie über die Studentenbewegung zur Zeit der Französischen Revolution etwa 40 000 Sentenzen ausgewertet, die sich die Studenten in den Jahren 1740 bis 1800 gegenseitig in die damals üblichen Stammbücher schrieben. Sie verfügten dadurch über eine beispiellose Basis an authentischen Zeugnissen aus dem Studentenmilieu dieser Zeit. Im Zusammenhang mit Knigges Bildungsweg fällt nun auf, dass die allgemeinen Mentalitätsmerkmale und besonders der Mentalitätswandel bei den Studenten in hohem Maße der Entwicklung in Knigges Denken entspricht. Kuhn und Schweigard registrieren eine Entwicklung von privaten zu gesellschaftlichen Werten und einen Wandel von der Religion über die Tugend zur Freiheit.[62] In den untersuchten Stammbüchern herrschen um 1740 noch religiöse Themen vor. Danach fällt die »Religionskurve« steil ab, und die Reflexion über Sinn und Ziel menschlichen Handelns beansprucht mehr Raum. Dabei steht bis in die siebziger Jahre ein zunächst noch »gottgefälliges«, dann immer stärker ein autonomes Handeln des Individuums im Vordergrund. Menschliches Handeln wird in wachsendem Maße auf die Gesellschaft bezogen. Die Begriffe Tugend und Streben nach Glück gehen jetzt eine enge Verbindung ein. Tugend wird als Grundlage der menschlichen Gemeinschaft und ihres Funktionierens gesehen und gefordert. Tugendhaft ist, wer sich für andere einsetzt. Dies aber bedeutet angesichts der allgemeinen Umbruchsituation: Tugendhaft ist, wer die Gesellschaft verändern will. So gewinnt in den neunziger Jahren das Tugendideal eine ausgesprochen politische Qualität.[63]

Diese Veränderung der allgemeinen Mentalität entspricht genau den teils unbewussten, damit aber umso wirksameren Vorgaben, mit denen Knigge seine Laufbahn beginnt und vollendet. Die Entsprechung ist umso genauer, je mehr man die Details einbezieht: Die Kritik am Adel verstärkt sich, Seelenadel und Leistung für die Gesellschaft treten an die Stelle des Geburtsadels; der Despotismus der Machthaber soll durch Aufklärung überwunden werden; Freiheit ist vor allem die Freiheit zur Selbstbestimmung. Diese Elemente der Zeitstimmung wird Knigge aufgreifen und mit all seinen Kräften in die Wirklichkeit zu übertragen suchen.

Finanziell ist Knigges Studium in Göttingen leidlich gesichert. Die Gläubiger haben seine Bezüge aus dem beschlagnahmten Erbe um 150 Taler auf 650 Taler pro Jahr erhöht. Das bedeutet zunächst einmal, auf Zeit, ein sorgenfreies Leben in der jungen und begehrten Universitätsstadt. Die erst 1734 als »Georgia Augusta« gegründete Universität bietet dem »Klosterschüler« endlich die große Freiheit. Der 17-Jährige scheint sie ausgekostet zu haben.

Um sich das Leben und Studieren an deutschen Universitäten in der zweiten Hälfte des 18. Jahrhunderts vorstellen zu können, muss man die äußerst geringen Studentenzahlen kennen. In den fünf Jahren von 1786 bis 1790 waren in Halle jährlich 1042 Studenten immatrikuliert, in Göttingen 812, in Jena 783 und in Leipzig 670. Andere Hochschulen hatten noch weniger Studenten, Heidelberg zum Beispiel nur 128.[64]

Folgt man dem *Roman meines Lebens*, so verbringen die Studenten viel Zeit mit mehr oder weniger witzigen Streichen. *Wenn ein Fremder in einem Gasthof einkehrt; so schleichen sie sich, indeß er etwa unten am Wirthstische speiset, oder sonst, auf sein Zimmer, und nähen ihm sein Nachtkamisol um eine Handbreit ein, da dann der Fremde, wenn er es anziehen will, mit Schrecken wahrzunehmen glaubt, daß sein ganzer Leib geschwollen sey ...*[65]

Will man den »Erzählungen und Schwänken« glauben, die Georg Friedrich von Zanthier »zur Unterhaltung und zum Zeitvertreib« 1810 herausgegeben hat, so hat Knigges »jugendlicher Muthwille« gelegentlich seinen Zeitgenossen übel mitgespielt. Er konnte »fast alle Hände nachschreiben«, das heißt, er konnte fremde Handschriften imitieren. Zanthier erzählt, wie Knigge einmal eine Einladung an zwölf Prediger verschickt habe. Darin lud der Superintendent alle zwölf zu einem Essen ein. Die Verlegenheit und Peinlichkeit war groß, als die Herren bei ihrem ahnungslosen Vorgesetzten eintrafen und eine handgeschriebene Einladung vorweisen konnten. Schlimmer noch traf es einen jungen Bräutigam aus Knigges Umgebung, der unmittelbar vor seiner Hochzeit einen Brief von einer gewissen Sophie erhielt, in dem zu lesen war: »Drey Tage vor Deiner Hochzeit hast Du noch eine ganze Nacht an meinem Busen geschwelgt ...« Als die Braut dieses angebliche Zeugnis eines Seitensprungs fand, war die Aufregung groß. Knigge, der Autor dieser Zeilen, nahm schließlich der üblen Fälschung die zerstörende Schärfe, indem er zugab, dass er der Verfasser war. So jedenfalls erzählt es der Anekdotensammler Zanthier und fügt hinzu: »Die Kunst des Schweigens war ihm nicht gegeben ...«[66]

Das Studentenleben prägt den jungen Knigge fast ebenso stark wie die Kinderzeit. In Göttingen ist er zunächst – wie es 1790 ein Studentenlied ausdrücken wird – »versenkt ins Meer der jugendlichen Wonne«. In seinem Roman *Das Zauberschloß* wird er das Studentenleben seines Helden schildern und in gewohnter Weise seine eigenen Erfahrungen nahezu unverfremdet in die Lebensgeschichte des Grafen Tunger übertragen.

Knigge legt die Geschichte als Ich-Erzählung an. Der Held liest gemeinsam mit Freunden die Werke der Literatur, die man für vorurteilsfrei hält.[67] Man liest Rousseau und distanziert sich von Voltaire: *Wir verachteten den faden, glattzüngichten, geschwätzigen Persiffleur Voltaire und nährten uns mit der männlichen Weisheit des markichten J. J. Rousseau.* Von den englischen Autoren dagegen, allen voran Shakespeare, ist man begeistert: *Die seelenvollen englischen Schriftsteller ... begeisterten uns. An Yoricks Hand belauerten wir das menschliche Herz in seinen geheimsten Schlupfwinkeln und übten uns, die feinsten Fäden in dem unendlichen Gewebe der Empfindungen aufzufangen und in den kleinen, unbedeutend scheinenden Launen und Grillen die Quellen der großen Haupt- und Staatsaktionen zu suchen.*[68]

Knigges Berufung auf Laurence Sterne und Jean Jacques Rousseau ist ein Schlüssel zum Verständnis des jungen Studenten in Göttingen und darüber hinaus zu seinem gesamten Denken. Was Knigge 1791 in der Geschichte des Grafen Tunger beschreibt, spiegelt den intellektuellen und emotionalen Aufbruch einer ganzen Studentengeneration. Wenn auch nicht ohne spöttische Ironie, erzählt er, wie *die goldene Aufklärung schon herrliche Fortschritte gemacht* habe, und schildert die Erlebnisse seines Göttinger Studentenzirkels als *Reise des Herzens* an der Hand des Landpfarrers Yorick (Sterne). Was da vordergründig als Reise von Calais über Amiens, Paris, Moulins nach Lyon beschrieben wird, ist bei Sterne und für Knigge in Wahrheit eine »sentimental journey« zu den empfindsamen Abenteuern der Seele, zu den *sanfteren Leidenschaften und Neigungen,* die die Liebe zur *Welt und zu den Mitmenschen* fördern soll.

Knigges Berufung auf Sterne eröffnet noch eine andere Dimension des Verstehens: die erotische *Subtilität des Gefühls.* Als Yorick in Calais eine Kutsche mietet, begegnet er einer ungewöhnlich schönen Dame und berührt zufällig ihre Hand: *Der Pulsschlag der Adern an meinen Fingern, die sich auf die ihren preßten, sagte ihr, was in mir vorging: sie sah zu Boden – eine Stille von mehreren Augenblicken folgte.*

Neben Sterne gab es natürlich Rousseau als weiteren Stern am Himmel der jungen Generation unter den Göttinger Studenten. Rousseau hatte in den Jahren von 1750 bis 1762 seine wichtigsten programmatischen Schriften veröffentlicht und in ganz Europa heftige Reaktionen ausgelöst. 1750 hatte er in seiner Abhandlung über die Frage »Hat die Wiederherstellung der Wissenschaften und der Künste zur Verfeinerung der Sitten beigetragen?« das Grundmotiv seiner Philosophie intoniert. Das junge Europa war wie elektrisiert, denn Rousseaus These lautete: Zivilisation und Gelehrsamkeit führen zu Lasterhaftigkeit und Ungleichheit; Aufklärung bringt Argwohn, Hass, Verrat und Sittenverfall mit sich; Die zivilisierte Menschheit überdeckt mit ihrer Höflichkeit und verlogenen Feinheit nur ihre barbarische Rohheit und Unsittlichkeit. Dagegen stellt Rousseau die natürliche Tugend des unverbildeten Menschen, der noch nicht versklavt und korrumpiert ist.

1755 hatte Rousseau eine weitere Schrift vorgelegt: die »Abhandlung über den Ursprung und die Gründe der Ungleichheit unter den Menschen«. Darin rühmt er den Wilden, der in einem vorgesellschaftlichen Zustand friedlich und zufrieden lebte, den

Unterschied von Mein und Dein, Tugend und Laster nicht kannte und deshalb auch keine Gesetze des Zusammenlebens brauchte – bis durch Sesshaftigkeit und Eigentumsbildung Interessengruppen entstanden und ein zügelloser Kampf um Besitz, Macht und Rechte die Menschen in Mächtige und Schwache, Herrschende und Beherrschte aufteilte.

Für das Verstehen der späteren Auffassungen Knigges – wie der gesamten aufgeklärten Staatsphilosophie – ist es wichtig zu sehen, dass Rousseau selber von diesem vorgesellschaftlichen Idealzustand sagte, »daß er vielleicht nie existiert hat, nie existieren wird und daß es dennoch notwendig ist, einen klaren Begriff von ihm zu haben, um auf diese Weise über unsern gegenwärtigen Zustand urteilen zu können«.[69]

Als Knigge in Göttingen studierte, waren Rousseaus »Du Contrat Social« und »Emile« bereits erschienen (1762). Das staatsphilosophische Werk »Über den Gesellschaftsvertrag oder Grundsätze des politischen Rechts« dürfte unter den Studenten eher wenig diskutiert worden sein – es galt als schwierig und abstrakt. Der Erziehungsroman »Emile oder Über die Erziehung« dagegen löste sofort kontroverse Debatten aus. Vor allem die Jüngeren konnten sich mit Rousseaus Ansichten identifizieren, weil auch sie die falschen Erziehungsprinzipien der Zeit für die gesellschaftlichen Fehlentwicklungen verantwortlich machten. Von der »natürlichen Erziehung«, wie Rousseau sie gefordert und in der Gestalt seines Emile versinnbildlicht hat, erwarteten die jungen Göttinger Studenten eine Reform von Bildung und Erziehung und eine Erneuerung der Gesellschaft – eine Thematik, der Knigge sein gesamtes Lebenswerk widmen sollte.

Schulmeister, die sich als Literaturwissenschaftler verstehen, haben Knigges Berufung auf Rousseau als epigonal abgetan. Knigge sei gewissermaßen in Rousseaus Fußstapfen getreten und habe den einen oder anderen Aspekt nur herausgegriffen und kompiliert. Die Germanistin Birgit Nübel hat jedoch nachgewiesen, dass Knigges Schriften in einer dialogischen Beziehung zu Rousseaus Werk stehen.[70] Knigges literarische und moralphilosophische Schriften stehen »auch in qualitativer Hinsicht in einem intensiven Dialog mit Rousseaus Texten, ohne jedoch die Auseinandersetzung explizit (durch Zitate, Anspielungen etc.) zu thematisieren oder zu reflektieren«.[71]

In der zweiten Hälfte des 18. Jahrhunderts waren die Schriften Rousseaus Teil des geistigen Diskurses in Europa. Der Dialog Knigges mit Rousseau in allen Fragen der Anthropologie, Pädagogik, Geschichtsphilosophie oder Ästhetik wurde also verstanden, selbst dann, wenn Knigge – wie in den Parodien *Über Friedrich den Liebreichen* und die *Reise nach Fritzlar* – auf Distanz geht oder gar Rousseaus Äußerungen umdeutet.

Aus der Gleichheit der Urteile unter den Studenten ergaben sich freundschaftliche Kontakte, die man als frühe Vision einer ordensähnlichen Gemeinschaft verstehen kann und die Knigges Erfahrung mit dem Concordienorden vertieften: *Da in den Jünglings-Jahren das Mein und Dein und die mancherley politischen Verhältnisse noch keine bedeutende Trennungen bewürken und von keinen wichtigen Aufopferungen die Rede ist; so nährt man in diesem Alter leicht den Wahn von ewigen, uneigennützigen Herzens-Verbindungen, der nachher zu früh schwindet ... Wir zogen in Ein Haus zusammen. Wir waren nicht Alle gleich reich; Aber es herrschte eine Art von Gemeinschaft der Güter unter uns...*[72]

Trotz dieser Verwurzelung im Studentenorden und in der studentischen Wohngemeinschaft wird Knigge noch während seiner Studienzeit an seine Zukunft denken und einen folgenreichen Ausflug in eine, gemessen an Göttingen, große Stadt unternehmen, der sein Leben verändern sollte.

DER HOFMANN

Auf nach Kassel
Berufsanfang

März 1771. Schuld an allem ist die Tante. Adolph will sie für ein paar Wochen in Kassel besuchen. Immerhin ist sie – Juliane Ernestine von Althaus, geb. Freiin Knigge, eine Schwester seiner Mutter – verheiratet mit dem hessischen Minister Moritz Wilhelm von Althaus. Kassel ist eine Reise wert, seit der Landgraf Friedrich II. von Hessen nach dem Siebenjährigen Krieg repräsentative öffentliche Bauten in Auftrag gab und die Bürger der Stadt durch Bauprämien, kostenlose Abgabe des Baumaterials aus der inzwischen nutzlos gewordenen Festung und eine zehnjährige Abgabenfreiheit in einen wahren Baurausch versetzt hatte. Kassel boomt. Aber auch der Hof des Landgrafen von Hessen ist für den Studenten, der die Nutzungsrechte seiner heimischen Güter verloren hat und irgendwann eine Anstellung braucht, attraktiv. Er hofft auf eine Hofkarriere. Er ahnt den Preis nicht, den er dafür zu zahlen hat.

Kassel wird für Knigge zur Schicksalsstadt. »Jung und brillant war er, ausgestattet mit der Gabe der Bezauberung«, schreibt Max Rychner.[73] Für seine private und seine berufliche Existenz fallen hier Entscheidungen, die sein weiteres Leben bestimmen werden. Immer wieder wird er sich in seinen Schriften ausdrücklich oder in literarischer Verschlüsselung auf Kassel beziehen. Im *Roman meines Lebens*, den er als Abrechnung mit den Erfahrungen an den Höfen von Kassel und Hanau schreibt, lässt Knigge zunächst seiner Bewunderung und Hochachtung für Kassel freien Lauf. *Alles athmet nur Freude hier. Herrliche Gebäude, Palläste, bezaubernde Gärten, Music, Malerey, Schauspielkunst, das alles scheint hier zu Hause zu seyn.*[74]

Natürlich ist der junge Knigge kritisch genug, um auch die Schattenseiten der Residenzstadt wahrzunehmen. Er empfindet die Rokoko-Verzierungen auf Möbeln und Tapeten als *lächerlich* und ekelhaft. Aber er will seine Distanz zum Rokoko keinesfalls nur als ästhetischen Einwand verstanden wissen. *Unterdessen scheint mir diese Sache nicht so unwichtig zu seyn, als man sie gewöhnlich ansieht, und ich bin überzeugt, daß jemand, der von Jugend auf nichts als richtige, bedeutende, zweckmäßige, wahrhafte Gegenstände um sich sieht, auch richtiger, treffender und genauer denkt.*[75] Die Formensprache des Rokoko ist für ihn offenbar nicht die richtige Hilfe zu treffsicherem und genauem Denken.

Knigges Wertschätzung des »natürlichen« Menschen, wie er sie bei Rousseau gefunden hat, macht seine Kritik an allem Gekünstelten ebenso verständlich wie seine Besinnung auf das Selbstbewusstsein der Deutschen. *Überhaupt ist es ein großes Elend, daß itzt der Deutsche sich wenig um einen eigenthümlichen, festen Charakter bekümmert. An einem Orte, wo etwa eine englische Prinzessinn ist, muß alles geengländert seyn, und drey Meilen von da findet man wieder ein kleines Volk von Halbfranzosen. Wann werden wir einmal anfangen einen eigenen Weg zu gehen? Die allgemein in Deutschland nachgeamte feine politische und galante französische Lebensart, der Ton von falschen Artigkeiten und von verbindlichen Dingen, welche man sich vom Morgen bis Abend herplappert, macht uns zu elenden Puppen und verdrängt alles Gefühl aus unsren zusammengeflickten Conventions-Characktern.*[76]

Knigge schreibt dies 1780, während zum Beispiel Friedrich II. von Preußen, wie viele andere an den europäischen Höfen, die französische Lebensart pflegt und sich zum Gebrauch der deutschen Sprache nur herablässt, wenn er zu seinen Hunden oder Lakaien spricht. Auch Knigges neuer Landesherr, Friedrich II. von Hessen-Kassel, holt Franzosen an seinen Hof und orientiert sich an der höfischen Kultur Frankreichs.

Knigge ist zwar kritisch, aber er ist kein Revolutionär. Er verdrängt sogar die Praxis der hessischen Landgrafen, junge Soldaten des Landes an die britische Krone für den Einsatz in den nordamerikanischen Kolonialkriegen zu vermieten.[77] Seinen Carl von Hohenau lässt er sagen: *Der Landgraf ist von seinen Unterthanen geliebt. Bey allen äußerlichen Vorzügen, Kenntnissen aller Art, Geschmack an schönen Künsten und feinem Witze, der jede Seite eines Dinges schnell und richtig zu fassen weiß, besitzt er ein gefühlvolles Herz ... Er verzeyhet gern, wenn er beleidigt ist, und rächt sich nicht ...*[78]

Die Förderung der schönen Künste und der gesamte Wohlstand des Landes sind, wie Knigge weiß, ohne die Einkünfte aus der Vermietung hessischer Soldaten nicht zu denken. Der Soldatenhandel hatte bereits Tradition in Hessen. Landgraf Karl I. (1677-1730) hatte damit begonnen, als er 1687 eintausend Mann an die Republik Venedig zum Krieg gegen die Türken in Morea auf der Peloponnes vermietete. 1702 waren es schon 9000 Mann, die er für die Kriege der europäischen Seemächte bereitstellte. Seit der Thronbesteigung Georg II. von England zahlte das Königreich jährlich in Pfund Sterling für Soldatenlieferungen aus Hessen. Der Gipfel dieser Praxis war erreicht, als 1743 im österreichischen Erbfolgekrieg hessische Landeskinder an beide Krieg führenden Mächte vermietet wurden: 6000 Hessen kämpften auf Seiten Georgs II. und Maria Theresias, 6000 Mann auf der Seite Karls VII. Auch im Siebenjährigen Krieg kämpften 12 000 Hessen für englische Interessen gegen die Franzosen.[79] Diese Praxis konnte man nicht übersehen, wenn man sich auf ein Leben am Hof von Kassel einrichtete.

Landgraf Friedrich II. verwendete den Reichtum aus dem Soldatenhandel, ebenso wie die Einnahmen aus dem italienischen Lotto, unter anderem für eine großzügige Förderung des Landes. Er war durchaus geprägt von den Ideen der Aufklärung, modernisierte das Bildungswesen, gründete höhere Lehranstalten und Museen, baute ein Opernhaus und, nachdem er katholisch geworden war, eine katholische Kirche. Er korrespondierte mit Voltaire und hinterließ, neben mehr als hundert unehelichen Kindern, sechzig Millionen Taler in bar.

Knigge gibt im *Roman meines Lebens* anhand der Gesellschaft in Kassel eine Beobachtung wieder, die schon 1780 den Autor des 1788 erscheinenden Buches *Über den Umgang mit Menschen* erkennen lässt, jenes Buches, durch das er bis heute bekannt und berühmt ist: *Man hatte mir gesagt, daß man in Cassell sehr frey über die Religion denke. Das kann wahr seyn; was mich aber gefreuet hat, ist gewesen, daß man wenigstens nicht frey darüber redet. Der Mann, welcher öffentlich über Dinge spottet, worauf andere Menschen ihre Ruhe bauen, ist ein schlechter Kerl, wäre er auch der Erste im Staate. Überhaupt, denke ich, soll man über Religion nie, weder im Guten noch Bösen, in Gesellschaften reden. Zu einer flüchtigen Unterredung ist das keine Materie;*

überlasse man doch einem Jeden, für sich in der Stille, an der Ruhe seiner Seele zu arbeiten.[80]

Hier wird deutlich, in welchem Sinn der *Roman meines Lebens* autobiografisch verstanden werden kann. Knigge erzählt *Begebenheiten aus meinem und anderer Leute Leben ... Wahre Begebenheiten also, welche ich theils selbst erlebt, theils in der Nähe oder von Weitem beobachtet habe, Characterzüge von verschiedenen Gattungen Menschen, und hie und da eigene Gedanken über allerley wichtige und unwichtige Dinge, sollen hier in einer Art von Verbindung erscheinen. Das Ganze kann man hernach einen Roman nennen – oder wie Sie wollen!*[81]

Knigge schreibt den Briefroman, als er bereits in Frankfurt wohnt und auf seine letztlich negativen Erfahrungen an den spätabsolutistischen Höfen von Kassel und Hanau im Zorn zurückblickt. Durch diese literarische Form schafft er sich die Möglichkeit, aus wechselnden Perspektiven zu erzählen; sechs Personen sind es, die sich gegenseitig ihre Erlebnisse berichten[82] – und dabei zahlreiche Parallelen zur Biografie Knigges aufweisen. Die Gedanken, Eindrücke und Erfahrungen bei Hofe sind literarisch verarbeitet. Kassel wird zum Rahmen der Beobachtung und Analyse, durch die Knigge seine dramatischen Erfahrungen spiegelt. *Als ich, gerade noch zu rechter Zeit für Kopf, Herz, Gesundheit und Geldbeutel, von dem Schauplatz des Hoflebens abgetreten war, konnte ich der Versuchung nicht wiederstehn ..., einige Scenen, in welchen ich auf diesem Theater theils mitgespielt hatte, theils nur als Statist aufgetreten war, zum Nutzen und Frommen, zur Warnung und zur Ehrenrettung, in einem Buch zu beschreiben, das ich den Roman meines Lebens nannte.*[83]

Kassel ist auch in Knigges zweitem Roman, der *Geschichte Peter Clausens*, der Hintergrund, vor dem er die Verhältnisse an den Höfen der deutschen Fürsten sichtbar macht. Da ist von *Hofgeschmeiße*, einer *pestilenzischen Hofluft* und von *erbärmlichsten Hofschranzen* die Rede, und am Ende fasst Knigges Alter ego zusammen: *Es ist schwer, an Höfen nicht flach zu werden, sondern Eigenheit und Gepräge zu behalten. Wenn man beständig eine leere, conventionelle Höflichkeits- und Falschheitssprache hört, alle seine Worte nach dem Maaßstabe schlauer, lauernder Vorsichtigkeit abmessen und jede Handlung nach politischen Rücksichten modeln muß – Wer wird da nicht zuletzt zu Grunde gehen?*[84]

Knigges Ausflug nach Kassel hat sich also zu einem Abenteuer entwickelt. Er, der Verwandte eines Ministers, wird am Hof des Landgrafen Friedrich akzeptiert, am 19. März 1771 zum Hofjunker und drei Tage später zum Assessor an der Kriegs- und Domänenkammer ernannt.[85] Ihm wird sogar gleich am Anfang ein anderthalbjähriger Urlaub zur Fortsetzung seiner Studien in Göttingen bewilligt. Knigge kommt also als sehr junger Mann in den vollen Genuss seiner ständischen und familiären Privilegien. Er ist darin einer von vielen. Noch ist nicht zu erkennen, wie sehr dieser Adolph Freiherr Knigge sich individualisieren und wie stark er seinen eigenen Weg suchen und finden wird im Spannungsfeld zwischen aristokratischen und bürgerlichen Lebensformen, zwischen dem Leben als besitzorientierter Landedelmann und der ungesicherten, damals völlig neuen Existenz eines freien Schriftstellers.

Die Anstellung bei Hofe bedeutet keineswegs, dass der Hofjunker und Assessor mit ausreichenden Einkünften rechnen kann. Im Gegenteil: Ein standesgemäßer und prestigegesättigter Aufenthalt am Hof ist kostspielig. Knigges Bezüge aus dem Erbe, 650 Reichstaler jährlich, das Assessorengehalt von 150 Talern, 26 Taler Holzgeld, 8 Taler Salzgeld und ungefähr 150 Taler Sporteln[86] reichen dazu nicht annähernd aus. Die Finanzausstattung wird zu einem Dauerthema.

Es ist ein weiter Weg von der Begeisterung der ersten Wochen bis zur Resignation am Ende der dreijährigen Kasseler Zeit. In einer autobiografischen Passage im *Umgang mit Menschen* schreibt Knigge 1788 rückblickend: *Ich trat als ein sehr junger Mensch, beynahe noch als ein Kind, schon in die große Welt und auf den Schauplatz des Hofes. Mein Temperament war lebhaft, unruhig, bewegsam, mein Blut warm ... Meine Lebhaftigkeit verleitete mich zu großen Inconsequenzen; ich übereilte alles, that immer zu viel oder zu wenig, kam stets zu früh oder zu spät, weil ich immer entweder eine Thorheit begieng, oder eine andere gutzumachen hatte...*[87]

Aber es sollten neben dem Kampf ums Geld und ums Überleben inmitten der Hofintrigen noch ganz andere Herausforderungen auf den Neunzehnjährigen warten.

Fehl am Platz
Schwierigkeiten bei Hofe

Das konnte nicht gut gehen. Der am 19. März 1771 frisch ernannte Assessor an der Kriegs- und Domänenkammer hatte, im Grunde genommen, nichts vorzuweisen als anderthalb Jahre eines noch nicht abgeschlossenen Studiums. Dies wussten alle Schranzen am Hof des Landgrafen von Hessen-Kassel. Was sie nicht, noch nicht wussten, war der Umstand, dass dieser junge Mann sehr wenig Geld hatte, um sein aufwendiges Leben am Hof zu finanzieren. Und dass er auch fürderhin immer in Geldschwierigkeiten stecken würde, weil sein väterliches Erbe von Gläubigern unter Verschluss genommen worden war.

Knigges Auftreten in Kassel ließ von alledem nichts ahnen. Er war elegant und in bestes Tuch gekleidet. Er war eloquent und witzig. Er war keine Schönheit, aber sein Selbstbewusstsein schien völlig unangekränkt, seine Karriereambitionen grenzenlos. Dabei musste er noch sein Studium der Rechte und der Kameralistik (Finanzwirtschaft) in Göttingen weiterführen und war dafür auch schon vom Landgrafen beurlaubt. Max Rychner, einer der besten Kenner des Freiherrn, schreibt: »Er muss damals, in der Mitte der Zwanzig, etwas mehr als Gewinnendes, etwas die schwerfälligeren Menschen Mitreißendes gehabt haben, etwas von einem weltverliebten Götterknaben, den man nach Mustern nordischer Mythologie nicht lange oben lässt.«[88]

Die studentische Begegnung mit den Gedanken von Sterne und Rousseau hatte bereits ihre Spuren hinterlassen. Knigge durchschaute bald die Scheinwelt des höfischen Lebens ebenso wie die Oberflächlichkeit der französischen Lebensart rund um den Hof. Er war also nicht aus dem Holz geschnitzt, aus dem Höflinge gemeinhin gemacht sind. Das war ihm selbst noch nicht bewusst, und auch die Hofgesellschaft ahnte es noch nicht. Aber dann wusste sie es auf einmal früher als der Hofjunker und Kammerassessor selber. Und aus genau dieser Differenz zwischen Innen- und Außensicht, zwischen der Wahrnehmung des Neuankömmlings durch den Hofzirkel und der Selbstwahrnehmung Knigges entwickelte sich die tragikomische Geschichte von dem jungen Provinzadeligen, der zuerst belächelt, dann beneidet, dann gefürchtet und schließlich zum Rückzug gezwungen wurde.

Keine Frage: der junge Mann ist unerfahren. Aber er will sein Bestes geben und ist durchaus bereit zu lernen und sich dem Hofleben in Kassel anzupassen. Nur ist er viel zu naiv, um sich vorstellen zu können, in welchem Ausmaß die Damen und Herren der höfischen Gesellschaft ihn belauern und beargwöhnen: Man würde dem protegierten Studentlein aus Göttingen schon zeigen, wo die Glocken hängen. Und den Preis für die Nähe zum Fürsten und die Zugehörigkeit zu den Hofzirkeln würden immer noch sie, die Alteingesessenen bestimmen. Jede Form von Eigenart oder gar Selbständigkeit gilt als Anmaßung, als dreiste Missachtung der geltenden Sitten und Gebräuche. Max Rychner: »Eingesessene Machthaber in Regierung und Verwaltung sahen sich durch den Günstling, der zudem den Makel der Jugend trug, ernstlich gefährdet.«[89]

Für einen Jünger Rousseaus ist das eine schwierige Lage. Natürlichkeit und Direktheit, Offenheit und Ehrlichkeit sind bei Hofe verpönt, eine Anstoß erregende Verletzung der Spielregeln. Noch 1788, im *Umgang mit Menschen*, wird das Grollen der Seele über das *liebenswürdige Hofgesindel* nachklingen, wenn Knigge Klage führt über die *Entfernung von der Natur; Gleichgültigkeit gegen die ersten und süßesten Bande der Menschheit; Verspottung der Einfalt, Unschuld, Reinigkeit und der heiligsten Gefühle; Flachheit, Vertilgung, Abschleifung jeder charakteristischen Eigenheit.*[90]

Trotzdem kann Knigge sich am Hof in Kassel eine eigene und charakteristische Position schaffen. Er besinnt sich auf zwei seiner wichtigsten Fähigkeiten: Er kann die Menschen in seiner Umgebung mit viel Charme und Witz unterhalten. Und er kann kreativ und sehr fleißig sein. Wegen seiner Begabung als kurzweiliger Unterhalter wird er häufig eingeladen, obgleich seine Lust am satirischen Humor immer die Gefahr mit sich bringt, dass der Gastgeber oder ein Gast ins Kreuzfeuer seines Spottes oder seiner Ironie gerät. Manchmal verkennt Knigge dabei auch – zumindest aus der Sicht der Betroffenen – die Rolle des Hofnarren, überschreitet also die konventionellen Grenzen. Jedenfalls hat er sich mit seinen Späßen keine Freunde gemacht. Man lacht, aber man fürchtet ihn und geht insgeheim auf Distanz.

In den Berichten über Knigges Zeit in Kassel findet sich eine erstaunlich üppige Legendenbildung, bei der die leichten Unterschiede in den Überlieferungen auf eine gewisse Beliebigkeit im Detail hindeuten. Diese Klatschgeschichten und Anekdoten wurden später oft als historisch verbürgt ausgegeben, ohne dass sie dies waren. Doch ist ein wahrer Kern unbestreitbar. Birgit Nübel hat unter Berufung auf die »Althessischen Silhouetten« von Heinrich Koenig (1854) und das Buch »Hessische Zeiten und Persönlichkeiten« von Carl Fulda und Jacob Hoffmeister (1876) einige dieser Anekdoten zusammengestellt.[91] So habe Knigge zum Beispiel englischen Besuchern, die dem Landgrafen vorgestellt werden sollten, angeraten, den Westentaschenzipfel des Fürsten zu küssen, was zu grotesken Figurationen geführt habe. Oder: Knigge habe sich bei einer Abendgesellschaft der Landgräfin mit dem Schlafrock und der Nachtmütze ihres Ehegatten verkleidet und sei dabei von dem vorzeitig zurückkehrenden Landgrafen überrascht worden. Oder: Knigge habe bei Bettelkindern Ungeziefer gesammelt und dies »unter vertraulichem Ohrenflüstern« einigen Damen »in die bauschende Frisur« gesetzt. Und bei einem Maskenball soll er auf dem Rücken des als Domino verkleideten Hofmarschalls einen Zettel angebracht haben, auf dem dessen Name zu lesen war: Graf von Bischofshausen.[92]

Natürlich nahmen der Hofmarschall, immerhin der mächtigste Mann im Staat des Landgrafen, und die Höflinge Anstoß an der unziemlichen Entlarvung. Nur der Landgraf selbst besaß den Humor, den harmlosen Streich zu goutieren. Das wiederum reizte die Damen und Herren nur noch mehr – ihre Missgunst gegen Knigge schlug in Hass um. In ihren Augen war es deshalb ein Glücksfall, dass Knigges nächster Streich für ihn selbst höchst unangenehm wurde und bleibende Folgen haben sollte.

Eine Frau fürs Leben
Henriette von Baumbach

Wir schreiben das Jahr 1772. Knigge hat seine Ämter am Hof in Kassel gerade angetreten, als eine für sein privates Leben folgenschwere Entscheidung fällt. Die Geschichten, die erzählt werden, folgen unterschiedlichen Mustern: In einer Version wird eine namenlose junge Hofdame das Opfer eines neuen Streichs, in einer anderen hat sie einen Namen: Henriette von Baumbach, die spätere Ehefrau Knigges. Auch über sie gibt es unterschiedliche Mitteilungen. Für die einen, zum Beispiel den frühen Knigge-Biografen Karl Gödeke (1844), ist sie »ein schlankes, schön gewachsenes Mädchen, mit großen blauen Augen voll Sanftmuth und Seelengüte«. In anderen Quellen, zum Beispiel in den »Althessischen Silhouetten« des Heinrich Koenig (1854), ist sie »äußerlich wie innerlich wenig begabt«, also weder schön noch geistreich.[93] Den Freiherrn jedenfalls reitet offenbar der Teufel. Er hätte damit rechnen müssen, dass dieser Ritt durch die Hölle führen würde.

Es wird erzählt, dass Henriette von Baumbach aus Eitelkeit Schuhe trägt, die ihr zu klein sind. Wo immer es möglich ist, zieht sie einen Schuh aus, am liebsten natürlich bei Tisch. Knigge bemerkt diese Angewohnheit und befiehlt einem Lakaien, den ausgezogenen Schuh in einem unbeaufsichtigten Moment zu entwenden. Dann wartet er gespannt darauf, was passieren wird. Gegen Ende des Diners wird die Dame zusehends unruhiger. Als die Tischgesellschaft aufsteht, um sich den Kaffee servieren zu lassen, muss Henriette von Baumbach ohne ihren Schuh hinterherhumpeln. Erst jetzt lässt Knigge ihr den Schuh auf einem silbernen Tablett reichen und gibt sich selbstgewiss als Urheber des peinlichen Streichs zu erkennen.

Das allgemeine Gelächter missfällt jedoch nicht nur dem Fräulein von Baumbach, sondern auch der Landgräfin. Es spricht zwar für die Landesmutter, dass sie ihre Hofdame nicht bloßgestellt und als Zielscheibe von Spott und Schadenfreude sehen will. Hinter vorgehaltener Hand wird aber auch gemunkelt, die Landgräfin habe sich an Knigge rächen wollen, weil er ihre Schwester nach einem Techtelmechtel habe sitzen lassen. Andere Gerüchte wollen wissen, Knigge habe sogar sie selbst zurückgewiesen, wieder anderen zufolge sei es um die fünfzigjährige Cousine der Landgräfin gegangen – die habe mit Knigge anbändeln wollen, er aber habe sich brüsk entzogen.

Als Knigge nun bei einem Lever, dem morgendlichen Empfang im Schlafzimmer der Fürstin, mit der Baumbach plaudert, fährt die Landgräfin intrigant-süßlich dazwischen und erklärt den versammelten Damen und Herren, sie habe den Freiherrn Knigge und die Hofdame Henriette von Baumbach nun schon so häufig und so eng beieinander gesehen, dass sie nur hoffen könne, der Freiherr meine es ernst. Danach gibt sie ohne Umschweife die Verlobung der beiden bekannt. Knigge ist überrumpelt. Er ist außerstande, sich zu äußern oder gar sich zu wehren. Plötzlich findet er sich nicht nur mit der Erkenntnis wieder, dass er soeben von der Landgräfin zum Narren gemacht worden war, sondern dass er nach den Spielregeln des absolutistischen Hofes nun auch nicht umhin kann, Henriette von Baumbach tatsächlich zu heiraten. Hätte er die Verheiratung abgelehnt und die Landgräfin Lügen gestraft, wäre er nicht nur in Kassel, sondern auch an allen anderen Höfen kompromittiert gewesen.

Eine Woche später schon wird die Hochzeit gefeiert, im Schloss zu Kassel. Der geistreiche, aber verschuldete Ehemann wird von seiner unverhofften Ehefrau als ein zu allen Karrierehoffnungen berechtigender Staatsdiener gepriesen, der sich in der Gunst des Landesherrn sonnen darf. Henriette von Baumbach muss das Loblied auf ihren Ehemann vor allem wegen ihrer Mutter singen, die in Nentershausen, zwischen Bebra und Sontra gelegen, ein halbwegs einträgliches Gut bewirtschaftet und für ihre Tochter eigentlich eine bessere Partie erwartet hatte.

Knigges Stand und Ansehen bei Hofe wird durch die Heirat zunächst gestärkt. Dass er in diese Ehe durch die Landgräfin hineinmanipuliert wurde, hat weniger zu einer äußeren als vielmehr zu einer inneren Beschädigung geführt. Zwar war sein eigentlicher Protektor, der Minister von Althaus, schon vor seiner Ankunft in Kassel gestorben, doch findet Knigge in dessen Nachfolger Waitz von Eschen zunächst wieder jemanden, der ihn schützt und fördert. Als Waitz sich dann jedoch mit dem Landgrafen überwirft – wahrscheinlich ging es um die britischen Subsidienzahlungen für hessische Mietsoldaten –, seinen Dienst quittiert und an den Hof Friedrich II. von Preußen nach Berlin geht, findet sich Knigge allein im höfischen Intrigantenstadel.

Es entspricht den Gepflogenheiten der Zeit – die Ehe war eher ein Vertragsverhältnis als eine Liebesbeziehung –, dass alle Beteiligten sich mit der Situation abfinden, die durch die Grille der Landgräfin entstanden war. Das Ehepaar Knigge etabliert sich in der Stadt, bezieht ein Haus in der Bellevue-Straße Nr. 11 und beschafft die am Hofe nötige Garderobe, eine Kutsche mit Pferden, Bedienstete. Zur Ordnung der Dinge gehört auch, dass die Freifrau dem Freiherrn bald, am 25. November 1774, eine Tochter zur Welt bringt, die natürlich, zu Ehren der Landgräfin, auf den Namen Philippine getauft wird.[94] Die Kleine ist leidlich gesund und hat nichts zu entbehren, was ihre äußere Versorgung betrifft. Die Mutter allerdings ist eine eher kühle und berechnende Frau, die mit ihrem Ehemann und dessen Lebensleistung unzufrieden ist und denkt, sie habe Besseres verdient als diesen mittellosen Freiherrn aus dem Hannöverschen.

Der junge Vater hingegen ist warmherzig und entschlossen, alles für seine Tochter zu tun, was in seinen Kräften steht – obgleich auch er mit der unfreiwilligen Ehe hadert. Bald wird er froh sein, wenn er die eheliche Kammer mit seiner Studierstube und den Sitz am Familientisch mit einem Platz in der Freimaurerloge, die mühselige Existenz als Familienoberhaupt also mit den hehren Gefilden der Philosophie und der Freimaurerei tauschen kann. Aber sich um die Erziehung der Tochter zu kümmern, ist eine Ehrensache, die er seinem Idol Jean Jacques Rousseau schuldig ist.

Wie kaum anders zu erwarten, fordert die Erfahrung seiner nicht ganz freiwilligen Verheiratung den künftigen Schriftsteller

Knigge dazu heraus, grundsätzliche Überlegungen anzustellen und seine Einsichten zu formulieren. Im *Umgang mit Menschen* wird er von den Problemen des Ehestandes schreiben, die unweigerlich entstehen, wenn *nicht freye Wahl, sondern politische, ökonomische Rücksichten, Zwang, Verzweiflung, Noth, Dankbarkeit* oder einfach *eine Grille* zu der Verbindung geführt haben, die sich dann zu einer *höchst traurigen Lage, ... einer Existenz voll immerwährender herber Aufopferung* entwickelt, zu einem *Stand der schwersten Sclaverey, und einem Seufzen unter den eisernen Fesseln der Nothwendigkeit ...*[95]

Knigge kann also auf der einen Seite seine Karrierepläne weiter verfolgen und sich als nützlicher Diener seines Souveräns präsentieren. Auf der andern Seite aber ist er so tiefgreifend verunsichert, dass er eine Reihe von folgenschweren Fehlern begeht.

Zunächst profiliert Knigge sich – wenn die Legende stimmt[96] – durch einen Vortrag in Gegenwart des Landgrafen. Darin empfiehlt er eine Erweiterung des Zichorien-Anbaus. Diese heimische Pflanze soll als Kaffee-Ersatz dienen und verhindern, dass die Untertanen ihr Geld für die neue Droge aus Brasilien ausgeben und sich dafür sogar verschulden. Knigge bekennt zwar, dass er die Zichorie kaum vom Hafer unterscheiden könne – was angesichts der großen Unterschiedlichkeit der beiden Pflanzen nur selbstironisch gemeint sein kann –, aber er empfiehlt mit großem Nachdruck die Ausweitung der Anbauflächen und die Errichtung von Röstereien zur Weiterverarbeitung der Zichorienwurzel. Er verfasst darüber sogar eine Schrift mit dem Titel »Etwas über den Cichorienbau«.[97] Um der Staatskasse weitere Einnahmemöglichkeiten zu erschließen, schlägt er außerdem vor, Meerschaum-Pfeifenköpfe nicht mehr aus dem Ausland zu importieren, sondern in eigenen Manufakturen herzustellen.

Auf dem Gebiet von Ackerbau und Fertigung ist Knigge zwar ein Laie, aber seine Vorschläge finden den Beifall des Landesherrn und seiner Räte. Aus dem geistreichen Hofjunker ist ein ernstzunehmender Staatsdiener geworden. Die Aussicht auf neue Einnahmen entzückt alle Beteiligten. Der Landgraf ernennt am 3. September 1773 den 21-jährigen Kammerassessor, zusammen mit dem Kriegs- und Domänenrat Johann Balthasar Schröder, zum Mitdirektor der hessischen Tabaksfabrik und zum Mitglied der »Gesellschaft des Ackerbaus und der Künste«. Schon am 6. November desselben Jahres erhält Knigge das Stimmrecht in der Kammer und damit ein Gehalt von 150 Reichstalern.

Trotz der Konsolidierung seiner Stellung am Hof kann Knigge die Demütigung nicht vergessen, die ihm die Landgräfin zugemutet hat. Anstatt jedoch auf Distanz zu gehen, mischt er sich in das angespannte Verhältnis zwischen dem Landgrafen und der Landgräfin ein und lässt sich von beiden zugleich instrumentalisieren. Wäre er ein erfahrener Diplomat gewesen, hätte er sich auf das von ihm verlangte Doppelspiel für eine begrenzte Zeit einlassen und seinen eigenen Vorteil daraus ziehen können. Weil der 22-Jährige aber alles andere als ein erfahrener Diplomat ist, bleibt nicht aus, dass er, der naive und idealistisch gesinnte junge Mann, zwischen den Fronten zerrieben wird.

Die »Front« verlief nicht nur zwischen dem Landgrafen und seiner sehr viel jüngeren Frau, sondern unvermeidlich auch zwischen ihren jeweiligen Gefolgsleuten. Die fürstlichen Eheleute gingen sich aus dem Weg: Der Landgraf zog die Gesellschaft der Militärs vor, amüsierte sich bei den Aufführungen seines Balletts und ließ sich nur selten in den Räumen seiner Ehefrau blicken. Die wiederum umgab sich am liebsten mit jungen Leuten, die sich zu lebenslustigen Geselligkeiten einfanden. Jeder der beiden Eheleute wollte trotz aller Entfremdung aber wissen, was »am Hofe« des anderen vorging – ein ergiebiges Terrain für Spitzel und Zuträger.

Die Landgräfin war offenbar besonders daran interessiert, zuverlässig zu erfahren, ob und wann ihr Gemahl sich außerhalb der Stadt aufhielt, wann sie also in ihren Gemächern vor störenden Besuchen des Landgrafen sicher sein konnte. Dazu brauchte sie Informanten, am besten solche, die in beiden Zirkeln, dem eigenen und dem des Ehemannes, aus und ein gingen und – ohne Aufmerksamkeit zu erregen – nebenbei und unauffällig Informationen und Botschaften austauschen konnten. Dafür war Knigge wie geschaffen: Er tanzte auf beiden Hochzeiten und war in beiden Gesellschaften ein begehrter Unterhalter. Es gelang der Landgräfin, ihn immer mehr auf ihre Seite zu ziehen und als Informanten zu benutzen. Offenbar ließ Knigge dies zu und kooperierte – aus welchen Motiven, ist nicht bekannt.

In diesen Zusammenhang gehört wohl auch die Anekdote, wonach Knigge es übernommen habe, die Landgräfin von den An- und Abwesenheiten des Landgrafen zu informieren. Er habe ihr, während er in der Kirche hinter ihr stand und »Ein feste Burg ist unser Gott« gesungen wurde, zur Melodie dieses Liedes die Botschaft zugesungen: Heut Abend geht der Landgraf aus.

Sehr lange dürften diese Zuträgerdienste wohl nicht angedauert haben. Weder mit Knigges Intelligenz noch mit seinen moralischen Idealen war es auf Dauer zu vereinbaren, dass er als inoffizieller Mitarbeiter der Landgräfin seinen Dienstherrn, den Landgrafen, herging. Dies umso weniger, als es die Landgräfin war, deren frivoler Laune er das Zuschnappen der Ehefalle zu verdanken hatte. Knigge entzog sich der Vereinnahmung in der Überzeugung, der Landgräfin geschehe es ganz recht, wenn er sich von ihr abwandte und nicht mehr für Spitzeldienste zur Verfügung stehen wollte. Diese Entscheidung konnte natürlich nicht ohne Folgen bleiben. *Sobald die Herzogin merkte, daß ich ihre Partie verlassen hatte, warf sie einen tödlichen Haß auf mich, und machte mir, wo sie konnte, Verdruß.*[98]

Der Landgraf dagegen war, folgt man dem *Roman meines Lebens*, ein *gutgearteter Mann, dem es nicht ganz an Vernunft fehlte, der aber Ruhe und Freude liebte, und aus Bequemlichkeit nicht fest in seinen Entschlüssen, also leicht umzulenken war.*[99]

Das Dilemma, zwischen die Fronten von Landgraf und Landgräfin geraten zu sein, führt gegen Ende des Jahres 1774 zu einer entscheidenden Klärung: Knigge beginnt – er ist jetzt 23 Jahre alt – die Sinnlosigkeit seiner Hofexistenz zu begreifen. Eigentlich hatte er nie als Hofschranze leben wollen. Auch sein moralischer Anspruch an sich selbst hindert ihn daran, sein Leben so banal zu vertändeln, seinen Ehrgeiz und seinen Wunsch, zum Wohl der Menschheit tätig zu werden, am untauglichen Objekt zu befriedigen und die Ideale seiner Jugend- und Studentenzeit zu verraten.

Später wird er im Rückblick schreiben: *Sie wissen, daß ich in meinem 19. Jahre in Kassel an einen äußerst intriguanten Hof kam. Die Gunst der Herrschaften, die aber miteinander uneinig lebten; das Heer schlechter Leute, Günstlinge, Neider, Projektmacher, mit denen ich täglich umging, die ich verachtete, die ich Unerfahrener glaubte stürzen zu müssen ... Weil ich aber fremd, ohne Schutz, ohne List und Erfahrung war, so sah ich mich auf einmal mit Feinden und Verleumdern umgeben, zurückgesetzt und ohne Hoffnung, irgendeinen Plan auszuführen. Ich verließ also endlich den Kampfplatz und sah mich nach einem andern Wohnorte um.*[100]

In Ermangelung einer Alternative weicht Knigge nach Nentershausen auf das Gut seiner Schwiegermutter aus. Seine Frau und die Tochter leben dort bereits seit einigen Monaten. Die junge Familie wird für nahezu zwei Jahre dort bleiben. Für Knigge liegt es jetzt nahe, sich auf die Ideenwelt seiner früheren Jahre zu besinnen und die Kontakte zum Kosmos der Freimaurer wiederaufzunehmen – auch, wenn das seiner Frau und seiner Schwiegermutter nicht gefällt.

Neuer Horizont

FREIMAUREREI

Die Szenerie kennt Knigge schon seit Kindertagen, als sich im Hause des Vaters geheimnislüsterne Männer versammelten, merkwürdige Rituale vollzogen und sich sogar als Goldmacher versuchten. »Meister vom Stuhl« nannte sich der Vater, und die Geheimnisträger traten als Mitglieder der »Loge Friedrich« auf.[101]

Und dann ganz ähnlich in Göttingen: Die Ideen und Gebräuche des »Unzertrennlichen Concordienordens« sind den Ritualen der Freimaurer nachgebildet, und der Jurastudent Adolph Freiherr Knigge wird in die unteren Grade aufgenommen, wird bald Sekretär und später Ordensmeister. Schließlich die Freimaurer selbst: Knigge hat sich danach gesehnt, Mitglied des Geheimbundes zu sein. Ob er damit an die heimlichen Beobachtungen seiner Kinderzeit anknüpfen, eine neue Autorität finden oder eine geistige Heimat für seine eigenen Gedanken schaffen will, ist schwer zu sagen. Die Entschlossenheit jedenfalls, mit der er eine Heimat in der Loge sucht, der ruhelose Eifer, mit dem er über viele Jahre hin den Idealen der Freimaurer folgt und ihnen einen bedeutenden Teil seiner publizistischen Arbeit widmet[102] – das alles ist ein klarer Hinweis darauf, dass er in der *Freymaurerey* etwas für sein Leben Wichtiges, ja Entscheidendes erkennt.

Vielleicht hat er ja auch längst verstanden, dass es im Römischen Reich Deutscher Nation, das noch keine politischen Parteien kennt, nur diese eine Möglichkeit gibt, mit gleichgesinnten Männern die politischen Probleme der Aufklärungszeit zu diskutieren.[103] In Knigges Vorstellungswelt ist die Freimaurerei eine politische Kraft, die die Welt nicht nur verbessern, sondern auch regieren sollte. In der Endstufe soll sie Träger und Motor einer Erleuchtung sein, die Knigge sich immer in Verbindung mit nützlichen Tätigkeiten, also politischem Handeln vorstellt. Die weltabgewandten Forscher des siebten Grades der Feimaurer würden zu Priestern werden, von denen er sagt: *Sie verlangen nicht, sich in Welthändel zu mischen, sie regieren aber, ohne es zu wollen, weil sie über unsere Herzen herrschen.*[104] In diesem Konzept von freimaurerischer Priesterschaft liegt ohne Zweifel ein theokratisches Element, das aufgrund der Verbindung von rationalen und irrationalen Komponenten Machtansprüche geltend macht.[105]

Die Freimaurer-Bewegung ist, als Knigge 1773 Mitglied der Kasseler Loge »Zum gekrönten Löwen« wird, noch sehr jung. Sie hatte in Deutschland, von England kommend, erst Ende der dreißiger Jahre des 18. Jahrhunderts Fuß gefasst. Ihre Geschichtsschreibung kennt mehrere Traditionen, von denen sich einige auf die antiken philosophischen Akademien oder auf die Akademien der florentinischen Renaissance berufen, andere auf die jüdische Geheimlehre der Kabbala, wieder andere auf Kultgemeinschaften der Assyrer und Chaldäer, die eleusinischen Mysterien oder den Mithraskult.

In seinem 1786 erschienenen *Beytrag zur neuesten Geschichte des Freymaurerordens* wird sich Knigge mit diesen Traditionen befassen: *Der Geschichtsgrübler hielt die Freymaurerey für Fortsetzung der heidnischen, eleusinischen und anderen Mysterien, oder der gnostischen Secten, oder des Tempelherrenordens, oder eines gewissen, vielleicht nie existirten Rosencreutzerordens. Jeder bauete also, wie ich gesagt habe, nach seiner Weise, auf seinem Grunde; schlaue Bösewichte wußten sich die Neugier der Menschen zu Nutze zu machen ...*[106]

Die unterschiedlichen Traditionen in der Freimaurerbewegung verdanken sich wohl eher den internen Überlieferungen, die den Neumitgliedern Ehrfurcht vor der Institution einflößen sollen. Dem historisch-kritischen Blick hält am ehesten die Bauhüttenüberlieferung stand. Danach sind die Freimaurerlogen aus den bruderschaftlichen Verbindungen der Steinmetze an den mittelalterlichen Kirchenbauhütten hervorgegangen. Diese »Logen« hatten eine klare Hierarchie, Regeln, Rituale und Gebräuche, aber auch Geheimnisse, die durchaus in Verbindung zu älteren, mystischen Traditionen stehen konnten.

Ihr Eintreten für gegenseitige Hilfe, Toleranz, freie Entfaltung der Persönlichkeit, allgemeine Hilfsbereitschaft und Menschenliebe entsprach voll und ganz Knigges Überzeugungen, die auf Konfliktausgleich und Verantwortung in Staat und Gesellschaft ausgerichtet waren und die er seiner Erziehung verdankt. Ihn mag auch die freimaurerische Bauhüttentradition beeindruckt haben, wonach jede Arbeit den Charakter einer Feier hat – seine enorme Arbeitsleistung wäre ohne diese seine Bewertung der alltäglichen Arbeit gar nicht denkbar.

Das bruderschaftliche Element der Freimaurerei ist sicherlich ein besonderer Grund für Knigges Interesse. Er drängt deshalb auch immer wieder auf Intensivierung der persönlichen Netzwerke. In der Loge »Zum gekrönten Löwen« schließt er sich der »Strikten Observanz« an, einer streng orthodoxen Denomination der Freimaurerei. *Das Band unter den innern Ordensbrüdern war enge, wahrhaftig, brüderlich, herzlich, (versteht sich, in den ersten Zeiten!) indem der Genius der alten Ritterzeit wieder erwachte.*[107]

Dieses von dem Reichsfreiherrn von Hund (1722–1776) gegründete Freimaurersystem der »Strikten Observanz« führte sich selbst auf den mittelalterlichen Templerorden zurück. Man trug als »Arbeitskleidung« die Ordenstracht der Templer (weißwollenes Unterkleid und weißer Mantel mit rotem Templerkreuz) – die Goethe eine »weiß-rote Maskerade« nannte. Die hochheilige Berufung auf die Templer samt ihrer ritterlichen Prachtentfaltung, die straffe Organisation und die Finanzkraft des Ordens mit der Zusage einer Leibrente von 500 Reichstalern gefällt Knigge. *Es herrschte ein Geist von Ordnung, von Pünctlichkeit und Einförmigkeit in diesem Systeme, den man bis itzt gar nicht gekannt hatte ...*[108]

Knigge selbst war durch persönliche Vermittlung mit der »Strikten Observanz« in Berührung gekommen.[109] Er traf einen »Kavalier«, der von sich erklärte, er sei Tempelherr und Mitglied des inneren Zirkels dieses Ordens, der eine aus Schottland kommende Wiedergeburt des Ritterordens der Templer sei. Den gleichmacherischen drei Johannisgraden der englischen Freimaurertradition (Lehrling, Geselle, Meister) füge dieser Orden den aristokratisch-ritterlichen Meistergrad hinzu, der nach einjährigem Noviziat zur Teilhabe an den tradierten Geheimnissen und an den großen ökonomischen Unternehmungen der Gegenwart berechtige.

Trotz seiner Neigung zu strengen Formen des Gehorsams sollte Knigge jedoch schon bald das Interesse an der »Strikten Observanz« verlieren. Zum einen langweilen ihn die Inhaltslosigkeit der Aktivitäten und die Bestimmungen des nur auf Gehorsam gegründeten Observanzsystems. Er sieht, wie diese Richtung der Freimaurerei viel zu viel Spielraum für Scharlatane, Betrüger und Träumer lässt. *Da giengen dann die Louisd'ors und Ducaten den Weg alles Fleisches.*[110] Möglicherweise haben ihn auf die Dauer auch die totalitären Gruppenregeln abgestoßen, wie er sie im sechsten Gespräch des *Beytrags zur neuesten Geschichte des Freymaurerordens* schildert: *Jeder Deputirte wurde also einzeln eingesperrt, mußte fasten, und seine Meinung über verschiedene ihm vorgelegte Fragen aufsetzen. Diese Fragen nun waren so abscheulich, so teuflisch, und doch dabey so zweydeutig listig abgefaßt, daß sie sich zugleich moralisch, religiös und chymisch ausdeuten liessen, eine unvorsichtige Beantwortung aber als Document gegen den Beantworter hätte gebraucht werden, und Diesen von dem Herrn Aufnehmer hätte abhängig machen können.*[111]

Trotzdem – vielleicht, um seine Reformideen zu verwirklichen – meldet Knigge unmissverständlich seinen Wunsch, ja seinen Anspruch auf Zugang zu den höheren Graden an, aber ebenso unmissverständlich verweigern ihm die Oberen der Loge die höheren Weihen.

Ohne Angabe von Gründen – und das ist das eigentlich Demütigende – versagen sie ihm die Beförderung. Sie schweigen, wenn er Auskunft verlangt. Sie verweisen auf die Regeln des Gehorsams und raten ihm zu warten, bis sie ihn von sich aus berufen. Bei seinen Nachforschungen zu den Gründen für das Verhalten der Ordensoberen muss Knigge sich einer demütigenden Einsicht stellen: Ihm wird der Aufstieg in die höheren Grade verwehrt, weil er nicht vermögend ist. Man traut ihm nicht einmal zu, die fälligen Gebühren aufzubringen, zumal er selbst darum gebeten hatte, seine Rezeptionsgebühren und Beiträge in Raten bezahlen zu dürfen.

Knigges Abenteuer am Hof von Kassel endet also mit einer doppelten Enttäuschung. Er muss erkennen, dass die Sitten und Gebräuche an einem spätabsolutistischen Duodezfürstenhof für ihn und seinen inneren Wertekodex keine Zukunftsperspektiven zulassen; er muss sogar fürchten, dass alle seine Vorstellungen über

Weltverbesserung und eigene Vervollkommnung in sich zusammenfallen, wenn er länger in diesem Milieu bleibt. Und er muss begreifen, dass selbst seine freimaurerischen Brüder von der »Strikten Observanz« ihn nicht akzeptieren und auch nicht fördern wollen. Er dürfte dies als tiefe Kränkung empfunden haben – wie die frühe Zurückweisung durch den Vater. Seine Bereitschaft, sich voll und ganz, also im Rahmen der höheren Grade für die Ideale der Freimaurer einzusetzen, wird nicht abgerufen, weil seine ökonomischen Verhältnisse als nicht ausreichend befunden werden. Sein guter Wille prallt an den Vorurteilen und dem begrenzten Horizont der Logenoberen ab. Er empfindet dies als schwere Demütigung. Unter diesen Menschen will er nicht mehr leben. Wie die weitere Lebensgeschichte Knigges jedoch zeigt, wird durch die Entfernung von der »Strikten Observanz« sein Glaube an die Freimaurerei als Ganzes zunächst nicht beschädigt. Seine Enttäuschung über die »Strikte Observanz« und die wachsenden Schwierigkeiten am Kasseler Hof zwingen ihn jedoch, Konsequenzen zu ziehen.

Ende März 1775 reicht Knigge beim Landgrafen von Hessen-Kassel seinen Abschied ein. Er begründet diesen Schritt damit, dass er sich um seine Güter kümmern müsse. Der Landgraf will ihn halten, stellt ihm eine Beförderung in Aussicht und bietet ihm im Entlassungsschreiben an, er könne jederzeit in seine Dienste zurückkehren. Doch Knigge ist entschlossen, sein Glück anderswo zu suchen.

Suche nach Amt und Würden

Bewerbungen

Den Sommer 1775 verbringt Knigge mit seiner jungen Familie wieder auf dem Gut der Schwiegermutter in Nentershausen. Die Tochter Philippine ist gerade einige Monate alt. Knigge nutzt die Zeit auf dem Lande, um Theaterstücke, zum Beispiel *Warder*[112], und Bühnenbearbeitungen zu schreiben.[113] Das Drama »Warder« in fünf Aufzügen erzählt die Geschichte eines Mannes, der vor langer Zeit von seinem Vater verstoßen wurde und nun mit zwei Kindern in großer Armut lebt, bis er von einem Unbekannten gerettet wird – und dieser Unbekannte entpuppt sich als sein Vater. Das Drama liest sich wie ein schwärmerischer Versuch der Selbsttherapie. Es entspricht nicht den Regeln der Kunst, es ist missglückt und spielt in Knigges literarischer Existenz kaum eine Rolle. Das Stück wird nur ein einziges Mal, 1778, von der Theatertruppe am Hof in Hanau aufgeführt.

In Kassel hat Knigge Hoffnungen, Aussichten und Freunde verloren, nicht aber sein Selbstbewusstsein. Er kann sich vorstellen, nun am Hof des großen Friedrich II. von Preußen zu dienen, und schreibt einen Bewerbungsbrief.[114] Seine Hoffnungen auf eine Anstellung in Preußen sind nicht unbegründet. Der weise und aufgeklärte Freiherr Waitz von Eschen, der in Kassel sein Protektor gewesen war, hatte soeben, noch im Alter von 71 Jahren und nach fünfzig Dienstjahren in Kassel, als Staatsminister den Dienst am Hofe Friedrich II. in Berlin angetreten. Von ihm erhofft sich Knigge Unterstützung beim König. Doch ehe Waitz überhaupt vorstellig werden kann, hat Friedrich – eine knappe Woche nach dem Empfang des Gesuches – in einem diktierten Brief mit eigenhändiger Unterschrift schon geantwortet:

»Hochgeschätzter Baron von Knigge!
Ich kann die Motive, die Sie bewogen haben, mir Ihre Dienste anzubieten, nur gutheißen. Große Begabungen und Genies suchen sich stets lieber im weiten Raum als innerhalb enger Grenzen zu bewähren; ich fürchte aber, dass Ihr Angebot darum nicht auf geringere Schwierigkeiten stößt. Es ist nicht mehr als gerecht, dass ich als Vater meiner Untertanen den Menschen mit Talent und Genie, die ich unter ihnen finde, den Vorzug vor Fremden gebe. Dies ist der einzige Grund, hochgeschätzter Baron von Knigge, weshalb ich Ihr Angebot mit Dank ablehnen muss. Gott möge Sie schützen und behüten.
Potsdam, den 17. April 1775 Friedrich.«[115]

Knigge versucht einen zweiten Anlauf. Wegen des ungewöhnlich schnellen Bescheids kommen ihm Zweifel, dass alles mit rechten Dingen zugegangen ist. Er schreibt noch einmal an Waitz von Eschen – und wartet. Er zieht mit seiner Frau Henriette und seiner kleinen Tochter jetzt ganz auf das Gut Nentershausen bei Kassel. Die Einkünfte aus dem Besitz sind bescheiden, aber es ist Platz für die kleine Familie. Adolph und Henriette sparen Kosten, so lange sie auf dem Baumbachschen Gut leben können.

Von Nentershausen aus will Knigge sich auch um die väterlichen Güter kümmern, die sich nun schon seit neun Jahren in der Hand der Gläubiger befinden. Adolph weiß, dass er nur eine einzige Chance hat, den ererbten Besitz zurückzuerobern: Er müsste auf dem Land leben, die Verwaltung der Gläubiger kontrollieren, die Misswirtschaft beenden und die Tilgung der Schulden überwachen. Doch eben dazu kann sich der dem Landleben völlig entfremdete junge Mann nicht entschließen. Der 23-Jährige mag sich ein Leben als Gutsherr auf dem Land erst gar nicht vorstellen. Lieber strebt er weiterhin eine Karriere an einem der vielen Fürstenhöfe im Lande an. Er will politischen Einfluss gewinnen, um für seine Ideale tätig sein zu können – nicht zuletzt für die Weltverbesserungspläne der Freimaurerbewegung.

Während er in Nentershausen auf eine Nachricht aus Berlin wartet, ist sein Förderer nicht untätig gewesen. Der Staatsminister teilt mit, er könne ihm eine Stelle in der kurmärkischen Kriegs-

und Domänenkammer vermitteln. Allerdings sei diese Stelle mit nur 500 Reichstalern pro Jahr dotiert. Sollte ihm dies zu wenig sein, müsse er sich selber an den König von Preußen wenden. Natürlich sind 500 Taler zu wenig, wenn man von diesem Gehalt leben und eine Familie ernähren muss. Allgemein war die Bezahlung adliger Staatsdiener so bemessen, dass eine Versorgung durch das eigene Vermögen vorausgesetzt wurde – schließlich bestand die »Vertragsgrundlage« zwischen Souverän und Adel ja gerade darin, dass der Adel als Gegenleistung für Lehen und Privilegien dem Staat und dem Souverän jederzeit zur Verfügung zu stehen hatte.

Als Knigge, in der Zwickmühle zwischen Staatsdienst und finanzieller Versorgung, mit dem Hinweis auf seine prekäre Erbsituation den Preußenkönig im Fall einer Anstellung um ein höheres Gehalt bittet, lehnt dieser endgültig ab.

Knigge braucht Zeit, um sich von dieser Enttäuschung zu erholen. Er versucht, dem Landleben etwas abzugewinnen, widmet sich aber vor allem seinen freimaurerischen Studien. Wohl auf Drängen seiner Frau und seiner Schwiegermutter, die mit Knigges brotlosem Interesse für die Freimaurerei höchst unzufrieden sind, macht er sich schließlich wieder auf, irgendwo die Möglichkeiten einer Anstellung auszuloten. Er weiß, was er einem Fürsten anzubieten hat, und kann sich gar nicht vorstellen, dass seine Fähigkeiten nicht gewürdigt werden könnten. Der Weg führt ihn diesmal nach Thüringen.

In Gotha regiert seit 1772 Herzog Ernst II. aus dem Hause Sachsen-Gotha-Altenburg. Der ist nicht nur ein gebildeter Förderer von Wissenschaft und Kunst, sondern auch ein aktiver Freimaurer. Knigge wird von ihm empfangen. Die beiden Herren führen ein lebhaftes Gespräch über Aufklärung, Theater und Musik. Sie erinnern sich an die Studienzeiten in Göttingen und ihren gemeinsamen Lehrer, den Staatsrechtler Johann Stephan Pütter, sie verständigen sich über die unterschiedlichen Freimaurersysteme – der Herzog gehört dem Zinnendorfschen System an – und malen sich die Vorzüge einer Vereinigung aller Systeme aus. Aber mit keinem Wort stellt Herzog Ernst dem freimaurerischen Bruder ein Amt in Aussicht. Und als Knigge sich formell bewirbt, wird sein Gesuch ohne Angabe von Gründen abgelehnt. Hatte etwa eine gezielte Denunziation aus Kassel den Erfolg der Kontaktaufnahme hintertrieben?

Knigge eilt weiter nach Weimar. Dem jungen Herzog Karl August hat er bereits mit einem Brief in französischer Sprache – offenbar weiß er nicht, dass am Weimarer Hof Französisch als Amtssprache abgeschafft ist – seine Dienste angeboten.[116] In Weimar zeigt sich erneut, unter welch unglücklichem Stern sein berufliches Leben steht. Wie in Kassel gerät Knigge auch dort sofort zwischen die Fronten. Er findet sich nicht zurecht im Gestrüpp der widerstreitenden Interessen, der unterschiedlichen Lebensstile und der Beziehungsgeflechte am Hof. Er ist jetzt 24 Jahre alt.

In dem winzigen Herzogtum Sachsen-Weimar-Eisenach (etwa 107 000 Einwohner, davon 6000 in der Stadt Weimar) hat die Herzogin Anna Amalia am 3. September 1775 nach 17-jähriger Regentschaft die Regierungsgeschäfte an ihren gerade volljährigen Sohn Karl August abgegeben. Die Herzogin-Mutter unterhält jetzt im Wittumspalais, ihrem neuen Wohnsitz, einen Kreis von künstlerisch Interessierten, den »Musenhof«. Ihm gehören unter anderen an: der Dichter Christoph Martin Wieland; der Komponist und Übersetzer Friedrich Hildebrand von Einsiedel; der Komponist Karl Siegmund von Seckendorff; der ehemalige Hofmeister der Weimarischen Prinzen, Karl Ludwig von Knebel; der Verleger Bertuch; der Autor der »Volksmärchen«, Johann Karl August Musäus; und der Vorsitzende des Geheimen Consiliums, Jakob Friedrich von Fritsch, der zu Goethes Gegnern zählt.

Dieser konservative »Musenhof« der Herzogin-Mutter, zu dem auch Charlotte von Stein und die junge Schwiegertochter Anna Amalias, die frisch vermählte Herzogin Luise gehören, ist sehr auf die Einhaltung der Hofetikette bedacht und beobachtet höchst misstrauisch den jungen Regenten, der recht seltsame »Genies« in seine Umgebung holt, mit denen er, ohne Rücksicht auf Sitten und Gebräuche, Bürger und Adlige verschreckt: mit wilden Ritten, Hetzjagden – »wir hetzen uns mit den Sauen herum«, schreibt Goethe an Charlotte von Stein –, Peitschenknallen auf dem Marktplatz, Schlittschuhlaufen und Nacktbaden im Freien, Tanzen mit den Dorfmädchen und Theaterspielen.[117] Zu diesem Kreis des Herzogs gehören außer Goethe Jakob Michael Reinhold Lenz, Goethes Freund aus Straßburg, und, zeitweise, der Wundarzt Christoph Kaufmann.

Im Kreis der jungen Wilden hat Knigge kaum eine Chance, akzeptiert zu werden. Er ist nur zu Besuch, kommt aus der provinziellen Stille von Nentershausen, ist scheu und wirkt eher zerbrechlich. Es fällt ihm auch schwer, sich zwischen Musenhof und Hofstaat zu positionieren. Er versucht es bei beiden und wendet sich, was er für geschickt hält, an die jeweiligen Exponenten. Er bittet, von Nentershausen aus, den zu Goethes Freunden gehörenden Kammerherrn von Kalb, sein Gesuch an den Herzog zu unterstützen und fügt eine *gehorsame Empfehlung an Hn. v. Göthe bei*,[118] wendet sich aber zugleich auch an den erbitterten Goethe-Gegner von Fritsch. Vom 1. Juni 1776 stammt ein eigenhändig geschriebener Briefentwurf an Kalb: *Ich bekenne es gern, daß es mich schmerzen würde, wenn meine Hoffnung in Weimar mit den Meinigen zu leben, mir fehl schlüge. Dennoch haben mich viel mißrathene Plane mistrauisch und lauh gegen Madame Fortuna gemacht, und ich erwarte ruhig den Ausgang meines Geschäftes. Da indessen die Zeit näher kommt, da ich über meine künftige Aussichten bestimmt seyn muß; so wage ich es Ew pp um gütige Beförderung meines Gesuchs nochmals gehorsamst zu bitten.*[119]

Beide, Kalb und Fritsch, sagen ihre Hilfe zu, aber die Entscheidung des Herzogs lässt auf sich warten – so lange, dass Knigges Reiseschatulle sich leert und er zurück nach Nentershausen muss. Dort will er seiner Familie einen positiven Zwischenbericht geben und die ersehnte und von Kalb wie Fritsch in Aussicht gestellte Nachricht aus Weimar erwarten.

Offenbar war auch Knigges Frau Henriette tätig geworden. Dies können wir einem Brief entnehmen, den Goethes Mutter an »Frau von Knigge« geschrieben hat: »... wenigstens bin ich fest überzeugt, dass mein Sohn sich das größte Vergnügen daraus machen wird, Dero Herrn Gemahl, dessen Verdienste um die Gelehrsamkeit sowol, als um die Menschheit längst von allen Rechtschaffenen anerkannt und verehrt sind, zu nützen.«[120]

Goethe selbst hat Knigges Verdienste wohl zurückhaltender beurteilt als die Mutter. Er behält Distanz zum Freiherrn. Umgekehrt hat auch Knigge den drei Jahre Älteren nicht gemocht. Er ist von

Goethes egozentrischem Glanzgehabe abgestoßen und von seiner Unaufmerksamkeit enttäuscht. Die Gründe für die gegenseitige Ablehnung oder Interesselosigkeit sind nicht bekannt und entziehen sich der Beurteilung. Goethe, der berühmte Autor des »Werther« und aufgehende Stern am Weimarer Hof, wird Knigge kaum als ebenbürtigen Geist anerkannt haben. Das Verhältnis der beiden war – wenn man überhaupt von einem Verhältnis reden will – durchweg asymmetrisch. Knigge hat den von aller Welt bewunderten Aufsteiger instinktiv abgelehnt. Und für Goethe war Knigge wohl nur der um jeden Preis eine Stellung suchende Landedelmann, der ihn 1776 einmal durch den Geheimen Rat von Kalb hatte grüßen lassen und den man mit einem Kammerherrn-Titel ohne Tätigkeit und Gehalt abgespeist hatte. Später war er dann jener »Bundesgeschäftsführer« der Illuminaten, der Anfang der achtziger Jahre bei einem Abendessen im Hause des Verlegers Christian Friedrich Schwan dabei war, ohne sich gegenüber Goethe profiliert zu haben. Und als Knigges Austrittsverhandlungen aus dem Illuminatenorden anstanden, hat Goethe daran teilgenommen, nachdem er sich darüber beschwert hatte, nicht rechtzeitig informiert worden zu sein. Für ihn war Knigge also eher lästig als willkommen, eher geduldet als erwünscht.

Dennoch bleibt der Gigant Goethe ein Thema in Knigges Leben. Noch 1795 äußert er sich über dessen *Schlemmerleben an der Seite seiner Maitresse*.[121] In *Eigennutz und Undank*, seinem letzten größeren Werk, dessen Erscheinen er nicht mehr erlebte, führt er ihn unter dem Namen Max als einen Menschen ein, der zwar guten Willens ist, aber doch von der Macht korrumpiert wird. *Max hatte sich als Jüngling schon durch literarische Produkte voll üppiger, glühender Phantasie, Natur, Wahrheit und Feinheit in der Darstellung als ein seltenes Genie bekannt gemacht.*[122] Max wird Minister und fängt an, Prunk und äußeren Glanz zu lieben. Er vertut sein Leben in Eigennutz und ohne Tugend, ohne reines Gewissen.

Trotz aller negativen Meinungen über Goethe schätzt und bewundert Knigge aber, mit sicherem Gefühl für Qualität, das Werk dieses Mannes, an dessen Seite er so gern im Staatsdienst gearbeitet hätte. Er wird »Die Geschwister« positiv erwähnen, ebenso »Erwin und Elmire« und den »Götz von Berlichingen«. Aber in keiner dieser Besprechungen wird Knigge so überschwängliche Lobeshymnen anstimmen wie zu Schillers Bühnenstücken.[123]

Die Zeit des Wartens in Nentershausen wird lang. Noch einmal schreibt Knigge 1776 an seine Gönner Kalb und Fritsch. Endlich kommt Post aus Weimar. Der Herzog schickt den Kammerherrenschlüssel, einen kleinen goldenen Schlüssel, den man am Rock der Hofuniform befestigen darf. Jeder kann jetzt sehen, dass der junge Mann sich nicht mehr Hofjunker nennen muss, sondern ein Kammerherr am Hof des Herzogs von Sachsen-Weimar-Eisenach ist. Knigge reagiert umgehend auf die, wie er meint, große Ehre. Überschwänglich dankt er dem *Durchlauchtigsten, gnädigsten Herzog und Herrn: Wenn nicht Krankheit, mit der ich schon lange kämpfte, mich fesselte; so würde ich eilen zu meines gnädigsten Herrn Füßen ein Herz auszuschütten, das durchdrungen von der ehrerbietigsten wärmsten Dankbarkeit für die Gnade ist, mit welcher mich Ew. Hochfürstl. Durchlaucht beehrt haben...*[124]

Erst langsam begreift er, dass mit dem Titel und dem symbolischen Schlüssel eines Kammerherrn weder Einkünfte noch Verantwortung verbunden sind. Wenn er das Hofamt überhaupt ausüben will, kann er nach Weimar fahren und sich dort auf eigene Kosten aufhalten. Diese Lektion ist bitter für jemanden, der sich nützlich machen und der Menschheit dienen will – umso bitterer, als viele andere ihm vorgezogen werden und es mit der Anerkennung seiner Verdienste und Fähigkeiten nicht so weit her ist, wie Goethes Mutter glaubt.

Am bittersten aber ist, dass er schwere Vorwürfe von der eigenen Familie einstecken muss. Ehefrau und Schwiegermutter haben ihn immer wieder bedrängt, sich um eine ordentliche und einträgliche Anstellung zu bemühen, anstatt zu studieren, zu schreiben und so viel Zeit mit der obskuren Freimaurerei zu vergeuden. Und nun muss er das Ergebnis seiner Bemühungen vorlegen: kein Amt, kein Geld, keine Perspektive. Nur dieser Ehrenschlüssel aus Weimar – welch eine dürftige Bilanz. In den Augen seiner Frau und seiner Schwiegermutter ist er ein kläglicher Verlierer. Er selbst aber gibt sich nicht verloren.

Das Drama des begabten Junkers
HANAU

Zu Hause, bei Schwiegermutter, Frau und Kind, hält es ihn nicht länger. Als wolle er die standesgemäße Kavaliersreise, zu der er durch den frühen Tod der Eltern nicht gekommen war, jetzt nachholen, begibt sich der 24-jährige Familienvater 1777 erneut auf eine Reise, die – wie die klassische Bildungsreise – ihn mit den Verhältnissen im Land bekannt machen und den Prozess der Selbstfindung beschleunigen soll. Er besucht das Elsass und Lothringen, lässt sich rheinabwärts treiben – und macht sich Gedanken. Er interessiert sich für die neuen Manufakturen, für soziale Einrichtungen wie Heilstätten und Armenhäuser, er informiert sich über die allgemeine Staatsverwaltung, besonders über die Justiz, und beurteilt höchst kritisch das Militär und die Hofhaltung der kleinen Duodezfürsten, die sich den Aufwand zwar nicht leisten können, aber trotzdem nicht darauf verzichten.

Knigge besucht unter anderem Karlsruhe und Darmstadt – und zu seiner Überraschung wird ihm an beiden Höfen eine Stelle angeboten. Nach den herben Erfahrungen in Kassel und den vergeblichen Versuchen in Berlin, Gotha und Weimar ist es für ihn eine wahre Genugtuung, nun auf einmal willkommen zu sein.

In Karlsruhe findet er die radförmige Stadtanlage ebenso bemerkenswert wie die *mehr als dreyßig Alleen* und lässt seinen literarischen Gewährsmann Franz von Weckel schreiben: *Ich bin auch hier am Hofe gewesen, der aus Leuten besteht, deren Auswahl einem der weisesten Fürsten Deutschlands Ehre macht. Aber, wie gesagt, die Stadt ist mir zu öde.*[125] Auch Darmstadt gefällt ihm offenbar überhaupt nicht. *Wüst und todt ist diese Stadt.*[126]

Trotz der Totenstille kann er nicht durchschlafen, weil ausgerechnet zur Mitternacht die Wache trommelt und pfeift und der Fremde mit Schrecken aus dem besten Schlaf gerissen wird. Mit dieser Erfahrung ist Knigge nicht allein. 1772 zum Beispiel hatte schon der spätere preußische Staatskanzler Karl August von Hardenberg als junger Mann Darmstadt besucht und notiert, für den Landgrafen gelte offenbar überhaupt nichts als der blaue Rock des Soldaten. Auch der akustische Eindruck der Stadt war ähnlich: »Man hört in Darmstadt nichts als Exerciren, Trommeln, Pfeifen und Werda rufen, sowohl Tag als Nacht.«[127]

Knigge muss natürlich die Vor- und Nachteile der beiden Höfe abwägen. Über die Kriterien, nach denen er entscheiden will, ist nichts bekannt. Vermutlich aber hat er Vorbehalte gegen beide Höfe, den in Darmstadt und den in Karlsruhe. Denn es ist erstaunlich, mit welch schneller Hinwendung er eine dritte Lösung anstrebt: Er plant, sich am Hof des hessischen Erbprinzen in Hanau umzutun. Der Erbprinz Wilhelm ist ein Sohn des Landgrafen von Hessen-Kassel. Er hatte die Entscheidung seines Vaters, katholisch zu werden, missbilligt und war daraufhin nach Hanau »entsorgt« worden. Dort war er nun Graf von Hanau und sollte später das kleine Ländchen als Landgraf Wilhelm IX. regieren. Mit ihm hatten seine Brüder Carl und Friedrich den Kasseler Hof des »abtrünnigen« Vaters verlassen.

Wie sein Vater in Kassel entfaltete Wilhelm in Hanau eine bemerkenswerte Bautätigkeit. Seit 1777 wurde eine Kur- und Badeanlage gebaut, die bald Wilhelmsbad heißen sollte. 1781 entstand, zusätzlich zum Komödienhaus in der Residenz, ein weiteres Komödienhaus, und Wilhelms Begeisterung für das Theater dürfte einer der Gründe gewesen sein, weshalb Knigge sich so bald in Hanau niederließ, obgleich ihm hier wieder keine Festanstellung angeboten wurde. Im *Roman meines Lebens* spiegelt sich seine Entscheidung: *Die Gegend um Hanau ist allerliebst*, schreibt der Hauptmann von Weckel schon bei der Annäherung an die Stadt.[128] Vollends begeistert ist Weckel dann von der Atmosphäre am Hof: *Da bin ich seit einigen Tagen in diesem wahrhaft niedlichen Städtgen! Ich bin den 16ten zum erstenmal an den Hof gegangen, und wenn ich je einen Hof gesehen habe, wo mir alles so wohl gefallen hat, so war es die-*

ser. So viel ungezwungene Höflichkeit gegen Fremde; so ein guter nicht geschraubter Ton; so eine gute, gnädige Herrschaft; so viel Häuslichkeit und Einigkeit ...[129]

Aus einem Brief an eine *theuerste, vortrefflichste Freundinn* geht hervor, dass Knigge mit der Erwartung nach Hanau gegangen ist, dort für den Rest seines Lebens zu bleiben. Was er nicht wusste, war, dass der Erbprinz ihm trotz aller Freundlichkeit reserviert gegenüberstand. In den »Erinnerungen Wilhelms von Gottes Gnaden« findet sich der Satz: »Knigge, der in meine Dienste zu treten beabsichtigte, suchte, wiewohl mit einem abstoßenden Äußeren behaftet, mein Vertrauen zu erringen und schmeichelte mir bei jeder Gelegenheit. Ich war vor ihm indes stets auf der Hut, weil ich wusste, was er in Kassel alles angestellt hatte.«[130]

Die Stimmung am Hanauer Hof stellt sich dem Neuankömmling und auch seiner Frau trotzdem so dar, als hätte alle Welt nur auf ihn gewartet. Knigge legt sich voll ins Zeug. Er gibt deutlich zu erkennen, über welche Fähigkeiten und Erfahrungen er verfügt. Aus seinen bescheidenen Studien in Göttingen, seiner kurzen Tätigkeit in Kassel und dem Kammerherrentitel aus Weimar schwingt er sich auf zum Fachmann für kameralistische und organisatorische Probleme. Aus dem scharfen Beobachter wird der untrügliche Menschenkenner. Zudem entzückt Knigge die gesamte Hofgesellschaft, vor allem die Damen, mit seinem geistreichen Witz, seinem Reichtum an Anekdoten und Erzählungen und der ständigen Bereitschaft zu Spaß, Schabernack und Satire, die oft genug die Schadenfreude der Zuhörer hervorruft. Wonach er immer gestrebt hat, hier wird es ihm gegeben: Bewunderung, Applaus, Anerkennung und höfliche, ja vertrauliche Wertschätzung.

Knigge revanchiert sich nicht nur mit seiner Fähigkeit, auf galanteste Weise unterhaltsam zu sein. Er bringt alle seine künstlerischen Talente ins Spiel. Er hat seine Rolle gefunden, und er spielt sie mit jugendlicher Leidenschaft. Er organisiert – ehrenamtlich – Konzerte und Theaterspiele, erweckt das 1768 eröffnete Liebhabertheater zu neuem Leben. Unterstützt von Prinz Carl, einem Bruder des Erbprinzen, gibt er den Theatersaal des Schlosses seiner Bestimmung zurück und gründet eine Theatergruppe, in der unter seiner Regie auch Prinz Carl mitspielt.

Da aus Knigges verschollenen Tagebüchern einige Ausschnitte überliefert sind, wissen wir, dass er sich auch um die sozialen Belange der Theatertruppe gekümmert hat.[131] In einer Notiz vom März 1779 ist zu lesen: *Ich bin glücklich genug gewesen in diesem Monathe zur Unterstützung der armen hiesigen Schauspieler, die sehr in Schulden waren, thätig beyzutragen, theils baar, theils durch Gutsprechen und Vorwort.*

Natürlich spielt Knigge auch in Hanau seine kritische Urteilskraft aus. Im »Hanauischen Magazin« veröffentlicht er anonym einen Aufsatz *Etwas über das Theater.* Darin macht er nicht nur Front gegen die Dominanz des französischen Schauspiels und gegen den Irrationalismus des »Sturm und Drang«, sondern greift – unklug wie er ist, wenn es um Kritik geht – auch die Hanauische Theatergemeinde an: *Ich lebe hier an einem Orte, wo der wahre Geschmack in der Litteratur und besonders in Schauspielen noch nicht durch die Wolken der Mode, des Vorurtheils und des Ansehens gedrungen ist.*[132]

Obgleich Knigge im Übrigen sehr vorsichtig agiert, unterläuft ihm bald ein folgenschwerer Fehler: Er lässt zu, dass Prinz Carl seinen Bruder, den Erbprinzen, überredet, eine Rolle auf der Bühne zu übernehmen. Derartiges ist an den höfischen Liebhabertheatern der Zeit nicht unüblich, ein Auftritt des Souveräns als Schauspieler hat jedoch etwas Delikates und kann jederzeit in Peinlichkeit umschlagen. Überall stehen die Fettnäpfchen herum, sobald nur beim Publikum oder bei einem Schauspieler Rolle und Realität verwechselt werden. So kommt, was kommen muss: An falscher Stelle wird gelacht, der Erbprinz bezieht es auf sich, verlässt auf der Stelle die Bühne und lässt erklären, er werde in Zukunft nicht mehr im Theater auftreten. Dieser Zwischenfall führt zu einer allgemeinen Ernüchterung in Bezug auf das Liebhabertheater. Nur Knigge bleibt unverdrossen und treibt das Theaterleben mit hohem Tempo voran.

Ungeachtet seiner studentischen Urteile über Voltaire inszeniert er unter anderem dessen Stück »Alzire ou les Americains« und Beaumarchais' »Eugenie«. Mit seinem Spielplan schaltet Knigge sich in den Diskurs der Zeit ein und bringt seine freimaurerische Gesinnung und sein Engagement für die Ideale der Aufklärung auf die Bühne. Mit der Tragödie »Alzire ou les Americains« führt er ein Stück aus dem Jahre 1736 auf, das die Größe einer Religion besingt, die in der Lage ist, eigene Schuld zu bereuen und dem Feind zu verzeihen und dadurch Seelenadel und wahre Menschlichkeit hervorbringt. Und mit Beaumarchais' »Eugenie« aus dem Jahre 1767 bringt er ein Drama zur Aufführung, das inmitten von Lüge, Verführung und Verleumdung die bürgerliche Familie als Möglichkeit feiert, zu Tugend und Verantwortlichkeit zurückzukehren – ein Stoff, den 1774 auch Goethe in seinem »Clavigo« bearbeitet hat.

Knigge nutzt also die Position am Hanauer Hof, um seine Idealvorstellungen vom Menschen bekannt zu machen. Dieses Engagement lässt ihn fast vergessen, dass er – inzwischen 25 Jahre alt – noch immer keine Anstellung, noch immer kein Amt, noch immer keine Einkünfte hat. Im Gegenteil, das Leben am Hof ist so teuer, dass er Schulden machen muss, um standesgemäß auftreten zu können. Es ist eine erschreckende Bilanz: Trotz aller Erfolge am Hof, trotz seiner Beliebtheit in der Gesellschaft, trotz aller Gunstbezeugungen des Erbprinzen und seines Bruders steht er ohne Geld da und ist, jedenfalls in Hanau, ohne Perspektive. *Ich war ohne bestimmte Geschäfte; (eine unbedeutende Direction der Schauspiele ausgenommen) voll Thätigkeits-Trieb, durstig nach Weisheit; nicht befriedigt durch die gewöhnlichen philosophischen Systeme; in einem Alter, wo man am geschwindesten mit Errichtung und Zerstöhrung eines philosophischen Lehrgebäudes fertig wird; gekitzelt von der eitlen Idee, mich mit höheren Dingen, als andere, gemeine Leute beschäftigen zu können, eine große Rolle in der Freymaurer-Welt zu spielen, und dadurch Einfluß in der bürgerlichen zu bekommen ...*[133]

Knigges Zeit in Hanau ist überdies von den bedrückenden Nachrichten und Gerüchten über einen bevorstehenden Krieg zwischen Preußen und Österreich überschattet: Werden Josef II. und der bayerische Kurfürst Karl Theodor das Territorium Bayern gegen die österreichischen Niederlande tauschen? In Hanau erklärt im Frühjahr 1778 Erbprinz Wilhelm, er werde an dem bevorstehenden Feldzug teilnehmen. Sein Bruder, Prinz Carl, und dessen Familie sind ohnehin schon abgereist. Das Leben am Hof bricht zusammen, und Knigge ist als Maitre de plaisir auf einmal nicht mehr gefragt. Er hat seine Rolle verloren. Er ist nur noch das, was er in Wahrheit eben auch ist: ein verarmter Adeliger aus der Provinz, der auf der Suche nach einer einträglichen Position von Hof zu Hof zieht und bereit ist, dafür zu tun, was immer von ihm verlangt wird.

Die Spaltung einer Persönlichkeit in gespielte Rolle und eigentliches Wesen ist immer ein Problem. Die Ausformung einer Rolle ist aber auch ein Schutz vor der Preisgabe des Privaten und bewahrt vor einer Überforderung der sensiblen Seele. Man mag das öffentliche Gesicht als Maske diffamieren, aber spätestens seit dem Aufkommen einer gnadenlosen Medienherrschaft wissen wir, dass die Trennung von öffentlicher »Maske« und privater Physiognomie eine Frage des Überlebens sein kann.

Nach dem Waffenstillstand von 1779 zwischen Preußen und Österreich kehrt Erbprinz Wilhelm aus dem Feldlager in Schlesien in seine Residenz zurück. Er ist frustriert, weil der Waffenstillstand ihn um den erwarteten Kriegsruhm gebracht hat. Er scheint sich jedoch auf seine Weise zu trösten. Ein Gerücht eilt ihm voraus: Er habe eine neue Geliebte und werde sie nach seiner Ankunft in der Residenz dem Hofe vorstellen. Man ist gespannt. Als die neue Maitresse endlich ankommt, ist man amüsiert, zeigt sich aber indigniert. Es stellt sich heraus, dass die Neunzehnjährige keine Dame von Stand ist, sondern die unbekannte Tochter eines unbekannten Apothekers. Welch eine Zumutung! Die Damen und Herren am Hof sollen einer dahergelaufenen Apothekerstochter den üblichen Respekt entgegenbringen? Und erst die Erbprinzessin! Sie soll es hinnehmen, dass ihr Ehemann mit einer neunzehnjährigen Geliebten zurückkehrt?

Knigge gerät wieder einmal in eine Situation, die das diplomatische Geschick eines 27-Jährigen überfordert. Er will sich nicht in die Hofintrigen einmischen, unterlässt es aber nicht, in aller Öffentlichkeit von der ehelichen Treuepflicht des Fürsten zu reden. Er geht sogar so weit, über die Verwendung der Gelder durch den Erbprinzen zu räsonieren: Der solle doch das Geld des Staates für die Allgemeinheit ausgeben, anstatt seine Maitressen zu finanzieren. Natürlich werden solche Äußerungen dem Souverän zugetragen. Und da beim Geld und in Liebesangelegenheiten jeder Spaß aufhört, kann Erbprinz Wilhelm die Einlassungen Knigges nur als grobe Illoyalität verstehen, zumal er dem Baron Knigge alle Zeichen seiner Gunst gewährt hat. Das ist jetzt vorbei – eine Neunzehnjährige ist schuldlos zum Anlass dafür geworden, dass der Unangepasste sich zu sehr angepasst hat.

Knigge befindet sich wieder im Niemandsland zwischen Fürstengunst und Hofintrige. Er ist in aller Öffentlichkeit als Intrigant bloßgestellt. In dieser Lage begeht er einen weiteren Fehler: Als Wilhelm ihm vorwirft, er habe zusammen mit anderen die Erbprinzessin nach Dänemark entführen wollen – was völlig aus der Luft gegriffen ist –, droht Knigge dem Fürsten und verlangt schriftlich seine öffentliche Rehabilitierung. Sollte der Prinz sich weigern, wolle er, Knigge, alle fürstlichen Untaten öffentlich machen. Damit waren die Würfel gefallen: Dem ungeschickten Tugendwächter wird der Zutritt zum Hof verboten. Das bedeutet: Knigge kann nicht länger in Hanau bleiben. Der Erbprinz wird in seinen Memoiren von einer »Hanauer Kabale« sprechen, die durch die »Entfernung der Knigges, Löws, der Moltke und der Zerbst« vereitelt worden sei, wobei er immerhin mitteilt, Knigge habe sich von sich aus entfernt, »der Grobheiten wegen, die man ihm mutwillig bei Hofe zufügte«.[134]

In einem Brief an den Verleger Nicolai vom 8. März 1788 wird Knigge noch einmal zurückblicken: *Nach manchen Reisen, Versuchen und Aufenthalten an einigen teutschen Höfen, nicht blos mit Titel, sondern mit Gehalt auf's Neue in Dienst zu kommen, lockte mich (da mir's nirgends gelingen wollte) der jetzige Landgraf als damaliger Graf von Hanau, unter den süßesten Versprechungen zu sich. Er hielt aber nicht Wort, sondern, nachdem ich mich ihm 3 Jahre hindurch auf meine Kosten preisgegeben, behandelte er mich so niederträchtig.*[135]

Knigge wird nach Frankfurt gehen. Obgleich er in Hessen bleibt, nutzt er die schlechten Erfahrungen in Hanau, um mit dem *vermaledeiten, verfluchten, sibirischen Land* abzurechnen, beklagt sich bitter über die schmutzigen Wirtshäuser, die schlechte Kost und die Korruption der Menschen. Er findet die hessische Tracht abscheulich und die Mädchen besonders hässlich. Er ist darauf aus, seine Tochter von den Einflüssen der Umgebung fernzuhalten, und eifert gegen alles Hessische in ihrem Wesen, das sie vielleicht von ihrer hessischen Mutter und der Großmutter annehmen könnte. Vor allem das »ekelhafte Gezische« der Aussprache ist ihm zuwider. Er verbittet sich bei Philippine jeden Anflug der *abscheulichen, gemeinen, hessischen Mundart.*[136]

Die Bilanz der beiden Hanauer Jahre ist negativ und bitter. Diesmal nutzt Knigge seine Erfahrungen aber nicht nur, um von einem Ort zum anderen zu wechseln, sondern vor allem, um seinen eingeschlagenen Lebensweg in Frage zu stellen. Der Abschied von Hanau ist zugleich – wenn auch nicht freiwillig – ein Abschied von der höfischen Existenz.[137] In seinen Schriften *Roman meines Lebens*, *Journal aus Urfstädt* und *Benjamin Noldmann's Geschichte* wird Knigge seine Kritik an den kleinen deutschen Fürstenhöfen grundsätzlich formulieren. Jetzt, am Ende der Hanauer Zeit, steht ihm immer deutlicher vor Augen, dass er für sich selbst etwas ändern muss.

DER BUNDESGESCHÄFTSFÜHRER

»Lüstern nach der Freymaurerey«
Geheimbünde

Wie bisher kann sein Leben nicht weitergehen. Knigge weiß, dass er sich auf den Hofadel nicht verlassen kann. Zwar hat er dem Landgrafen von Hessen-Kassel, dem preußischen König Friedrich II., dem Herzog von Sachsen-Weimar-Eisenach und schließlich, wenn man einmal von den Höfen in Karlsruhe und Darmstadt absieht, dem Erbprinzen von Hessen seine Dienste angeboten. Aber er hat das nicht nur unter dem Aspekt einer bezahlten Stellung getan. Immer hat er im Blick gehabt, dass er mit seinen Fähigkeiten dem Allgemeinwohl dienen und sich nützlich machen könne. Nützlich und glücklich wollte er sein, nicht nur nehmen, sondern auch geben. Gerade deshalb ist er so enttäuscht darüber, dass offenbar niemand sein Anerbieten zu schätzen weiß, zumal es oft genug geistige Pygmäen sind, die über ihn, seine Fähigkeiten und seine Bereitschaft zum Dienen entscheiden.

In seiner Begierde, etwas Großes zu tun, setzt Knigge jetzt, trotz seiner Erfahrung mit der »Strikten Observanz« in Kassel, doch wieder auf die Freimaurerei, weil er hier Menschen vermutet, die – wie er – hauptsächlich daran interessiert sind, nach Jahrtausenden geistiger Unmündigkeit endlich an einem Zeitalter der Vernunft zu bauen, erleuchtet vom Licht der Aufklärung. Dieses Ziel macht ihn *lüstern nach der Freymaurerey*. Er unterstellt, dass die Freimaurer *große, wichtige Dinge* unter Verschluss halten und eine hohe religiöse und philosophische Autorität allein schon deshalb darstellen können, weil der Orden sich so lange erhalten und *eine so große Menge der verständigsten und besten Menschen beschäftigt* hat.[138] Seinem Sinn für Kontinuität folgend hält er an der These von der lebendigen Gegenwart der alten Tempelherren samt der von ihnen gehüteten Geheimnisse fest. *Enthusiastisch für alles, was Mysterium hieß, war mir das Unverständlichste fast immer das Ehrwürdigste.*[139]

Die Geheimbünde waren nun einmal zu Lebzeiten von Knigge eine der wenigen Möglichkeiten, die geistigen, gesellschaftlichen und politischen Fragen der Zeit zu diskutieren, den denkenden Menschen aus der Isolation herauszuführen und mit Gleichgesinnten zu kooperieren. Dies kann man, wie Rüdiger Safranski, als einen »Sog der allgemeinen Politisierung« verstehen.[140] In seiner Hanauer Zeit (1777–1780) war Knigge voller Hoffnung und *Sehnsucht nach besserer, übernatürlicher Erleuchtung*[141] den Spuren der Geheimbünde gefolgt. Durch den Abschied vom Hanauer Hofleben ist er auf einmal ohne gesellschaftliche Funktion und hat Zeit, die Erfahrungen der letzten Jahre zu sortieren und seine Erkenntnisse einzuordnen. Noch ist er von einer jugendlich-pubertären Hoffnung gefangen: Er glaubt, die Welt von Grund auf verbessern und dieses Bestreben zum Mittelpunkt seines Lebens machen zu können.

Dass Knigge bei der Suche nach einem Instrumentarium für politisches Handeln auf die Geheimbünde setzt, liegt sicherlich auch an deren Versprechen, nicht nur nach dem Stein der Weisen zu suchen, sondern auch über die Kenntnisse zu verfügen, die für alle Menschen den Weg in eine ganz anders geartete, bessere Zukunft eröffnen.[142] In seiner Rückschau auf diese Epoche seines Lebens, der Rechenschafts-Schrift *Philo's endliche Erklärung und Antwort* von 1788, wird Knigge später allerdings von *der Begierde nach geheimen Verbindungen und Orden* als einer *Krankheit unseres Zeitalters* sprechen.[143]

Neben der »Strikten Observanz« will ein anderer »Ableger« die klassische Freimaurerbewegung überbieten: die Rosenkreuzer. Sie verstehen sich als eine geheime Bruderschaft, die auf einen 1378 geborenen Christian Rosenkreutz zurückgeht. Der habe bei einer Wallfahrt nach Jerusalem das alte geheime Wissen der Araber kennengelernt. Bei seiner Rückkehr nach Europa habe er eine Bruderschaft gegründet, deren Ziel es sei, die christlichen Kirchen zum Urchristentum zurückzuführen.

Um die Mitte des 18. Jahrhunderts war in Europa tatsächlich ein Geheimbund tätig geworden, der sich auf Mysterien der christlichen Frühzeit berief und die Bibel zur einzigen Richtschnur erklärte, gleichwohl aber Rituale der Alchimie und der Kabbala in sein System aufnahm. Diese Bruderschaft nannte sich »Orden der Gold- und Rosenkreuzer«. Zu ihrem Selbstverständnis gehörte, dass ihre Mitglieder die wahren Freimaurer seien und sogar die einzigen, die den verborgenen Sinn der freimaurerischen Symbole verstehen. Knigge befasste sich mit diesem System, weil die im Hintergrund bleibenden Führer dieser Bewegung behaupteten, im Besitz der Wahrheit zu sein und die Kraft zu haben, Armut und Krankheit zu beseitigen.

Als der Orden sich rasch nach Schlesien, Preußen, Sachsen, Ungarn, Russland und Polen ausbreitete und sich dann in Berlin etablierte, wurde immer deutlicher, dass es den Akteuren mehr um die Macht als um den Stein der Philosophen ging. Vor allem der spätere preußische Staatsminister Johann Christoph Wöllner und der General Rudolf von Bischoffwerder konnten auf Dauer nicht verleugnen, dass die politische Macht und ihr eigener ideologischer Einfluss die treibende Kraft waren. Sie schreckten bei ihren Machtspielen auch vor Scharlatanerie und Betrug nicht zurück.

Zentrum des Geschehens war die Mutterloge »Zu den drei Weltkugeln« in Berlin. König Friedrich Wilhelm II. wurde Mitglied dieser Loge und 1781 in die Mysterien der Rosenkreuzer eingeweiht. Er geriet völlig unter den Einfluss von Wöllner und Bischoffwerder. Knigge hatte sich schon von den Rosenkreuzern abgewandt, als der ganze Betrug Wöllners offenkundig wurde. Wöllner hatte nämlich vorgegeben, er könne die Geister von Marc Aurel, Leibniz und dem Großen Kurfürsten beschwören und herbeirufen. Was zunächst niemand ahnte, war Wöllners »Geheimnis«: Ein angeheuerter Bauchredner gab die spiritistischen Stimmen der herbeigerufenen historischen Prominenz.[144]

Die Lage spitzte sich zu, als Wöllner und Bischoffwerder begannen, die Freimaurer zu bekämpfen, und sich zu diesem Zweck sogar mit den Jesuiten verbündeten. Für Knigge waren die Jesuiten ebenso eine Geheimgesellschaft wie die Freimaurer und die Rosenkreuzer: *Unter allen solchen bekannten Gesellschaften, welche im Rufe von Geheimnissen gewesen sind, haben sich in neueren Zeiten vorzüglich drey ausgezeichnet; die Freymaurer, die Rosencreutzer und die Jesuiten.*[145] »Über Jesuiten, Freymaurer und deutsche Rosencreutzer« heißt denn auch eine Schrift, die 1781 als Werk eines gewissen Joseph Aloisius Maier, ehemaliges Mitglied der Gesellschaft Jesu, herauskam. Und 1788 wird Knigge im *Philo* aus der Sicht eines anderen Geheimbundes, dem der Illuminaten, befinden, dass *die Parthei der Jesuiten und die der teutschen Rosenbrüder für den Orden und für die Welt gleich gefährlich sind.*[146]

Dass Knigge sich den Rosenkreuzern überhaupt zuwendet, ist erstaunlich. Für einen Aufklärer müssen die obskuren Riten und Praktiken dieses Geheimbundes höchst irritierend gewesen sein: Da wird nach alchimistischen Rezepturen Gold gekocht, Geister werden beschworen und alle Gesetze der jungen Naturwissenschaften ignoriert. Auch theoretisch lehnen die Rosenkreuzer die Aufklärung ab und halten sich stattdessen an Theosophie, Magie und Alchimie. Wie will Knigge diese Widersprüche wenigstens für sich selber lösen? Und welche Rolle spielen die Templer? Stimmt es überhaupt, dass die Tempelherren die Hüter der alles erhellenden Geheimnisse sind und ihr Wissen weitergeben wollen? Verfügen sie überhaupt über dieses Wissen? Oder muss Knigge einen ganz anderen Weg gehen und ganz andere Gewährsleute befragen?

Später wird Knigge schreiben, obgleich er sich bei der Abfassung des *Philo* längst von den Freimaurern und allen ihren Denominationen getrennt hat: *Es geriethen mir alte Manuskripte in die Hände; Ich hatte Gelegenheit die obern Grade, und zwar sehr seltene Grade, andrer Freymaurer=Zweige kennen zu lernen – alles gieng auf geheime höhere Wissenschaften hinaus.*[147]

Aus der Sicht von 1788 erläutert Knigge dann aber, nicht ohne Selbstironie, warum er im Orden nicht befördert worden war: *Meine Naseweisigkeit, Jugend, (ich war noch nicht 20 Jahre alt) Mangel an Subordinations-Geist, manche Unvorsichtigkeit in meinem Betragen, meine eingeschränkten häuslichen Verhältnisse und endlich meine sonderbare damalige politische Lage hielten meine Beförderung im Orden zurück; Ich blieb immer Lehrling.*[148]

Der ewige Lehrling weiß jedoch seine Zeit zu nutzen. Er wendet sich intensiv der Erforschung aller Fragen zu, die mit der Freimaurerei zusammenhängen. Er will sich die Erkenntnisse der höheren Grade, die ihm verweigert wurden, durch Studium erarbeiten. Und wie fast immer in seiner Laufbahn schreibt er seine Einsichten auch gleich nieder. Es ist, als eigne er sich eine Erkenntnis durch Formulieren und Niederschreiben an. Er nimmt seine Gedanken beim Wort – dann hat er sie. So entwirft er ein *Allgemeines System für das Volk, zur Grundlage aller Erkenntnisse, für Menschen aus allen Nationen, Ständen und Religionen.* Die kleine Schrift von 46 Druckseiten ist wie ein Katechismus in Fragen und Antworten aufgeteilt, und es verwundert nicht, dass Knigge zunächst keinen Verleger findet. Erst ein *kleiner, unbekannter, freundlicher Buchhändler in Hanau* namens Gotthelf David Schulz ist 1779 zum Druck bereit, nachdem Knigge auf sein Honorar verzichtet hat.

Das *Allgemeine System* präsentiert sich als Fiktion: Als Erscheinungsort wird Nikosia, als Erscheinungsjahr 1873 angegeben. Geschildert wird mit Anspruch auf Allgemeingültigkeit ein utopisches, im Jahr 1813 auf einer imaginären Insel gegründetes Gemeinwesen, dessen »System« den drohenden Absturz des halben Erdballs in die Barbarei verhindern könne. 1788 wird Knigge selbst von einem *hochtrabenden Titel* sprechen und seiner Arbeit bescheinigen, sie enthalte *Prätension und Plattitüden, ein Gemische von gesunder, heller Vernunft und von Unsinn, von Deismus und Schwärmerei.*[149]

Knigges Sanierungsprogramm für den halben Erdball ist noch dem Gedankengut der »Strikten Observanz« verhaftet. Dazu gehört die Idee eines Priestertums, das innerhalb des Ordens Führung und Vermittlung garantieren soll. *Natürlicher Weise war auch die Idee eines Priesterthums einer meiner Lieblings-Begriffe geworden, und wer mir damals, auf eine Art, welche diesen Begriffen geschmeichelt, den Antrag gemacht hätte, Jesuit zu werden, der würde nicht so gar viel Widerstand bey mir gefunden haben.*[150] Der Hinweis auf die angebliche Bereitschaft, Jesuit zu werden – eigentlich pflegt Knigge zu den Jesuiten durchweg eine solide Feindschaft –, zeigt zweierlei: zum einen seine Fähigkeit zu einer Vielfalt von Optionen: Im *Allgemeinen System* wendet er sich an Menschen aus allen Nationen, Ständen und Religionen. Zum andern zeigt sich die Widersprüchlichkeit seiner *Handlungen und Grundsätze*. Knigge ist hin und her getrieben zwischen *religiöser, süßer Schwermut* und einem unruhigen Geist, der immer noch nicht weiß, wohin er gehört.

Trotzdem ist das *Allgemeine System* ernst gemeint. Vielleicht ist es auch nur die katechismushafte Herleitung der Gedankengänge, die den Eindruck muffiger Allerweltsreligiosität erweckt und den Blick auf die nüchterne Vision eines humanen Gemeinwesens versperrt. Knigges Plädoyer für naturwissenschaftliche Kenntnisse, für Handwerk und Kunst, für soziale Kompetenz, für Kenntnisse in Ökonomie, Justiz, Verwaltung, Politik und Kriegskunst jedenfalls zielt auf sehr reale Pflichten des Menschen gegen sich selbst und die anderen, aber auch gegen die Religion, *im weitesten Verstande des Wortes genommen.*[151]

Es ist ein weiter Weg, den Knigge zurücklegt von der begeisterten Faszination für alle Geheimwissenschaften und Geheimbünde in den frühen siebziger Jahren bis zur allmählichen Distanzierung von allen Formen der *Freymaurerey*. Empfänglich gemacht für die Suche nach geheimem Wissen hatten ihn ja schon die frühen Eindrücke der Kindheit. Die Suche nach Anerkennung und Wirkung hatte ihn dahin gebracht, die höheren Grade des Systems anzustreben. Seinem historischen Interesse kam entgegen, dass sich dieses System auf die Tradition der mittelalterlichen Tempelritter berief und sich sogar als Erbe und Interpret der Freimaurerei verstand.

Es war jedoch wohl kaum ausschließlich ein historisches Interesse, das ihn bei seiner Suche nach einer verborgenen Tradition leitete. Viel stärker als die Tradition selbst dürfte ihn der Wunsch nach Sicherheit in turbulenten Umbruchszeiten dazu gebracht haben, ein Referenzsystem zu suchen, bei dem die Koordinaten noch stimmten. Wer spürt, dass die bestehende Ordnung nicht mehr funktioniert, fragt sich, wann denn zuletzt noch alles in Ordnung gewesen sei. So wie die Erosion der mittelalterlichen Glaubenswelt eine Besinnung auf die Werte der Antike auslöste und zum Aufbruch aus dem Geist der Renaissance führte, so sollte die Verwurzelung im spirituellen System des Templerordens die Autorität der Geheimbünde begründen.

Die Sehnsucht nach innerer Führung und Autorität lässt Knigge keine Ruhe. Mögen die Führergestalten auch unbekannt bleiben, Hauptsache, sie kennen die Geheimnisse und wissen, wohin die Wege der Menschheit führen. Knigge ergeht es hier wie vielen Zeitgenossen – Goethe wird es in seinem »Wilhelm Meister« für die ganze Epoche formulieren. Die Suche nach Wahrheit und Autorität ist in der Agonie der Feudalherrschaft und nach dem Verfall der kirchlichen Autorität keine individuelle Angelegenheit mehr. Sie ist ein allgemeines Kennzeichen der Zeit.

Kaum erfährt Knigge, dass es in Marburg einen Professor für Arzneikunde geben soll, der die Geheimnisse kennt, macht er sich auf den Weg. In Marburg trifft er auf Friedrich Joseph Schröder, dessen alchimistische Schriften er kennt und der wie ein weiser Guru verkündet, über Heilmittel gegen Armut, Alter, Krankheit und sittlichen Verfall zu verfügen. Die charismatische Persönlichkeit Schröders, auch er eine Vaterfigur, beeindruckt den geheimnislüsternen jungen Mann zutiefst. Knigge nennt ihn in einem Brief einen *herrlichen* und *göttlichen Mann: Ich habe noch nie einen Menschen gesehen, aus dessen Augen so viel Seele blickt, und ein Blick, der weit über die Erde geht.*[152]

Die Verbindung von Theosophie, Magie und Alchimie, wie Schröder sie repräsentiert, ist in Knigges Augen genau das, was die Menschheit braucht. *Schwebend zwischen Glauben und Unglauben, nicht zufrieden mit den Kirchen-Systemen, nicht beruhigt durch bloße Vernunftreligion, voll Zweifel über die Wahrheit einiger geoffenbarter Sätze, voll Sehnsucht nach besserer, übernatürlicher Erleuchtung will Knigge jetzt darangehen, Verbündete zu suchen.*[153] Schröder hat ihm in den Kopf gesetzt, Gott selber habe dem Templerorden die Geheimnisse und sogar seine unmittelbare Gegenwart geschenkt, nachdem er sie den Juden genommen habe. Der Orden werde eines Tages die ganze Welt theokratisch regieren.

Knigge verlässt Marburg in der Überzeugung, gemeinsam mit Männern wie Schröder könne es gelingen, die Lebensbedingungen der Menschen wirklich zu verbessern und die Menschheit zu veredeln. Dem Bund der Rosenkreuzer ist er jedoch nicht beigetreten – möglicherweise, weil Schröder starb, bevor Knigge ihn noch einmal besuchen konnte. *Nie bin ich zum Rosencreutzer aufgenommen worden (die teutschen Rosencreutzer hielt ich für unächt und unwissend), aber diese alte Verbrüderung war mir seit Schröders vertraulichen Eröffnungen äussert werth geworden.*[154]

Ernüchterung
LESSING

September 1778. Der Konvent der »Strikten Observanz« tagt in Braunschweig und Wolfenbüttel. Knigge nimmt als Beobachter teil. Offenbar interessiert ihn die Welt der *Freymaurerey* noch immer. Nach Wolfenbüttel gehen heißt, zum großen Lessing gehen. Knigge hat Lessing nicht nur, wie allgemein berichtet wird, geschätzt und bewundert. Er hat ihn auch gelesen und die »Emilia Galotti« in einer Rezension positiv besprochen. Wahrgenommen hat er natürlich auch Lessings Engagement für die Freimaurerbewegung. Nun sollte er dem 23 Jahre älteren Idol begegnen. Wann und wo die Begegnung stattgefunden hat, ist nicht belegt. Knigge hielt sich mehrfach in Wolfenbüttel auf, da dort Verwandte wohnten, die Familie von Hoym.[155]

Lessing war seit 1770 Bibliothekar an der schon damals berühmten Herzog-August-Bibliothek und gab während des Freimaurerkonvents Führungen durch die Sammlung von Büchern, Handschriften und Stichen. In der europäischen Gelehrtenrepublik war Lessing der geniale Autor der »Miss Sara Sampson«, des »Laokoon oder Über die Grenzen der Malerey und Poesie«, der »Emilia Galotti«, der »Minna von Barnhelm«, der »Hamburgischen Dramaturgie«. Er war im Diskurs der Intellektuellen allgegenwärtig als gnadenloser Polemiker und scharfer Kritiker, der unter anderem mit dem Halleschen Professor für Philosophie und Beredsamkeit, Christian Adolf Klotz, eine leidenschaftliche Literaturfehde ausgetragen hatte und gerade zur Zeit des Freimaurerkonvents mit dem gegen die Aufklärung eifernden Hamburger Hauptpastor Johann Melchior Goeze eine theologische Grundsatzdebatte führte – Lessings »Anti-Goeze« erschien 1778. Ob Knigge bereits wusste, dass ein Manuskript Lessings fertig zum Druck auf dem Tisch lag, das in den folgenden Jahren unter dem Titel »Ernst und Falk. Gespräche für Freymäurer« veröffentlicht werden sollte, ist fraglich. Jedenfalls erwartete er, in Lessing einen Verbündeten zu finden, mit dessen Kompetenz er unter anderem seiner Frage nachgehen konnte, ob die Freimaurer in Gestalt der »Strikten Observanz« und der Rosenkreuzer auf die mittelalterlichen Tempelritter zurückzuführen seien oder nicht.

Umso verblüffter ist Knigge, als Lessing rundheraus erklärt, ihm sei diese Frage gleichgültig. Überhaupt halte er die auf dem Konvent behandelten Fragen für belanglose Kindereien. Ihm sei allein wichtig, dass die Freimaurerlogen offen seien für bewährte Männer, aus welchem Stand, welcher Nation und welcher Religion auch immer sie kämen. Für Lessing sind die Freimaurer »eine Art freisinniger Glaubensgemeinschaft«, die darauf ausgerichtet sein müsse, »den Fortschritt der Gesellschaft zu befördern«.[156] Eine institutionalisierte Hierarchie, die durch elitäres Bewusstsein die Abgrenzung von der Masse suche, könne diesen Zweck nur verfehlen. Lessing war zwar seit 1771 Mitglied der Hamburger Loge »Zu den drei goldenen Rosen«, war jedoch bald enttäuscht dem Logenleben ferngeblieben. Für ihn verhält sich die Loge zur Freimaurerei wie die Kirche zum Glauben, und der fiktive Gesprächspartner Falk bekennt: »Das Logenwesen, so wie ich höre, dass es jetzt getrieben wird, will mir gar nicht zu Kopfe.«[157]

Knigge stimmt mit Lessings Meinung über die Offenheit der Logen überein, doch ist er noch viel zu sehr fixiert auf die historische und theologische Frage nach der Tradierung von übersinnlichen Geheimnissen, um Lessings distanzierten Horizont begreifen zu können. Knigge sucht nach einer Zauberformel, mit deren Hilfe er den freimaurerischen Geheimnissen und deren Autorität näherkommen kann. Mit dem historischen Rückgriff auf die Tempelritter will er die philosophisch-theologischen Probleme der Freimaurerei lösen und seine esoterische Position aufrechterhalten. Auf Lessings rein humanitäre und die Freimaurerei in einen größeren Zusammenhang stellende Betrachtungsweise möchte er sich nicht einlassen. Noch nicht. Er empfindet sie als relativistisch und banal, obzwar Lessing gerade den aufklärerischen Kern der Freimaurerei herausstellt und das Handeln im Geiste der Humanität wichtiger findet als historische Herleitungen, die ja doch nur zu Machtkämpfen verkommen würden. Trotz dieser Unterschiede in den Auffassungen kann Knigge sich den Gedankengängen des berühmten Lessing auf die Dauer nicht entziehen. Lessings Autorität ist so groß, dass Knigges Weltbild sich zu verändern beginnt. Er schaut jetzt nüchterner auf die hitzigen Auseinandersetzungen der verschiedenen freimaurerischen Systeme und lässt erste Zweifel daran zu, ob es die »Geheimnisse« der Templer überhaupt gibt.

Derart ernüchtert, trifft Knigge noch während des Wolfenbütteler Konvents einen anderen »Großen« der Freimaurerbewegung. Der Großmeister der Vereinigten Schottenloge Deutschlands und preußische Feldmarschall Herzog Ferdinand von Braunschweig-Bevern wünscht ihn zu sprechen. Knigge hatte fundamentale Kritik an den Oberen geäußert und mit Erkenntnissen argumentiert, die er eigentlich gar nicht haben konnte, da er immer noch »Lehrling« war. Herzog Ferdinand hatte während des Konvents offenbar von Knigges Kritik gehört und ermuntert nun den wissenden Lehrling, seine Kritik ohne Scheu gegenüber dem Großmeister auszusprechen. Nach anfänglichem Zögern – er will den mächtigen Mann nicht kränken und auch nicht riskieren, dass die Unterredung abrupt abgebrochen wird – nimmt Knigge kein Blatt vor den Mund, geißelt das Programm des Konvents, das sich nur mit organisatorischen und ökonomischen Fragen befasse und die höheren, wichtigen Probleme der Freimaurerei im Allgemeinen und der »Strikten Observanz« im Besonderen gar nicht anspreche. Man müsse sich aber mit den wahren, tradierten Geheimnissen beschäftigen, um die freimaurerischen Aufgaben im Dienste der Menschheit angehen zu können. Man müsse die religiösen Wurzeln der Freimaurerei freilegen und einen Gottesdienst entwickeln, um durch intensive Religiosität den Weg zu den ursprünglichen Geheimnissen wiederzufinden.

Knigge ist überrascht von der Geduld, mit der Ferdinand ihn anhört. Aber er ist noch mehr überrascht, als der Herzog frei heraus erklärt, es gebe überhaupt kein Geheimnis, das der Orden hüte. Zwar sei es richtig, daß die »Strikte Observanz« von den Templern abstamme, doch gebe es bislang keine Quelle, aus der die vielberedeten Geheimnisse der Templer hervorsprudeln könnten. Sollten sich solche Quellen und Geheimnisse jemals finden, werde der Orden der »Strikten Observanz« Anspruch darauf erheben und sie für die Menschheit nutzbar machen. Für diese mögliche Zukunft müsse sich der Orden bereithalten, indem er sich Ansehen, Glanz und politische wie wirtschaftliche Macht verschaffe.

Knigge ist abermals ernüchtert. Kein Geheimnis? Keine Erneuerung des Ordens? Keine Priorität religiöser Fragen? Keinen Gottesdienst? Keine sittliche Vervollkommnung? Stattdessen Politik und Wirtschaft? Aber Knigge will nicht aufgeben. Er hält sich an die Begegnung mit Schröder und ist nach dessen Tod - im Oktober 1778 - entschlossen, auf eigene Faust weiterzuforschen und an der Erneuerung der Freimaurerei zu arbeiten. Er entwickelt das Konzept einer klosterähnlichen Gemeinschaft, deren Aufgabe es sein müsse, die verlorene Würde des Menschen und das geschundene Ebenbild Gottes wiederherzustellen.

Obgleich also die Resonanz auf seine Ideen und seine Kritik bei Lessing und dem Herzog von Braunschweig recht mager ist, sucht Knigge weiter nach Verbündeten. Dabei erinnert er sich an den hessischen Prinzen Carl, den er als seriösen und aufgeschlossenen Mann kennt. Ihm will er schreiben und den Reformbedarf der »Strikten Observanz« noch einmal vor Augen führen. Allerdings entscheidet Knigge sich dafür, die Korrespondenz mit dem Prinzen anonym zu führen. Möglicherweise erwartet er, ein anonymer Brief dieses Inhalts werde eher Beachtung finden als ein Schreiben des Hofmannes und Maurermitglieds, des »Ritters vom weißen Schwan«, Adolph Freiherr Knigge.

In der Tat kommt die Antwort des Prinzen ungewöhnlich rasch: Auch er sei an einem Gedankenaustausch interessiert - vor allem jedoch daran, dass der unbekannte Briefschreiber sich zu erkennen gebe. Offensichtlich vermutet der Prinz, an einen »Wissenden« geraten zu sein. Knigge aber will gerade diese Offenbarung vermeiden, weil er befürchtet, die sachliche Korrespondenz werde augenblicklich gestört, sobald der Prinz die Identität des Briefschreibers kenne. Knigge will etwas bewirken. Er will erreichen, dass Prinz Carl tätig wird und sich für die Reform des Ordens einsetzt. Seine Person und die Herkunft der Strategie sind dagegen unwichtig.

Vielleicht spürt Knigge auch selbst, dass er im Begriff ist, sich zu sonderbaren Vorschlägen zu versteigen und möchte deshalb im Hintergrund bleiben. Immerhin schwebt ihm ein Haus vor, in dem die Freimaurergemeinschaft, fern von allen Banalitäten des Alltags, ihrer Bestimmung nachgehen kann. Die Brüder sollen eine eigene Kleidung tragen, sich unter Aufsicht eines weisen Arztes einer Diät unterziehen und sich der Erforschung der Natur widmen, jedoch ohne die übliche weltliche Gelehrsamkeit.

Prinz Carl hält sich seinerseits zurück: er ist nicht sonderlich interessiert an Religion und Naturkunde. Er will – wie bis vor kurzer Zeit ja auch Knigge – die historischen Wurzeln der Freimaurerei und die Geheimnisse der immer noch unbekannten Oberen kennenlernen. Knigge muss allmählich einsehen, dass seine Erwartungen in den hessischen Prinzen Carl sich nicht erfüllen werden. Der Prinz hatte ihm geschrieben: »Ich kenne den Weg, der zu der höchsten Stufe menschlicher Kenntnisse führt, und die Quelle, woraus hohe göttliche Weisheit fließt.«[158] Knigge kann dies aber nur als bodenlose Prahlerei empfinden. Er bricht deshalb die Korrespondenz von sich aus ab. Hatten Lessing und Herzog Ferdinand ihn ernüchtert – Prinz Carl enttäuscht ihn.

Im Fach der schönen Wissenschaften
Als freier Schriftsteller

Knigge hat seine Hofkarriere beendet und ist dabei, seine gesamte Lebensplanung zu ändern. Er hat aufgehört, sein Glück an einem der spätabsolutistischen Höfe zu suchen. Er ist zu stolz, um sich weiter an einem Hof demütigen zu lassen. In historischer Perspektive wäre es jedoch verfehlt, seine Laufbahn bei Hofe als eine Geschichte des Scheiterns aufzufassen. Nicht Knigge ist an den Verhältnissen gescheitert. Vielmehr sind es die höfischen Verhältnisse, deren Scheitern durch Knigge offenkundig wurde. Knigges Lebensgeschichte ist ein Indikator dafür, dass die Welt des Feudalismus am Ende ihrer geschichtlichen Legitimität angekommen war. Knigge musste das umzäunte Gelände der Feudalordnung nicht verlassen, weil er untüchtig gewesen wäre. Er musste gehen, weil an seiner Person manifest wurde, wie krank das System der aristokratischen Gesellschaftsordnung war. Man ist versucht zu glauben, Knigge habe die Krankheit des Systems auf sich genommen und sein früher Tod müsse als Metapher für die Agonie der Feudalherrschaft verstanden werden.

Kaum dreißigjährig, am Ende seiner Höflingszeit, bricht Knigge zu einer neuen Existenzform auf: er wird der unabhängige, freie und nur durch wirtschaftliche Schwierigkeiten behinderte politische Publizist. Jetzt erst zeigt sich, wozu Adolph von Knigge fähig ist: Er besinnt sich auf seine wahren Talente – seine Auftritte als witziger Unterhalter waren ohnehin nur eine liebedienerische Spielerei gewesen. Er will als freier Schriftsteller – ein Berufsbild, das es noch gar nicht gibt, schon gar nicht für einen Adligen – sein Geld verdienen und die kleine Familie ernähren. Dies ist ein Schritt, dessen exemplarische Bedeutung weit hinausreicht über den Rahmen der privaten Existenz des Adolph Freiherrn Knigge. Der Entschluss, als Adeliger einen bürgerlichen Beruf auszuüben, setzt einen starken Akzent im gesellschaftlichen Umbruch der späten Aufklärungsepoche.

Knigges Bemühen, sich als Schriftsteller zu etablieren, beginnt zäh. Der Buchhändler Schulz, der sein *Allgemeines System für das Volk* verlegt hatte, ist zum Glück bereit, nach dem ersten nun auch den zweiten Teil seiner »Theaterstücke« herauszubringen. Allerdings muss Knigge wieder auf jedes Honorar verzichten, obgleich er dringend Einnahmen bräuchte. Um an Geld zu kommen, wendet er sich an Christoph Friedrich Nicolai in Berlin, den er als Kritiker und Schriftsteller schätzt. Er beruft sich auf den Jugendfreund Georg Ernst von Rüling, der inzwischen als Jurist in Hannover lebt und als Rezensent für die »Allgemeine deutsche Bibliothek« tätig ist. Nicolai selbst hatte sich 1775 mit seinen Parodien (»Die Freuden des jungen Werthers«) und seinen Satiren in die Herzen der jungen Literaten geschrieben. Ihn bittet Knigge um Aufträge in der »Allgemeinen deutschen Bibliothek«. Diese Literaturzeitschrift war aus den von Lessing, Mendelssohn und Nicolai begründeten »Briefen, die neueste Literatur betreffend« hervorgegangen und gehörte zu den wichtigsten Publikationsorganen der Aufklärung.

Knigge bietet Friedrich Nicolai seine Mitarbeit an für Besprechungen »im Fach der schönen Wissenschaften« und für Übersetzungen aus dem Lateinischen und Französischen. ... *habe ich die Ehre Ew. Hochedelgebohren meine Dienste, wenn Dieselben in hiesigen Gegenden etwas zu besorgen haben werden, anzubiethen. Die glückliche Musse, welche ich itzt geniesse, erlaubt mir Ihre Aufträge ordentlich und geschwind zu besorgen.*[159] Nicolai nimmt das Angebot an: » ... und nütze zugleich Ihr gütiges Anerbieten, an der Allg. deutschen Bibliothek Theil zu nehmen, indem ich beigehend zugleich einige Bücher beilege, um deren Recension ich ergebenst bitte ... Die Bestimmung des Honorarium bleibt Ihnen überlassen.«[160]

In den nächsten siebzehn Jahren wird Knigge 1265 Rezensionen in der »Allgemeinen deutschen Bibliothek« veröffentlichen. Die Mitarbeit an der renommierten Zeitschrift ist für ihn nicht nur eine Gelegenheit, Geld zu verdienen. Durch seine Präsenz in der »AdB« hat er auch eine Stimme im intellektuellen Diskurs der literarischen Welt. Dieser hat durch den enormen Aufschwung des Buchhandels – die Zahl der Neuerscheinungen verdreifachte sich zwischen 1770 und 1800 auf circa 6000 Titel im Jahr – ein Forum gewonnen, wie es das nie zuvor in der Geschichte des literarischen Lebens in Deutschland gegeben hat.[161]

Der Rezensent meldet sich unter verschiedenen Kürzeln[162] mit klaren Meinungen und scharfen Urteilen zu Wort. *Nicht ein einziges leidliches Gedicht auf 17 Bogen*, schreibt er zum Beispiel zu einer von Schiller herausgegebenen Anthologie und bemängelt die *Unreinigkeit der Sprache* und *die unvernünftige Freyheit im Reime, als wenn Monde mit Kunde, gesessen mit lesen gereimt wird.*[163]

In einer *Blumenlese für 1782* beklagt er, dass solche Sammlungen immer häufiger werden, dass immer mehr *mittelmäßige Genies* den Dichterberuf ergreifen und es immer leichter wird, *auf diese Art seine Mißgeburthen in ehrliche Gesellschaft zu bringen.*[164] Knigge spart nicht mit Zensuren wie *leer, uninteressant, mißlungener Versuch, ganz gut gemeynt, gestohlne Lappen, mit grobem Zwirn zusammen geheftet, auf die unerträglichste Weise verwahrlost, nicht einzusehen, warum es geschrieben worden.*

Immer wieder eifert Knigge gegen die modische Nachahmung Shakespeares. Dabei nimmt er selbst ein Talent wie Schiller nicht aus. Er bedauert, *daß dieser junge Mann nicht mehr Erfahrung hat von dem, was Wirkung bey der Vorstellung thut, und daß er nicht mehr Studium und Fleiß an die Ausfeilung wendet.*[165] Auf der anderen Seite nimmt er Schiller in Schutz vor einem *Herrn Plümicke*, der sich herausgenommen hatte, Schillers »Räuber« zu bearbeiten. Er bewundert Schillers meisterhafte Ausarbeitung der Charaktere in den »Räubern«, gibt ihm aber in der Rezension des »Fiesko« zu verstehen: *Der Verfasser hat gute Talente, aber sie bedürfen Ausbildung.*[166]

Als Rezensent teilt Knigge naturgemäß das Schicksal aller Rezensenten und Kritiker: dass sie im gleichen Maße als überheblich erscheinen, in dem ihr Urteil präzise und unzweideutig ist. Knigge kennt das Problem und nimmt gelegentlich auch einen jungen Autor vor sich und seiner spitzen Feder in Schutz: *Uebrigens möchten wir durch zu scharfe Kritik nicht gern diesen jungen Dichter muthlos machen.* Sogar gegen sich selbst ist er von koketter Gnadenlosigkeit.

Unter dem Kürzel »G« rezensiert er seine eigene Übersetzung des französischen Lustspiels »Das Gemählde vom Hofe«: *Ein sehr elendes französisches Stück, ohne alle Kenntniß beider Sprachen, in das fehlerhafteste und pöbelhafteste Deutsch übersetzt.*[167] Knigge kann sich diese Selbstironie leisten. Denn er hat Erfolg. Er ist als Rezensent gefragt. Er ist Teil des literarischen Betriebs. Er hat den Durchbruch zu einer neuen Existenz geschafft. Trotzdem wachsen seine Bäume nicht in den Himmel.

Obgleich er sich innerlich und auch in aller Öffentlichkeit von jeder Hofkarriere verabschiedet hat, hinterlässt die in Hanau erlittene Kränkung ihre Spuren. Er kann nicht aufhören, auf Genugtuung, Wiedergutmachung und Rechtfertigung zu sinnen. Er will sich seinen Ärger von der Seele schreiben und das Ergebnis veröffentlichen. Er schlägt Nicolai einen autobiografischen Roman vor. Der Titel: »Begebenheiten aus meinem und anderer Leute Leben«. Das Buch wird später unter dem Titel *Roman meines Lebens* erscheinen. Es wird Knigges literarisches Erstlingswerk sein und eine glänzende Laufbahn als Schriftsteller begründen. Die Schrift ist weit mehr als eine »Abrechnung« oder Zwischenbilanz. Über die Hofkritik hinaus ist sie ein Sittengemälde, eine präzise und tiefgründige Beobachtung der Gesellschaft. Obgleich Knigge sie Roman nennt, ist die Schrift publizistisch motiviert, nicht literarisch im Sinne eines Romanbegriffs, wie ihn später das 19. Jahrhundert entwickelt hat. Das Buch enthält *wahre Begebenheiten (also), welche ich theils selbst erlebt, theils in der Nähe oder von Weitem erlebt habe, Charakterzüge von verschiedenen Gattungen Menschen, und hie und da eigene Gedanken über allerley wichtige und unwichtige Dinge, sollen hier in einer Art von Verbindung erscheinen. Das Ganze kann man hernach etwa einen Roman nennen – oder wie Sie wollen.*[168] Viel später, am 8. März 1788 schreibt Knigge an Nicolai: *Ich wollte nicht als Schriftsteller glänzen. Das Buch sollte nur für Einige verständlich seyn, die Andern sollten es als neueste Liter- nein! Maculatur ansehen.*[169]

Das Werk erschien nicht bei Nicolai, sondern in der Andreäischen Buchhandlung des Verlegers Johann Benjamin Andreä III., der auch die nachfolgenden Arbeiten Knigges herausbrachte. Das Buch wurde auf Anhieb viel gelesen und gelobt, weil es von Anfang an als Schlüsselroman aufgefasst wurde. *Das Buch gieng, durch das unvernünftige Geschrey der Getroffenen ausposaunt, reissend ab ...*[170] Sicherlich ging das Buch auch deshalb so reißend ab, weil vielen Lesern die antihöfische Attitüde des Werkes gefiel. 1790 erklärt Knigge im *Aufrichtigen Geständnis meiner Polygraphie: Die Mißhandlung, die ich an Höfen erfahren hatte, bewogen mich, um meinen Ruf gegen heimliche Verleumdungen zu schützen, allerley Hofszenen, die ich erlebt hatte, so zu schildern, daß sie nur gewissen Leuten verständlich seyn sollten.*[171] Knigge verbindet diese Erklärung mit der Vermutung, der *Roman meines Lebens* sei *wegen einiger Züge von Menschenkenntnis so gut aufgenommen worden.*[172] Diese »Züge von Menschenkenntnis« werden es dann auch sein, die Knigge über seine Zeit hinaus bekannt und berühmt gemacht haben.

»Am Bockenheimer Thore«
FRANKFURT

Die einzige Lebenslinie, die Knigge im Frühjahr 1780 nicht unterbrochen hat, ist sein Engagement für die Freimaurerei. Er kann sein Interesse, sein Wissen, seine Bindungen und Verbindungen mitnehmen in seine neue Existenzform als freier Schriftsteller. Mag die Zugehörigkeit zu den Freimaurern am Anfang »lediglich eine Form der aristokratischen Geselligkeit« gewesen sein, wie der französische Knigge-Forscher Pierre-André Bois meint,[173] so ist daraus ein inhaltliches, soziales und politisches Engagement von hoher Intensität geworden. Auf seinem Irrweg durch die freimaurerischen Institutionen hat Knigge kaum ein Problem ausgelassen. Bois unterscheidet drei Phasen seiner freimaurerischen Entwicklung: Dem Versuch, die »Strikte Observanz« zu reformieren, folgte der Versuch, die Freimaurer im Allgemeinen und die »Strikte Observanz« im Besonderen dem Illuminaten-Orden einzuverleiben. In der dritten Phase wendet Knigge sich vom Logenwesen überhaupt ab, ohne dabei die Ideale der Bewegung preiszugeben.

Auf diesem Weg hat seine Lüsternheit nach Geheimnissen weder vor der Alchimie noch vor okkulten Praktiken noch vor einer Doppelmitgliedschaft bei der »Strikten Observanz« und den Illuminaten haltgemacht. Immer sucht er nach höheren Wahrheiten und Kenntnissen, um den blutleeren Rationalismus der Aufklärung auszugleichen. Seine Reformideen wollen, wie er in einem Brief an Prinz Carl von Hessen schreibt, *die stufenweise Bildung eines redlichen, liebevollen, edlen Mannes, Weltbürgers, Philosophen, Weisen und Herrn der Schöpfung* erreichen.[174]

Knigge hält Hof in Frankfurt, wenn auch in sehr bescheidenem Maß. Er selbst findet das Gartenhaus, das er gemietet hat, und dessen Lage vor dem Bockenheimer Tor schön, obgleich es im Winter ziemlich ungemütlich ist: *Ich ... sitze in meinem großen Gartenhause, ganz allein mit einem Bedienten, höre unaufhörlich den Wind pfeifen und sehne mich nach meiner Familie.*[175] Er hofft, in Frankfurt endlich einmal heiter, einsam, unbemerkt und ungedrückt leben zu können.[176] Im *Philo* wird er schreiben: *Und diese Existenz gefällt mir. Ich habe keine andre.*[177]

Seine Frau und die kleine Tochter Philippine folgen ihm nach Frankfurt – den Sommer hatte er mit ihnen wieder in Nentershausen verbracht –, doch viel Zeit für das Familienleben lässt er sich nicht. Mit 28 Jahren hat er anderes im Sinn. Er hat sich in den Kopf gesetzt, die Freimaurerbewegung zu reformieren oder besser: wiederzubeleben und zu intensivieren. Zwar ist er ernüchtert vom Konvent in Wolfenbüttel und vom Gespräch mit Herzog Ferdinand zurückgekehrt – der Herzog hatte zugegeben, dass der Orden gar nicht im Besitz irgendwelcher Geheimnisse war. Doch der Autor des *Allgemeinen Systems* war noch nicht so weit, das *Gemische von gesunder heller Vernunft und von Unsinn* hinter sich zu lassen. Noch gehört auch die Idee eines Priestertums zu seinen *Lieblingsbegriffen*.[178] Er will alle klugen Köpfe aus den verschiedenen Freimaurersystemen zusammenführen und eine neue Ordensgemeinschaft oder Bruderschaft bilden.

Im *Philo* wird er von einem Besucher aus Bayern berichten, der im Juni 1780 in die Frankfurter Loge kommt und ihm erklärt, alles das, was ihm vorschwebe, gebe es bereits. *Warum wollen Sie Sich die vergebliche Mühe geben, etwas Neues zu stiften, indeß eine Gesellschaft existirt, die das alles schon erreicht hat, was Sie suchen, und die auf alle Weise sowohl Ihren Durst nach Kenntnissen, als Ihren Eifer, thätig und nützlich zu seyn, befriedigen kann; Eine Gesellschaft, die mächtig und unterrichtet genug ist, alles zu würken, alles auszuführen, alles zu lehren, was Sie nur verlangen mögen.*[179]

Der Besucher aus Bayern tritt unter dem Ordensnamen Diomedes auf und gehört dem Illuminaten-Orden an, der erst vier Jahre zuvor, 1776, gegründet worden ist. Der Name des Besuchers ist Marquis Constanzo (auch Marchese Costanzo). Eloquent schildert er den neuen Orden und macht keinen Hehl daraus, dass er Knigge anwerben will. Nach all den Unzulänglichkeiten der allgemeinen Freimaurerei und der »Strikten Observanz«, wie Knigge sie erfahren hatte, scheint ihm das, was Diomedes beschreibt, als der wahre Hort aller Geheimnisse. Allerdings wundert Knigge sich darüber, dass er von dieser Offenbarung aus Bayern noch nie etwas gehört hat. Diomedes erklärt ihm dialektisch vollendet, gerade in dieser Verborgenheit bestehe die größte Stärke der Gesellschaft, und *die unverbrüchliche Bewahrung des Geheimnisses beweise, daß die Verbindung aus treuen, festen Menschen bestehe* ...[180]

Marquis Constanzo ist ein geschickter Gesprächspartner. Er versteht es zu schmeicheln, zu werben, zu begeistern. Er führt die rasche Ausbreitung der Aufklärung vor allem auf die Tätigkeit der Illuminaten zurück, auf ihre Tradition und ihre Macht. Knigge lässt sich gern überreden. Er hat begriffen, dass man im Illuminaten-Orden einen politischen Geheimbund sehen kann, der nahezu wie eine Partei funktioniert und als institutionelles Zentrum einer raschen Ausbreitung der Aufklärung in Europa infrage kommt.[181]

Knigge bittet den Marquis darum, in den Orden aufgenommen zu werden. Es zeigt sich, dass die Illuminaten – obzwar der Orden noch so jung ist – bereits erste Rituale, eine Aufnahmezeremonie und detaillierte Verhaltensregeln entwickelt haben. Deren Muster sind denen der Jesuiten in einigen Teilen sehr ähnlich. Der Marquis zelebriert an einem verschwiegenen Ort Knigges Aufnahme in den Orden und verleiht ihm den Ordensnamen Philo. Philo muss sich zu absoluter Geheimhaltung verpflichten. Briefe der Oberen muss er in einer persönlichen Geheimschrift abschreiben und das Original zurückschicken, damit die Briefe nicht in falsche Hände gelangen können. Er muss Gehorsam und Treue schwören, auf »Privat-Einsicht und Eigensinn« und auf den freien Gebrauch seiner Kräfte und Fähigkeiten verzichten.

Um das konspirative Flair zu vervollständigen, werden die Namen der Städte, in denen die Mitglieder leben, chiffriert. Aus Frankfurt wird Edessa, aus München Athen. Philo aus Edessa wird nun gehorsam die vorgeschriebenen Bücher studieren (die er zum Teil längst kennt), ein Tagebuch führen, die Ordensbrüder ausforschen und Akten darüber anlegen. Er wird neue Mitglieder anwerben und einmal im Monat sein Tagebuch und die Berichte den weiterhin anonymen Oberen zuschicken. Sein »Führungsoffizier«

ist ein gewisser Professor Baader mit dem Ordensnamen Census. Baader lebt in München und soll als Kontaktperson zwischen Philo und den Oberen arbeiten.

Es ist erstaunlich, dass sich der aufgeklärte und individualistische Knigge überhaupt dieser Art von Kontrolle unterwirft. Offenbar ist aber seine innere Bindung an die Ideale der Freimaurerbewegung so eng, dass er bereit ist, diesen Preis ebenso zu zahlen wie seine monatlichen Beiträge, über deren jeweilige Höhe er berichten muss. Knigge scheint zunächst gar nicht wahrzunehmen, wie sehr er sein Konto an Vertrauen und Toleranz überzieht. Er verspricht sich bei den Illuminaten die Erfüllung seiner Träume von einer besseren Menschheit und auch von persönlicher Glückseligkeit. In intellektueller Arglosigkeit glaubt er, was die Oberen zu glauben ihm vorgeben. In seiner ideologischen Gläubigkeit ist er allen Ernstes bereit, auf seine Selbstbestimmung zu verzichten und das Überwachungssystem des Ordens aktiv und passiv mitzutragen.

Das kann nicht lange gut gehen. Das historische Dilemma des Freiherrn besteht gerade darin, dass er das Elend verkommener Herrschaftsformen am eigenen Leib erfahren hat und, wie viele andere, von den Geheimbünden die Gesundung der Gesellschaft erwartet. Die ersten Zweifel an den Organisationen stellen sich aber schon ein, als ihm der ungehobelte Befehlston in den Verlautbarungen der Oberen auffällt. Der gesamte Stil im Umgang der Illuminaten untereinander ist seinem Empfinden zuwider. *Dabey fiel es uns auf, daß die guten Leute in München, mit denen wir jetzt in Briefwechsel standen, einen fürchterlich barbarischen Styl schrieben ... und daß man mit dem Allen einen despotischen Befehlshaber-Ton gegen uns annahm.*[182] Er fühlt sich unter seinem sprachlichen und gesellschaftlichen Niveau vereinnahmt und denkt daran, aus dem Orden auszutreten. Er ist tief enttäuscht, weil seine Erwartungen so hoch waren. »Die Enttäuschungen Knigges im Kreise der Orden sind die Enttäuschungen eines Mannes, der gern etwas glauben möchte und aus dem Bezirk des Glaubens unversehens in den des Aberglaubens gerät.«[183]

Knigges protestantische Freunde haben, befremdet vom Umgangston der katholischen Ordensoberen aus Bayern, diesen Schritt

bereits getan. Er selbst versucht, diese neue Erfahrung mit dem konfessionellen Unterschied zu erklären: *Allein jenes ließ sich aus der Art der catholischen Erziehung erklären (man kann ja auch hell und tief denken, und dennoch fehlerhaft schreiben) und dieses schien auf die Ueberzeugung von der inneren Güte und Würde der Sache gegründet zu seyn. Nur drungen wir darauf, nicht als Knaben behandelt zu werden ...*[184]
Mit dem Bewusstwerden eines großen kulturellen Unterschieds zwischen ihm und den Ordensoberen in München und Ingolstadt ist der Keim für ernsthafte Konflikte gelegt.

»Die höchst unverantwortliche Verachtung«
Knigge und die Juden

Knigges Interesse für Menschen und seine leidenschaftliche Anteilnahme an gesellschaftlichen Verhältnissen konnten nicht vorbeigehen am Neben- und Miteinander von Juden und Christen in den deutschen Staaten. Die Französische Revolution hatte die Judenemanzipation über die Grenzen Frankreichs hinaus befördert, aber von einer rechtlichen Gleichstellung der jüdischen Mitbürger konnte keine Rede sein. Gesetzliche Regelungen wie die der Stein-Hardenbergschen Reformpolitik in Preußen lagen noch in weiter Ferne, als Knigge in den Jahren 1780 bis 1782 seine Beobachtungen in der Frankfurter Judengasse im *Roman meines Lebens* niederschrieb: *Einige tausend gedrückte, verstoßene, zum Theil sehr arme Geschöpfe, leben hier eingekerkert in kleinen schmutzigen, oft fünf Stockwerk hohen Häusern, dürfen in keinem andren Theil der Stadt wohnen, ja! nicht einmal zu jeder Zeit noch an jedem Ort spazieren gehen – Das ist unsere christliche Art mit einem Volke umzugehen, das dieselben Freyheitsrechte der Menschheit wie wir hat, von welchem wir auf gewisse Art abstammen, das wenigstens mehr Originalität, Eigenheit, und mehr Reinigkeit der Sitten unter sich erhalten hat, als wir, und welches wir nun zwingen, indem wir ihm, auf die unedelste Art, alle Mittel zu andrem Erwerbe abschneiden, sich vom Wucher zu nähren ...* [185]

Wenige Jahre später, 1788 im *Umgang*, fasst Knigge diese Gedanken noch einmal zusammen: *Daß übrigens die höchst unverantwortliche Verachtung, mit welcher wir den Juden begegnen, der Druck in welchem sie in den mehrsten Ländern leben, und die Unmöglichkeit, auf andre Weise, als durch Wucher ihren Lebens-Unterhalt zu gewinnen, daß dies alles nicht wenig dazu beyträgt, sie moralisch schlecht zu machen und zur Niederträchtigkeit und zum Betruge zu reizen; endlich daß es, unge-*

achtet aller dieser Umstände, dennoch edle, wohlwollende, großmüthige Menschen unter ihnen giebt, das sind bekannte, oft gesagte Dinge.[186]

Auch Knigges Alter Ego Peter Claus beschreibt die Frankfurter Juden als *geduldig, höchst arbeitsam, fleißig, mäßig* und nimmt unter ihnen *feine, witzige und tiefdenkende Köpfe* wahr, von denen er sagen muss, *man würde sie, glaube ich, alle ausgerottet haben, wenn nicht der Eigennutz seine Rechnung bey diesen Leuten gefunden hätte.*[187] Als Peter Claus, inzwischen zum Minister avanciert, schließlich das Opfer einer Hofkabale wird, sind es Juden, die ihm Anhänglichkeit und Dankbarkeit zeigen, während der Fürst und die Hofleute ihn verjagen wollen. *Dies arme Volk, welches wir so unbrüderlich drücken und verachten, ohngeachtet wir theils von ihnen abstammen, theils ihnen unsre Religion zu danken haben, theils an Sittlichkeit und Industrie, und nicht selten auch an Mutterwitz, von ihnen oft so sehr übertroffen werden, dies arme Volk, sage ich, war in dem ... Lande, vor meiner glänzenden Zeit, unverantwortlich chicanirt und mit Abgaben aller Art belästigt gewesen.*[188]

Die Parteinahme für die Juden im Land hindert Knigge nicht daran zu erkennen, dass es in der jüdischen Gemeinschaft auch Eigennutz und Habsucht gibt, die sogar *bey ihnen jedes andre Gefühl ersticken* können. Knigge unterliegt bei der Beschreibung jüdischen Lebens allerdings so manchem antijüdischen Klischee: *Bey dem Anblicke klingender Münze funkeln ihre Augen, ziehen sich ihre Finger krampfhaft zusammen.*[189] Häufig spricht er vom Wucher der Juden, erklärt dann aber immer diese Tätigkeit als etwas, das ihnen durch gesellschaftliche Unterdrückung und gesetzliche Verbote aufgezwungen wurde.

In seinen Äußerungen spiegeln sich alle zeit- und landesüblichen Vorurteile über die Geschäftstüchtigkeit der Juden. *Es fällt den Juden gewaltig schwer, sich vom Gelde zu scheiden,* schreibt er im *Umgang,* ohne wahrhaben zu wollen, dass genau dies die Juden mit den Christen gemeinsam haben. Er kann sogar noch eins draufsetzen und räsonieren: *Es ist natürlich, daß ein Christ sich auf ihre Gewissenhaftigkeit, auf ihre Betheuerungen nicht verlassen darf. Sie werden euch Kupfer für Gold, drey Ellen für vier, alte Sachen für neue verkaufen, falsche Münze für ächte geben, wenn Ihr es nicht besser versteht.*[190] Damit verwechselt Knigge die betrügerischen Gewohnheiten auf dem Markt mit »jüdischen« Eigenschaften und befördert, obwohl er offenbar das Gegenteil will, antijüdische Vorurteile. Dies trifft auch auf die pauschale Bemerkung zu, diese *Nation* habe in allem *etwas ganz Charakteristisches*.[191] Knigge widerspricht sich hier selbst, wenn er den Juden bestimmte negative Eigenschaften zuordnet. Denn im Grundsatz weiß er, dass es unter dem Aspekt des bürgerlichen Verhaltens keinen generellen Unterschied zwischen Juden und Christen gibt.[192] Diese Widersprüchlichkeit kann ihren Grund nur darin haben, dass Knigge das Thema nicht systematisch reflektiert, sondern sich nur gelegentlich und oberflächlich mit dem jüdischen Leben beschäftigte und kaum intensivere Kontakte zu Juden pflegte.[193]

Die im Kern positive, dann aber doch ambivalente Einstellung zum Umgang mit Juden hängt nicht nur mit der allgemeinen Verächtlichkeit der Epoche gegenüber den Juden zusammen, sondern auch mit Knigges Nähe zur Freimaurerei. Die meisten Logen versperrten Juden den Zugang.

Jacob Katz hat 1979 in seinem Aufsatz »Echte und imaginäre Beziehungen zwischen Freimaurern und Judentum« die Frage gestellt, warum in der Nazi-Propaganda Juden und Freimaurer fast immer in einem Zuge genannt wurden, obgleich historisch längst geklärt war, dass sie nichts miteinander zu tun hatten.[194] Die Antwort: Juden und Feimaurer sind »parallele Erscheinungen« und besetzen »nachbarliche Stellen auf dem sozialpolitischen Schachbrett«. Deshalb kam es für den Blick der Außenstehenden zu einer Identifizierung, obgleich es nie einen historisch erkennbaren Einfluss aufeinander gegeben hat. Die Freimaurerei ist ohne jeden Einfluss des Judentums entstanden, auch wenn sich gelegentliche Bezugnahmen auf den Tempelbau König Salomons als ein maurerisches Ursymbol finden lassen. Anders wäre es ganz unverständlich, dass die Aufnahme von Juden in die meisten Freimaurerlogen so problematisch war. Zwar gab es vereinzelt »Judenlogen« oder ›Toleranzlogen«, doch verstanden sich die Hauptlogen in ihrer Symbolik, ihren Ritualen und ihrer Ideologie als christliche Vereinigungen. Deshalb hat in Deutschland »eine völlige freimaurerische Emanzipation der Juden« nie stattgefunden.[195]

Spartacus an Philo
Der Ordensgeneral

Als bei dem Freiherrn Knigge erste Bedenken gegen die Illuminaten aufkommen, erreicht ihn der Brief eines Ordensbruders namens Spartacus aus Ingolstadt. Dieser Spartacus behauptet, die Oberen hätten ihm den Befehl erteilt, von nun an die Korrespondenz mit ihm, dem Bruder Philo zu führen. Was Spartacus schreibt, klingt für Knigge vielversprechend. Er spricht von einem neuen Himmel und einer neuen Erde, von einem »Welt und Menschen umschaffenden System«, von einem »Bündnis der Edelsten«, einer »heiligen Legion unüberwindlicher Streiter für Weisheit und Tugend«.[196]

Was Spartacus nicht preisgibt, ist seine Identität. Er hat in Wahrheit gar keine Befehle von irgendwelchen Oberen erhalten – er ist selbst die oberste Spitze des Ordens. Er hat den Illuminaten-Orden selbst gegründet: Adam Weishaupt, Professor für Kanonisches Recht und praktische Philosophie an der bayerischen Landesuniversität in Ingolstadt. Weishaupt war bei der Gründung seines Ordens im Jahre 1776, im Jahr der amerikanischen Unabhängigkeitserklärung, erst 28 Jahre alt, hatte das Jesuitenkolleg absolviert und kannte die Organisationsstruktur der »Societas Jesu«. Sehr schnell hatte er sich zum Gegner der Jesuiten entwickelt und war jetzt Lehrer an der Rechtsfakultät der Universität. Für die Illuminaten nannte er sich Ordensgeneral, wie der General des Jesuitenordens. Er wollte mit dem Illuminaten-Orden, der ursprünglich »Orden der Perfectabilisten« heißen sollte, eine verschworene Gemeinschaft heranbilden, die geeignet war, den Menschen Wissen und Weisheit, dem Orden aber die Kontrolle über die Regierungen und über den Büchermarkt zu bringen.

Weishaupt ist eine autoritäre Persönlichkeit und regiert selbstherrlich. Er hat den Orden völlig auf seine Person zugeschnitten.[197] Dies sollte später zum Bruch mit Knigge führen. Vorerst aber gelingt es ihm immer wieder, Knigge für die Illuminaten einzuspannen und ihn zugleich auch an seine Person zu binden. Er gibt Knigge das Gefühl, an den Überlegungen und Plänen der Oberen beteiligt zu sein. Knigge hinwiederum fühlt sich angesprochen von dem Gedanken, dass die Illuminaten durch Tugend und Weisheit die Dummheit und das Böse besiegen könnten. Ihm gefällt auch, dass seine aktive Mitarbeit erwünscht ist – das ist der spürbare Unterschied zwischen Celsus und Spartacus. Knigge soll neue Mitglieder, vor allem in Norddeutschland, werben und »Pflanzschulen« gründen. Knigge macht sich sofort ans Werk und gewinnt schnell einige Hundert neue Mitglieder. Er betreut diese Neumitglieder selbst und erfährt dabei, wie sehr sie alle möglichst viele Details des Ordenslebens kennenlernen wollen. Knigge muss ihre Briefe weiterleiten oder beantworten. Er wird dadurch zu einer Art Bundesgeschäftsführer der Illuminaten, hängt aber in allen Einzelheiten von Spartacus ab.

Hans Feigl (1869–1937), der Vorsitzende der »Wiener Bibliophilengesellschaft«, meinte 1911: »Er war das, was man jetzt ... einen Macher nennt.« Feigl greift dann sehr hoch, wenn er schreibt: »Hätte Knigge in unserer Zeit gelebt, er wäre sicherlich so etwas wie ein Parteigründer oder Parteichef geworden.«[198] Abgesehen davon, dass diesen Titel sicherlich Adam Weishaupt für sich beansprucht hätte, bestätigt das Urteil Feigls, wie sehr die freimaurerischen Geheimorden damals die Stelle der späteren Parteien als Foren der politischen Meinungsbildung einnahmen.

Für Knigge ist der Illuminaten-Orden die Antwort auf die Krise und Zersplitterung der Freimaurerei in Deutschland. Er schaltet sich mit all seiner Phantasie und Erfahrung in die Entfaltung der Illuminaten-Bewegung ein. Er plant ein Direktionssystem, das Deutschland in Ordensprovinzen einteilt. Bayern zum Beispiel wird zu Griechenland mit den Städten Athen (München), Nikosia (Salzburg), Korinth (Regensburg) und Theben (Freising). Die interne Organisation teilt die Mitgliedschaft in drei Klassen auf: eine Vorbereitungsklasse (die Pflanzschule mit Novizen, Minervalen[199] und Kleinem Illuminat), eine Maurerklasse (Lehrling, Geselle, Meister, mit Großem und Dirigierendem Illuminat) und schließlich die Mysterienklasse (mit Kleinem und Großem Mysterium, mit Priestern und Regenten). Als Ziel dieses Ordens wird in den Statuten formuliert: »... dem Menschen die Bemühungen um die Verbesserung und Vervollkommnung seines moralischen Charakters interessant zu machen, menschliche und gesellschaftliche Gesinnungen zu verbreiten, boshafte Absichten in der Welt zu hindern, der bedrängten Tugend gegen das Unrecht beizustehen, auf die Beförderung würdiger Personen zu gedenken, und endlich vorzüglich verdienstvolle Männer, die entweder durch ihre Talente, oder durch ihren Reichtum, oder durch ihr Ansehen dem Orden einigen Nutzen verschaffen, mit besonderer Achtung, Ruhm und Ehre sowohl in- als außer der Gesellschaft zu belohnen.«[200]

Der Illuminaten-Orden ist also eine Mischung aus Moralinstitut, gelehrter Männergesellschaft und politischem Geheimbund. Der Orden will politisch aktiv sein, lehnt aber – anders als oft behauptet wurde – jede gewaltsame Neuordnung ab. Seine Gegner sind die »Pfaffen und Fürsten« und die »heutigen politischen Verfassungen«.[201] Doch der Orden war niemals staatsgefährdend, hatte eher die Elemente eines harmlosen Geheimbundes, einer Sekte oder einer frühen Parteiorganisation. Gleichwohl war der Illuminaten-Orden ein Medium der politischen Bewusstseinsbildung und ein Teil der europäischen Aufklärungsbewegung.[202] Seine soziologische Struktur entspricht dem Muster des Jesuitenordens.[203] Dies ist nicht verwunderlich, da Adam Weishaupt ja dem jesuitisch geprägten bayerisch-katholischen Milieu entstammt und auch Knigge sich den Denkmustern der Jesuiten durchaus angenähert hatte.

Die Annäherung bezog sich natürlich nur auf formale Dinge. Inhaltlich blieb Knigge immer der norddeutsche Protestant, der die *Freyheit im Denken, Forschen, Auslegen, Accomodieren* schätzt und sich nicht vorstellen kann, dass er sich eine bestimmte feste Form des kirchlichen Lebens aufdrängen ließe, der also das »Gebäude« der römisch-katholischen Hierarchie ablehnt. Unaufgelöst bleibt dabei der Widerspruch, dass die Illuminaten selber eine ganz und gar hierarchische Struktur aufgebaut hatten. Knigges kirchenpolitische Position ist davon aber unberührt: er lehnt jede Form von Intoleranz ab. Mit Blick auf die katholische Kirche sieht er *einzelne Pfaffen in einzelnen Gegenden* Intoleranz ausüben, fügt aber sogleich hinzu, dass *die protestantischen es nicht besser machen, wo sie Macht dazu haben*. Er selbst hält eine Vereinigung der beiden Konfessionen für *höchst wünschenswert*, glaubt aber nicht, dass die römische Kirche bereit ist, ihren Begriff von Kirche aufzugeben.[204]

Während Knigge, seinem Auftrag gemäß, über neue Mitglieder des Illuminaten-Ordens aus Norddeutschland nachdenkt, fällt ihm natürlich Lessing ein, der in Knigges Olymp der Geistesgötter immer noch ganz hoch oben steht. Er teilt dies Spartacus mit: *Lessing wäre auch ein Mann für uns.*[205] Er vertraut dem Ordensgeneral an, dass er mit Lessing in Briefwechsel stehe. Als aber Spartacus die Kontaktaufnahme billigt, zögert Knigge auf einmal, den berühmten Lessing anzusprechen, auch nicht *auf die vorsichtigste und entfernteste Art.* Ob er eine Zurückweisung fürchtet? Für ihn ist Lessing der große Philosoph, der *Epoche gemacht* hat. Seine »Emilia Galotti« ist in Knigges Augen *eines unserer besten Originalstücke.* Diese Hochachtung schließt aber nicht aus, dass Knigge *die Witzeleyen und Wortklaubereyen* in den Dialogen, die *langen Commentare* der Gräfin Orsina oder *endlich Emiliens Zergliederung des Begriffs von Gewalt* beanstandet.[206] Der Wunsch, Lessing für die Illuminaten zu gewinnen, wird schließlich durch dessen Tod (am 15. Februar 1781) hinfällig. Knigges Hochachtung für den großen Aufklärer aber bleibt bestehen.

Durch die Zusammenarbeit mit dem Ordensgeneral fühlt Knigge sich geehrt: *Ich theilte Allen den Geist mit, den mir Spartacus eingehaucht hatte; Auf sein Ehrenwort gestützt, verpfändete ich das meinige für die Größe und Güte der Sache; schrieb er mit Wärme vom Orden, so schrieb ich mit dem heissesten Enthusiasmus; Verhieß er ein Elisium, so versprach ich, meinem Temperamente gemäß, ein Paradies.*[207]

Trotzdem konnte das Verhältnis zwischen den beiden Persönlichkeiten nicht ohne Probleme bleiben. Mit Spartacus war von vornherein nicht leicht umzugehen. Seine Reizbarkeit steigert sich aber noch, als ihm die Mitglieder des Ordens ein Beratergremium aufzwingen, das sie Areopag nennen. Die Mitglieder dieses Gremiums, die Areopagiten, sollen einen Teil der Funktionen des

Gründers und Ordensgenerals übernehmen, also die Leitung des Ordens gemeinsam mit ihm wahrnehmen. Spartacus stimmt diesem kollegialen Führungsprinzip zwar theoretisch zu, bei der praktischen Umsetzung jedoch sträubt er sich mit allen Tricks und Haken, irgendetwas von seiner Macht aufzugeben. Deshalb wächst die Kritik an ihm. Im *Philo* heißt es: *Sie klagten über seinen Eigensinn; über seinen Despotismus; über seine jesuitische Art, sie unter einander zu entzweyen, um durch Trennung zu herrschen; über seinen Wankelmuth in Grundsätzen; über die Veränderlichkeit seiner Zuneigung; über die Unsicherheit seines Zutrauens ... Er halte sich für den Ersten aller Menschen, für einen zweyten Messias, und lasse sonst niemand Gerechtigkeit widerfahren, als wer ihm schmeichle ...*[208]

Als Knigge wahrnimmt, dass *alle Areopagiten mit Spartacus über den Fuß gespannt waren*, nimmt er sich vor, die Areopagiten mit Spartacus zu versöhnen. Er plant, die Freimaurerlogen mit eigenen Leuten aus dem Illuminaten-Orden zu unterwandern und den *müßigen Haufen der Freymaurer für die gute Sache in Thätigkeit zu setzen.*[209] Knigge spricht schließlich von einem *System der Illuminaten*, wobei für ihn das »System« zunächst die Einteilung in Klassen und Grade bedeutet: *drey Haupt-Classen, deren jede zwey Unter-Abteilungen hatte.*[210] An der Spitze dieser Hierarchie steht dann die »Mysterien-Classe«, die alle kleinen und großen Mysterien enthält.

Knigge ist jedoch weit davon entfernt, seine Arbeit für die Illuminaten nur in derartigen Systemeinteilungen und Gradbestimmungen zu sehen. Immer geht er von seinen grundsätzlichen Erwägungen aus und setzt alle organisatorischen Entwürfe in Beziehung zu den großen philosophischen Grundfragen der Zeit: der Aufklärung und der modernen Theologie. *Daher die sonderbare Erscheinung, daß unmittelbar auf den Zeitpunkt der größten Aufklärung eine Periode des ärgsten Aberglaubens zu folgen pflegt.*[211]

Er fordert ein Gleichgewicht zwischen Glauben und Denken und stützt sich zugleich auf *die Erfahrung aller Zeitalter ..., daß selbst der Weise einer positiven Religion bedarf.*[212] Dabei hält Knigge die christliche Religion für die dem Ideal am nächsten kommende Weltanschauung und begründet dies damit, dass sie von allen »Menschensatzungen« gereinigt und unmittelbar, ohne Verdrehung aus der Bibel geschöpft sei.[213] Diese Religion müsse man aufrechterhalten, interessant machen, in das Freimaurersystem verweben und einfache, herzergreifende Zeremonien schaffen. Man müsse beweisen, dass die Lehre des Welterlösers höchste Weisheit und Güte verriete und die Geheimnisse der christlichen Religion keineswegs der Vernunft widersprächen.[214] Dies klingt wie eine Mischung aus christlichem Fundamentalismus und Vernunftreligion. Von dieser Mischung scheint sich Knigge selbst aber distanzieren zu wollen, wenn er bei sich *einen Hang zu religiöser Schwärmerey* einräumt und nahezu resigniert fragt: *Wer kann aber immer weise sein?*

Mit der Vision einer Vernunftreligion spiegelt Knigge den theologischen Diskurs seiner Zeit, ohne damit selber zum Theologen werden zu wollen. Als Aufklärer und Freimaurer ist er mehr an der Ethik als an der Metaphysik interessiert, mehr an pädagogischem Handeln als an einer prinzipiellen Trennung von Vernunft und Offenbarung, Wissen und Glauben, mehr an humanitärem Fortschritt als an deistischer Systematik im Grenzland zwischen Theologie und natürlicher Religion. Sein ureigenes Interesse gilt in diesen Jahren der Idee der Freimaurerei, die für ihn verbunden ist mit der Vorstellung einer allumfassenden und alle verbindenden Religion, ohne dass die Freimaurerei selbst eine Religion sein will. Knigge ist weder religionsfeindlich noch atheistisch und sieht in der positiven Religion die Basis für alle Glaubensbekenntnisse oder theologischen Positionen: *Das Ideal einer allgemeinen Religion müßte auch für die passen, die nicht an Christum glauben, und da nicht Jeder von der Gewißheit eines künftigen Lebens überzeugt ist, so müßte sich zeigen, daß man auch ohne diese Überzeugung sehr glücklich leben und sterben kann. Ja! Und das kann man ...*[215]

Trotz aller Begeisterung ist Knigge aber klug genug, seine außergewöhnliche Beobachtungsgabe und Menschenkenntnis einzusetzen. Er bemerkt die Grenzen des Ordensgenerals ebenso wie die Beschränktheit der angeworbenen Mitbrüder im Orden. Es entgeht ihm nicht, dass jedes Mitglied vor allem seinen eigenen Vorteil sucht und dabei seine Wünsche und Träume auf den Orden projiziert: *Jeder glaubte im Orden zu finden, was er begehrte; und was er sich selbst versprach, das meinte er am Ende, habe ich ihm versprochen, und das müsse ich ihm schaffen ... Jeder wollte haben, niemand ge-*

ben ... Wollte ein Forstmann wissen, was für Holzarten in diesem oder jenem Boden am besten gedeyen könnten, so fragte er bei dem Orden darum an; Wollte ein Chemiker wissen, welche Art Phosphor zu machen die beste wäre, so mußte der Orden ihm Auskunft geben ...[216]

Mit anderen Worten: Die Herren belästigen ihn. Sie betteln um Karriereförderung, Darlehen, Vorauszahlungen auf Bücher, die sie schreiben und *durch den Orden ausposaunen* wollen, sie bitten, Hochzeiten oder Vergleiche zustande zu bringen oder gerichtliche Prozesse zu beschleunigen. Knigge versucht, auf alle diese Ansprüche einzugehen und bewältigt dabei ein ungeheures Pensum an Mühe und Arbeit. *Mein Gartenhaus bey Frankfurth war ein Bureau, in welchem sich gegenseitige Hülfsleistungen concentrirten.*[217] Knigge unterhält auf eigene Rechnung Copisten und »jüngere Brüder«, die mit Abschreiben beschäftigt sind, er braucht für Porto und kleinere Reisen so viel Geld, dass er Silberzeug versetzen muss – und seine ganze Seligkeit besteht darin, Spartacus zufrieden zu stellen, der seine Bemühungen enthusiastisch lobt und schreibt, mit sechs Philos getraue er sich die ganze Welt zu reformieren. Trotzdem berücksichtigt Spartacus noch immer nicht Knigges Wunsch nach Einweihung in die höheren Grade. Erst als Knigge die Tonlage seiner Bitte um ordentliche Information verschärft, ist Spartacus bereit, seinen Philo in Bayern zu empfangen und ihm damit auch seine Identität als Professor Adam Weishaupt in Ingolstadt zu offenbaren.

Gipfeltreffen
Begegnung mit Weishaupt

Im Dezember 1781 reist Knigge nach Ingolstadt und München zu einer Gipfelkonferenz. Diese Reise und die Begegnung mit Spartacus und den Areopagiten ist für ihn ein angenehmes Erlebnis. Er spürt die Wertschätzung, die man ihm entgegenbringt. Man hofiert ihn, er wird eingeladen und herumgereicht. Man honoriert, dass durch ihn die Ausbreitung der Illuminaten rasch vorangekommen ist. Er hatte sich für ein Bündnis zwischen Illuminaten und Freimaurern eingesetzt, insbesondere mit der Münchner Loge »Theodor vom guten Rat«, und wohnt jetzt gemeinsamen Versammlungen bei. Er tritt dabei als »Abgeordneter der hohen unbekannten Oberen« auf, obgleich es die gar nicht gibt.[218] Er ermuntert, feuert an, verheißt, vertröstet – und schließt mündlich und schriftlich einen Vertrag mit dem Gremium ab, in dem die Grundregeln der künftigen Zusammenarbeit festgelegt werden. In diesem Vertrag geht es vor allem um Geschäftsordnungsfragen. Folgt man der Darstellung, die Knigge 1788 im *Philo* gibt, liefen die Bestimmungen des Vertrags vor allem auf eine Stärkung seiner eigenen Position hinaus: Er erhält den Auftrag, ein Gesamtsystem für den Orden auszuarbeiten. Das Ergebnis soll dem Corps der Areopagiten vorgelegt und erst dann an Spartacus weitergeleitet werden.

Knigge hat also Erfolg. Er kann jetzt die Illuminaten-Verfassung und die Rituale auf das Freimaurersystem stützen. Er erhält freie Hand, weitere Areopagiten zu ernennen, dadurch eine *Regenten-Classe* zu etablieren und mit dieser *Art von republikanischer Regierung* jede despotische Machtausübung durch den Gründer auszuschließen. Spartacus soll lediglich der Präsident dieses »Ober-Collegiums« sein.

Philo und Spartacus, also Knigge und Weishaupt, dessen Identität Knigge inzwischen kennt, verstehen sich bei ihrer ersten Begegnung gut. Zwar gibt es nach wie vor leichte Meinungsverschiedenheiten. Weishaupt möchte vor allem junge Leute als Mitglieder gewinnen, Knigge will eher bewährte Männer heranziehen. Doch wissen beide, dass keiner ohne den anderen erfolgreich sein kann. Weishaupt sieht, dass ohne Knigge die Union mit den Freimaurern nicht zustande kommt. Knigge erkennt, dass er ohne Weishaupt nicht in die Leitung des Illuminaten-Ordens aufsteigen kann.

Als die beiden Spitzenpolitiker der Illuminaten sich verabschieden, tun sie es in der redlichen Absicht, brüderlich zusammenzuarbeiten. Der weitere Verlauf ihres Verhältnisses lässt jedoch vermuten, dass von Anfang an eine brüderliche Rivalität das Klima des Zusammentreffens der beiden jungen Männer bestimmt hat. Knigge ist noch keine Dreißig, Weishaupt vier Jahre älter. Die Rivalität spornt beide zu Höchstleistungen an, aber auch zu misstrauischer Wachsamkeit.

Knigge geht sofort daran, im Auftrag Weishaupts die Organisationsstruktur des Ordens in den verschiedenen Graden und zugleich auch die entsprechenden Zeremonien auszuarbeiten. Weishaupt legt vor allem Wert darauf, dass er die Kontrolle und Oberhoheit über alle Vorgänge nicht verliert. Knigge entfaltet in diesen Jahren um 1781 eine so umfassende Aktivität, dass Weishaupt befürchtet, sein Bundesgeschäftsführer und erster Mitarbeiter übernehme mehr und mehr die Rolle des Generals. Meinungsunterschiede werden deshalb zunehmend zu Machtfragen. Gleichwohl unterschreibt Knigge noch im Herbst 1782 einen Brief an Weishaupt mit der Formel: *Mit zärtlichster Verehrung, ja mit der größten, die ich je für einen Menschen gefühlt habe, verharre ich Dero gehorsamster Philo.*[219]

Trotz der zärtlichsten Verehrung arbeitet Knigge selbstständig daran, die Inhalte, Zeremonien und Hierarchien der Freimaurer, besonders der »Strikten Observanz«, in das System der Illuminaten zu übertragen. Ihm schwebt eine Zusammenführung der verschiedenen freimaurerischen Denominationen mit den Illuminaten vor. Zugleich versucht er, möglichst viele Illuminaten in staatliche Schlüsselpositionen zu schleusen, um so die Weltverbesserungsideen des Ordens in politische Wirklichkeit und Wirksamkeit zu übersetzen.

Als für 1782 der Freimaurerkonvent in Wilhelmsbad bei Hanau vorbereitet wird, ist es Knigge, der schon früh einen Entwurf vorlegt, um die Vereinigung der Geheimbünde strategisch vorzubereiten. Dieser Entwurf sieht die Einrichtung von sieben Graden vor, umschreibt die politische Strategie, die Mittel zur Durchsetzung von Reformen, die Übernahme von staatlichen Ämtern und die Methoden, die dem *System Dauer zu verschaffen* geeignet sind.[220]

Diesen Reformentwurf reicht Knigge dem Konvent ein, der vom 16. Juli bis zum 1. September 1782 in Wilhelmsbad stattfindet. Knigge nimmt nicht teil – wie er in einem Brief an Weishaupt schreibt, weil er dem Grafen Wilhelm nicht begegnen will. Der Illuminaten-Orden wird durch den Assessor beim Wetzlarer Reichskammergericht, Friedrich Wilhelm von Ditfurth vertreten. Die 35 Teilnehmer – 25 Adlige und 10 Bürgerliche – nehmen Knigges schriftliche Vorlage ohne Diskussion zu den Akten. Das heißt, Knigges Entwurf hat keine Chance, die Delegierten zu beeinflussen. Auch die Frage, ob die »Strikte Observanz« vom historischen Templerorden abstammt oder nicht, bleibt ungeklärt.

Der Konvent verfehlt auf der ganzen Linie sein Ziel. Teilnehmer und Beobachter sind unzufrieden. Der Niedergang der europäischen Freimaurerei schreitet voran, ohne dass der Illuminaten-Orden als Alternative ins Blickfeld derer gerät, die von den Geheimbünden eine Verbesserung der gesellschaftlichen und politischen Verhältnisse erwarten.[221]

Obgleich Knigge alles darangesetzt hatte, die Interessen der Illuminaten zur Geltung zu bringen, hält Weishaupt es immer mehr für angebracht, Knigge zu disziplinieren. Er lässt Philos Schreiben unbeantwortet und gibt stattdessen ohne jede Abstimmung Detailanweisungen. Er kritisiert gegenüber Dritten die Arbeit Philos und lässt deutlich erkennen, dass sein Vertrauen in den nach seiner Meinung übereifrigen Mitarbeiter geschwunden ist. *Spartacus fieng an, hinter meinem Rücken her mit den von mir angesetzten Oberen und andern einzelnen Mitgliedern Briefe zu wechseln, sich nicht undeutlich gegen sie merken zu lassen, daß er der Stifter und Cheff des Ganzen sei ...*[222] Schließlich geht Spartacus dazu über, Philos Entwürfe eigenmächtig zu verändern. Knigge erkennt seine Papiere nicht wieder.

Dennoch ist der Illuminaten-Orden auf dem Weg des Erfolgs. Die Gemeinschaft wächst: Berlin, Gießen, Göttingen, Gotha, Heidelberg, Kassel, Mainz, Merseburg, Neuwied und Speyer sind zu Ingolstadt, Burghausen, Eichstätt, Freising, Innsbruck, München, Konstanz, Landshut, Nürnberg, Ravensburg, Salzburg, Straubing und Wien hinzugekommen. 1785 hatte der Orden etwa 2500 Mitglieder. Natürlich rechnet Weishaupt diese Ausweitung sich selbst an. Knigge aber weiß, welch hohen Anteil er an dieser Erfolgsgeschichte hat. *Ich war stolz auf mein Verdienst um den Orden, der – das durfte ich mir doch sagen – ohne mich eine höchst unbedeutende Anstalt geblieben wäre.*[223]

Trotz der Rivalität zwischen Spartacus und Philo war es dem General gelungen, seinen Mitarbeiter zu instrumentalisieren und ihn gegen die in Bayern immer noch mächtigen Jesuiten in Stellung zu bringen. Zwar ist der Jesuitenorden in Bayern seit 1772 verboten, doch spielen die Jesuiten als heimliche und unheimliche Feinde eine tragende Rolle in der Geschichte der Freimaurerei, also auch in Knigges Leben. *Man schickte mir Documente ...* wird Knigge 1788 im *Philo* erklären, fügt aber sofort hinzu, er habe die scharfe Polemik gegen die Jesuiten *gewiß nur aus Eifer für die gute Sache der Vernunft und Freyheit* veröffentlicht. Noch deutlicher einschränkend setzt er fort: *Ich hatte damals wissentlich nie in meinem Leben einen Jesuiten gesprochen ...*[224] Gleichwohl lässt er sich sagen, die Jesuiten seien gefährlich und existierten auch nach dem Verbot heimlich weiter. *Aufgehoben ist der Orden, erloschen ist er nicht.*[225]

Im Auftrag der Oberen im Illuminaten-Orden bringt Knigge seine Schrift *Ueber Jesuiten, Freymaurer und deutsche Rosencreutzer* heraus. Das Titelblatt weist als fiktiven Herausgeber *Joseph Aloisius Maier, der Gesellschaft Jesu ehemaligen Mitgliede* aus. Aber es ist Knigge, der sich hier – wie auch in den *Bemerkungen ueber die boshaften und gefährlichen Grundsätze der zerstöhrten Gesellschaft Jesu* – unter Einsatz seiner ganzen Wortmächtigkeit meldet. Ziel der Jesuiten sei es, *die Barbarey und Dummheit* wieder einzuführen. Der Orden sei ein *vermaledeites Gebäude ..., aus welchem so viel Unglück auf die Welt gekomen ist.* Obgleich der Begründer des Ordens,

Ignatius von Loyola, *ein guter Mann gewesen sei* – hätte sich der Orden an seine Grundsätze gehalten, hätte er viel zu Aufklärung und Verbesserung der Menschheit beitragen können –, schildert Knigge die Jesuiten als Ausbund einer verruchten Geheimorganisation, die kein Staat und keine Gesellschaft dulden könne.[226] Die Regierungsform der Societas Jesu sei *fanatisch despotisch*, der Ordensgeneral betrachte sich als jemand, der anstelle Jesu Macht übertragen, über Leben und Tod befinden, Gesetze geben und wieder zurücknehmen, Verträge schließen und wieder aufheben, Bündnisse schließen und wieder brechen könne. In allen Ständen gebe es überdies *heimliche Jesuiten*, die alles überwachen und dem Ordensgeneral berichten müssten. Dieser General halte alle Mitglieder in ständigem Misstrauen gegeneinander, die Erziehung der Jugend sei elend und schmecke *ganz nach dem mitleren Zeitalter*, aus allem leuchte Fanatismus hervor. In den Augen der Jesuiten habe der römische Papst alle Macht und Gewalt über weltliche Herrscher wie Könige und Fürsten. Jesuitische Theologen schließlich zielten darauf ab, alles mit Füßen zu treten, was in der Welt heilig und ehrwürdig sei. Sie würden nicht zurückschrecken vor Sakrileg, Magie, Päderastie, Meineid, Lüge, Bestechung von Richtern, Mord, Selbstmord, Hurerei und Königsmord. Auch eine Liste historischer Gräueltaten und politischer Verbrechen wird zusammengestellt und, wie in einem Gruselkabinett, nach Jahreszahlen geordnet. Kein denkbares Laster, kein Verbrechen wird ausgelassen. Vorurteile und Klischees werden transportiert, als sei der Autor nicht eigentlich ein aufgeklärter Geist. Und als spiele er in der Liga der politischen Visionäre, schließt er seine Polemik mit einem Aufruf an die Mächtigen: *Aber noch ist es Zeit, Fürsten und Bischöfe! Verachtet diese Winke nicht, oder es ist um Euch und uns geschehen.*[227]

Schon 1781 war aus Knigges Feder eine scharfe Polemik gegen die Jesuiten erschienen. Sie trägt den Titel *Brief eines Reisenden herausgegeben zur Warnung an die deutschen Fürsten Jesuiten-Gift und Dolche betreffend.*[228] Knigge hat diese Schrift in seinem *literarischen Testament* und im *Geständnis meiner Poligraphie* zu seinen Werken gezählt, weil der aufklärerische Impuls seiner Katholizismus-Kritik durchaus seiner gesellschaftspolitischen Grundeinstellung entsprach, auch wenn er sich jetzt in der Maßlosigkeit vieler Formulierungen vor den Wagen der Illuminaten spannen lässt. Er ist wohl auch gekränkt, als er von Gerüchten hört, er sei katholisch geworden: *Die schurkischen Jesuiten haben von mir ausgesprengt, ich sey catholisch geworden, um mich bey Protestanten verdächtig zu machen, aber es ist ihnen nicht gelungen, und die Lüge ist entdeckt.*[229]

Im biografischen Zusammenhang von Knigges Entwicklung sind seine Pamphlete gegen die Jesuiten vor allem als entfremdete Übernahme der Polemik aus der Zentrale der Illuminaten zu verstehen. Bei allen Vorbehalten eines norddeutschen Protestanten gegen den antireformatorischen Furor aus Süddeutschland – ein derart eindimensionales Sammelsurium von Vorwürfen war weit unter Knigges intellektuellem Niveau. Zwar war Knigge bei der Abfassung der Bemerkungen über die Jesuiten noch keine dreißig Jahre alt, aber als ein schon in jungen Jahren außergewöhnlicher Menschenkenner wäre er selber wohl zu einem differenzierteren Gesamtbild gekommen.

Es war Weishaupt, der ihn zu den überscharfen Urteilen gebracht hatte. Weishaupt hatte ihn für die Angriffe auf die Jesuiten gelobt und ihm Dankbarkeit versprochen. Aber trotzdem enthielt er seinem »Bruder Philo« die vollständigen Informationen über die Geheimnisse des Ordens noch lange vor. Philo leidet darunter. Er will nicht wahrhaben, dass es gar keine Geheimnisse gibt. Er will wissen, woran er ist – vor allem, wie es sich mit den höheren Graden und den entsprechenden Geheimnissen verhält.

Diese Neugier und Wissbegierde spiegeln noch einmal Knigges Faszination für alle ordensähnlichen Gemeinschaften. 1775 hatte er ja schon selber den »Orden der Freundschaft« gegründet. Seine Sehnsucht nach Nähe und Wärme, wie sie sich in der Gründung eines Freundschaftsordens und im Engagement bei Freimaurern und Illuminaten, aber auch in der Hassliebe zu den Jesuiten spiegelt, gehört ohne Zweifel zu den Konstanten in seinem unruhigen Leben.

Im Frühjahr und Sommer 1782 ist der »Bundesgeschäftsführer« der Illuminaten wieder in Ordensangelegenheiten unterwegs: Göttingen, Hannoversch-Münden, Kassel, Neuwied, Wetzlar und Heidelberg. Den Winter 1782/83 wird er wieder mit seiner Familie in Nentershausen verbringen.

Der dritte Mann
Legationsrat Bode

Knigge allein hat dem Orden etwa 500 Männer zugeführt, darunter, 1782, einen Mann, der bald energisch sowohl in die Geschicke des Ordens als auch in Knigges Leben eingreifen wird: Johann Joachim Christian Bode (1730-1793), Schriftsteller, Übersetzer und Legationsrat in Weimar, vormals Militärmusiker, Musik- und Französischlehrer, Übersetzer, Verleger und Geschäftsführer bei der Witwe des dänischen Ministers Bernstorff. Bode gewinnt so illustre Geister wie Goethe, Herder und Musäus und durchlauchte Herrschaften wie Prinz August von Sachsen-Gotha und Herzog Karl August von Sachsen-Weimar-Eisenach für die Illuminaten[230] und macht nach seiner Aufnahme in den Illuminaten-Orden eine schnelle Karriere. Unter den Ordensnamen Winefried und Aemilius – den ihm von Knigge zugeteilten Ordensnamen Amelius hat er eigenmächtig verändert – übernimmt er die Leitung der Provinz Obersachsen mit Berlin und Brandenburg. Er ist ein klarer Kopf, der mit schnellem Urteil geradeheraus denkt und sich von vornherein gegen jede Art von Despotismus und »Jesuiterei« verwahrt. Statt der Geheimnistuerei mit angeblich unbekannten Oberen und Weishaupts Alleinregierung fordert er eine Nationaldirektion des Ordens mit demokratischen Strukturen. Erst allmählich wird deutlich, dass Bode die Forderung nach einer demokratischen Struktur des Ordens vor allem benutzt, um seine eigene Machtposition, auch gegen Knigge, auszubauen.

Knigge beobachtet die Entwicklung. Der despotische Führungsstil Weishaupts ist auch für ihn nicht annehmbar. Weishaupt aber ist nicht zu einer Änderung seines Verhaltens bereit. *Er bestand auf seinem Kopfe, ich auf dem meinigen, und nun fieng er an, zu finden, daß* der Philo, den er ehemals bis in den Himmel erhoben hatte, jetzt der schiefste, elendeste Kopf wäre.[231] Auf welche Seite wird Bode sich stellen?

Knigge sucht zunächst noch Verbündete und Vermittler bei den Areopagiten, er wirbt und er droht: *Meine Empfindlichkeit war auf's Höchste gestiegen; Ich vergaß mich so weit, daß ich drohete, ich wollte öffentlich die Geschichte einer Gesellschaft drucken lassen, in welcher man so undankbar und despotisch zu Werke gienge.*[232]

Aber Weishaupt ist zu einem Kompromiss nicht bereit oder nicht fähig. Er beansprucht die alleinige Herrschaft im Orden und bestraft jeden, der sich nicht unterwirft. Spartacus fordert unbedingten Gehorsam. Aus seiner Sicht ist Knigge viel zu eigenmächtig, viel zu spontan und viel zu schnell, zu wenig am Wohl des Ordens interessiert und zu viel am Glanz des eigenen Auftritts. Auch politische Fragen spielen für Weishaupt eine Rolle: Knigge, der unruhige Geist aus dem protestantischen Norden, redet so direkt und unverschlüsselt, dass die katholischen Mitglieder aus Bayern es nicht fassen können. Weishaupt begreift immer deutlicher den Mentalitätsunterschied zwischen Knigge und den Ordensmitgliedern aus Bayern, zwischen Knigge und ihm selbst.

Weishaupt möchte jedoch einen öffentlichen Zusammenstoß vermeiden und lässt Knigge ins Leere laufen. Auf seine Briefe antwortet er einfach nicht mehr. Knigge erkennt diese Verweigerungshaltung des Spartacus sehr bald und zieht sich von der Arbeit zurück – gekränkt und resigniert. Trotzdem sucht er die offene Auseinandersetzung: *auch bin ich sehr fest entschlossen, nur Ihre Antwort auf diese Zeilen abzuwarten, und wenn dieselbe wiederum in dem Ton ist, den Sie seit einiger Zeit gegen mich annehmen, so wird mich nichts in der Welt abhalten, alle Gemeinschaft mit Ihnen aufzuheben ...*[233] Bei seinem Ordensbruder Franz Xaver von Zwack (Cato) beklagt sich Knigge, Weishaupt habe angefangen, ihn *für einen höchst übereilten mittelmäßigen Menschen zu halten.* Weishaupt habe Briefe geschrieben, darinn er mit denen Leuten, die ich aufgenommen, über mich, wie über einen Novizen raisonirte. Weishaupts Umgangsformen verletzen Knigges Gefühl für Würde immer mehr: *so sehe ich gar nicht ein, warum ich mich von einem Professor in Ingolstadt wie ein Student soll behandeln lassen.*[234]

Ein weiterer Grund für Knigges Resignation ist das veränderte Verhalten des »Vorstandskollegen« Bode. Knigge hatte ihn angeworben und so weit in die Führungsspitze geholt, dass Weishaupt, er und Bode als Führungsgremium wie ein Triumvirat arbeiten konnten. Als dann die Spannungen zwischen Weishaupt und Knigge zunehmen, schlägt Bode sich auf die Seite Weishaupts. Er beginnt damit, Knigge aus allen Angelegenheiten des Ordens herauszuhalten. In bewährter Intrigantenmanier sammelt er die im Orden umlaufenden Gerüchte über Vorwürfe gegen Knigges Amtsführung – er kommt auf dreizehn verschiedene Vorhaltungen, von denen er einige sogar zugunsten des Beschuldigten zurückweist. Letztendlich aber spricht er sich für den Ausschluss Knigges aus dem Orden aus: Bode, den Knigge in den Orden eingeführt hatte, erklärt nun nach gut einem Jahr, sein Förderer sei für den Orden untragbar wegen seines Leichtsinns und seiner veränderlichen Denkungsart.[235] Aus dem Mitarbeiter ist also zunächst der Konkurrent, dann der Rivale und jetzt der Feind mit dem Dolch im Gewande geworden. Knigge wird bald vom *Erz – General – Schurken Herr Bode aus Weimar* sprechen.[236]

Bode bringt zuwege, dass der Ausschluss Knigges aus dem Illuminaten-Orden von Weimar und Gotha aus betrieben wird.[237] Um diese Vereinbarung zustande zu bringen, wird Knigge im Februar 1784 nach Weimar gebeten, wohin er sich durch Schnee und Kälte durchschlagen muss. *Wenn Gott will, und ich nicht unterwegs im Schnee versinke oder erfriere, so reise ich d 3 t Febr. Morgens aus Eißleben, und habe also desselben Tages gegen Abend das Glück Sie in Weimar zu umarmen.*[238] Am Abend treffen sich die Herren Bode, Schardt, Graf Marschall und Freiherr Knigge bei Goethe. Die Umarmungen dürften steif ausgefallen sein. Aber Knigge hat Gelegenheit, seine Sicht der Dinge zu erläutern. Zufrieden reist er wieder ab. *In Weimar bei Hofe viel Höflichkeit genossen, interessante Dinge hier und mit dem Herzog von Gotha zu verhandeln gehabt und interessante Menschen kennen gelernt.*[239]

Bode betreibt jedoch weiterhin den Ausschluss Knigges. Im Juni reist er nach Heidelberg. Arglos empfängt ihn der Hausherr: *Sie würden meiner Frau und mir sehr viel Ehre erweisen, wenn Sie diesen Mittag eine häusliche Mahlzeit mit uns vorliebnehmen wollten, und wir bit-*

ten nochmals gehorsamst darum ...²⁴⁰ Obgleich Knigge sich krank fühlt, beginnen die Herren mit den Austrittsverhandlungen. Knigges Frau ist wie selbstverständlich dabei, was Bode ebenso negativ vermerkt wie die Beobachtung, dass die kleine Philippine das Ordensband der Ritter vom heiligen Grabe bei sich trägt (»über dem Corset sogar«) und offensichtlich damit spielt. Bodes Bericht über den Besuch in Heidelberg zielt darauf, Knigge unmöglich zu machen. Und natürlich hat er damit Erfolg. Knigge ist beschädigt. Er ist verletzt. Er muss sich vornehmen, sich nicht provozieren zu lassen und zu seinem eigenen Schutz sehr besonnen zu handeln. *Indessen war ich mir selbst bange, ich mögte mich einst zu niederer Rache verleiten lassen – Mein lebhaftes Temperament, mein beleidigter Stolz, meine gekränkte Eitelkeit – dies alles rührte mich auf, ich glaubte dem vorbauen zu müssen.*²⁴¹

Die Austrittsverhandlungen im Juni 1784 – Knigge wohnt inzwischen in Heidelberg – werden von Bode geführt. Das Abschluss-Kommuniqué entspricht dem Standard diplomatischer Verlogenheit, indem behauptet wird, Knigge habe selbst den Wunsch geäußert, von allen Aufgaben im Orden entbunden zu werden: »Nachdem der hochwürdige Bruder Philo, Herr Baron von Knigge, bei dem Orden der Illuminaten, teils wegen häuslicher, teils anderer triftiger Gründe wegen, um die Entlassung von seinen bis dahin geführten Ordensämtern nachgesucht« habe, gebe der Orden dies bekannt und erkenne den von »Bruder Philo bewiesenen uneigennützigen Eifer ... mit aufrichtigem Danke« an.²⁴² Bode und seine Hintermänner versprechen, in einem Circular an alle Illuminaten den für Knigge nachteiligen Gerüchten über sein Betragen entgegenzutreten und allen Mitgliedern zu befehlen, den Freiherrn künftig in Ruhe zu lassen. Im Gegenzug liefert Knigge alle Ordenspapiere aus, die noch in seinem Besitz sind, und erklärt verbindlich, *über das Vorgefallene Verschwiegenheit zu beobachten, den menschenfreundlichen Absichten des Ordens nicht entgegen zu arbeiten und seine Oberen weder zu nennen noch zu compromittiren.*²⁴³

Ein Brief, den Knigge im Juni 1785 an Bode schreibt, spiegelt die Kränkung, die er durch die Austrittsmodalitäten erlitten hat. Er wehrt sich gegen die Unterstellung, er habe sich nicht an das Versprechen der Verschwiegenheit gehalten. Seine Verteidigung offenbart, wie sehr das Verhältnis zwischen Bode und Knigge – trotz oder gerade wegen der Versuche, höflich zu bleiben – zerrüttet ist. Knigge kämpft um die *unabhängige Glückseligkeit und Ruhe, die er sich mit Mühe erworben hat*.[244]

1794, zwei Jahre vor seinem Tod, wird Knigge sich noch einmal gegen die »verdammte Jakobinerjägerei« – so eine Formulierung von Joachim Dietrich Brandis[245] – zur Wehr setzen, obgleich er *höchst elend und krank* ist und unter *unsäglichen Schmerzen* leidet. Noch einmal legt er eine *Erläuterung über meine ehemalige Verbindung mit dem Illuminatenorden dem Publico* vor.[246] Dabei wird deutlich, dass Knigge sich zwar klar von dem inzwischen verbotenen Illuminaten-Orden distanziert, dass er aber sehr nobel von ihm spricht. Er nennt die *Zwecke der Illuminaten edel, groß, aber phantastisch, unmöglich auszuführen*. Knigge weist auch darauf hin, dass eine *große Anzahl der größten, wichtigsten, würdigsten und gelehrtesten Männer Teutschlands* Illuminaten waren.[247] Johann Joachim Christoph Bode, den intriganten Widersacher, erwähnt er mit keinem Wort. Bode war 1793 gestorben.

DER FREIE HERR SCHRIFTSTELLER

Kummer und Schreibseligkeit
Heidelberg. Journal aus Urfstädt

Die bewegte Zeit im Dienste des Illuminaten-Ordens hatte kaum Zeit und Kraft für die Familie gelassen. Über Knigges Verhältnis zu seiner Ehefrau Henriette gab es von Anfang an bis heute unterschiedliche Meinungen, die wohl für unterschiedliche Sichtweisen stehen. Aus dem Blickwinkel der einen erscheint die Ehe der Knigges als eine lebenslange Verbindung, die – trotz aller Spannungen – von Anteilnahme, Vertrauen und Treue geprägt war. Dafür spricht etwa, dass Henriette, wie Johann Joachim Christoph Bode berichtet, bei den Verhandlungen über Knigges Austritt aus dem Orden (1784) anwesend war. Henriettes Handschrift findet sich auf etlichen Papieren Knigges. Sie hat Listen geführt und Briefabschriften angefertigt und Briefe in Knigges Auftrag geschrieben.[248] Wenn man die »Kurze Biographie des Freiherrn Adolph Knigge« aus der Feder der Tochter Philippine nicht als Pflichtübung abtun will, war Henriette »die treue Gefährtin auf dem dornenvollen Lebenswege, die achtungswerthe Gattinn, welche ihn mit liebevoller Sorgfalt pflegte, und die Ebbe und Fluth seiner Launen mit Sanftmuth und unermüdeter Geduld ertrug«.[249]

Ein anderer Blick auf die Ehe der Knigges zeigt Henriette jedoch als eine immer unzufriedene, mäkelige, übelgelaunte Frau ohne Herz und Wärme. Diesen Eindruck vermitteln einige Tagebuchnotizen von Knigges Hand: Im April 1785 notiert er: *Häuslicher Kummer, den ich niemand klagen kann – Vernachlässigung der Erziehung meiner Kinder*[250] *von Seiten meiner Frau, und unzählige andere Verdrießlichkeiten, sollten mir wohl den Tod wünschenswerther als ein solches Leben machen ...*

Im April 1786 schreibt er: *Nagender Kummer von meiner Frau, de-*

ren gänzlicher Mangel an Gefühl und gesunder Vernunft, die wenige Schonung, mit der sie mit mir umgeht, ihre seltene Gabe mir jede kleine Plage doppelt schwer zu machen und jede kleine Freude zu vergällen, mir viel bittere Stunden – ja mein ganzes Leben bitter macht. Ich klage es niemand, aber meine muntere Laune, meine Gesundheit, alles ist hin. Weder gute Mutter, noch Frau, noch Haushälterin, noch Gesellschafterin, weder Welt-Frau, noch einfache Bürgerin – das ist zu arg. [251]

Wenn man bedenkt, wie sehr diese Aussagen auch die andere Seite, Knigges eigenen Umgang mit seiner Frau, widerspiegeln, dann muss man wohl eher annehmen, dass die Ehe dieses Paares auf beiden Seiten nicht besonders glücklich war. Offensichtlich ist Knigge auch immer wieder in seine Beschäftigungen geflüchtet, so dass sein enormer Arbeitseifer, dem wir einen Großteil seines Werkes verdanken, verständlich wird: die Korrespondenz, die Schriftstellerei, die Unterrichtung der Kinder und dann noch die handwerklichen Arbeiten, die er erstaunlicherweise selbst erledigt. In Hannover wird er 1787 notieren: *... wie schwer sind die Pflichten des ächten Hausvaters zu erfüllen. Wie mancher Kummer, der so selten durch sichere Hoffnung des Erfolges versüßt wird. Man möchte erliegen unter der Arbeit ... Und dann so wenig Geld-Einnahme und so viele fremde Menschen zu nähren und zu kleiden – Und wo dann die Laune hernehmen, zum Erziehen, zum Unterrichten, zum Componieren, zum Bücher schreiben ... Von früh Morgens bis Abends außer den erzählten Arbeiten und dem Unterrichte der Kinder Stühle geflochten, gepolstert und alle Tapezier-Arbeit gemacht, um Unkosten zu sparen ...* [252] Seine handwerklichen Fertigkeiten werden auch den dänischen Schriftsteller Jens Baggesen zum Erstaunen bringen, als er Knigge im Sommer 1789 in Hannover besucht: »wenigstens kann er seine Bücher selbst einbinden, Strümpfe stricken, und, wenn's Not täte, seine Schuhe nähen. Lust zur Unabhängigkeit und Widerwärtigkeiten haben ihn gelehrt, mit allen seinen Pfunden zu wuchern und Vorteil aus jeder eignen Kraft zu ziehen.«[253]

In der Heidelberger Zeit – Knigge ist im Mai 1783 nach Heidelberg gezogen, »weil man dort wohlfeiler leben« kann[254] – wendet sich der 31-Jährige ganz seinen schriftstellerischen Ideen zu. Mit dem Frühling in der *geliebten Pfalz, dem Paradiese von Teutschland* beginnen *glückliche, heitere Tage.* Es beginnt ein neues Leben. Ausgeträumt ist der Traum von materieller Sicherheit durch eine höfische Existenz. Ausgelebt ist die Erwartung, das Heil der Menschheit komme von verborgenen Autoritäten und geheimen Gesellschaften. Ausgereizt ist der Versuch, mit den »nachlässigen« Frankfurter Logenbrüdern einig zu werden. Der 31-jährige Knigge will alle ungelösten Probleme hinter sich lassen. *Ich habe eine einsame Wohnung gemiethet. Es sind zwey Häuser neben einander, wovon ich das eine, welches am Ufer des Neckers liegt für mich und meine männlichen Domestiken, das andere, welches in die Schiffergasse geht meiner Frau und den übrigen Frauenzimmern zubereitet.*[255]

Ganz so einsam kann die Wohnung nicht gewesen sein, da die beiden genannten Straßen (heute: Ecke Schiffgasse/Untere Neckarstraße) inmitten der geschäftigen Uferzone Heidelbergs liegen.[256] Trotzdem veröffentlicht der hoffnungsvoll etablierte Schriftsteller jetzt in schneller Folge seine Rezensionen für Nicolais »Allgemeine deutsche Bibliothek«. Mehr noch: Er »componirte mehrere Sonaten, Symphonien, sogar einige Messen für die Dominikaner, deren Kirche er fleißig besuchte«.[257]

Knigge steht zwar erst am Anfang seiner schriftstellerischen Laufbahn, kann jedoch schon auf eine ansehnliche Reihe von Veröffentlichungen verweisen: Neben dem *Allgemeinen System für das Volk* sind zwei Bände mit Theaterstücken, die Freimaurerschriften *Über Jesuiten, Freymaurer und teutsche Rosenkreutzer*, *Beyträge zur Geschichte der Freymaurerey* und *Brief eines Reisenden zur Warnung an die deutschen Fürsten* sowie die ersten Bände vom *Roman meines Lebens* erschienen. 1783 veröffentlicht er sechs *Predigten gegen Despotismus, Dummheit, Aberglauben, Ungerechtigkeit, Untreue und Müßiggang*. 1785 folgen Predigten *über Demuth, Sanftmuth, Seelenfrieden, Gebeth, Wohlthätigkeit und Toleranz*.

In den Jahren 1783 bis 1785 erscheint auch *Die Geschichte Peter Clausens*. Diesen Roman hat Knigge als *durchaus das beste, was ich geschrieben habe* bezeichnet. 1790 wird er hinzufügen: *Als ich es aber schrieb, hatte ich selbst mehr Frohsinn und Leichtsinn als jetzt*. Die literarische Gattung hatte der Verfasser des *Roman meines Lebens* schon im »Vorbericht« zum ersten Teil der Geschichte Peter Clausens anklingen lassen: *Dieser ziemlich leichtfertige Roman ist eine meiner Jugendarbeiten. Ich fand ihn beynahe fertig unter meinen Papieren liegen, las ihn durch, und dachte, er verdiene nicht ganz unterdrückt zu werden. Er ist mit einiger Laune geschrieben ...*[258] Mit guter Laune ist er auch aufgenommen worden.

Knigge erzählt darin die Geschichte eines Schusterjungen aus Eldagsen bei Hannover, der es trotz seines unüberwindlichen Leichtsinns am Ende zum Minister bringt, zu Weisheit und Tugend aber erst kommt, nachdem er sich mit seiner Familie aufs Land zurückzieht und in Ruhethal bei Urfstädt lebt. Bis zu diesem glücklichen Lebensherbst muss Peter Claus viele Umwege gehen, die an den Abgründen des Lebens vorbeiführen. Er geht diese Umwege fröhlich und leichtsinnig – *bey dem Genusse des frohen Augenblicks sieht er nie auf die Folgen voraus* – und lässt sich dabei auch auf Lug und Trug ein. In deftigen Details schildert Knigge, wie sein Held verführt wird und verführt, sich auf fremde Kosten durchmogelt, sich als Soldat verdingt und desertiert, sich aufs Betteln verlegt, Bedürftigkeit vortäuscht, sich aber in bester Gesellschaft fühlt: *Ich würde nicht fertig werden, wenn ich alle die verschiedenen Betrügereyen erzählen wollte, welche wir aller Orten wahrnahmen, wodurch wir täglich in der bösen Meinung, die wir von den Menschen hatten, bestärkt, und von unserer Seite gleichfalls schlecht zu handeln angereizt wurden, ja! uns, nach unsrer falschen Philosophie, dazu berechtigt fühlten.*[259] Natürlich gerät der Held in Konflikt mit der Justiz, wird von *Cäremonienmeistern der Gerechtigkeit* aufgegriffen und in einen Kerker gesteckt, wo *man auf die gewissenhafteste Art für meine Gesundheit sorgte, und mich die strengste Diät halten ließ.*[260]

Durch glückliche Umstände wieder in Freiheit, gelingt es ihm, bei verschiedenen Herrschaften als Bedienter unterzukommen, lernt dabei skurrile Menschen und groteske Lebensweisen kennen – und lässt sich immer wieder in delikate Situationen verstricken. Einmal muss er weiterziehen, weil er den altersschwachen Mops *(dieses halb lebendige Aas)* einer Frau Amtsmannin aus Versehen tötete; ein andermal, weil Haushälterin und Küchenmagd gleichzeitig ein erotisches Abenteuer mit ihm suchten. Schonungslos lässt Knigge seinen Helden über die *verjährte Haushälterinn* sagen: *Denn abgerechnet, daß sie hohle, eingefallene Augen, ein etwas auf die Seite gezogenes Maul unter der in die Höhe stehenden Nase, fünf falsche Zähne, dürre dissonierend klappernde Knochen, und eine gelbe runz-*

liche Haut hatte, so war auch ihr Othem, ohngeachtet der bons bons, welche sie unaufhörlich im Munde führte, nicht so lieblich als der, wovon im hohen Liede Salomons eine so poetische Beschreibung steht.[261]

Auf dem Höhepunkt des weiblichen Zweikampfs um seine erotische Zuwendung zieht Peter Claus es vor, seine Sachen zu packen und, unbemerkt von den Kombattantinnen, lautlos zu verschwinden. Er macht sich auf den Weg nach Frankfurt und trifft auch hier zwielichtige Gestalten, die sich mit obskuren Hinweisen auf die Freimaurerei wichtig tun und dafür Geld kassieren, Leute, die nicht lange fackeln, wenn sie als Quacksalber und Heildoktoren die Menschen an der Nase herumführen können. Peter Claus lässt sich auf die Truppe ein. Als ihnen ein kranker Tagelöhner stirbt, werden die Behörden aufmerksam. Der falsche Wunderheiler quittiert das mit gespielter Empörung: *Man sprach laut davon, daß ich den Mann umgebracht hätte, und daß es der Mühe werth sey, den Magistrat, ja! den ganzen Reichstag aufmerksam auf eine Rotte von Giftmischern und Beutelschneidern zu machen. Stellen Sie sich vor! So wagte man es, uns zu nennen.*[262]

Dann aber entscheidet er sich doch, eine Verhaftung durch die Flucht zu vermeiden. Wieder trifft er auf einen alten Bekannten, wieder ist man sich einig darüber, wie schlecht die Welt ist, besonders an den Fürstenhöfen: *Betteley im Oeconomischen und Intellectuellen, mit der Maske einer armseligen Pracht bedeckt, Neid, Bosheit, Unwissenheit, Selbstgenügsamkeit bey der entschiedensten Dummheit, Langweile, Schmeicheley, Ränke, Schlaffigkeit, Verderbniß der Sitten, Frivolität, Inconsequenz, Krankheit der Seele und des Leibes, Vorurtheile aller Art in dem Gewande der Aufklärung, empörender Despotismus – Kurz! Hospitalsmäßige Herabwürdigung des Menschengeschlechts – weiter habe ich an ihnen nichts wahrgenommen.*[263]

Die beiden Jugendfreunde beschließen, zusammenzubleiben und landen in Leipzig, das schon damals die Stadt der Messe und der Bücher war. Hier steigt Peter Claus schnell auf: Er wird Übersetzer, Korrektor und sogar *Critiker und Mitarbeiter an einer schlechten periodischen Schrift.*[264] Er versteht sich jetzt als Schriftsteller: *Ich hatte einen so hohen Begriff von meinen Talenten, und glaubte so gut das Bedürfniß des Publicums zu kennen, daß mich nichts abhalten konnte, selbst ein Schriftsteller zu werden. In Gedanken sahe ich schon die Un-*

sterblichkeit einen Kranz um meine Schläfe winden, im Geiste zählte ich schon die Louisd'ors, welche wie Hagel in meinen Beutel regnen sollten.[265] Peter entdeckt jetzt auch wieder einmal die Freimaurerei und verfasst ein *großes Buch* darüber, das er aber in einer Mischung aus Selbstironie und Selbstbewunderung ein *Gewäsche* nennt.

Es ist die Stadt Hamburg, in der die schriftstellerischen Illusionen des Helden platzen: sein Mangel an Talent wird offenkundig. Er stößt auf völliges Desinteresse. Nie um eine neue Idee verlegen, entdeckt er jetzt die Schauspielerei, zumindest die prachtvollen Seiten des Schauspielerlebens. Eines Nachts wird er – nach einigen Verwechselungen – hinterrücks überfallen und von dunklen Gestalten in ein Kellerverlies gebracht, wo er unter einer Falltür zwei Schicksalsgenossen vorfindet, von denen sich einer als ein früherer Kumpan namens Haudritz entpuppt. Die drei Unglücklichen waren für den Menschenhandel mit Indien gekidnappt worden und sollten hier im Verlies auf das Schiff warten. Zum Glück war der Dritte im Kerker, ein Kaufmannssohn aus Bremen, im Auftrag seines Vaters observiert worden, so dass sein Verschwinden aufgefallen war, die Polizei plötzlich vor der Falltür stand und die Seelenverkäuferbande aufflog. Peter Claus war wieder frei.

Während er durch eine Straße schlendert und darüber sinniert, dass es offenbar sein Schicksal sei, immer wieder für einen anderen gehalten zu werden, hält neben ihm eine Kutsche an. Drei Männer zerren ihn in das Gefährt und entführen ihn. Diesmal besteht das Geheimnis der Begebenheit darin, dass Peter Claus kurz zuvor in einen Kleidertausch eingewilligt hatte und er nun wieder anstelle eines anderen in Schwierigkeiten gerät – in diesem Fall wegen eines gebrochenen Eheversprechens. Der Vater der sitzengelassenen Braut hatte den Mann, der jetzt die Kleider des Eheflüchtlings trug, aufgreifen lassen, um in letzter Minute vor der Geburt eines Kindes die Trauung zu erzwingen. Peter ist nun auf einmal Ehemann und gesetzlicher Vater.

Wieder entdeckt er ganz neue Talente. Diesmal ist es seine Musikalität. Da er die Geige zu spielen weiß, gibt er unter dem Namen Pedro Clozetti große öffentliche Konzerte, wobei er sich nicht nur auf die Kunstfertigkeit, sondern mehr noch auf die Show-Elemente seiner Auftritte verlässt. Dabei lernt Clozetti einen Gesandten kennen, der seinem Leben eine ganz neue Wendung gibt. Der Diplomat nimmt Peter mit auf eine eineinhalbjährige Reise zu den deutschen Fürstenhöfen. Einer der besuchten Potentaten findet Gefallen an Peter, der Gesandte rät ihm zu einem Schnellkurs in Cameralwissenschaften, und ehe er sich's versieht, wird er zum wirklichen Kammer-Rat und bald zum Kammer-Direktor ernannt. Er erhält einen Adelsbrief (Claus von Clausbach) und einen prachtvollen Orden (den Orden vom Blauen Hering), verpasst sich Wappen und Siegel und steuert bald als Minister die gesamten Finanzen des Fürstentums.

Wie zu erwarten, führen der Neid der eingesessenen Hofschranzen und der unüberwindliche Leichtsinn des Ministers nach kurzer Zeit zu einer gezielten Kabale am Hof. Claus von Clausbachs Feinde setzen während einer längeren Reise des Fürsten eine Kommission ein und lassen ihn inquisitorisch verhören, um eine »clausische Tyranney« nachzuweisen. Der Nachweis kann aber nicht geführt werden, obgleich man 43 Beschwerden zusammenstellt. Das Amtsenthebungsverfahren scheint zu misslingen. Doch da holt den Minister seine Vergangenheit ein: *Herr Peter Claus, der Schuster, desertiert als Soldat, wird in Regensburg Giftmischer, und entweicht von da, um sich hier zum Minister machen zu lassen.*[266] Claus von Clausbach tritt zurück und nimmt gelassen, im Bewusstsein seiner Unschuld, den Abschied. Den Orden vom Blauen Hering gibt er dem Fürsten zurück. *Das war denn nun das Ende meines Traums von irdischer Hoheit.*[267] Einem Freund, der ihn noch mit »Exzellenz« anredet, gibt er zu verstehen: *Ich habe ausexcellenzirt und will nun mein eigener Geheimerrath werden.*[268] In der Nähe von Urfstädt erwirbt er ein Landgut, wo er mit seiner Frau – eben jener Frau aus Riga, mit der er vor Jahren aus Versehen getraut worden war – und seinem achtjährigen Sohn leben will. Dort erwarten ihn seine Freunde – *wir fanden uns auf einmal von einer Menge lieber Arme umschlungen*[269] – und die Aussicht auf ein friedliches Leben.

Mit der Geschichte vom Aufstieg und Ausstieg des Peter Claus bestätigt Knigge noch einmal seine utopische Vision vom stillen Landleben als der wahren Lebensform des reifen und weisen Menschen. Der Hauch von Resignation, der über all diesen Rückzügen liegt, ist wohl Ausdruck der Welterfahrung, dass der Landadel seiner Zeit das Glück der Provinz nur um den Preis eines Verlustes an politischem Einfluss genießen kann.

Knigge ist in Heidelberg also, selbst für seine Maßstäbe, außerordentlich produktiv. Er arbeitet – nebenher – an einer Sammlung ausländischer Schauspiele, die er für die deutsche Bühne umarbeitet. Er beginnt mit dem *Journal aus Urfstädt*, einer Sammlung von Briefen, Reisenachrichten und Dialogen, Gedichten und Anekdoten, biografischen Notizen und Entwürfen, die in der Form eines Journals, also einer periodisch erscheinenden Veröffentlichung zusammengestellt sind.

Dass die unterschiedlichen Autoren des fiktiven Journals letztlich mit seiner, Knigges, Feder schreiben, teilt er auf dem Titelblatt des Werkes mit, indem er nur einen einzigen Autor nennt: *den Verfasser des Romans meines Lebens.* Die fiktiven Autoren leben mit ihren Familien in drei benachbarten Orten und unterhalten freundschaftliche Beziehungen untereinander. Die drei Ortsnamen Urfstädt, Ruhethal und Freudenfeld stehen offenbar für Knigges Heimatort Bredenbeck und die Güter Leveste und Pattensen.[270] Das Buch, in drei Stücke aufgeteilt, erscheint zur Ostermesse 1785, zur Herbstmesse 1785 und zur Frühjahrsmesse 1786 bei Johann Benjamin Andreä in Frankfurt am Main.

Die Konstruktion als Journal erlaubt Knigge, zu vielen Fragen der Zeit Stellung zu nehmen. Auch hier ist die publizistische Absicht der Grund für die Konstruktion. In einer thematisch und formal bunten Mischung äußert sich Knigge zu allem, was ihm durch den Kopf geht und von dem er glaubt, dass es seine Leser interessieren könnte. Wie Spielkarten blättert er seine Beobachtungen und Gedanken auf den Tisch. 870 Seiten umfasst das Journal in der Ausgabe von 1785. Von feuilletonistischen Gedanken über das Träumen oder das Lachen, über die Bescheidenheit oder die Erziehung, über den Zweikampf, die Satire, die Langeweile oder das Reisen, vom Gedicht bis zur Musik-Komposition oder zur Literaturkritik – kaum ein Thema des aktuellen Zeitgesprächs, zu dem er sich nicht äußerte. Selbst recht skurrile Gedanken trägt er vor, zum Beispiel den Plan zu einem »Bureau von Liebesdiensten«, womit er eine Art Agentur für unentgeltliche Dienstleistungen meint. Skurriler noch ist die Überlegung, durch eine »teutsche Nationalkleidung« den Einfluss der französischen Mode zurückzudrängen. Das Buch enthält eben, wie Knigge selbst schreibt, *ernsthafte und lustige, poetische und prosaische, gute und schlechte Aufsätze.*[271]

Dieses Eingeständnis, auch schlechte Arbeiten veröffentlicht zu haben, zeigt nicht nur Selbstironie, sondern eine aufrichtige Distanz zu sich selbst. Er spricht von *elenden, wäßrichten Schauspielen,* von einer *Waare, die jetzt in allen Gewürzläden zu finden* sei. Viele seiner *jugendlichen Versuche* hätten *keinen Werth und hätten füglich ungedruckt bleiben können.* Da Knigge diesen Verriss einer eigenen Arbeit im *Aufrichtigen Geständnis meiner Polygraphie* veröffentlichte, kann man das Urteil wohl kaum als eitle Koketterie betrachten. Seine Bemerkung ist eher als elegantes Spiel zu verstehen, als Schabernack auf hohem literarischen und intellektuellen Niveau.

»Ich habe die Heldenweiber nie leiden können«
ERZIEHUNGSBERATER

Die sprudelnde Kreativität dieser Jahre lässt sich in vielen kleineren Schriften nachweisen. Neben den erwähnten zwölf Predigten publiziert Knigge eine Sammlung kleinerer Schriften, die er seine Kinder nennt: *Ich dachte, ich wollte einmal meine Kinder zusammenrufen, damit sie mir den Winter durch ein wenig Geld verdienen sollten.*[272] Er hat also verschiedene, in periodischen Schriften verstreute Beiträge (*einige sind gut, andere mittelmäßig, einige schlecht gerathen*) zu einem Buch zusammengestellt, das 1784 im Andreäischen Verlag Frankfurt erscheint. Knigge selbst nennt in diesem Buch das »Magazin für Frauenzimmer« und die »Oberrheinischen Mannigfaltigkeiten« als Orte der Erstpublikation.

Es geht in diesen Veröffentlichungen – wenn man von einigen Aphorismen und eher fragwürdigen Gelegenheitsgedichten absieht – vor allem um Erziehungsfragen, die Knigge jetzt reflektiert. Er unterrichtet in dieser Zeit seine jetzt 10-jährige Tochter und fühlt sich für ihre Ausbildung und Erziehung verantwortlich. In den *Briefen über Erziehung* verbindet Knigge, teils mit gesundem Menschenverstand, teils in der pädagogischen Tradition der Aufklärung, grundsätzliche Gedanken zur Erziehung mit konkreten Einzelbeobachtungen. Er will Mut machen. *Dabey aber bleibe ich, daß nicht Ein Kind auf die Welt kömmt, aus dem nicht, wenn man nur das rechte Mittel trifft, endlich ein nützlicher, guter Mensch zu ziehen wäre, obgleich nicht aus jedem ein feiner Kopf, ein Gelehrter, ein großes Genie. Nur muß man sich die Mühe nicht verdrießen lassen, sondern mit der Methode so lange abwechseln, bis man die rechte trifft.*[273] Im *Journal aus Urfstädt* setzt er eindeutige Prioritäten: *Ich denke: die Erziehung seiner Kinder versäumen, das ist ärger, als morden, stehlen, und ehebre-*

chen. *Denn Laster, die wir selbst begehen, sterben mit uns; aber wir vervielfältigen und verewigen diese Laster, durch unzählige Generationen hindurch, wenn wir der Welt solche Bürger zuliefern, in deren Herzen der Saamen zu all diesen Verbrechen liegt.*[274]

Knigge schreckt nicht vor recht handfesten Erziehungsregeln zurück. Im vierten Brief über Erziehung schreibt er einem Freund: *Ihr jüngster Sohn scheint sehr viel Körper zu haben; Vielleicht treffen Sie den rechten Weg, wenn Sie Ihre Frau abhalten, diesen großen Klumpen Materie täglich durch fünf Mahlzeiten noch immer schwerer, zur größten Last des gedrückten Geistes, zu machen.*[275] Er weiß, dass viele Bücher über Erziehung geschrieben wurden, die Kunst der Erziehung dadurch aber nicht weitergekommen ist. Trotzdem hält er die Verständigung über einige elementare Hauptregeln für nützlich, sofern sie dem Ideal der seligen Einfalt entlehnt sind. In 22 Punkten erklärt er seine Hauptregeln. Sie sind von großer pädagogischer Klugheit beseelt und wirken in den Augen eines Lesers aus dem 21. Jahrhundert nahezu modern, auch wenn die eine oder andere Maxime als zeitbedingt relativiert werden muss.

Zum Beispiel: Nicht künsteln, sondern dem Gang der Natur und des Schicksals folgen; die Handlungen des Kindes loben, aber so, dass es durch die Tat selber belohnt wird; niemals aus Willkür etwas verbieten, sondern selber die Erfahrung machen lassen; Unrecht und Schmerz ertragen; die kleinen Freuden des Lebens schmecken; aufrichtig und verschwiegen sein; von allem den Grund erforschen; alle Fragen beantworten; einem Kind nach dem zehnten Jahr nicht künstlich verschweigen, auf welche Art die Menschen auf die Welt kommen ... Und schließlich zur religiösen Erziehung: *Von den Geheimnissen der Religion rede man den Kindern in frühern Jahren nicht, aber desto mehr vom practischen Christentum.*

In einem eigenen Kapitel, dem dritten Brief, entwickelt Knigge seine Gedanken zur Mädchenerziehung und schickt voraus, dass *überhaupt ein Mann sich gar nicht anmaßen soll, über Frauenzimmererziehung zu raisonnieren, und noch weniger, sich damit abzugeben.*[276] Interessant ist Knigges Begründung für diese Abstinenz, an die er sich selbst allerdings keineswegs hält. Er meint, es liege etwas im weiblichen Wesen, das nicht *durch männliche Vorsicht und Wartung* entwickelt, sondern nur *durch sympathetische Einwürkung der homo-*

genen Theile zu seiner Vollkommenheit gebracht werden könne. Dennoch entschließt sich Knigge, seinem (männlichen) Briefpartner *etwas über weibliche Erziehung vorzuplaudern*, wobei ein durch und durch patriarchalisches Weltbild zum Vorschein kommt.[277] Für dieses Bild ist es ein Naturgesetz, dass *ein Frauenzimmer ihren Mann* als ihren Herrn erkennen und anerkennen soll, weil sonst *in einem Haushalt die Sachen schief gehen, wenn der Mann sich um Küche und Wäsche bekümmert.*

Daraus folgt, dass Mädchen rechtzeitig an Nachgiebigkeit, Sanftmut und Unterwürfigkeit gewöhnt werden müssen – *ich habe die Heldenweiber nie leiden können.*[278] Deshalb muss ein junges Mädchen *zu dem Stande ihrer Unterwürfigkeit* vorbereitet werden, was man unter anderem dadurch erreicht, dass man immer dafür sorgt, dass *die Art ihrer Spiele, ihr Umgang, und ihre Beschäftigung ihr nie Gelegenheit gäben, an stürmischen, heftigen, kraftheischenden Schritten Geschmack zu finden.*

Aus moderner Pädagogensicht geraten Knigges Überzeugungen und Ratschläge gelegentlich in die Nähe der Komik, zum Beispiel, wenn er eine deutsche Nationalkleidung vorschlägt[279] oder wenn von pünktlicher Ordnung, Reinlichkeit, Sparsamkeit, Mode, Bildung oder Religion die Rede ist. *Ich brauche nur das Nähekästgen der gnädigen Frau zu sehen, um zu wissen, wie es in der Vorrathskammer, in der Küche, auf dem Speicher und im Keller aussieht.* Auch Knigges Umgang mit der Religion entspricht ganz dem Standard seiner Zeit und seiner Umgebung, wenn er ausschließlich die Rituale *einer gewissen Kirche* beachtet haben will und *vorzüglich Mädgen von allem Grübeln über Religionsgeheimnisse abgehalten werden sollen.*[280] Hier wird also in guter Manier der rationalistischen Aufklärung die Religion funktionalisiert und, wie Ordnung oder Sparsamkeit, dem Ideal des vernünftigen Lebens zugeordnet.

Schillers Einladung
Nach Mannheim

Während Knigge in Heidelberg seine Schreibseligkeit genießt und sich in literarischen Kreisen einen Namen macht, erreicht ihn eine überraschende und schmeichelhafte Einladung. Am Mannheimer National-Theater steht für den 15. April 1784 die Erstaufführung eines Stückes an, das soeben, am 13. April, in Frankfurt uraufgeführt worden war. Der Autor lädt ihn am 14. April, also einen Tag vorher, mit dem Ausdruck größter Hochachtung zur Mannheimer Aufführung ein. Das Stück: »Kabale und Liebe«. Der Autor: Friedrich Schiller.

Der 25-jährige Schiller schreibt dem 32-jährigen Knigge: »Sehen Sie es eine schriftstellerische Eitelkeit an, daß ich Sie nunmehr beim Worte faße und Sie zu Kabale und Liebe einlade. Wenn mir nicht an einigen angenehmen Augenblicken, die ich bei dieser Gelegenheit in ihrer Gesellschaft gewinne, zu viel gelegen wäre, so würde ich mir diese Freiheit niemals erlaubt haben. ... desto willkommener wird es mir sein, wenn Sie morgen meinen sehnlichen Wunsch befriedigen und meinem Stücke einen vorzüglichen Humor mehr gewähren werden. In ungeduldiger Erwartung Ihrer und Ihrer Freunde Gegenwart verharre ich hochachtungsvoll Ew. Hochwohlgeboren ganz gehorsamster Schiller.«[281]

In Knigges Augen war die Einladung an das renommierte Theater der Residenzstadt, dem Schiller als festangestellter Theaterdichter angehörte, ein Indiz dafür, dass er in der literarischen Welt dazugehörte. Das National-Theater in Mannheim unter dem Intendanten Heribert von Dalberg war erst 1778 durch ein kurfürstliches Dekret begründet worden und gehörte zu den führenden Bühnen in Deutschland. Berühmte Schauspieler wie Heinrich

Beck, Johann David Beil und August Wilhelm Iffland traten hier auf. Dalberg leitete das Haus mit dem Ziel der Verfeinerung der Sitten, der Verbesserung des Geschmacks und der Bildung des Verstandes – also im Geist der Aufklärung. Dalberg förderte auch die deutsche Theaterkultur, nachdem die Mannheimer Bühne jahrelang als »französische Kolonie« gegolten hatte.

Als 1784 »Kabale und Liebe« aufgeführt wurde, ahnte niemand, dass Schiller sehr bald von Krankheit, unglücklichen Liebesabenteuern und Misserfolgen geplagt sein, und Dalberg schließlich seinen Vertrag nicht verlängern würde.[282] Das Klima von Verdächtigung und Denunziation, das als Folge der Illuminatenverfolgung dieser Jahre auch das Mannheimer Ensemble erreicht hatte, dürfte dabei eine Rolle gespielt haben. Knigges Verhältnis zu Schiller hat sich möglicherweise deshalb nicht weiter entwickeln können.

Die Einladung war wahrscheinlich durch den Theaterdirektor Grossmann zustande gekommen, der sowohl mit Schiller als auch mit Knigge in Kontakt stand. Denkbar wäre auch eine Verbindung über den Freimaurerorden – ein reisender Freimaurer hatte Schiller in Mannheim besucht und ihm mitgeteilt, er, Schiller, stünde bereits auf mehreren Freimaurerlisten und würde bald eingeladen, einer Loge beizutreten. Vielleicht war Knigge aber auch als Rezensent der »Allgemeinen deutschen Bibliothek« geladen, nachdem er dort 1782 schon Schillers »Räuber« besprochen hatte.[283] Zu Schillers vertraglichen Aufgaben gehörte es, als Gutachter für eingereichte Stücke tätig zu werden und an der Spielplangestaltung mitzuwirken. Da musste er an einer guten Presse interessiert sein.

Unabhängig davon spiegelt Schillers Einladung aber die allgemeine Wertschätzung, die Knigge zu dieser Zeit bereits gefunden hatte. Er folgte der Einladung nach Mannheim und hat später in den »Dramaturgischen Blättern« Schillers Stück ausführlich gelobt: die meisterhafte Behandlung der Charaktere, den Reichtum an interessanten Situationen, die kräftige Sprache.[284] *Schiller ist ohne Zweifel der größte dichterische Kopf, den wir besitzen; seine Phantasie ist beständig heiß und feurig.*

Seine Begeisterung ist jedoch nicht unkritisch: *eben dies Feuer reisst ihn zu oft mit sich fort, läßt ihm zu wenig kalte Überlegung, die bey Ausarbeitung eines Schauspiels nothwendig ist.*[285] Die kritische Aufmerksamkeit für Schillers Werk bleibt seit jener Einladung nach Mannheim immer wach. Er bewahrt sich – anders als zu Goethe – ein positives Verhältnis zu Schiller, nennt ihn 1793 in seiner Abhandlung *Über Schriftsteller und Schriftstellerey* einen *unnachahmlichen Schriftsteller* und fügt in Klammern hinzu: *vielleicht das größte Genie unseres Zeitalters*[286], auch wenn sich herausstellt, dass es zwischen ihm und Schiller neben grundsätzlichen Übereinstimmungen und Annäherungen auch markante Unterschiede im Denken gibt. Die offenkundigste Differenz zeigt sich in der Stellung zur Französischen Revolution. Zwar bejaht Schiller in seiner Geschichtsphilosophie unbeirrbar den Fortschrittsglauben, doch hat für ihn die Revolution »einen beträchtlichen Teil Europas und ein ganzes Jahrhundert in Barbarei und Knechtschaft zurückgeschleudert«.[287] Knigge dagegen hält an den Grundsätzen der Französischen Revolution auch nach dem Beginn der Schreckensherrschaft fest.

Von diesem grundlegenden Unterschied abgesehen, lassen sich viele übereinstimmende Linien zwischen Schillers und Knigges Denken erkennen. Beide wollen den kalten Rationalismus ihres Jahrhunderts überwinden und die geistigen und sinnlichen Kräfte, Kopf und Herz, Wille und Gefühl miteinander versöhnen. Beide wollen den politischen Despotismus und die Tyrannei der menschlichen Triebe und Vorurteile überwinden. Beide kritisieren die politischen und gesellschaftlichen Auswüchse der Epoche, auch wenn sie es von ganz verschiedenen Plattformen aus tun. Schiller versteht unter Aufklärung vor allem die Emanzipation des menschlichen Bewusstseins, Knigge meint immer auch die politische Praxis der Gesellschaft und ihrer Institutionen. Für Schiller ist die Veredelung des Charakters vorrangig, für Knigge darüber hinaus auch die soziale und staatliche Wirklichkeit. Beide aber kämpfen gegen die »Verfinsterung der Köpfe«, wollen die »ehrwürdigsten Säulen des Aberglaubens« zum Einsturz bringen und den Thron tausendjähriger Vorurteile umwerfen.[288] Für Schiller ist dies auch möglich, ohne die politischen Verhältnisse von Grund auf zu ändern – die »Monarchie der Vernunft« kann unter allen gesellschaftlichen Rahmenbedingungen verwirklicht werden. Knigge dagegen ist überzeugt, dass die Verhältnisse geändert werden müssen, um den Menschen überhaupt in den Stand zu setzen, die innere und äußere Despotie abzuschütteln. Für Schiller stehen der Aufklärung nur subjektive Hindernisse entgegen, für Knigge aber auch objektive. Deshalb kann für Schiller an die Stelle der Aufklärung die ästhetische Erziehung, die ästhetische Veredelung des Charakters und die wahre Kunst treten. Für Knigge dagegen vollenden sich die subjektiven Bemühungen um Erleuchtung und Aufklärung erst, wenn aus dem Geist der Utopie die Demokratie geboren wird.

»Jedes Ding muß ein Ende haben«
HANNOVER

Als von der *Geschichte Peter Clausens* zwei Teile erschienen waren, gab Knigge eine humorvoll-ironische Begründung für den dritten Teil: *Die ersten beiden Teile sind da, und jedes Ding muß ein Ende haben.* Er scheint diesen Grundsatz auch auf seine Zeit in Heidelberg anwenden zu wollen. Zwar gefallen ihm Stadt und Umgebung, zwar hat er in Heidelberg endlich das Selbstbewusstsein und die Ruhe des freien Schriftstellers gefunden und kann produktiv sein wie nie zuvor.

Doch auch in Heidelberg bleiben ihm böse Überraschungen nicht erspart. Unter den überlieferten Bruchstücken seiner Tagebücher findet sich eine Notiz vom Juni 1786, wonach der Heidelberger Kirchenrat Mieg Leute dafür bezahlt habe, die Aufführung eines Kniggeschen Balletts auszupfeifen. Es habe auch tatsächlich einer gepfiffen, doch sei die Störung im allgemeinen Beifall untergegangen.[289] Über Miegs Motive sagt die Notiz nichts. Mieg war 1781 von Knigge für den Illuminaten-Orden angeworben worden, hatte sich mit Bode befreundet und war bei Knigges Ausscheiden aus dem Orden zu seinem Feind geworden. Knigges Tagebuch erwähnt in diesem Zusammenhang den Arzt und Dichter Johann Heinrich Jung-Stilling, der aus seiner Straßburger Studienzeit mit Goethe und Herder bekannt war und der sich dann auch mit Mieg befreundet hatte. Ihm unterstellt Knigge Neid als Motiv für die feindselige Störung der Ballettaufführung: *Die Leute können es nicht leiden, daß ich allgemein Liebe und Achtung mit aus Heidelberg und diesen Gegenden nehme.*[290]

Sicherlich spielt auch Knigges Empfindlichkeit und Verletzbarkeit eine tragende Rolle. Gerade sein ständiges Gekränktsein dürfte einer der Gründe dafür gewesen sein, dass Knigge so häufig angegriffen und sogar von Freunden gelegentlich mit Hohn und Spott übergossen wird. Möglicherweise erklärt sich aus dieser Erfahrung eine Schrift, die Knigge 1784 von Heidelberg aus vorlegte und die nur schwer einzuordnen ist: *Meine eigene Apologie.* Das Jahr 1784 hatte ihm im Februar Verhandlungen in Weimar gebracht, in denen es um seinen Austritt aus dem Illuminaten-Orden ging. In diese Verhandlungen war auch Goethe einbezogen, ohne dass er in der Sache eine klare Position eingenommen hätte.

Und nun im Herbst das Erscheinen der *Gesammleten poetischen und prosaischen kleineren Schriften,* zu denen auch *Meine eigene Apologie* gehört. Knigge ist 34 Jahre alt und sieht sich entweder genötigt, sich zu rechtfertigen, oder er präsentiert eine selbstironische Vision seiner erhofften und erstrebten Eigenschaften: *Zu Beruhigung meiner Freunde und anderer Personen, welche sich für mich interessieren, und mich unaufhörlich mit der Ermahnung heimsuchen, daß ich mich doch mehr um das Urtheil des großen Haufens bekümmern, und dafür sorgen solle, daß jedermann das, was sie an mir gut nennen, wahrnehme; sehe ich mich gezwungen, ... für alle gedruckt zu bekennen, nach welchen Regeln ich mich bis itzt betragen habe.*[291] Trotzig erklärt Knigge sodann, dass er niemandes bedarf und sein Vermögen groß genug sei, sich und seine Familie zu ernähren. Niemand könne ihn beleidigen, er danke niemandem, der seinen Ruhm verteidigt, er habe so viel Toleranz gegen andere, als er für sich selbst von ihnen fordere. Schließlich kokettiert er auch noch mit seinen Schwächen: *Nun, meine Herrn! Da sehen Sie es, daß ich gar nicht leugne, täglich gegen meine Grundsätze anzustoßen.*[292] Im Stil des zeitgenössischen Intellektuellenstreits demonstriert er Selbstherrlichkeit und tönt, man solle es doch ihm überlassen, auf welche Art er für seine Ruhe sorgen wolle. Sein letztes Wort: *Kurz! Thun Sie, was Sie wollen, und lassen mich ungeschoren – oder auch nicht ungeschoren; Ich gehe doch meinen Gang – Und damit Gott befohlen.*[293] Für einen 34-Jährigen ist diese Apologie eine befremdliche Lebensäußerung, ob man sie nun als ernst gemeinte Erläuterung des »Systems Knigge« auffassen will oder als eine verwegene Behauptung des Gegenteils.

Gleichwohl bleibt Knigge in einem erstaunlichen Umfang kreativ und produktiv, was nicht allen Zeitgenossen Respekt abnötigt.

Später, im Jahre 1790, wird Gottfried August Bürger, mit Knigge seit Studienzeiten befreundet, ausgerechnet seine Produktivität lächerlich machen und ihm in einem Brief schreiben: »Wie viel Quadratschuh Manuskript hat Freund K. sich zum täglichen Pensum vorgesetzt? ... Wir schließen mit Gruß und Fürbitte, daß der Himmel Ew. Hochwohlgeboren Waarenlager vor allem Unfall als da sind: Feuersbrünste, Ueberschwemmungen aus umgestoßenen Dintefässern, Ratten-, Mäuse- und Mottenfraß usw. in Gnaden bewahren und Deren Geschäfte bei eben so rührigen Fingern, als sedaten Lenden, bis über den nächsten und alle künftigen erfreulichen Geburtstage glücklich und glorreich hinausführen wolle«.[294]

Schweren Herzens beendet Knigge seine Heidelberger Zeit und geht für den Winter wieder mit der Familie nach Nentershausen auf das Gut der Schwiegermutter, arbeitet weiter an seinen Veröffentlichungen, versucht noch einmal, die Freimaurerzeit gedanklich abzuschließen – der *Beytrag zur neuesten Geschichte der Freymaurerei* erscheint 1786 – und nimmt sich, obgleich er viel lieber am Schreibtisch säße, wieder einmal ernsthaft vor, sich um die Güter der Familie zu kümmern und zu diesem Zweck nach Hannover zu ziehen. Die Tochter Philippine wird in ihrer »Kurzen Biographie des Freiherrn Adolph Knigge« schreiben: »Vielleicht würde er das freundliche Heidelberg nie verlassen haben, wenn nicht der Wunsch, seine öconomischen Angelegenheiten in Ordnung zu bringen, und dadurch seines einzigen Kindes Vermögen zu sichern, ihn bestimmt hätte, ins Vaterland zurück zu kehren und Hannover zu seinen Aufenthalt zu wählen.«

Im Frühjahr 1787 bezieht er mit seiner kleinen Familie, einem Knecht und zwei Mägden eine Wohnung in der Calenberger Straße in der Neustadt von Hannover. Hier wohnen Reformierte, Katholiken und Juden. In der Kirche am Neustädter Markt war 1716 der große Philosoph Leibniz beigesetzt worden. Die alteingesessenen Lutheraner lebten seit eh und je in der Altstadt. Hannover ist eine angenehme Stadt. Man findet »alles, was zu einer Residenz gehört, ausgenommen den Hof« (Baggesen). Der Umzug bringt natürlich die bei jedem Ortswechsel unvermeidliche Unruhe und Beschwernis mit sich. Um Kosten zu sparen, flicht und polstert Knigge Stühle und tapeziert eigenhändig die neue Wohnung.[295] Sein handwerkliches Geschick hatte schon Baggesen beschrieben.

Da Knigge täglich seine Tochter und einige Pflegekinder unterrichtet, muss er die Zeit für seine schriftstellerische Arbeit dem tagesfüllenden Leben eines Hausvaters und Hauslehrers abknöpfen – er ist, wie Baggesen beobachtet, ein Meister der Zeitersparnis. Mit großer Disziplin und nahezu pedantischer Gewissenhaftigkeit führt er sein Tagebuch, verwaltet seine Stunden, seine Korrespondenz und seine Verabredungen und ordnet seine Siebensachen in Schubladen: *Empfangene Briefe – Geschriebene Briefe – Gegebene Besuche – Abgesagt und vermieden – Reisen – Begebenheiten – Andere Beschäftigungen – Gelesene Bücher – Ausgeliehen – Versprochen und mich verpflichtet – Ausgaben, zu bezahlen – Einnahmen, zu erwarten – Geschrieben.*[296]

Er arbeitet jetzt an seinem dritten Roman *Die Verirrungen des Philosophen oder Geschichte Ludwigs von Seelberg* und gibt, beginnend mit dem 4. Oktober 1788, ein Wochenblatt, die *Dramaturgischen Blätter* heraus. Und er beginnt mit den Vorarbeiten zu jenem Werk, das einmal als sein Hauptwerk gelten und seinen Ruhm in der Literaturgeschichte begründen wird: *Über den Umgang mit Menschen.*

Mit dem Umzug nach Hannover scheint deutlich zu werden, dass Knigge den Kampf um sein Erbe nicht mehr aufschieben will. 1778 hatte er noch den Eindruck erweckt, dass ihn die Sanierung seiner wirtschaftlichen Verhältnisse nur am Rande interessiere. Er schrieb damals in einem Brief: *Übrigens lebe ich in einer glücklichen Indolenz und Unwissenheit aller meiner ökonomischen Umstände und weiß nicht einmal ob, und an wen die Güter aufs neue verpachtet worden sind.*[297] Die Tochter wird jedoch resümieren: »Unzählige Versuche scheiterten an ungünstigen Zeitumständen, vorzüglich aber an den Cabalen des vollwichtigen Gegners, welcher seinen Raub nicht fahren lassen wollte, und kein Mittel zu schlecht fand, wenn es nur zum Zweck führte.«[298]

Alle Bemühungen Knigges, sein Erbe zurückzugewinnen, laufen also ins Leere. Dem Advokaten Vogel – Knigge soll ihn »Raubvogel« genannt haben[299] – war es gelungen, offenbar durch Bestechung der staatlichen Aufsicht, die Zwangsverwaltung aufrechtzuerhalten und dabei unbehelligt in die eigene Tasche zu wirtschaften, anstatt vom Erlös der Güter die Schulden abzubezahlen. *Die Richter und Advokaten vertrösten mich und theilen sich in meine Gelder.*[300] 1787, also 21 Jahre nach dem Tod des Vaters Philipp Carl, waren erst 10 000 von den 130 000 Reichstalern Schulden zurückbezahlt. Für Knigge ist es unmöglich, einen Kredit zu bekommen, obgleich er systematisch seine Kontakte ausbaut[301], sich sogar an König Georg III. (1734–1820) wendet und den für das Kurfürstentum Hannover zuständigen Minister am Londoner Hof, Johann Friedrich Carl von Alvensleben, bedrängt, seine Bittschrift *in die eigenen Hände des Monarchen gelangen zu lassen.*[302]

Immer wieder wird die Angelegenheit verschleppt. *Mit jeder Woche werden von meinem rechtmäßigen Eigenthume Summen verschleudert, worauf die ganze künftige Aussicht d. Meinigen beruht,* schreibt er an den Hannoverschen Justizrat Wilhelm August Rudloff.[303] In verzweifelten und erniedrigenden Schreiben wendet Knigge sich auch an die Herren Arnsswaldt und Kielmannsegge, die ihm eigentlich wohlgesonnen sind. Schließlich versucht die hannoversche Regierung – Knigge hatte inzwischen mit der Veröffentlichung der Machenschaften gedroht – den unbequemen Erben ruhig zu stellen.

»Soll man sich ewig herumkatzbalgen?«
Zimmermann, Campe und Trapp

Die Ernte seiner Arbeit als Schriftsteller ist groß in diesen Jahren. Während er von Hannover aus noch immer um sein Erbe kämpft, erscheint ein Buch nach dem anderen: 1787 die *Verirrungen des Philosophen oder Geschichte Ludwigs von Seelberg* (zwei Teile); 1788 weitere *Sechs Predigten, Philos endliche Erklärung, Über den Umgang mit Menschen, Über Friedrich Wilhelm den Liebreichen;* 1787/1788: *Dramaturgische Blätter, Briefe über Erziehung, Briefe über die neuere Erziehungsart*; 1790 Übersetzung der Bekenntnisse J.J. Rousseaus, 3. und 4. Teil.

Aber abgesehen von dieser Ernte geht gar nichts voran. Zwar ist es Knigge endlich gelungen, über den Minister Alvensleben in London eine Bittschrift an Georg III. zu übermitteln; zwar hat allein schon die Anfrage des Königs und die Aufforderung, über die Vermögensangelegenheiten Knigges zu berichten, erhebliche Unruhe im Ministerium verursacht; zwar hat das Ministerium angefragt, welche Vorstellungen er denn habe; zwar hat Knigge Gelegenheit gehabt, eine Kreditaufnahme vorzuschlagen, mit deren Hilfe er die Gläubiger ausbezahlen könne. Aber zu einer Kreditaufnahme ist es nie gekommen.

Resigniert bewirbt Knigge sich jetzt als Oberhauptmann nach Bremen. Er schreibt Bittbriefe an Mitglieder der Stader Regierung und weckt damit die Erwartung, man könne den unbequemen Erben vielleicht ruhig stellen. Man kennt seine Situation: Er ist krank und braucht ein geregeltes Einkommen, um die Versorgung seiner Familie sicherzustellen. Deshalb wird er, so die Vermutung, keine weitere Energie auf die Rückgewinnung seiner Güter verwenden. Und: Wenn nicht alles täuscht, wird er nicht mehr lange zu leben haben.

Knigge muss sich noch einmal demütigen lassen, indem er sich (am 27. Februar 1790) förmlich um die Stelle in Bremen bewirbt und einen Regierungsrat, Claus von der Decken, unter Hinweis auf dessen gutes Herz, bittet, seiner Bewerbung den »gütigen Beystand nicht zu versagen«.[304]

Zermürbt von der Aussichtslosigkeit, die Rückgabe der Güter noch zu erleben und der Mühsal eines Berufswechsels, wird Knigge wieder krank. Er kann sich nicht richtig erholen und beginnt, langsam zu erfassen, dass ihm möglicherweise gar nicht mehr genug Zeit bleibt, das Familienerbe den Händen der Gläubiger zu entreißen.

Die Rechnung der Ministerialen geht dennoch auf. Die Selbstständigkeit und die Aufsicht über Dom und Domschule reizen Knigge sogar, und seine Frau drängt ihn, die Stelle anzunehmen. Sein Kopf ist ohnehin schon nicht mehr ganz bei der juristischen Regelung der Vermögenssache, obgleich er alles unternimmt, um seine Ansprüche durchzusetzen. Viel interessanter ist für ihn das Veröffentlichen von Büchern – und noch interessanter ist der Kontakt zu einem gewissen Karl Spazier, der mit dem Theologen und Aufklärer Karl Friedrich Bahrdt (1741–1792) befreundet ist und der ihm von einer geheimen Verbindung berichtet, die Bahrdt unter dem Namen »Deutsche Union der Zweiundzwanzig« gegründet hat und zu der bereits – daher der Name – 22 Männer gehören. Ziel dieser Gesellschaft ist, »den grossen Zweck des erhabenen Stifters des Christenthums, Aufklärung der Menschheit und Dethronisirung des Aberglaubens und des Fanatismus durch eine stille Verbrüderung aller, die Gottes Werk lieben, fortzusetzen.«[305] 230 Namen werden auf der Generalliste der Deutschen Union stehen. Knigge findet die neue Nachricht von einem Geheimbund hochinteressant, obgleich sich gerade jetzt einige öffentliche Querelen ankündigen, die seine Aufmerksamkeit erfordern: ein Disput mit den Pädagogen Campe, Trapp und Basedow und ein öffentlicher Streit mit dem Arzt und Schriftsteller Johann Georg Zimmermann, den Knigge soeben mit einer treffsicheren Parodie gereizt und beleidigt hat.

Zum Glück für Knigge erledigt sich der Kontakt zu Bahrdt und seiner »Deutschen Union« sehr schnell von selbst, da der Theologe am 7. April 1789 verhaftet und zu fünfzehn Monaten Festungshaft verurteilt wird, weil er die Religionspolitik des preußischen Ministers Wöllner verspottet hatte.[306] Nach Abbüßung der Strafe muss sich der Professor als Gastwirt durchschlagen. Er lebt jetzt in der Nähe von Halle, und es wird gemunkelt, seine »Gastwirtschaft« sei ein Bordell. Dieses Gerücht kann aber auf einem Missverständnis in der Bevölkerung beruhen, weil das Gasthaus vor allem von Studenten besucht wird und als »Bahrdts Weinberg« auch nach seinem Tod (1792) ein Treffpunkt revolutionärer und möglicherweise freizügiger Studentenkreise ist. Die »Deutsche Union« aber verliert sich im Ungewissen, und Knigge bleibt bei seinem alten Entschluss, nie wieder einer geheimen Verbindung beizutreten. Dass der Herr Spazier an Bahrdt berichtet hatte, Knigge sei Mitglied der Union geworden, beruhte wohl ebenfalls auf einem Missverständnis. Knigge hatte in einem Brief an Bahrdt angedeutet, eine stille Mitgliedschaft könne er sich vorstellen, aber von einer aktiven Arbeit für die Union hielten ihn seine Erfahrungen mit dem Illuminaten-Orden ab. Im Jahr 1792 wird er sogar schreiben, er habe mit der »Deutschen Union« nie etwas zu schaffen gehabt, kenne den Professor Bahrdt nicht »von Person« und habe mit ihm auch »nie im Briefwechsel« gestanden.[307]

Wie schon in anderen Jahren und Lebenssituationen, lässt Knigge auch jetzt, 1788, keine Gelegenheit aus, sich als Kritiker und Polemiker zu Wort zu melden. Als zum Beispiel eine Schrift aus der Feder des in Hannover lebenden Arztes und Schriftstellers Johann Georg Zimmermann erscheint, die Knigge eitel findet, veröffentlicht er anonym eine schonungslose Parodie. Zimmermann, der mit Charlotte von Stein in Briefkontakt gestanden, Goethe zweimal getroffen und Goethes Schwester Cornelia ärztlich behandelt hatte, war in den letzten Wochen Friedrichs des Großen an dessen Sterbebett gerufen worden und hatte die Begegnung geschildert unter dem Titel »Ueber Friedrich den Großen und meine Unterredungen mit Ihm, kurz vor seinem Tode. Von dem Ritter von Zimmermann, Königlich Großbritannischem Leibarzt und Hofrath«. Die Schrift trieft vor Eitelkeit und Selbstüberschätzung, obgleich sie eigentlich nur Zimmermanns medizinisches und intellektuelles Versagen dokumentiert. Die literarische

Öffentlichkeit lacht. Allerdings sind in Zimmermanns Elaborat auch die ersten Töne einer scharfen Frontstellung gegen die Aufklärung zu hören. »Zimmermann entpuppte sich als Renegat der Aufklärung«, schreibt Christine Schrader in ihrer Darstellung des Konflikts zwischen Knigge und Zimmermann.[308]

Stil und Attitüde der Zimmermann'schen Schrift nachahmend, veröffentlicht Knigge sein wirklich witziges Pamphlet *Ueber Friedrich Wilhelm den Liebreichen und meine Unterredung mit Ihm; von J. C. Meywerk, Chur- Hannöverschem Hosenmacher*. Aus dem Arzt ist also ein etwas anzüglicher Hosenschneider geworden. Im Zimmermann'schen Text heißt es zum Beispiel: »... so trete ich mit der größten Furchtlosigkeit vor jeden Großen der Welt; und so sehe ich kühn und ruhig allen Menschen auf Erden ins Gesicht.« In genauer Entsprechung parodiert Knigges Hosenmacher: *... so trete ich mit der größten Furchtlosigkeit hinter jeden Großen der Welt; und so sehe ich kühn und ruhig allen Menschen auf Erden in den Hintern*. Das Gelächter in Hannover ist groß. Da aber den Autor Meywerk niemand kennt, fragt sich die gelehrte Welt bald, wer der wahre Autor sei. Lichtenberg, der Göttinger Professor für Mathematik und scharfsinnige Aphoristiker (1742-1799) gerät in Verdacht. Der aber äußert die Vermutung, Knigge sei der Verfasser der Parodie. Als sich Lichtenbergs Vermutung dann bestätigt und Knigges Autorschaft ans Licht kommt, beeilt sich Lichtenberg festzustellen, diese Schrift sei das Beste, das Knigge bisher geschrieben habe. Das Pamphlet muss drei Mal nachgedruckt werden. Jedermann in Hannover und Umgebung weiß jetzt, dass der Verfasser der Parodie kein anderer als Knigge ist.

Dessen Angriffslust aber mag zunächst verwunderlich erscheinen, denn Zimmermann und Knigge kennen sich seit Jugendtagen. Und noch 1786 hatte Knigge das Zimmermann'sche Buch »Ueber die Einsamkeit« in hymnischen Worten gelobt. Er schrieb: *Daß ich des vortrefflichen Zimmermanns herrliches Werk über die Einsamkeit mehr verschlungen als gelesen, und daß ich dabey den Mann im Stillen verehrt habe, der so tiefe Kenntniß des menschlichen Herzens ... in der blühendsten und zugleich körnichtsten, männlichen, hinreissenden, immer gleich unterhaltenden Schreibart darzustellen, zu entfalten weiß – Braucht das einer Versicherung?*[309] Zimmermann empfindet bei dieser Vorgeschichte die Parodie als Gemeinheit, obgleich er selber alles andere als vornehm ist, wenn es darum geht, die Aufklärung und die Aufklärer in ein schlechtes Licht zu setzen. Der schreibende Doktor Zimmermann ist so verletzt, dass er noch Jahre später zu einer fürchterlichen Rache ausholen wird.

Im Jahr 1788 trifft Knigges scharfer und streitlustiger Verstand auf die renommierten Pädagogen Joachim Heinrich Campe und Ernst Christian Trapp. Campe war seit 1786 braunschweigisch-lüneburgischer Schulrat. Herzog Karl Wilhelm Ferdinand und sein Minister, der spätere preußische Staatskanzler Karl August von Hardenberg, hatten Campe nach Braunschweig geholt, um mit ihm ihre Ideen von einer Bildungsreform durchzusetzen. Campe war zu diesem Zeitpunkt schon als Reformpädagoge bekannt und hatte wichtige Schriften zur praktischen Erziehung und theoretischen Erziehungslehre veröffentlicht, hatte Daniel Defoes »Robinson Crusoe« im deutschen Sprachraum als Kinderbuch eingeführt und sich auch als Erzieher der Gebrüder Humboldt einen Namen gemacht.[310] Wie nahe er den politischen Entwicklungen in Europa war, zeigt sich daran, dass er im August 1789 zusammen mit Wilhelm von Humboldt nach Paris reiste, um sich ein Bild von den Ereignissen zu machen. Er gehört mit Pestalozzi und Basedow zu den einflussreichsten Pädagogen in Deutschland.

Trapp war als Professor in Halle der erste Ordinarius für Pädagogik in Deutschland und hatte 1783 die Nachfolge Campes als Direktor einer Erziehungsanstalt in Hamburg angetreten. 1787 war er dann auf Vorschlag Campes durch Hardenberg nach Braunschweig geholt worden.

Mit diesen Autoritäten, Campe und Trapp, legt Knigge sich also an.[311] Er hatte praktische Erfahrungen bei der Erziehung seiner Tochter und seiner Pflegekinder gesammelt und veröffentlicht nun fünf *Briefe über Erziehung*, von denen drei schon 1783 in kürzerer Fassung im »Magazin für Frauenzimmer« erschienen waren. In diesen Schriften greift Knigge die Reformpädagogen noch nicht an. Die in den Briefen vertretenen Auffassungen, wie man Kinder erziehen soll, widersprechen inhaltlich jedoch in etlichen Einzelheiten den Grundsätzen der Reformpädagogik. Erst in den *Briefen über die neuere Erziehungsart*, die im Fettnäpfchenjahr 1788 im »Jahrbuch für die Menschheit« erscheinen, greift Knigge die Schulmeister auch formell an, wenngleich ohne Namen zu nennen.[312] Er wirft den neueren Pädagogen Leichtsinn, Nachgiebigkeit und Vernachlässigung der eigentlichen Lernziele vor. Vorausgegangen waren Gespräche in Braunschweig und Wolfenbüttel und ein Briefwechsel mit Campe und Trapp. Jetzt aber findet die Kontroverse ein öffentliches Forum im »Jahrbuch für die Menschheit« und im »Braunschweigischen Journal philosophischen, philologischen und pädagogischen Inhalts« und damit einen Resonanzboden für alle denkbaren Eskalationen – einen Showdown würde man es heute nennen. Die Gegner lassen sich unter dem Eindruck, wie auf einer Bühne zu agieren, zu immer neuen Effekthaschereien hinreißen: *Nachricht (und: Fortsetzung der Nachricht) an das Publikum, von den Folgen, welche die Einrückung meiner drey Briefe über die neure Erziehungs-Methode in dies Jahrbuch gehabt hat.* Oder: *Noch Etwas, als Anhang zu den Briefen, in welchen ich Zweifel gegen die Grundsätze einiger Erzieher der jetzigen Zeit äusserte, mit Beziehung auf des Herrn Rath Campe allgemeine Vertheidigung der neuern Erziehungs-Methoden, im zweyten und dritten Stücke des Braunschweig'schen Journals vom Jahre 1789.*[313]

Mit Lust an der Öffentlichkeit bringen sich die Herren in Rage. Campe schreibt einen ironischen Aufsatz mit dem Titel »Ueber die Hauptsünden der sogenannten neuern Pädagogik nebst einer Anwendung auf den Aufsatz des Hrn. Kammerherrn Freiherr von Knigge« und schlägt dann richtig zu, indem er erklärt, es lohne die Mühe nicht, sich mit einem so Unkundigen wie Knigge überhaupt auseinanderzusetzen.[314] Diese Attitüde verletzt Knigge zutiefst: Er fühlt sich *als einen Schulknaben* behandelt und reagiert in hoher Erregung: *... wir werden auch nächstens ein Wort laut miteinander reden*, kündigt er in einem Brief an seinen Freund Großmann an. *Ich habe ... mich erbothen, ihn öffentlich um Verzeihung zu bitten. Seine unverschämte Antwort, und die Art, wie er mich in seinem Journal abfertigt, fordert mich auf, ihm zu zeigen, dass ich kein Knabe bin.* Dann geht Knigge zum Gegenangriff über: *Daß die Herren Erzieher nicht so viel Erziehung haben, zu fühlen, dass es unanständig ist, den Mann, der nicht ihrer Meinung ist, sogleich für einen schiefen Kopf, oder gar für einen boshaften Wortverdreher auszuschreyen.*[315]

Zwar wird Knigge später noch einen versöhnlichen und entschuldigenden Brief an Campe schreiben. Aber der beleidigte Schulmeister sucht jetzt die Öffentlichkeit und schreibt im »Braunschweigischen Journal« eine ziemlich humorlose »Allgemeine Vertheidigung der neuern Erziehungsmethoden«. Auch Trapp demonstriert Unversöhnlichkeit, indem er ein Tischgespräch drucken lässt, das sich über den pädagogischen Laien lustig macht. Dann aber verebbt die öffentliche Kontroverse. Am Ende werden sogar versöhnliche Briefe geschrieben.[316] Auf Campes Versöhnungsangebot reagiert Knigge äußerst bewegt: *Mir fehlen im eigentlichen Verstande Worte, um Ihnen, lieber, würdiger Mann! nur auf irgend eine Weise die Empfindungen zu schildern, von denen mein Herz durchströhmt wurde, als ich den Brief las. Meine Frau saß vor meinem Bette; ich wollte ihr meine Freude mittheilen; aber ich konnte nichts wie Thränen hervorbringen.*[317] 1793 wird Knigge Campes pädagogisches Lob singen: *Meinem Gefühle nach hat keiner unsrer Schriftsteller in so hohem Grade, wie Campe, die Gabe, in Lehr- und Lese-Büchern für die Jugend den rechten Ton zu treffen, Würde mit Lebhaftigkeit und Einfalt, Unterricht mit angenehmer Unterhaltung zu verbinden und sich zu den Kindern herabzustimmen, ohne kindisch zu werden.*[318]

In Wahrheit hatten beide Seiten das gleiche pädagogische Ziel: das Wohl des Kindes. Knigge will *der unseligen Reformations-, Nachahmungs- und Übertreibungssucht unseres Zeitalters Einhalt* gebieten, die Reformpädagogen aber wollen die Auswüchse der rigiden Erziehungspraxis ihrer Zeit beschneiden und kämpfen für die Würde des Kindes. Knigge will die Heranwachsenden durch Gewöhnung an die konventionellen Zwänge abhärten und beklagt eine hedonistische Wohlfühlpädagogik, die *Eckel an allen mühsamen Geschäften* hervorruft, so dass die jungen Leute *verlangen, ohne Unterlaß Abwechslung an Freuden geboten zu bekommen.*[319] In den theoretischen Methodenstreit der Pädagogen ruft Knigge eine praktische Frage hinein: *Kann man denn nicht den Verstand aufklären und doch dabey täglich eine halbe Stunde Vocabeln und grammaticalische Regeln auswendig lernen?*[320]

Die Reformer hingegen setzen darauf, dass auch Kinder vernünftige Wesen sind und schon früh lernen können, selber zu denken. Aus der historischen Distanz betrachtet, handelt es sich in diesem Pädagogikstreit um die ewige und immer wiederkehrende Frage, ob den Kindern eher durch ein Laisser-faire oder aber durch eine im wahren Sinn des Wortes anspruchsvolle, fordernde Erziehung zum Lebensglück verholfen werden kann.[321] Wenn Knigge schreibt, *meine Kinder sollen mir nicht zu früh denken lernen, damit sie einst desto reifer denken mögen,*[322] unterliegt er zwar einem lernpsychologischen Irrtum und führt einen Methodenstreit, den er nicht gewinnen kann. Es zeigt sich aber auch, dass beide Seiten das Ziel »reifer denken« vor Augen haben, sich also nicht befehden müssten, sondern einigen könnten.

Das gilt auch für Knigges Angriff auf den Reformpädagogen Johann Bernhard Basedow und die von ihm vertretene »Spielmethode«, nach der die schulische Ausbildung den Unterrichtsstoff spielerisch und ohne jeden Zwang vermitteln soll. Knigge hält dagegen: *Haltet die Naseweisigkeit, das wilde Feuer, den Leichtsinn, den Mangel an Aufmerksamkeit durch Pedanterie, weisen Zwang und Pünctlichkeit in Schranken! Stärket den Mangel an Gedächtniß durch Memorieren.*[323] Knigge greift hier Basedow wegen der Spielmethode an, ohne dessen viel weiter reichende pädagogische Gedanken in das Urteil einzubeziehen: zum Beispiel die lebenspraktische Orientierung der Schule durch Handarbeit und körperliche Ertüchtigung, die Realienkunde, die Betonung der Muttersprache, die religiöse Toleranz, den bildungspolitisch bedeutsamen Einsatz Basedows für einen überkonfessionellen, allgemeinchristlichen Religionsunterricht und für die staatliche Schulaufsicht über alle Schulen, also auch über die kirchlichen Einrichtungen – lauter Themen, über die Knigge und die Reformpädagogik seiner Zeit sich hätten verständigen können. Bei der nachträglichen Beurteilung des Streits mit den Experten muss man eben berücksichtigen, dass Knigge bei aller Rückständigkeit seiner Ansichten immer wieder Einsichten von pädagogischer Weisheit formuliert, die aus dem Arsenal der Reformer stammen könnten – zum Beispiel den Grundsatz, dass die Erziehung die junge Generation für deren Zukunft befähigen soll: *Der Strom der Cultur reißt unaufhaltsam Alles mit sich fort, die allgemeine Stimmung eines Jahrhunderts läßt sich nicht leicht überschreyen und diejenige Erziehung ist also gewiß die beste, die solche Menschen bildet, welche nützliche und glückliche Bürger für die gegenwärtigen und wahrscheinlich zu erwartenden folgenden Zeiten werden müssen.*[324] Es fällt auch auf, dass Knigge über ganze Sequenzen hinweg nur Fragen formuliert, er sich also sehr behutsam und respektvoll im pädagogischen Diskurs seiner Zeit bewegt.[325]

Allerdings wird Knigge in seinen späteren Schriften wie *Noldmann* und *Schaafskopf* doch noch hin und wieder auf seine konservativen und keineswegs unklugen Erziehungsregeln zurückkommen und etwa für das konsequente Auswendiglernen oder für das *Studium der todten Sprachen* oder für die – allerdings sehr vorsichtige – Anwendung von Strafen und Belohnungen eintreten.[326] Doch finden sich auch deutliche Anzeichen dafür, dass Knigge keineswegs auf seinen *altväterischen Begriffen von Erziehung* besteht und sich *gern eines Besseren belehren und von Vorurtheilen zurück bringen* und *die Zurechtweisung der Pädagogen wohl gefallen* lassen will.[327]

Man sollte auch nicht übersehen, dass Knigge viele der stockkonservativen Erziehungsregeln vom seligen Herrn Etatsrat Samuel Conrad von Schaafskopf vortragen lässt. Das heißt, das Vorzeichen dieser Äußerungen ist die Satire. Knigge verspottet mithin die borniertenn und reaktionären Ansichten, die er dem Herrn von Schaafskopf in den Mund legt. Schaafskopf ist der Ober-Pinsel, der das abscheuliche Laster der Toleranz und jeder Art von Freiheit bekämpft. Knigge nennt das seine *kleine Posse* und bekennt: *Ich kann noch immer den kleinen Kitzel nicht unterdrücken, über Narrheiten zu lachen und gegen Bübereyen zu kämpfen, nehme es aber auch gar nicht übel, wenn man es mit meinen Thorheiten nicht besser macht.*[328]

Knigge hat also eine ebenso lockere Distanz zu den konservativen Erziehungslehren seiner Zeit wie zu seinen eigenen Auffassungen. Im Grunde hätte er sich durchaus, allein schon aufgrund seiner eigenen Entwicklung zwischen 1789 (dem Erscheinungsjahr der Briefe) und 1792 (dem Erscheinungsjahr des *Schaafskopf* und des *Wurmbrand*), mit den Reformpädagogen wie Campe und Trapp nicht nur oberflächlich versöhnen, sondern wirklich verständigen können. Warum ist das nicht geschehen? Haben die Kontrahenten etwa Knigges Lockerheit und selbstironische Distanz gar nicht erkannt? Oder fehlte es ihnen an Humor, ohne den die Kunst der Pädagogik in doktrinäre Rechthaberei ausartet? Wenn sich Campe und Knigge schließlich doch wieder versöhnen, so dürfte es daran gelegen haben, dass Knigge wegen seines »politischen Glaubensbekenntnisses« erheblichen Repressalien ausgesetzt war und Campe ihn stützen möchte.

Aus dem Pädagogenstreit ist in den Jahren bis 1792 ohnehin eine politische Fehde mit neuen Fronten und neuem Personal geworden. In der Satire *Des seligen Etatsrats Samuel Conrad Schaafskopf hinterlassene Papiere* wird Knigge die Gegner der Aufklärung und ihre rückständige Gesinnung im Allgemeinen und den Redakteur und Herausgeber des »Hamburger Politischen Journals«, Gottlieb Benedikt von Schirach im Besonderen, angreifen. Knigge legt sich mit Schirach vor allem an, weil der, obgleich Redakteur und Herausgeber, die Pressefreiheit bekämpft. Aber Knigges Schrift ist generell ein scharfes, provokatives Plädoyer für Vernunft, Freiheit, Fortschritt und Aufklärung. Sie unterstellt dem fiktiven *Pinselorden*, er wolle *das Reich der Aufklärer* auf immer zerstören, das *abenteuerliche Laster der Toleranz* bekämpfen und gegen die *vermaledeyte Publicität, Denk-, Sprech- und Preßfreyheit* vorgehen.

Es ist kein Wunder, dass die auf diese Weise der Lächerlichkeit Preisgegebenen zurückschlagen und erneut – trotz Knigges Gesundheitszustand – im Jahre 1792/93 zur ideologischen und politischen Jagd aufrufen.[329]

Wider die dogmatische Spitzfindigkeit
Predigten

Herr Baron von Knigge ist zwar kein berufener und verordneter Diener des Worts, aber darum sind seine Predigten doch ungleich besser, als viele hundert von Predigern, die zwar den Beruf, aber nicht zugleich die Talente zum Kanzelvortrage erhielten.« Dies schreibt der Rezensent der »Allgemeinen Literatur-Zeitung« vom 29. Juli 1785 und bescheinigt dem Baron »Bestimmtheit der Gedanken, Wärme der Empfindung« und »Reinigkeit der Sprache«.[330] Da Knigge in einem Vorwort an die Leser mitteilt, zwei von diesen Predigten habe er *wirklich in protestantischen Kirchen vorgetragen*, ist anzunehmen, dass er die Übrigen nicht selbst zu Gehör gebracht hat, die Sammlungen von je sechs Predigten also veröffentlicht wurden, um Leser anzusprechen.[331]

Derartige Predigtsammlungen, auch von Laien, waren im späten 18. Jahrhundert nicht selten. Die Form einer Predigt galt als publizistisch interessantes Instrument der Aufklärung. Sie ermöglichte, das Publikum direkt anzusprechen, zugleich aber auch mit religiösem und rhetorischem Pathos den Gott der Christen zu beschwören (*Du aber, großer Schöpfer, Erhalter und Regierer der Welt*), und dadurch die erbaulichen Gedanken mit göttlicher Autorität auszustatten. Knigge erklärt, 1790, in seinem *Aufrichtigen Geständniß meiner Poligraphie*, er habe die Predigten geschrieben, *um zu zeigen, daß man, alles Pfaffen-Geschwätz bey Seite gesetzt, aus der Bibel, und selbst aus manchen Glaubens-Lehren, Stoff zu guten Ermahnungen und interessanten Schilderungen hernehmen könnte.*[332] Knigge rechnet die Predigten zu seinen *moralischen, philosophischen und politischen Schriften*.[333] Er entwickelt eine Vorform des Leitartikels und formuliert sehr klar seine publizistische Intention: *Es scheint nicht der Beruf eines Layen zu sein, Kanzel-Reden zu verfertigen, aber es ist doch der Beruf jedes Wahrheit liebenden, von der Kraft der Lehre durchdrungenen Mannes, gute Grundsätze zu verbreiten; und für diejenigen Wahrheiten, welche ich hier zu entwickeln gesucht habe, schien mir kein andres Gewand passender.*[334] Trotz der Berufung auf die »Lehre« sagt er im gleichen Vorwort, man dürfe zwar moralische Klarheit, nicht aber *dogmatische Kunst* von ihm erwarten. In der Tat, Knigge will sich der *Kraft der Lehre*, nicht aber dogmatischen Spitzfindigkeiten widmen. Dogmatischer Spitzfindigkeit und philosophischer Träumerei setzt er den wahren Geist des Christentums entgegen. Diesen Geist sieht er in der Rechtschaffenheit des gelebten Lebens: *Rechtschaffen wandeln, das ist der Geist des Christenthums.*[335]

Fünfzig Jahre eines wohltätigen Lebens sind ihm mehr wert als ein vernunftleerer Glaube und eine kurze Buße auf dem Totenbett.[336] Ohne sie zu nennen, greift Knigge in die zwischen Katholiken und Protestanten kontroverse Rechtfertigungslehre ein und setzt seine tief religiöse Bindung an Glaube und Vernunft gegen die *verworrene Wissenschaft*, die sich Theologie nennt.[337]

In einem kirchengeschichtlichen Überblick spricht Knigge über die *entsetzliche Misdeutung der reinen Lehre Jesu* und beklagt die unterschiedlichen Parteien und Sekten, die einander verketzern und verfolgen und in ihrer *Gottesvergessenheit* das Wesen der Religion durch *Wortklauberey und Cäremonien* zersetzen.[338]

In kirchlicher Rhetorik assoziieren Knigges Predigten Zitate aus dem Alten und Neuen Testament. Diese Zitate werden aber sehr schnell zum Teil einer Logik der Aufklärung: Die Wahrheit der Religion kann dem Gesetz der Vernunft nicht widersprechen – und umgekehrt. Jede Wahrheit bekommt für den Menschen nur dann einen Wert, wenn sie *praktischen Einfluß auf unsere Handlungen hat.*[339] Nichts ist für die Bestimmung des Menschen *zweckmäßiger, als die Aufklärung seines Geistes und die Erlangung wahrer Weisheit.*[340] Es ist die heilige Pflicht des Menschen, *durch Thätigkeit und Fleiß der Welt nützlich zu werden.*[341]

In diesem Rahmen handeln Knigges Predigten von Demut, Sanftmut, Seelenfrieden, Gebet, Wohltätigkeit und Toleranz, Trost im Leiden, Bezähmung der Leidenschaften, von guten Werken, Verleumdung, Schmeichelei, aber auch vom Bibelstudium. Sie streiten gegen Despotismus, Dummheit, Aberglaube, Ungerechtigkeit, Untreue und Müßiggang.

Dass Knigge bei alledem in politischen Kategorien denkt, zeigt sich schon in der Sammlung der ersten sechs Predigten. Er widmet diese Sammlung Kaiser Joseph II. (1741–1790), *dem großen und guten Kaiser*. Konsequent handelt die erste Predigt von dem göttlichen und den weltlichen Herrschern: *Du König aller Könige und Herr aller Herrn! Laß uns mit Freuden Deinen irdischen Statthaltern gehorchen, wenn sie uns nach Deinem Willen leiten.* Was hier jedoch entweder wie eine Anbiederung oder aber wie eine Aufforderung zu untertänigem Wohlverhalten und Anpassung klingt, entpuppt sich im Folgenden als nahezu subversives Gebet. Gott wird ersucht, die Regierenden zu regieren, *daß sie uns nicht als ihr Eigenthum, als einen Gegenstand ihrer Willkür ansehen, sondern in der Furcht des Herrn wandeln.*[342] Knigge spricht hier, wie auch im 3. Teil des *Umgangs*, sehr deutlich über die Möglichkeiten des Machtmissbrauchs und die Grenzen des Gehorsams, und davon, dass auch die Mächtigen den Gesetzen unterstehen, die von Gott, der Natur und der bürgerlichen Gesellschaft aufgrund des Gesellschaftsvertrags gemacht wurden.[343]

An den *Predigten* erweist sich noch einmal Knigges durchgehender publizistischer Impuls, mit dem er die Vereinigung von Vernunft und Religion, aber auch von Politik und Anstand öffentlich geltend macht. Seine Wortwahl, wenn er von Jesus, der Bibel oder vom Christentum spricht, zeigt seine Verwurzelung im christlichen Glauben und der kirchlichen Tradition, zeigt aber zugleich den behutsamen Versuch, eine christliche Vernunftreligion und ein aufgeklärtes Christentum zu entwerfen. *Aus allem leuchtete innigste Verehrung der christlichen Religion hervor, und wer sich genauer von meinen religiösen Grundsätzen unterrichten will, der kann die drey Sammlungen von Predigten lesen, die ich herausgegeben habe.* Dieser Rückblick findet sich 1788 in der Schrift *Philos endliche Erklärung und Antwort*, in der Knigge mit seiner freimaurerischen und illuminatischen Vergangenheit abrechnet.[344] Dies legt die Vermutung Paul Raabes nahe, Predigtanreden wie *Geliebteste Freunde und Brüder* seien ein Hinweis darauf, dass Knigge seine Laienpredigt in der Freimaurerloge vorgetragen hat. Am ehesten könnte dies für eine so ausführliche und in der normalen Kirchenpredigt eher unübliche Anrede gelten wie diese: *Theuerste, zur Belehrung in den göttlichen Wahrheiten, und zur Ermunterung in Beobachtung unserer Pflichten hier versammlete Brüder.* Für Raabes Vermutung spricht, dass Knigge bei der Veröffentlichung der *Predigten* – 1783 erschien die erste Sammlung – noch dem Illuminaten-Orden angehörte.[345]

Die Bedeutung der *Predigten* ist davon jedoch unabhängig. Dieser Bedeutsamkeit kommt man nur auf die Spur, wenn man fragt – wie Ernst-Otto Fehn es tut –, was eigentlich Knigge bewogen haben kann, sich der Gattung kirchlicher Predigten zuzuwenden. Fehn nennt als Grund zunächst Knigges Neigung zu religiöser Schwärmerei, zu der die Idee eines »echten Priestertums« gehörte.[346] Knigge habe sich hier in eine Priesterrolle hineinträumen können, wie er sie für seinen utopischen Insel-Staat entworfen hatte.

Vielleicht aber muss man gar nicht die »Befriedigung eines privaten Bedürfnisses« unterstellen, um das Motiv für die Veröffentlichung von Predigten zu ergründen. Denn Knigge war so sehr mit der Popularisierung seiner Ideen befasst, dass eine Aufklärungspredigt mit ihrer Verknüpfung von Moral und kirchlich-christlicher Verkündigung ein willkommenes und irgendwie auch spannendes Vehikel für die Verbreitung seiner Gedanken war, auf das zu verzichten, ihm nachlässig erscheinen musste. Diese Inanspruchnahme eines kirchlichen Forums und die literarische Gattung der Predigt als einer direkten Ansprache an ein konkretes Publikum werden noch verständlicher, wenn man den für jeden Aufklärer zwingenden Kausal-Zusammenhang zwischen Immoralität und Irreligiosität gelten lässt. *Allein eine der hauptsächlichsten Quellen des immer zunehmenden allgemeinen Verderbnisses ist gewiß die jetzt sich stündlich mehr ausbreitende Gleichgültigkeit gegen die allerheiligste Religion und die Vernachlässigung des Studiums der Bibel. Was die Erfahrung ohne Ausnahme bestätigt, das muß auch theoretisch wahr seyn ..., daß Irreligiosität und Unmoralität gleichen Schritt gehalten.*[347] Knigge wendet sich also gegen den rationalistischen Zeitgeist, der die *Verachtung der heiligsten und beruhigendsten Wahrheit Aufklärung* nennt und so den dialektischen Umschlag der Aufklärung in ihr Gegenteil betreibt.[348] Seine Polemik gegen *Gottvergessenheit* und *Gottes-Verleugnung* greift zugleich die Debatte über die richtige und die falsche

Aufklärung auf.[349] Es ist deshalb auch ein öffentliches Bekenntnis, dass Knigge die dritte Predigtsammlung dem Universitätsprediger Ludwig Benjamin Schmid widmet.[350] Der Stuttgarter Professor gehörte der »Gesellschaft thätiger Beförderer reiner Lehre und wahrer Gottseligkeit« an und stand der frühen Erweckungsbewegung nahe. Ihm erweist Knigge seine Reverenz, obgleich er wohl kaum alle theologischen Auffassungen des frommen Theologen geteilt haben dürfte, wie umgekehrt Schmid dem »pantheistischen Einschlag« der Kniggeschen Religiosität kaum zustimmen konnte.[351] Knigges Widmung an Schmid ist gerade deshalb ein Bekenntnis zur Verknüpfung von aufgeklärter Religiosität und traditionellem christlich-protestantischem Weltbild.

Die Erfindung des Anstands
Das Hauptwerk

Die Erfindung war eine Wiederentdeckung. Wer über ein so fundamentales Thema wie den Umgang mit Menschen nachdenkt, kann nicht aus dem Nichts schöpfen. Die Spurensucher der Literaturgeschichte haben denn auch Ahnherren und Vorläufer Knigges gefunden, die direkt oder indirekt auf ihn gewirkt haben.[352] Knigges *Umgang mit Menschen* hat eine lange Vorgeschichte, in der es um Moral und Wohlanständigkeit, aber auch um Klugheit und Karriere, um die Sitten von der Wiege bis zur Bahre, um die Ehe, um Essen und Trinken und um angemessenes Reden und Schreiben geht.

Zu den unmittelbaren Vorbildern, auf die Knigge sich beziehen kann, gehört Lessing mit seiner »Erziehung des Menschengeschlechts«. Die Wurzeln aber reichen in die griechische Antike zurück mit ihrem Leitbild vom Schönen und Guten, aber auch zu den mittelalterlichen »Hofzuchten«, die antike und christliche Tugenden zusammenführen, und zur Idealgestalt des Galant'uomo, dessen Ziel die bellezza dell'anima ist. Zu den Vorläufern gehört J. B. von Rohr mit seiner »Einleitung zur Ceremonialwissenschaft der Privatpersonen« (1730), in der sich unter anderem eine »Galanterielehre«, eine »Anstandslehre« und eine »Konversationslehre« finden. Auch Christian Wolffs »Vernünftige Gedanken von der Menschen Tun und Lassen zur Beförderung ihrer Glückseligkeit« (1752) zählen dazu.

Was Knigge ganz sicher gekannt haben dürfte, sind die damals allgegenwärtigen Wochenschriften wie »Der Biedermann«, »Der Rechtschaffene« oder »Der Redliche«.[353] Auch Schillers »Briefe über die ästhetische Erziehung des Menschengeschlechtes«, nur wenig später als Knigges *Umgang* erschienen, bringen – freilich vor anderem Horizont und philosophisch reicher instrumentiert – eine verwandte Sicht auf den Menschen und die Notwendigkeit seiner Ent-Barbarisierung (Safranski) und eine vergleichbare Motivation für die Niederschrift der Gedanken über den Menschen, die Schönheit, die Freiheit und die Kunst.[354] Obgleich Knigges *Umgang* eine reiche Vorgeschichte hat, muss man dem Literaturwissenschaftler Gert Ueding zustimmen: »Der ›Umgang mit Menschen‹ aber ist die durchaus eigenständige Leistung Knigges und auch der literarischen Bedeutung nach ein Werk, das Unterhaltsamkeit mit Gedankenreichtum, polemische Beredsamkeit mit stilistischer Klarheit, Genrerealismus mit idealistischem Enthusiasmus zu verbinden weiß.«[355]

In der Ausgabe des *Umgangs* von 1796 umfassen die drei Teile seines Werkes 762 Seiten. Diese Textmenge schreibt er in den Monaten zwischen Herbst 1787 und Frühjahr 1788, dem Jahr, in dem mit der Einberufung der französischen Generalstände die ersten Vorzeichen der politischen und mit dem Siegeszug der Dampfmaschine von James Watt die Vorboten der industriellen Revolution erkennbar werden.

Knigge legt in der Vorrede zu den ersten Auflagen seines *Umgangs* Wert darauf mitzuteilen, dass *mir in Teutschland, so viel ich weiß, niemand vorgearbeitet hat*.[356] Er erfindet den Anstand neu für eine Gesellschaft, die sich im Umbruch befindet und die verbindliche Orientierung, den moralischen Konsens und die allgemeingültige Kultur verloren hat. Wenn Knigge sich zu Wort meldet, tut er es nicht als Benimmapostel, sondern als Sittenlehrer, der weiß, dass menschliches Benehmen und Verhalten immer wieder neu gelernt werden müssen. »Der Verlust der guten Sitte«, schreibt Werner Schneiders, »die ursprünglich, mit welcher Autorität auch immer, das Verhalten der Menschen umfassend geregelt hat, kann allem Anschein nach auf die Dauer durch Philosophie und Theologie, Vernunftargumente und Offenbarungsglauben allein nicht wettgemacht werden, und natürlich auch nicht durch ein immer umfangreicheres Rechtswesen. Die Vernunftprinzipien hecheln hinter den verlorenen Traditionen her.«[357]

Knigge setzt nicht auf abstrakte Prinzipien. Bescheiden und

selbstbewusst bezieht er sich selber mit all seinen Unvollkommenheiten in die Argumentation ein. Er will sich selbst ein aufrichtiger Freund sein und rät das auch seinen Lesern. Und da er nicht die großen Prinzipienfragen erörtern und nicht eine Doktrin verkünden will, wendet er sich den einfachen Dingen des Lebens zu. Dazu gehören auch die später als »Sekundärtugenden« kleingeredeten Fähigkeiten wie Verlässlichkeit, Pünktlichkeit, Verantwortlichkeit oder Diskretion. Knigge beleuchtet die Spielregeln für das Ehe- und Familienleben oder den Umgang unter Verliebten ebenso wie das Verhältnis zwischen Jung und Alt, die Probleme und Chancen der Gastfreundschaft oder der Nachbarschaft ebenso wie die Regeln von Teilnahme und Respekt im Sozialgefüge. Dabei geht es ihm nie um äußere Benimmregeln, sondern immer um den Anstand.

Weil Knigge die Überlegenheit der Tradition über modische Benimmregeln kennt, setzt er auf die Wiedergewinnung des Anstands aus der Sitte, also aus der Überlieferung. Sein Verdienst dabei ist, dass er dies nicht in abstrakten Ableitungen tut, sondern indem er konkret das Allgemeine auf das Besondere, die Sitte auf das Verhalten anwendet. Welche Ziele er auch immer mit seinen freimaurerischen Ideen von der Verbesserung der Welt, des Staates und der Menschen verfolgt hat – in seinem *Umgang* zieht er die Quintessenz aus den Elementen seines Denkens.

Knigge erkennt, dass soziale Kommunikation in Deutschland besonders schwierig, wenn nicht unmöglich ist, solange die Klassenunterschiede durch Erziehung, Vorurteile und Geschichte, aber auch durch die meisten Staatsverfassungen so groß sind. Ausdrücklich bezieht Knigge die deutsche Kleinstaaterei und die religiös-kirchlichen Aufspaltungen in seine Überlegungen ein. Die territoriale Zersplitterung Deutschlands ist für ihn nicht nur ein politisches Problem, sondern – in ihren Folgen für die Sitten, die Gebräuche und die Sprache – eine Frage der Kultur. *Bey uns hingegen, wo Erziehung, Bildung, Regierungsform, Gesellschaftston und Geschmack in den verschiedenen kleinen teutschen Staaten und in den unzähligen Rang-Ordnungen sich so wenig ähnlich sehen, hat dasselbe Bild für manchen Zuschauer sehr viel Reiz, indeß der andre keinen Zug darin findet, der ihm bekannt und natürlich vorkäme.*[358] Auch in den Unterschieden religiöser Dogmatik sieht Knigge ein Hindernis für soziale Kommunikation. Gegen die jeweiligen Orthodoxie-Ansprüche setzt er eine *Religion fürs Volk*, eine alle verbindende *neue Religion*, eine säkularisierte, aufgeklärte Menschheitsreligion und ein Weltethos, wie er es von Lessing kennt.

Der Fächer der Ausdifferenzierung in Knigges *Umgang* ist weit gespannt: Verschiedene Temperamente und Gemütsarten, unterschiedliche Stimmungen des Geistes und des Herzens, Eltern, Kinder, Verwandte, Freunde, Verliebte, Ehepartner, Nachbarn, Herren und Diener, Wirte und Gäste, Fürsten, Geistliche, Gelehrte, Künstler, Kaufleute, Handwerker, sogar Tiere – sie alle treffen sich in seinem Buch wie auf einer Bühne, um sich dort in einem anmutigen Reigen, nach der Choreographie eines glücklichen Lebens, zu bewegen. Manche Autoren sehen in der Vielfalt und Mannigfaltigkeit des Werkes seine eigentliche Bedeutung.[359]

Am Ende des dritten Teils schreibt Knigge einen Absatz, der sicherlich überflüssig wäre, *wenn es weniger schiefe Köpfe und boshafte Ausleger in der Welt gäbe*. Aber dieser Absatz gewinnt in Zeiten hemmungsloser Manipulation hohe Aktualität: *Ich habe (aber) in diesem Werke nicht die Kunst lehren wollen, die Menschen zu seinen Endzwecken zu misbrauchen, über alle nach Gefallen zu herrschen, Jeden nach Belieben für unsre eigennützigen Absichten in Bewegung zu setzen. Ich verachte den Satz: »daß man aus den Menschen machen könne, was man wolle, wenn man sie bey ihren schwachen Seiten zu fassen verstünde. Nur ein Schurke kann das, und will das, weil nur ihm die Mittel, zu seinem Zwecke zu gelangen, gleichgültig sind; Der ehrliche Mann kann nicht aus allen Menschen alles machen, und will das auch nicht; und der Mann von festen Grundsätzen lässt auch nicht alles aus sich machen.*[360]

Es wäre also eines der gröbsten Missverständnisse, wollte man den *Umgang* als privaten Machiavellismus verstehen, als skrupellose Anweisung für private Durchsetzungsstrategien. Dann würde das Buch »das Benehmen eines Heuchlers und die Moral eines Schurken« lehren.[361] Eine hemmungslose Manipulation eines jeden gegen jeden ist natürlich unter beidem möglich: unter einer objektiv vorgegebenen Ordnung, aber auch unter einer autonom begründeten Moral. Knigge geht in seinem Kapitel *Von dem Um-*

gange unter Eltern, Kindern und Blutsfreunden von vorgegebenen Normen und Traditionen aus, wenn er eine sarkastische Groteske ausmalt: *O gebenedeietes, goldenes Zeitalter! Dann machen wir alle nur eine Familie aus; dann drücken wir den edeln, liebenswürdigen Menschenfresser brüderlich an unsre Brust und wandeln, wenn dies Wohlwollen sich erweitert, endlich auch mit dem genievollen Orang-Utan Hand in Hand durch dies Leben. Dann fallen alle Fesseln ab, dann schwinden alle Vorurteile; ich brauche nicht meines Vaters Schulden zu bezahlen; habe nicht nötig, mich mit meinem Weibe zu begnügen, und das Schloß vor meines Nachbars Geldkasten ist kein Hindernis, mein angebornes Recht auf das Gold, das die mütterliche Erde uns allen darreicht, in Ausübung zu bringen.*[362]

Kann man dieses Zerrbild eines Plädoyers für die Hinnahme vorgegebener Ordnungen »reaktionär« nennen, wie Karl-Heinz Göttert es tut? Knigges Regeln zum Umgang mit Bauern und viele andere Regeln seiner standes- und gesellschaftspolitischen Auffassungen mögen konservativ sein, aber die Meinung, dass es eine natürliche Ordnung der Dinge gibt, die man zwar verändern und ergänzen, nicht aber außer Kraft setzen kann, verdient einen anderen Ausdruck als »reaktionär«. Diese Beurteilung ist ebenso »orientierungsarm« wie die Vokabeln »progressiv« und »konservativ«, was Göttert selbst zugibt.[363] Dass Knigge im Rahmen seiner Zeit denkt, versteht sich ja von selbst. Karl-Heinz Göttert hat zu Recht die Schwächen im Denken der Spätaufklärung benannt: dass manches von dem, was als die natürliche Ordnung der Dinge verstanden wurde, in Wahrheit nur historisch gewachsen war und nur von der damaligen Ständegesellschaft als unveränderlich ausgegeben wurde. So meinte Knigge offenbar allen Ernstes, zur natürlichen Ordnung gehöre die Herrschaft des Mannes über die Frau, weshalb der Mann auch mehr Geheimnisse für sich bewahren dürfe als die Frau. *Schöngeisterei und Gelehrsamkeit* sei gegen die Bestimmung der weiblichen Natur und behindere nur die *treue Erfüllung ihres Berufes.*[364] Ihn überfalle Fieberfrost, wenn er eine Dame treffe, deren *Phantasie in unkeuscher Gemeinschaft mit der gesunden Vernunft* lebe. Und weiter heißt es: *... es geht alles verkehrt im Hause, die Speisen kommen kalt oder angebrannt auf den Tisch; es werden Schulden auf Schulden gehäuft; der arme Mann muß mit durchlöcherten Strümpfen einherwandeln; wenn er nach häuslichen Freuden seufzt, un-*

terhält ihn die gelehrte Frau mit Journalsnachrichten, oder rennt ihm mit einem Musenalmanach entgegen, in welchem ihre platten Verse stehen, und wirft ihm höhnisch vor, wie wenig der Unwürdige, Gefühllose den Wert des Schatzes erkennt, den er zu seinem Jammer besitzt.[365]

Knigge denkt also – trotz aller Aufklärung – wie viele Intellektuelle seiner Zeit, wie Ernst Brandes zum Beispiel, der sich gegen jede kulturelle Betätigung der Frau wendet, oder wie der berühmte Pädagoge Joachim Heinrich Campe, der für Frauen das Erlernen von Fremdsprachen ablehnt.[366] Hier wie bei der Frage, wie weit die Bauern aufgeklärt werden dürfen, folgt Knigge dem Konzept einer »verhältnismäßigen« Aufklärung, das um Abstufungen und Verzögerungen der gesellschaftlichen Emanzipation bemüht ist. »Der humane Knigge, der zum Mitleid mit dem Bösewicht rät und an die eigenen Fehler erinnert, ja über Verantwortung und Schuld reflektiert, steht wie zufällig neben dem inhumanen, der gegen die Aufklärung der Bauern wettert.«[367] Dieser ungelöste Widerspruch gibt zu kritischen Fragen an Knigge Anlass. Wie kann Knigge sein herkömmliches Familienmodell und seinen gesteigerten Paternalismus mit seiner politischen Radikalität verbinden, die letztlich auf eine Umwertung aller Werte und, wie die Französische Revolution, auf eine neue Gesellschaftsordnung zielt?

Knigges gesellschaftspolitische Standpunkte sind nicht einfach zu verstehen, weil sie komplex sind. In seinen Schriften finden sich, zumindest scheinbar, Belege für politisch radikale Positionen. Zum Beispiel, es sei besser, das Alte mit Stumpf und Stiel auszurotten, als ewig zu flicken. Oder: *Der redliche, fleißige Handwerker ist viel vornehmer als der faule, schlechte Minister, und nur die Verderbniß der menschlichen Einrichtungen hat einen so lächerlichen Vorzug eines Standes vor dem anderen eingeführt.*[368] Knigges politische Gegner haben sich denn auch nicht lange damit aufgehalten, seine im Grunde überparteiische Option für eine integrative Gesellschaftsordnung auch nur verstehen zu wollen. Vielmehr hat jeder Knigges Äußerungen nur so gehört, wie er sie hören wollte und in seinem eigenen Sinn interpretiert. Am schärfsten hat dies der Arzt und Schriftsteller Johann Georg Zimmermann getan mit seinem viel zitierten Wort von den Demokratennestern und der Aufklärerpropaganda.[369] Der Schweizer Geologe und Vorleser der englischen Königin, Jean André de Luc, argumentiert wenigstens, wenn auch nur auf der Basis von ein paar Zitaten, die Zimmermann ihm nach Windsor übermittelt hat. Er nennt beim Namen, was ihm missfällt: dass Knigge das »verführerische Losungswort« von den Menschenrechten im Munde führt.[370] Kein Wunder, dass Knigge ihn für einen schwachen Kopf hält.[371]

Auf der anderen Seite werden, oft ohne jeden Schimmer einer hermeneutischen Reflexion, Sätze aus Knigges Werken zusammengestellt, die belegen sollen, dass der Autor ein reaktionärer Spießer gewesen sei. Zum Beispiel: *Gegen Vornehme und Reiche betrage man sich mit derjenigen Ehrerbietung und Unterwerfung, die man ihnen schuldig ist.*[372] Schließlich zusammengefasst: *Man halte fest an den alten Sitten und Meynungen unserer Väter, welche die Weltmenschen abscheulicherweise Vorurtheile und Bocksbeutel zu nennen pflegen.*[373]

Diese Zitate stammen aus Knigges Feder. Aber sie sind Äußerungen des fiktiven Etatsrates von Schaafskopf in einer satirischen Parodie auf seinen Erzfeind Zimmermann und auf Johann Kaspar Lavater. Sie verspotten die reaktionäre Borniertheit der »Pinsel« und können deshalb gerade nicht als Beleg für reaktionäre Gesinnungen Knigges beansprucht werden. Was also beim ersten Blick auf Kniggesche Texte als widersprüchlich interpretiert werden kann, ist in Wahrheit der Versuch einer pragmatischen Integration. Es zeigt sich, dass viele seiner Positionen weniger auf einem kohärenten gesellschaftstheoretischen Fundament beruhen als vielmehr auf der eigenen Beobachtung. Dass es zum Beispiel für ihn den »Pöbel« nicht nur in der sozialen Unterschicht gibt, sondern in allen Schichten, darin folgt er nicht einer vorgegebenen soziologischen Theorie, sondern seiner unmittelbaren Beobachtung, der er Analyse, Interpretation und Wertung folgen lässt. Deshalb kann er vom *lesenden Pöbel* sprechen, wenn er auf die Professoren und Literaturkonsumenten blickt, und vom *vornehmen und reichen Pöbel*, wenn er sich die Hofleute oder Fabrikanten anschaut. Er scheut sich auch nicht, von einem *fürstlichen Pöbel* zu sprechen.[374] Entscheidend für ihn ist, ob jemand Anstand und Würde vermissen lässt und ob in einem Persönlichkeitsprofil die Züge der Verantwortlichkeit zur Grimasse verkommen sind.

Auch wenn Knigge die Bedeutung der Bildung hervorheben

will, stützt er sich auf seine Beobachtung, die Empirie also. Zum Beispiel sieht er, dass Hauslehrer und Hofmeister als Domestiken behandelt werden, und bei Tische die gnädige Herrschaft wagt, samt Kindern und Bediensteten auf die herabzublicken, die eigentlich die Garanten einer zivilisierten Zukunft sind. Oder wenn der Schulunterricht zur Debatte steht und Knigge sich lustig macht über das *Lesenlernen ohne Buchstaben*, also über das, was später als »Ganzheitsmethode« propagiert wurde, dann folgt er auch hier nicht einer Theorie, sondern seiner Beobachtung: dass Lesenlernen ohne Buchstaben das Rezept für Legasthenie oder gar Analphabetismus ist und zum *Verfall der Aufklärung* führt. Gelegentlich allerdings vergreift Knigge sich im Detail, so zum Beispiel, wenn er aus der Kiste der schwarzen Pädagogik den Rat hervorkramt, man solle seine Kinder ab und zu kräftig erschrecken, um sie für den eventuellen Angriff eines Mörders abzuhärten und auf einen unerschrockenen Gegenangriff vorzubereiten.

Ein Buch über den Umgang mit Menschen kann nur von den Widersprüchlichkeiten des Menschen bestimmt sein und auch nur widersprüchlich aufgefasst und interpretiert werden. Von der Einschätzung des Buches als einer Bibel für Privat-Machiavellisten bis zur Magna Charta des klassischen Humanitätsideals und einer modernen Urbanität findet man denn auch alle Schattierungen von Verdammung und Zustimmung. Fundamentale Kritik am *Umgang* hat Friedrich Schleiermacher geübt. Er sah in dieser Schrift eine theorielose Ansammlung von widersprüchlichen Maximen.[375] In Schleiermacher und Knigge treffen zwei Welten aufeinander: das neue Pathos der individuellen Entfaltung stößt auf die traditionsgebundene Zuflucht zu sozialen Normen. Dem Romantiker Schleiermacher erscheint der ganze Kodex bürgerlicher Anstandsregeln viel zu eng, zu wenig die Freiheit des Individuums befördernd. In diesen Regeln sieht er nur das Prinzip der »Selbstzurücksetzung«, übersieht aber, wie sehr Knigge die Moral mit der geschmeidigen Weltklugheit verbinden will und wie sehr Knigges Konzept des Anstands geradezu von dieser Verbindung lebt.

Schleiermachers Konzept der »Wechselwirkung« wird also eigentlich von Knigge erfüllt.[376] Was Schleiermacher nicht verstehen oder akzeptieren will, ist Knigges Verzicht auf Theorie – oder ist es, wie Göttert glaubt, nicht Verzicht, sondern ein Verkennen der Bedeutung von Theorie? Knigges Versuch, die Realität direkt zu erfassen, muss nach Schleiermachers Auffassung scheitern, weil Knigge die Brille, durch die er sieht, nicht wahrhaben will. Aber Knigge will eben keine Theorie, sondern eine realitätsnahe Verhaltenslehre entwickeln.[377] Der Gegensatz zwischen empirischem Beobachten und normativer Deduktion ist ein Thema der Sozialwissenschaften geblieben.

Schleiermachers Kritik bezieht sich – wie die Kritik Heinrich Heines, August von Platens oder E. T. A. Hoffmanns – nur auf den *Umgang*. »Auf dieses Buch bezog sich alles, was nach den Befreiungskriegen über Knigge publiziert wurde« (Fenner). Die Kritiker hatten fast nie das Original vor sich, sondern eine der vielen veränderten, umgeschriebenen, gekürzten oder erweiterten Fassungen. Nur so ist zu erklären, dass Knigge gelegentlich als »Witzfigur« geschmäht wird.[378] Ohne die unselige Vergewaltigung des *Umgangs* wäre das Urteil über Knigge ganz sicher anders ausgefallen. Denn Knigges Ideale waren zu einem großen Teil auch die Ideale seiner Kritiker. »Die Qualitäten des von Knigge gemeinten Lebens ... sind durchaus die der römischen Antike: Humanität und Urbanität.«[379]

Das gilt auch für Wilhelm von Humboldt, wenngleich der eine vollkommen gegensätzliche Position einnimmt. Für ihn ist der *Umgang* »philosophisch völlig unbrauchbar, weil er nur das Betragen, nicht den Charakter untersucht«.[380] Bei den Verhaltensregeln des *Umgangs* handle es sich nur um eine »kunstvolle Geschicklichkeit in der Behandlung der Menschen«. Diese Kritik an Knigges Konzeption greift Karl-Heinz Göttert 1991 auf und meint, das instrumentelle Denken über zwischenmenschliche Beziehungen habe eigentlich seine Grundlagen schon im 19. Jahrhundert verloren. Knigge stehe noch in einer Tradition, die »die alte moralische Lehre vom Geziemenden zu einer neuartigen Lehre vom Anstand als (moralisch) neutraler Technik der Meisterung zwischenmenschlicher Beziehungen umgeformt« habe.[381]

Sollte dieser Technik wirklich die Grundlage seit dem 19. Jahrhundert entzogen sein? Gewiss, die Kulturtechnik des Umgangs miteinander steht seit Rousseau im Verdacht, hinter ihrer höflichen Fassade Lüge und Heuchelei, Hass und Verrat zu verbergen.

Aber Knigge hat gerade diese Tradition, die Rousseau angreift, nicht einfach weitergegeben. Er hat sie verwandelt. Er hat sie humanisiert, indem er aufgrund seiner Beobachtungen gegengesteuert hat, nicht mit einer Theorie, sondern mit einer konkreten Verhaltenslehre für konkrete Menschen. Knigge hat die moralischen Tücken der Höflichkeit gekannt. Aber er hat, wie vor ihm schon sein Gewährsmann Christian Wolff, das negative Menschenbild seiner Zeit überwunden, vom Zynismus befreit und das Wohlwollen und die Redlichkeit als Grundlage kommunikativer Existenz entdeckt. Insofern hat Göttert Recht, wenn er das Buch über den *esprit de conduite* als den ersten umfassenden Ratgeber der Moderne bezeichnet, als »Inkarnation des Tips«[382] – wenngleich Knigge als Ratgeber meilenweit entfernt ist von den Banalisierungen, die sein Werk nach seinem Tod erfahren hat.

Knigges Werk ist etwas ganz anderes als eine Sammlung von Regeln zur Manipulation von Menschen, um bestimmte Ziele zu erreichen. Das Buch ist vielmehr ein Kommunikationsmodell, das auf die Interaktion von Subjekten zielt. Dieses Kommunikationsmodell ist als bürgerliches Modell charakterisiert worden. Wie der französische Knigge-Kenner Pierre-André Bois gezeigt hat, ist der *Umgang* aber mehr als das.[383] Denn die Schrift spricht die Menschen der gebildeten Schicht an – und die ist für Knigge bürgerlicher und adliger Herkunft, wobei er nur an den gebildeten Teil des Adels denkt. Die gebildete Schicht aus Adel und Bürgertum ist für den gesellschaftspolitisch denkenden Knigge die Trägerin der notwendigen Reformen in Politik und Kultur und der Motor der zu diesem Ziel führenden Kommunikationsprozesse. In einer anthropologischen Perspektive setzt sich Knigge also für das humanistische Ideal der Gleichheit ein, in einer gesellschaftspolitischen Perspektive aber für eine Aristokratisierung der Sitten.

Erstaunlicherweise enthält der *Umgang* auch ein Kapitel über die Art, mit Tieren umzugehen.[384] Sein weit über seine Zeit hinausgehendes Plädoyer für Tiere ist nicht aus einer Theorie oder Ideologie abgeleitet, sondern beruht wie immer auf eigener Beobachtung und Erfahrung. Er spricht zum Beispiel von der Qual eines umhergetriebenen Hirsches, der Todesangst eines gehetzten Wildtieres, von Käfern oder Fliegen, denen in kindischer Unbesonnenheit die Beine ausgerissen oder die aufgespießt werden, *um zu sehen, wie lange ein also leidendes Thier in convulsivischer Pein fortleben kann.* Knigge ist selber gequält vom *grausamsten aller Raubthiere,* dem Menschen, und hält es für möglich, dass Tiere die schmerzhafte Misshandlung viel stärker empfinden als Menschen, weil *ihre ganze Existenz auf sinnlichen Empfindungen beruht.*

Knigge wirbt aber dafür, dass seine Einstellung zu Tieren nicht kurzerhand *auf die Rechnung einer abgeschmackten Empfindelei geschrieben wird.* Er distanziert sich von den Leuten, die ihre Bedienten rücksichtslos durch das raueste Wetter schicken, aber *herzlich den armen Sperling bedauern, der, wenn es regnet, ohne Regenschirm und Ueberrock herumfliegen muß.* Knigge will auch nichts zu tun haben mit der verlogenen Sentimentalität mancher Damen, die ihre Katzen zärtlicher umarmen als ihre Ehegatten, und mancher Männer, die ihren Hunden mehr Schonung und Nachsicht entgegenbringen als ihren Freunden, die sich aber von diesen Hunden *mit Flöhen bevölkern* lassen müssen. Er amüsiert sich über Leute, die sich beim Anblick von Mäusen oder Spinnen nur noch kindisch aufführen, hält aber Mitleid und nicht Spott bereit für die, denen Mitmenschen so übel mitgespielt haben, dass sie *einen treuen Hund wie ihren einzigen Freund behandeln.*

Knigge weiß, wovon er spricht. Deshalb prangert er auch den in seiner Zeit anwachsenden Missbrauch von Tieren an, die man unter kläglichen Bedingungen abrichtet oder einsperrt, bloß um sensationslüsterne Zuschauer zu bedienen. *Ich habe immer nicht begreifen können, welche Freude man daran haben kann, Thiere in Käfigen und Kästen einzusperren. Der Anblick eines lebendigen Wesens, das außerstand gesetzt ist, seine natürlichen Kräfte zu entwickeln und zu nützen, darf keinem verständigen Mann Freude gewähren.*[385]

Knigge ist sich bewusst, dass sein Statement über den Umgang mit Tieren von einigen Zeitgenossen als deplaziert empfunden werden kann. Das Nachdenken über Tiere war noch sehr schwach entwickelt. Der erste Tierschutzbund in Deutschland sollte erst 1837 in Stuttgart gegründet werden, Hannover folgte 1844. Zur anthropozentrischen Tradition des Abendlandes gehörte es, dass erst von Thomas von Aquin (1224-1274) und dann 1785 von Immanuel Kant in seiner »Grundlegung zur Metaphysik der Sitten« die

Sorge formuliert worden war, Grausamkeit gegen Tiere könne auch zur Grausamkeit gegen Menschen führen. Die ureigenen Rechte des Tieres und seiner Würde wurden also nur auf dem Umweg über die Gefährdung des Menschen durch den Menschen in den Blick genommen. Knigge greift diesen Gedanken zwar auf, stellt aber die selbstständige Würde des Mitgeschöpfes in den Mittelpunkt seines Denkens über Mensch und Tier und fordert Anstand auch gegenüber Tieren ein.

Moral und Politik
Adel und Bürgertum

Wenn Knigge Anstand einfordert, ist das nicht der harmoniesüchtige Versuch, unanständige Verhältnisse mit formelhafter Höflichkeit zu überschminken. Knigge weiß vielmehr, dass der Anstand des Individuums sich nur in einer anständigen Gesellschaft verwirklichen kann.[386] In ihrer Arbeit über die emanzipativen Intentionen Knigges schreibt Wiltrud Drechsel: »An diesem dialektischen Zusammenhang von Anstand und Politik, von gutem Ton und gerechten Verhältnissen, hat das Bürgertum, als es in der Französischen Revolution seinen Anspruch formulierte, noch festgehalten.«[387] Besonders für Knigge gehören Anstand und Politik zusammen, wenn man nicht das Ende jeder öffentlichen Moral heraufbeschwören will. Darüber sollte eigentlich Konsens bestehen. Der aber ist, so meint Knigge, gerade in Deutschland besonders schwer zu erreichen, weil die politischen Realitäten (Schranken zwischen den Ständen, territoriale Zersplitterung und auseinanderstrebende Interessen) ein Klima von Falschheit, Zwang und Verdächtigungen begünstigen. ... *nirgends vielleicht herrscht zu gleicher Zeit eine so große Mannigfaltigkeit des Conversationstons, der Erziehungsart, der Religions- und anderer Meinungen, eine so große Verschiedenheit der Gegenstände, welche die Aufmerksamkeit der einzelnen Volks-Classen in den einzelnen Provinzen beschäftigen.*[388]

Diese Beschreibung lässt auf politische und gesellschaftliche Verwerfungen schließen. Man hat es also mit Politik zu tun, wenn man sich um den Umgang der Menschen miteinander kümmert. Soziale Kommunikation ist das lebendige Fundament politischer Emanzipation. Weil es aber um Politik geht, bestimmt das Interesse den Umgangston, so wie das Interesse auch die Leistung für den Staat bestimmt. Knigge verachtet deshalb die Höflinge, die sich ohne Leistung als Herrschende gebärden und bei denen sich »jedes gesellige Verhältnis unter der Hand in ein Herrschaftsverhältnis verkehrt« (Drechsel).

Knigges Kommunikationsmodell, wie es Pierre-André Bois beschrieben hat, setzt nicht auf die Umwälzung der politischen Verfassung, sondern auf die Modifizierung der sozialen Mentalität.[389] Im Grunde will Knigge aus dem gebildeten Bürgertum und dem gebildeten Adel die neue intellektuelle und politische Führungselite bilden. Der Nährboden für diesen Prozess ist die kulturelle Erziehung und die soziale Kommunikation. Nicht politische Arrangements und Übereinkünfte, sondern die Kultur der tragenden Eliten soll die neue, die emanzipierte Gesellschaft formieren, wie Knigge sie in seinen utopischen Romanen entworfen hat. An diesem Kommunikationsprozess müssen – jenseits vom Buchstabenglauben einer religiösen Orthodoxie – die Menschen aus allen Nationen, Ständen und Religionen teilhaben können. Nur so kann Religion *Gutes stiften*.

Diese Verbindung von Adel und Bürgertum bedeutet für Knigge jedoch nicht, dass er die Stände abschaffen will. Wie er in seiner Person die Grenzen der Standeseinteilungen überwindet – er gibt sein Selbstverständnis als Adliger ebenso wenig auf wie seine Erziehung und seine Geschichte –, erwartet er für die Gesamtgesellschaft die Mobilisierung aller Kräfte für eine permanente Aufklärung. Deshalb schreibt er nicht gegen den Adel, sondern für das Bürgertum. Während Goethe 1795 in »Wilhelm Meisters Lehrjahre« eine »Vermischung der Stände durch Heiraten« erörtert (und letztlich davon abrät), hatte Knigge schon 1788 das Ideal eines Bündnisses der Stände durch Bildung und soziale Kommunikation formuliert.

Knigges Buch vom Umgang mit Menschen geht in dieser Annäherung von Adel und Bürgertum im Element der Kommunikation weiter als seine Romane *Journal aus Urfstädt, Benjamin Noldmanns Geschichte der Aufklärung in Abyssinien* und *Ludwig von Seelberg*, weiter auch als seine Schrift über das *Allgemeine System für das Volk*. Nach seiner Vorstellung dient die Integration dem inneren Frieden der beteiligten Individuen unabhängig von der politischen Fusion der Stände. In diesem gesellschaftlichen Integrationsprozess ist, wie Max Rychner anmerkt, Adel für Knigge die »Mitgift des Edelmannes, welche dieser ins Gute zu wenden hat, indem er sie als Voraussetzung zu höherer Bildung betrachtet, zu höherer Leistung für andere.«[390]

Fast immer gründet Knigge seine Ratschläge für den Umgang mit Menschen auf seine eigene kritisch analysierende Beobachtung der anthropologischen Konstanten im Verhalten der Vertreter bestimmter Berufe und Stände, den *Leuten von allerley Lebensart und Gewerbe*. So weiß er von den Kaufleuten, deren Elite er allerdings von den Banalitäten des Standes ausnimmt, dass sie *von ihrer ersten Jugend an, gewöhnlich so mit Leib und Seele nur dahin gerichtet* werden, dass sie den Wert eines Menschen *fast immer nach der Schwere seiner Geldkästen beurtheilen*.[391]

Die ewigmenschliche Neigung zu Habsucht und Geiz sieht Knigge natürlich mit den Augen seiner Zeit und im Rahmen der gesellschaftlichen Verhältnisse, wie er sie kennt. Die komplette Loslösung des Gewinnstrebens von jeder sozialen Verantwortung, wie sie später, etwa um die Jahrhundertwende zum 21. Jahrhundert, im Börsengeschäft und im davon abhängigen Industriemanagement üblich geworden ist, kann Knigge nicht voraussehen haben. Der Rahmen seiner Gedanken über den Umgang mit Menschen ist eben kein Passepartout für alle denkbaren historischen Entwicklungen.

Dies muss man auch berücksichtigen, wenn man Knigges Gedanken über den Umgang mit *Journalisten und Anecdotensammlern* anschaut. Die Exzesse an Menschenverachtung, wie sie seit dem späten 20. Jahrhundert zur Charakteristik des Boulevardjournalismus gehören, hat Knigge sich wohl kaum ausmalen können. Jedenfalls finden sich in seinen umfangreichen Anmerkungen zur Schriftstellerei keine Hinweise auf eine mögliche Entwicklung in diese Richtung. Aber seine Analyse des Journalismus, also seines eigenen Berufsstandes, ist ebenso weitblickend wie scharfsichtig: *Mit diesen Leuten aber ist eine ganz besondre Vorsicht im Umgange nöthig. Sie stehen gemeiniglich, bey geringem Vorrathe von eigner Gelehrsamkeit, im Solde irgend einer herrschsüchtigen Parthei oder eines Anführers derselben, sey es nun von politischen Ketzermachern, Orthodoxen, Schwär-*

mern, Vernunft-Feinden, Mystikern, oder wovon es immer sey. Dann ziehen sie durch's Land, um Märchen zu sammeln, die sie nach Gelegenheit Documente nennen, oder mit dem Schwerdte der Verleumdung Jeden zu verfolgen, der nicht zu ihrer Fahne schwören will, Jedem den Mund zu stopfen, der es wagt, an ihrer Unfehlbarkeit zu zweifeln.[392]

Am Beispiel von Geschäftsmoral und journalistischer Berufsethik wird deutlich, wie sehr Knigge Politik, Wirtschaft und Öffentlichkeit dem bürgerlichen Ideal des Anstands unterstellen will. Für ihn stehen Moral und Politik nicht gleichberechtigt nebeneinander. Vielmehr steht die Moral über der Politik. Politik ist nur einer der Bereiche des menschlichen Lebens, in denen die Moral verwirklicht werden muss.[393] Knigges Verständnis von Politik ist also eng verbunden mit einer politischen Tugendlehre. Er beurteilt die Qualität eines Staates durchaus nach moralischen Kriterien. Wie Pierre-André Bois gezeigt hat, sieht Knigge die großen politischen Ereignisse der Zeit unter dem Aspekt der Tugend: die neue Staatsordnung in Amerika und die Französische Revolution ebenso wie umgekehrt die Verkommenheit des vorrevolutionären französischen Staates. Bois schreibt: »Knigges Verständnis von der Politik wurzelt also im ›philosophischen‹, dem Bekenntnis zur Tugend verpflichteten Utopiedenken der Aufklärung.«[394] Die Gestaltung einer besseren Gesellschaft ist für Knigge zwar in erster Linie eine Sache der Eigenschaften, der Bildung und der Moral der Menschen, ist dann aber auch eine Angelegenheit der gesellschaftlichen Institutionen, die der Moral des Einzelnen Rahmen und Zukunft geben müssen.

Was macht Knigge auf dem Fest?
Jahrestag des Sturms auf die Bastille

In Knigges Vision von einer neuen Gesellschaft spielt natürlich das zentrale Ereignis des Jahrhunderts, die Französische Revolution, eine Schlüsselrolle. Bei der Beurteilung von Knigges Verhältnis zu diesem bahnbrechenden Ereignis sorgt bis heute ein ungewöhnliches Fest für Verwirrung. Am 14. Juli 1790 feiert man in Hamburg den ersten Jahrestag der Revolution in Frankreich. Der Kaufmann Georg Heinrich Sieveking, ein wohlhabender und gebildeter Hamburger Weltbürger, lädt zum Empfang in sein Gartenhaus in Harvestehude. Man singt ein Lied, das mit hohem Pathos die bürgerliche Freiheit beschwört: »Freye Deutsche! Singt die Stunde/Die der Knechtschaft Ketten brach .../Eure Herzen sey'n Altäre/Zu der hohen Freyheit Ehre.«[395] Wie Klopstock gehört auch Knigge zu den Eingeladenen. Er hält sich gerade wieder in der von ihm geliebten Hansestadt auf.

In einem Brief an seine Tochter berichtet er: *Es war ein Freiheitsfest zu Ehren der französischen Revolution. Es wurde außer der Stadt gefeiert; Alles, was von rechtlichen, für Freiheit warmen Leuten in Hamburg lebt, war zugegen, kein Edelmann, außer mir, dem Grafen Dohna und Ramdohr aus Celle – kein Fürstenknecht war dazu eingeladen. Alle Frauenzimmer waren weiß gekleidet und trugen weiße Strohhüte mit dem Nationalbande, wovon ich Dir hier eine Probe schicke – auch Schärpen und Ordensbänder davon. Die Damen gaben dann auch den Herren Stücke von diesem Bande. Als ich mein Stückchen erhielt, machte ich meinen Orden los und heftete statt dessen dies Band an, welches allgemeinen Beifall fand ...*[396]

Trotz dieser Geste ist Knigge nicht, wie Thomas Pittrof es interpretiert, vom Grenzgänger zum Überläufer geworden. Auch wenn er die Französische Revolution feiert, gibt er seine journalistische Distanz, die Position des Ausgleichs und die Ablehnung einer Umwälzung in Deutschland nicht auf. Max Rychner schreibt: »Daß er mit der Revolution zwar sympathisierte, alles jakobinische extreme Wesen jedoch ablehnte, hat ihn ihren Anhängern und Gegnern zeitweilig entfremdet; auch hierin geriet er, aus Gerechtigkeitswillen, ins Zwielicht. Der Gemäßigte läuft ja stets Gefahr, auf beiden unbedingten Seiten Mißtrauen zu erwecken.«[397]

Knigges Vision ist die von einem Gemeinwesen, in dem gebildeter Adel und gehobenes Bürgertum eine neue Elite bilden und das adelige Privileg bei der Besetzung staatlicher Ämter abschaffen: Gute Bürger, gute Fürsten – nicht Geburt, Verdienst nur ehrt.[398] Für Knigge ist das Gegenbild zum *Gemäßigten* der *Pöbel*. Ihn will er aus der Verantwortung für das Gemeinwohl ausschließen. Ihm schwebt vor, dass gebildete Menschen, wie seine Romanfiguren Baron Leidthal oder Ludwig von Seelberg, *verdienstvolle Männer* von *feinster Cultur* und *bestem Geschmack* in der Lage sind, *die edelste Gastfreundschaft* auszuüben und zugleich imstande sind, die wichtigen Stellen in Staat und Gesellschaft einzunehmen. Wo Knigge die Schnittstelle der beiden Integrationssysteme sieht, sagt er in der Einleitung zum *Umgang mit Menschen* unter Berufung auf den französischen Begriff des *esprit de conduite*, dass die klügsten, verständigsten Menschen es zu nichts bringen, wenn ihnen der Geist der Lebensart, der Esprit der Höflichkeit fehlt. Das bedeutet: Die hohen Tugenden des Bürgertums brauchen die historisch gewachsene Kultur der adligen Lebensart, um sich voll für das Gemeinwohl auswirken zu können. Die politische Dimension der sozialen Intelligenz erfordert – so meint Knigge – die Verbindung von bürgerlichen Kulturtechniken und überlieferter adliger Lebensart. Er will eine kommunikative Kultur über die Standesgrenzen hinweg, will im Grenzbereich eine neue Funktionselite etablieren, die – ohne eine Gefährdung durch das Eingreifen des »Pöbels« – in der Lage ist, eine Revolution in den Köpfen zu wagen und Reformen an die Stelle gewaltsamer Umwälzungen zu setzen.

In dieser Zuspitzung wird noch einmal deutlich, dass Knigge die Kommunikationsideale seines *Umgangs* nicht als »schöner gesellig sein« verstanden wissen will, sondern als Urbild und Vorbild

Adolph Freiherr Knigge, 1794.

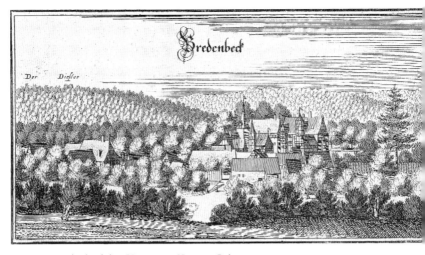

Das Gut Bredenbeck bei Hannover, Knigges Geburtsort.

Der Vater,
Philipp Carl von Knig

Friedrich II.,
Landgraf von Hessen-Kassel.

Ansicht von Kassel (Paradeplatz), Knigges erster Anstellung bei Hofe,
Gemälde von Johann Heinrich Tischbein. In dem Eckhaus in der Bildmitte wohnte Knigge.

Philippine Augusta Amalia, Landgräfin von Hessen-Kassel, Gemälde von Johann Heinrich Tischbein.

Herkules und Kaskade im Kasseler Park Wilhelmshöhe.

Das Herrenhaus des Gutes
der Familie von Baumbach in Nentershausen.

Dieser Scherenschnitt ist die einzige
erhaltene Abbildung von Knigges Frau Henriette,
geborene von Baumbach (1749–1808).

Die Tochter,
Philippine Freiin Knigge
(1774–1841).

Ansicht von Hanau (um 1780), wo Knigge von 1777 bis 1780 am Hofe
des Erbprinzen von Hessen als »Maitre de Plaisir« tätig war.

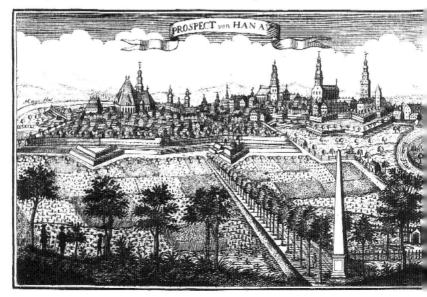

Ansicht von Frankfurt (um 1790), wo sich Knigge von 1780 bis 1783 als freier Schriftsteller niederließ.

Adam Weishaupt (1748–1830), Begründer des Illuminaten-Ordens.

Ansicht von Heidelberg (um 1786), wo Knigge sich von 1783 bis 1787 aufhielt.

Friedrich Nicolai (1733–1811), Herausgeber der »Allgemeinen Deutschen Bibliothek«, an der Knigge seit 1779 mitwirkte.

Ueber den Umgang mit Menschen.

Von

A. Freyherrn von Knigge.

In zwey Theilen.

Mit Churfürstl. Sächsischem Privilegio.

Hannover,
in der Schmidtschen Buchhandlung.
1788.

Titelblatt der Erstausgabe von Knigges Hauptwerk
»Ueber den Umgang mit Menschen«.

Ansicht von Hannover, Knigges Aufenthaltsort von 1787 bis 1790.

König Georg III. von Großbritannien, zugleich Kurfürst von Hannover.

Gustav Friedrich Wilhelm Grossmann
(1746–1796), Schauspieler,
Schriftsteller und Theaterregisseur.

Friedrich Ludwig Schröder (1744–1816),
Schauspieler, Dramatiker
und Theaterdirektor.

Feldmarschall
Heinrich Wilhelm
von Freytag
(1720–1798),
Oberbefehlshaber
der hannoverschen
Truppen.

Titelblatt von Mozarts Oper »Figaros Hochzeit«, deren deutsche Erstaufführung in einer von Knigge übersetzten Fassung im Mai 1789 in Hannover stattfand.

Undatiertes Porträt von Adolph Freiherr Knigge.

Johann Georg Zimmermann
(1728–1795),
in Hannover tätiger Schweizer Arzt,
Gelehrter und Philosoph.

Karl Friedrich Bahrdt
(1741–1792),
streitbarer Theologe
und Schriftsteller.

August von Kotzebue
(1761–1819),
Dramatiker und Schriftsteller.

Joachim Heinrich Campe (1746–1818), Schriftsteller und Verleger.

Ernst Christian Trapp (1745–1818), Pädagoge.

Auszug aus Knigges Reiseplan für das Jahr 1796,
den er nicht mehr realisieren konnte.

Ansicht der Dom-Kirche von Bremen, wo Knigge von 1790 bis zu seinem Tod 1796 lebte (in dem Haus ganz links).

Grabplatte Knigges im Bremer Dom.

einer politischen Verhältnisbestimmung zwischen der Gesellschaft und dem Einzelnen. Damit soll das Ideal der Geselligkeit keineswegs ideologisch überfrachtet werden. Paul Rothenhäusler hat 1946 in der »Neuen Zürcher Zeitung« auf diese Gefahr aufmerksam gemacht: »Geselligkeit heißt, sich abfinden mit dem Bedingten, heißt liebevolle Aufmerksamkeit für das Endliche. Sie erfordert Sinn und Achtung für nahe Gegenwart und Sorgfalt auf das Einzelne. Darum will sie in Deutschland nicht gedeihen, weil dort, um einen Ausspruch Friedrich Schlegels zu gebrauchen, die Schriftsteller Unbedingtes trinken wie Wasser, und sich selbst die Hunde aufs Unendliche beziehen.«[399]

Thomas Pittrof sieht darin eine »Ökonomie der Lebensbewältigung und Lebensführung«, die Knigge »als Summe seiner Lebenserfahrung unter dem Eindruck eines Instabilwerdens von Mentalitäten und Gesinnungen« schrieb.[400] Knigge begnügt sich aber nicht mit der Bewusstseinsbildung, sondern sucht immer den Übergang zur Verhaltensempfehlung. Der *Umgang* ist ein politisches Buch. Aufklärung und Politik gehören für Knigge zusammen, auch da, wo er in »überpolitischen Begriffen« denkt und einfach von Vernunft, Freiheit oder Reform spricht.

Deshalb kann Knigge auch an den Grundsätzen der Französischen Revolution festhalten, als viele Intellektuelle in Deutschland bereits wieder von ihr abrücken[401] und sich – nach 35 000 bis 40 000 Toten und der Hinrichtung des Königspaares in Paris – vom Terror der Revolutionäre distanzieren: Campe, Wilhelm von Humboldt, Görres, Klopstock, Wieland, Goethe, Schiller und andere. Knigge jedoch hält sein Verständnis für die Revolution auch jetzt aufrecht: *Nichts kommt mir alberner vor, als wenn man sich in moralischen und politischen Gemeinsprüchen über die Befugnisse und Nichtbefugnisse einer ganzen Nation, ihre Regierungsform zu ändern, ergießt; wenn man darüber raisoniert, was ein Volk, wenn es sich empört, hätte tun sollen, und ob zu viel oder zu wenig Blut dabei vergossen worden ... Und wenn auch bei solchen gewaltsamen Umwälzungen Szenen vorfallen, bei deren Anblick die Menschheit zurückschaudert; wer trägt denn die Schuld dieser Gräuel? Ganz gewiß mehr die, gegen welche man sich empört, (oder vielleicht ihre Väter) als die Empörer selbst ...*[402]

Trotz dieser Parteinahme für die Französische Revolution einschließlich des Terrors ist Knigge nie ein politisch aktiver Revolutionär geworden. Er ist seiner selbstgewählten Rolle treu geblieben und hat die Ereignisse als Journalist und Kommentator beobachtet. Er bleibt immer der analysierende Schriftsteller, auch wenn er der radikale Aufklärer ist, der das Bedürfnis seines Zeitalters erkundet[403] und sich als »Dolmetscher des aufgeklärten Zeitgeistes« versteht.[404]

Trotzdem oder vielleicht gerade deswegen kann Knigge nicht verhindern, dass er immer wieder missverstanden wurde und verfälscht wird. Ein Beispiel: Im Kapitel über den Umgang mit den Großen dieser Erde hatte er (von der zweiten Auflage, 1790, an) geschrieben: *Nütze die Zeit ihrer Gunst ... Stimme ihnen nicht bei, wenn sie je vergessen wollen, daß sie, was sie sind und was sie haben, nur durch Übereinkunft des Volkes sind und haben, daß man ihnen diese Vorrechte wieder abnehmen kann, wenn sie Mißbrauch davon machen ..., daß alles, was sie besitzen, unser Eigentum ist ...* Dieses Satzes haben sich spätere Herausgeber bemächtigt, um den Gedanken der Volkssouveränität zu eliminieren. In der Bearbeitung von 1844 durch den Knigge-Biografen Karl Gödeke heißt es: »Stimme ihnen nicht bei, wenn sie je vergessen wollen, daß sie, was sie sind und was sie haben, nur auf Grund der Gesetze haben, denen sie wie der geringste der Untertanen unverbrüchliche Achtung und steten Gehorsam schuldig sind ...« 1888 war dann sogar noch diese Version zu radikal. In der Ausgabe zum 100-jährigen Jubiläum des Erscheinens hieß es jetzt: »... daß sie sind und was sie haben, nur durch die Gnade Gottes sind und haben.«[405] Der Weg führt also von der Volkssouveränität über die Gesetzeshoheit zurück zur Ideologie des Gottesgnadentums. Die Bearbeiter des *Umgangs* haben die politische Brisanz des Werkes durchaus erkannt.

Der arme Herr von Mildenburg
Ein Roman?

In der *Geschichte des armen Herrn von Mildenburg* erzählt Knigge – während er 1788/89 in Hannover die Geschichte des armen Herrn von Knigge überdenkt – die Lebensgeschichte eines jungen Adligen, der tatendurstig und mit den edelsten Absichten in sein Leben aufbricht und immer wieder scheitert, weil er nicht fähig ist, Redlichkeit und Klugheit oder Moral und Politik miteinander zu verbinden. Mildenburg folgt entweder den Idealen der aufgeklärten Vernunft und versäumt dabei, umsichtig und weltklug zu handeln – oder er lebt nach den Regeln seiner Umgebung, folgt seinen Leidenschaften und vergisst darüber die Kontrolle über sich selbst. So wird er – nach hoffnungsvollen Ansätzen – immer wieder zum Verlierer: *Wo er durchaus edel und grade handelte, da verabsäumte er die nöthige Klugheit und Vorsicht, und wo er einen Plan mit aller Weisheit angelegt hatte, da mislung sein Vorhaben durch irgend einen kleinen schiefen, nach der strengsten Moral nicht zu billigenden Seitensprung, zu dem er sich verleiten ließ.*[406]

Wie die Helden der anderen Aufklärungsromane findet Mildenburg nach all den selbstverschuldeten Schicksalsschlägen – *die Erfahrung führt ihn am Ende seines Lebens dahin, überzeugt zu seyn, daß jeder Mensch der Bauherr seines eigenen Schicksals ist* – seine innere Ruhe erst in der Einsamkeit des Landlebens.

Knigge schreibt die *Geschichte des armen Herrn von Mildenburg* in den Jahren 1788 bis 1790, während des Beginns der Französischen Revolution also. Er schreibt die tausend Seiten des dreibändigen »Romans« aber auch nach all seinen Vergeblichkeiten in Kassel, Hanau, Frankfurt und Heidelberg. Die örtliche Nähe zu seinen biografischen Ursprüngen mag dazu beigetragen haben, dass er viele eigene Erlebnisse und Erfahrungen in die Erzählung einbaut. Da die Arbeit am *Mildenburg* unmittelbar auf das Erscheinen des *Umgangs* folgt (1788), fließt der gesammelte Schatz seiner Menschenkenntnis in die Schilderung der Charaktere ein, woraus sich auch ein nuancenreiches Zeitpanorama der höfischen und bürgerlichen Sitten und Gebräuche ergibt. Es klingt wie eine Bilanz des eigenen Lebens, wenn Knigge in der Vorrede zum *Mildenburg* notiert: *Er wird von dümmern Menschen überlistet, sein Leben ist ein Gewebe von Noth, Kummer, Verfolgung und Krankheit; Er stirbt endlich ... Zum Gegenbilde sind in dieser Geschichte Portraite von Schelmen und Pinseln aufgestellt, die, wo sie auch stehen, die ersten Rollen spielen, und im ruhigen Besitze der Vortheile sind, die billig der Preis der Rechtschaffenheit und wahren Klugheit seyn sollten.*[407]

Knigge wählt für seine Geschichte die Form eines Briefromans. Aus der Perspektive der verschiedenen Briefschreiber – Germanisten sprechen vom polyperspektivischen Briefroman – entwickeln sich die verschlungenen Linien der Erzählung, so dass der Leser die verhängnisvolle Sorglosigkeit des Helden und die lauernde Gefahr schon sehr früh erkennt und die Ereignisse mit Spannung erwartet. Knigge stattet die Briefautoren auch mit ganz unterschiedlichen Sprachstilen aus, was durchaus ein nicht selbstverständlicher literarischer Vorzug ist. Goethe zum Beispiel hat im »Werther« auf diese Möglichkeit verzichtet.

Heinrich von Mildenburg wird schon im ersten Brief als ein kranker Mann *in dürftigen Umständen* eingeführt. Er selbst schildert seine Lage als *unbeschreiblich elend*. Sein Freund Porr hat ihn gerade aus dem Gefängnis eines Fürsten befreit und in einem Kloster versteckt. Der Fürst stellte ihm wegen unvorsichtiger Reden nach und weil er angeblich an einer Hofkabale beteiligt war. Heinrich Mildenburg soll, so die Absprache mit dem Befreier, im Kloster bleiben, bis der von einer Reise nach London zurückgekehrt ist. Im Kloster lernt Heinrich einen unglücklichen Mönch kennen und beschließt, zusammen mit ihm zu fliehen, also nicht auf die Rückkehr des Freundes zu warten. Unter dem Namen Bachmuth taucht er unter, zunächst im Haus des Pastors Ehrmann, dann als Erzieher der Söhne einer Baronin von Rastitz. Da die Baronin auch eine Tochter hat, verknäulen sich bald die Verhältnisse: die

Baronin sucht *ein Liebes-Verständnis* mit Heinrich. Der aber interessiert sich mehr für die Tochter Luise. Am Ende muss Heinrich das Rastitzsche Haus verlassen. Er kann nicht ahnen, dass Luise später doch noch seine Frau wird. Mildenburg geht zur Armee und wird danach wiederum von einem Fürsten als Kammerrat und Kammerjunker in Dienst genommen.

Als er um die Tochter einer reichen Präsidentenwitwe anhalten will, schickt er – wie es üblich ist – einen Brautwerber. Der aber nimmt das Mädchen für sich. Heinrich geht leer aus und lässt sich gleich noch einmal in die Machenschaften der Fürstin und ihrer Hofdame verwickeln. Wieder soll er gefangengesetzt werden, doch kann er durch die Hilfe eines befreundeten Hauptmanns und zweier französischer Offiziere entkommen. Es gelingt ihm, eine Anstellung bei einem Herzog zu finden, und er steigt bald in verantwortliche Positionen auf. Zwar stößt er auch hier auf einflussreiche Feinde, kann aber erneut ein Auge auf seine alte Liebe, Luise von Rastitz, werfen. Der Freund Porr tritt als Brautwerber auf – der Antrag wird diesmal nicht zurückgewiesen. Heinrich und Luise heiraten. Beide können nicht wissen, dass ihre Verbindung sehr bald zerrüttet sein wird.

Es dauert nicht lange, bis sich wieder Neider und Verleumder einstellen. Während einer längeren Auslandsreise des Herzogs wird ein Verfahren gegen Mildenburg eröffnet. Er darf die Stadt nicht verlassen und wird täglich verhört. Die Anschuldigungen erweisen sich jedoch als haltlos, die Untersuchung wird eingestellt. Als Mann von Ehre kann Mildenburg aber trotzdem nicht in den Diensten des Herzogs bleiben. Er nimmt seinen Abschied und wird ehrenvoll entlassen. Die vom Herzog angebotene Abfindung nimmt er an. Doch schon trifft ihn der nächste Schicksalsschlag: Seine Frau Luise überhäuft ihn mit Vorwürfen, verlässt ihn und geht zurück zu ihrem Vater. Das gemeinsame Kind, ein Mädchen, wird zu Mildenburgs Schwester in ein Kloster gegeben.

Wieder steht der arme Herr von Mildenburg *allein mit seiner Unvorsichtigkeit* da. Er wird krank und kann auf Wochen das Bett nicht verlassen – und als er sich von den körperlichen Leiden langsam befreit, holen ihn die Seelenschmerzen ein. Er verfällt einer tiefen Depression, bis ihn traumhafte Erinnerungen an seine Kindertage allmählich aufheitern. Mildenburg erholt sich und unternimmt eine Reise in die Schweiz. Er erfährt, dass seine Frau Luise fern von ihm gestorben ist und dass ihr Vater das Vermögen nicht herausgeben will, das der Tochter zusteht. Mildenburg muss gegen seinen Schwiegervater prozessieren.

In all diesen geschäftlichen und privaten Händeln hat Mildenburg in Doktor Porr einen ungewöhnlich treuen, loyalen und hilfskräftigen Freund, der Missverständnisse aufklärt, Vergleiche herbeiführt und Trost spendet. Auch der integre Staatsminister von Kappstein bietet seinem Schützling Mildenburg an, eine Stelle als Gesandter in Schweden zu übernehmen. Mildenburg muss jedoch ablehnen, weil er inzwischen todkrank ist. Er ahnt sein baldiges Ende. Er ordnet seine familiären Verhältnisse, seine Vermögensangelegenheiten und seine freundschaftlichen Beziehungen – und stirbt auf seinem Gut in Wahlberg.

Knigge umgibt die Geschichte des armen Herrn von Mildenburg mit den Lebensgeschichten von Freundinnen, Freunden und Familienmitgliedern, aber auch von Gegnern Mildenburgs. Dadurch entsteht die Ansicht eines Netzwerks von Beziehungen in der adligen und bürgerlichen Gesellschaft des späten 18. Jahrhunderts. Der Arzt Doktor Porr hat – vom zweiten bis zum letzten Brief – die Schicksalswege Mildenburgs begleitet. Porr ist eine wahre Lichtgestalt treuer Freundschaft, die dem immer wieder Scheiternden in allen kritischen Situationen beisteht, ihn bestätigt und anfeuert, aber auch korrigiert und mäßigt. Die respektvollen und herzlichen Formulierungen des Briefwechsels zwischen Mildenburg und Porr hinterlassen beim Leser den Eindruck, als wolle Knigge hier das Bild einer Freundschaft zeichnen, nach der er sich immer gesehnt hat, die ihm aber nie zuteilgeworden ist.

Knigge geht auch in diesem Punkt über die klassischen Gattungsmerkmale des Romans hinaus. Die Geschichte des Heinrich von Mildenburg, wie Knigge sie erzählt, ist kein Roman im literarischen Sinn. Knigge hat nicht die Absicht, einfach eine gute Geschichte gut und nach den Regeln der Kunst zu erzählen. Vielmehr nutzt er auch hier die Formen und die Möglichkeiten einer Erzählung, um eine Botschaft oder eine »Wahrheit« zu vermitteln, indem er sie in ein *gefälliges Gewand* hüllt. Knigge weiß, dass sein

Buch nicht *reich an unerwarteten Begebenheiten und romanhaften Ueberraschungen* ist, aber dieser Mangel stört ihn nicht. Sein publizistischer Ehrgeiz zielt darauf, *nützlichen Grundsätzen auf diese Weise allgemeinen Cours zu verschaffen.*[408] So kündigt er in der Vorrede zum zweiten Teil an, er wolle sich zu Themen wie weibliche Bildung, Menschenliebe und Menschenwert oder die Verschiedenheit des Umgangstons in den einzelnen deutschen Provinzen äußern und fügt hinzu: *Uebrigens schmeichle ich mich, meinen Hauptzweck nie aus dem Gesichte verlohren zu haben, nämlich den: zu zeigen, daß die kleinen, unvermeidlichen Uebel dieser Welt nicht willkührlich von der Vorsehung uns also zugeschickt werden, sondern daß wir selbst, durch Abweichungen von dem graden Wege der Vernunft und Redlichkeit, uns unsre Schicksale bereiten, und daß die Folgen unsrer Handlungen immer mit der dabey angewendeten Klugheit und Rechtschaffenheit in gleichem Verhältnisse stehen.*[409]

Man kann durchaus von Knigges »großzügig-lässige(r) Romanauffassung«[410] oder von seiner »Nonchalance gegenüber den Kunstrichtern«[411] sprechen, wenn man die typische Eigenart von Knigges Umgang mit der Gattung des Romans beschreiben will. Er selber schreibt in der Vorrede zum *Roman meines Lebens*, er verbinde eigene Erlebnisse, Beobachtungen verschiedener Charaktere und eigene Gedanken *über allerley wichtige und unwichtige Dinge* und fügt in der Tat lässig und nonchalant hinzu: *Das ganze kann man hernach etwa einen Roman nennen – oder wie Sie wollen.*

Diese Souveränität gegenüber kunstrichterlichen Vorschriften ist nicht ein Privileg, das sich Knigge einfach gegriffen hätte. Als er 1780 seinen ersten Roman, noch anonym, veröffentlichte und nach ersten Erfolgen beschloss, eine Existenz als freier Schriftsteller zu wagen, galt der Roman als Gattung keineswegs so viel wie später im 19. Jahrhundert und seither. Aus der barocken Tradition gab es die Gattung des Prüfungsromans, in dem die Helden in allerlei Abenteuern die Prüfungen ihrer Tugend zu überstehen hatten. Daneben gab es den komischen und den satyrischen Roman, mit Henry Fieldings »Geschichte des Tom Jones«, Laurence Sternes »Tristram Shandy« und Wielands »Geschichte des Agathon« als Vorbildern.[412] Aber im Vordergrund des kulturellen Bewusstseins stand das Schauspiel. Erst als sich um 1780 die Zahl der

Schriftsteller nahezu verdoppelte, nahm die Bedeutung des Romans zu.[413] Schriftsteller allerdings konnten im Allgemeinen nur überleben, wenn sie als Verleger (wie Nicolai), Buchhändler (wie J. G. Müller) oder Hofbeamte (wie Goethe) ihr Auskommen fanden.

Im späten 18. Jahrhundert nutzte man allgemein die gerade sich entwickelnde Gattung des Romans, um »in unterhaltender Form Einsichten, Begriffe, Maßstäbe zu vermitteln, die einer gesellschaftlichen Fortentwicklung dienlich sein konnten.«[414] Mag diese Verbindung mit dem heutigen Anspruch auf »geschichtslose Allgültigkeit« (Seiler) als unkünstlerisch oder gar langweilig abgetan werden, die Zeitgenossen Knigges haben sie akzeptiert, und Knigge hat mit seinen Romanen, die mehr als vierzig Prozent seines Werkes ausmachen, darauf reagiert. Er war erfolgreich. Dies kann man, historisch gesehen, nicht bestreiten, auch wenn Knigges Romane heute weitgehend vergessen sind.

Selbstverständlich macht Knigge auch den *Mildenburg* zum politischen Buch: Die Freie Reichsstadt Hamburg wird genau beschrieben, vor allem die dort übliche Relativierung der Standesunterschiede. Im fiktiven Brief des Staats-Ministers Kappstein vom 30. Oktober 1774 an Mildenburg wird in einer Art »Fürstenspiegel« ein zeitgemäßes Selbstverständnis der Herrschenden angemahnt: man müsse jedem Fürsten klarmachen, *daß das Land nicht seinetwegen, sondern Er des Landes wegen da, daß das Volk nicht sein Eigenthum, sondern Er das Eigenthum seines Volks ist; das er die Vortheile, welche ihm die anerkannte höhere Geburt, die bessere Erziehung, die Gemächlichkeit, die Entfernung von Nahrungssorgen, der Glanz, die Freyheit, die Unterwürfigkeit unter seinen Willen gewährt, daß er diese Vortheile nur unter der stillschweigenden Bedingung annehmen kann, daß er sich dafür mehr als irgend Einer zum Dienste des Staats, zur Verwendung seiner Kräfte, zur Wachsamkeit über sich und Andre verbindlich macht ... daß die Sicherheit und Allgemeine Anerkennung der Fürsten-Rechte auf sehr schwachen Füßen steht, wenn er sie nur dem verjährten Vorurtheile von der Heiligkeit seiner Person, nicht aber der wohlverdienten Hochachtung für seinen Geist und Charakter zu danken hat, und daß vielleicht noch in diesem Jahrhunderte, bey immer zunehmender Aufklä-*

rung und Denkfreyheit, diejenigen Fürsten, welche von dieser Seite ihren Thron nicht befestigen, eine sehr mißliche Existenz haben werden ...[415]

Diese »versteckte Umsturzdrohung«[416] wird bei Knigge aufgewogen durch seine politische Strategie, mit der ein Aufruhr dadurch zu vermeiden ist, *daß die Obrigkeit ihre Pflicht tut.* Im Sinne dieser Strategie überdenkt Knigge immer wieder den Missbrauch der obersten Gewalt. Im *Mildenburg* macht sich nicht nur ein Politiker seine Gedanken über das politische und gesellschaftliche System, sondern auch der Arzt Doktor Porr. Auch er sieht in der »Publizität« das einzige politische Mittel, Machtmissbrauch zu verhindern: *Das ganze Volk und jeder Einzelne im Volke hat das gegründetste Recht, zu fordern, daß man ihn nicht im Dunklen führe. Fürsten, Minister und Räthe sind nur Bevollmächtigte dieses Volks, dem es übrigens nicht zukömmt, seine Bevollmächtigten, wenn sie ihre Pflicht erfüllen, abzusetzen.*[417] Diese verfassungsrechtliche Inkonsequenz kann sich historisch erledigen: *Wehe der Regierung, die es noch in zwanzig Jahren wird versuchen wollen, mit Gewalt dem Volke das Maul zu stopfen und das alte System der Verheimlichung und Willkühr aufrecht zu erhalten.*[418] In Knigges Welt leuchtet das Licht der Aufklärung also vor allem, wenn Öffentlichkeit hergestellt wird. Die Herstellung von Öffentlichkeit ist sogar das eigentliche Element der politischen Aufklärung. Damit formuliert Knigge als einer der Ersten das Konzept des modernen Journalismus.

Es wäre deswegen ein Missverständnis, wollte man aus Knigges Ablehnung gewaltsamer Umwälzungen die Folgerung ableiten, Knigge sei auf einmal ein Verteidiger des Status quo. Dazu ist er viel zu kritisch und beobachtet viel zu genau. Viele Bereiche des öffentlichen Lebens finden seine überaus scharf formulierte Kritik. Im *Mildenburg* zum Beispiel nutzt er die Erzählung von Heinrichs Aufenthalt in einem Kloster zu einer erbarmungslosen Zeichnung seines Bildes vom Leben hinter Klostermauern: *Ich blickte unter den Mönchen umher, und sahe nichts als den Auswurf des Menschengeschlechts, durch Müssiggang, mechanische Andachts-Uebungen, Entfernung vom häuslichen und geselligen Leben und durch Entwöhnung von Wissenschaften und Künsten, zu der tiefsten Stufe plumper Stupidität hinabgesunken.*[419] In diesem Urteil verbinden sich Knigges Verachtung für alles »Pfäffische«, das Überlegenheitsgefühl des gläubigen Protestanten über die Lebensäußerungen des katholischen Milieus und der Zorn über die allgemeinen Verfallserscheinungen der Gesellschaft, die auch zu einer Proletarisierung der Klöster geführt haben: *Zwist, Neid, Cabale, Ehr- Haab- Rang- und Herrschsucht, Unmäßigkeit, Völlerey und Unkeuschheit.*[420] Natürlich ist es nicht die Verkommenheit der Klöster, die Knigge treffen will. Es ist vielmehr die Verkommenheit der Gesellschaft im Ganzen, die er meint und die er überwinden will.

Angesichts der politischen Brisanz dieses Buches mutet es wie ein schlauer Schachzug an, dass Knigge bei der Zensurbehörde in Hannover vorstellig wird, *unbedingt die Erlaubniß zum Drucke des gedachten Romans zu ertheilen.*[421] In seinem Brief erinnert er den Hofrat Jung an die Zusage, das Imprimatur werde erteilt, wenn der Roman weder das Porträt eines noch lebenden Fürsten oder eines Hofes noch eine wirkliche Begebenheit enthalte. Knigge versichert dem Hofrat, dass er als Autor im Falle unangenehmer Folgen, die eventuell durch die Herausgabe des Buches entstehen könnten, einzig und allein die Verantwortung zu übernehmen bereit sei.

»Mein liebstes, bestes Kind«
Die Tochter

Philippine ist vierzehn Jahre alt, als sie im Sommer 1789, ein Jahr nach dem Erscheinen des *Umgangs*, zusammen mit ihrer fünf Jahre älteren Hausgenossin Franziska Zollikofer, genannt Fränzel, nach Detmold in Pension gegeben wird. Die Mädchen wohnen dort bei einem Schulrektor namens Köhler.

Die Vorgeschichte des Aufenthalts in Detmold ist ungewöhnlich und lässt auf Schwierigkeiten im Hause Knigge schließen. Die beiden halbwüchsigen Mädchen waren zunächst für einige Wochen im Haushalt des Reformpädagogen Trapp in Braunschweig untergebracht. Die Zeugnisse, die die Frage beantworten könnten, warum die Mädchen nicht mehr im Kniggeschen Haushalt wohnten, sind kärglich. Die etwa 30 Briefe aus dem Jahr 1789, die Knigge an seine Tochter teils in französischer, teils italienischer, teils deutscher Sprache geschrieben hat, sind nur der eine Teil der Korrespondenz. Die Antworten Philippines sind nicht erhalten. Wahrscheinlich sind überhaupt etliche Briefe verschollen. Knigges Briefe an sein *liebstes, bestes Kind* sind Ausdruck einer ungewöhnlich herzlichen Zuwendung, zugleich aber auch der Ausdruck einer gewissen Verklammerung: *Zum ersten Male in Deinem Leben bist Du auf längere Zeit von Deinem Vater getrennt. Ich meine immer, ich hätte Dir tausend Dinge noch zu sagen, Dich noch um so Vieles zu bitten, aber die Ideen drängen sich aneinander, meine überhäuften Geschäfte zerstreuen mich.*[422]

Das Verhältnis zwischen Vater und Tochter nimmt zuweilen nahezu verschwörerische Züge an. Es fällt auf, dass Knigge seine Tochter mehrmals sehr bestimmt verpflichtet, gegenüber der Gesellschafterin Fränzel absolutes Stillschweigen zu bewahren. *Sage niemand nichts davon. Es müßte denn seyn, daß Fränzel ernsthaft Anstalt machte, ihren tollen Entschluß auszuführen. Laß Dich auch nicht ausfragen.*[423] Umgekehrt versichert Knigge der Tochter: *Auf meine Verschwiegenheit kannst Du Dich verlassen.*[424]

Worüber soll Philippine schweigen? Welchen »tollen Entschluss« wird Fränzel vielleicht ausführen? Worüber verspricht Knigge Stillschweigen zu bewahren? Die Konstellation ist schwer zu entschlüsseln, da die Antworten der Tochter oder Zeugenberichte nicht überliefert sind. Und überhaupt: wie sah das Beziehungsgeflecht zwischen den beteiligten Personen aus – Adolph, Henriette, Philippine und Fränzel? Welche Rolle spielt »Ewald«? Johann Ludwig Ewald (1747–1822) ist der Aufklärungstheologe und Lippescher Generalsuperintendent, der für die Unterbringung der beiden Mädchen im Hause des Schulmeisters Köhler gesorgt hatte. Warum aber bittet Knigge seine Tochter *sehr ernstlich*, Ewald einen seiner Briefe zum Lesen zu überlassen?[425]

Was der Knigge-Forschung bekannt ist, lässt sich auf eine kurze Formel bringen: Im Hause Knigge hatte sich offenbar ein Eifersuchtsdrama abgespielt. Knigges Ehefrau Henriette war eifersüchtig auf die heranwachsende Pflegetochter Franziska Zollikofer, die das Ehepaar aus Heidelberg mitgebracht hatte und der die Rolle einer Gesellschafterin für Tochter Philippine zugedacht war. Vielleicht hat schon Knigges Herzlichkeit genügt, um in der eher gefühlsarmen Ehefrau Befremden oder Angst auszulösen. Jedenfalls ist durch Henriettes Misstrauen eine neue Lage entstanden. *Ich habe fürchterliche Scenen indeß erlebt*, schreibt Knigge im August 1788 an seinen Freund, den Hannoverschen Theaterdirektor Großmann.

Als die beiden Mädchen in den Sommerferien außer Haus sind – Philippine bei ihrer Großmutter in Nentershausen, Franziska in Heidelberg bei ihrer Familie –, kommt es zum Eklat. Nach heftigen Eifersuchtsszenen Henriettes verweist Knigge sie des Hauses. Bald darauf kommt sie in Begleitung eines Bruders zurück. *An einem schönen Nachmittag kam meine Frau, begleitet von ihrem jüngsten Bruder, den Wagen voll Pistolen und Degen gepackt, hier an.*[426] Um nicht die Nachbarschaft teilhaben zu lassen, bittet Knigge Frau und Schwager herein, stürmt dann aber sofort aus dem Haus, um sich ebenfalls Pistolen und einen Sekundanten zu beschaffen. Als er zurückkommt, lenkt Henriettes Bruder ein. Er wolle auf keinen Fall seinen Schwager töten. Man verhandelt. Am Ende reist der Schwager ab, Henriette bleibt bei ihrem Mann. Der veranlasst sie, einen Brief an Franziska zu schreiben, in dem sie die Pflegetochter bittet zurückzukommen.

Offenbar hat Henriette aber gleichzeitig versucht, über Franziskas Familie zu erreichen, dass die Pflegetochter nicht zurückkehrt. Seinem Freund Großmann berichtet Knigge in einem Brief von Henriettes Illoyalität und zeichnet überhaupt das Bild einer zerrütteten Ehe: *... helfen Sie bald, denn ich riskiere täglich, dass mich mein Weib auf's Neue prostituiert, oder neue Teufeleyen macht.* Er erwähnt *Dokumente von meiner Frauen Falschheit*, die ihm die ehrliche Familie Zollikofer zugeschickt habe.[427] Die erhaltenen Briefe lassen nur ahnen, wie sehr es zwischen allen Beteiligten Verletzungen und Enttäuschungen gegeben hat, auch zwischen Knigge und Franziska, von der er sich verleumdet fühlt. Knigge wehrt sich in einem Brief an Philippine: *Sie verläßt sich auf die Gewalt, die sie über mich hat? Niemand hat Gewalt über mich und Jeder hat Gewalt über mich.*[428]

Das Ergebnis dieses Reigens von Vermutungen, Unterstellungen, Rechtfertigungen und Missverständnissen ist jedenfalls eine nachhaltige Störung der familiären Harmonie. Franziska kehrt zwar zurück, doch die Probleme sind nicht gelöst. Knigge muss sich deshalb schon bald darum kümmern, Franziska anderswo unterzubringen.

Knigge hat in Franziska Zollikofer wahrscheinlich nie etwas anderes als eine ihm anvertraute Pflegetochter gesehen. Trotzdem hat er offenbar bisweilen den Anschein erweckt, ihn und die Pflegetochter verbinde auch ein erotisches Interesse. Dass es einen solchen Anschein gegeben hat, geht aus einem Brief hervor, den der Pädagoge Ernst Christian Trapp, in dessen Haushalt Franziska Zollikofer ja dann lebte, an Knigges Freund Großmann geschrieben hat. In diesem recht langen und umständlichen Brief setzt sich Trapp mit den Gerüchten auseinander, die – nach dem Eifersuchtsdrama unter Leitung von Henriette Freifrau Knigge – in Umlauf waren. Trapps Brief von hintergründigem Humor zeigt eine durch und durch distanzierte Haltung zu Knigge, dessen Angriff auf seine pädagogischen Prinzipien bereits zu einem öffentlichen Schlagabtausch geführt hatte. Aus der Klatsch- und Tratschfrage, ob Knigge und Franziska nun mehr verbände als eine Vater-Tochter-Beziehung, hält Trapp sich demonstrativ heraus, teilt aber gleichwohl Beobachtungen mit, die nach seiner Meinung über »die wahre Beschaffenheit der Verbindung zwischen dem B(aron) v(on) K(nigge) und der Z(ollikofer)« Auskunft geben sollen: »Ich hörte die Z(ollikofer) mancherlei erzählen, woraus erhellte, dass die Frau des B(arons) mehr als eine Frau hätte sein müssen, wenn sie nicht hätte Feuer fangen, und auf die Entfernung der Z(ollikofer) dringen sollen.«

Trapp berichtet von täglichen, häufig chiffrierten Briefen, von Zusammenkünften in Hildesheim und Peine, trotz Wind und Wetter und trotz Krankheit. Ironisch sinniert der Professor, das Paar könne mit dem regen Briefverkehr aber auch nach dem Stein der Weisen suchen oder an einer neuen Teilung Polens arbeiten oder, wie er schreibt, mit anderen »Kraftgeheimnissen kramen«. Ebenso ironisch gibt Trapp die Argumente Knigges wieder: Er könne gar nicht in die Z(ollikofer) verliebt sein, da er »längst ausgeliebt« habe, und dass die Z(ollikofer) ebenso wenig in ihn verliebt sein könne, »weil er nichts weniger als liebenswürdig wäre« und auch schon 36 Jahre alt sei, sie aber erst zwanzig. Dann gießt Trapp seine Ironie auch über Franziska aus, indem er eine Äußerung Knigges wiedergibt, wonach Fränzi eben alles, was sie liebe, höchst schwärmerisch liebe, ganz gleich, ob es sich um ihn, ihren Bruder oder ihren Kanarienvogel handle.

Trapp behauptet, er wolle sich heraushalten und weder ein »Diener der Eifersucht« noch ein »Mädchenhüter« sein. Aber er lässt gegenüber Großmann keinen Zweifel daran, dass er Knigge nicht traut und ihn auch nicht mag. Er schreibt von »Kniggischen Verdrehungen« und »kniggischem Blendwerk«, »kniggischen Vorspiegelungen« und von der Unmöglichkeit, den Sophisten Knigge zu überführen. Er nennt ihn einen ränkevollen, eitlen Kopf und spricht von seiner Unverschämtheit und seinem Vertrauen in lose, sophistische Rednerkünste. Immer wieder bricht sich der Ärger über Knigges Urteil zur modernen Pädagogik Bahn, einer Welt, die Trapp als seine Hausgöttin empfindet. Knigges Wunsch, Trapp möge ihm von Franziska berichten, löst die trockene Bemerkung aus, bei den »posttäglichen Briefen« von ihr wisse er ja wohl selbst viel besser, wie es ihr gehe, sie sei doch die »vertraute Freundin Ihres Herzens und der Liebling Ihrer Seele«.[429] Ob Trapps Bemerkkungen reine Unterstellungen sind, ist historisch nicht mehr zu klären – es sei denn, man glaubt einfach Knigges Beteuerungen rein väterlicher Gefühle mehr als den Gerüchten. Für die Lauterkeit seiner Beziehung zu Franziska spricht jedenfalls die schlichte Eindeutigkeit und Klarheit seiner Sprache, wenn von der Pflegetochter die Rede ist.

Knigges Verhältnis zu seiner Tochter während der Pubertät Philippines wird zu einer Zeit arg strapaziert, als er von der Familiensituation ohnehin äußerst beansprucht ist: *Früh um 5 Uhr stehe ich auf, um Mitternacht bin ich noch außer Bette – bey meines Vaters Creditoren laufe ich herum, oft vergebens – Kurz! Nicht 5 Minuten des Tages habe ich frey.*[430]

Im Sommer 1789 – Philippine war gerade konfirmiert und wurde 15 Jahre alt – genießt die nach Detmold geschickte Tochter die Ablösung von den Eltern durchweg als große Freiheit. Bei aller Liebe zum Vater will sie nicht an der kurzen Leine eines ständigen Briefwechsels gehalten werden und bleibt dem Vater immer wieder Antworten und Berichte schuldig. Als sie 1790 an Masern erkrankt[431], schickt Knigge seinen Diener Johann Martin Hör nach Detmold, um nach dem Rechten zu sehen. Kurz danach taucht Knigge selber dort auf. Er fährt insgesamt dreimal nach Detmold. Der Ton seiner Briefe verändert sich, er zieht alle Register väterlicher Repression. Er schreibt ihr: *Vernachlässige Deine Figur nicht, gieb Acht auf Schultern und Stellung der Füße.*[432] Zwar erklärt er: *Thue Dir nicht den Zwang an, mir so oft zu schreiben! Ich weiß ja doch, daß Du Deinen alten Vater nicht vergißt.*[433]

In Wahrheit aber folgen Knigges Gefühle einer anderen Logik. Er zeigt sich enttäuscht, wenn er keine schnelle Antwort erhält. Er beschimpft seine Tochter: *Du bist ein Kind, und ein gefühlloses Kind – Du sollst also als Kind behandelt werden.*[434] Er wirft ihr *unverzeihliche Nachlässigkeit* vor und fügt hinzu: *Allein über das Alles würde ich mich nicht so ärgern, wenn nicht wieder hier das vermaledeite, verfluchte, sibirische Hessen hervorblickte, das Land der Sch ... und Pinsel, dem ich alle* meine häuslichen Leiden, dem ich's zu danken habe, daß aus Dir nichts wird.[435] Er fordert Dankbarkeit ein und lässt, ohne es zu wollen, alle Anzeichen seelischer Verklammerung erkennen. Er ist es, der nicht damit zurechtkommt, dass die Mädchen aus dem Haus gehen und anfangen, ihr eigenes Leben zu leben. Er steigert sich sogar in eine Attitüde hinein, in der er alle Regeln vernünftiger Erziehung zu vergessen scheint: *Thue was Du willst; so wird aus Dir werden, was ich nicht verantworten will! Fahre so fort; so hast Du bald unter die Erde gebracht Deinen gekränkten Vater Knigge.*[436]

Der gekränkte Mann wird krank. Er ist überfordert. Er lebt ungesund. Trotzdem versucht er, die Contenance zu bewahren. Im April 1790 schreibt er seinem Vertrauten Großmann: *Meine alte frohe Laune erwacht wieder; ich schüttle alle Sorgen ab, und lebe wieder auf. Nur werde ich mager bey der Lebensart. Man speist des Abends nie vor zehn Uhr, und jeden Morgen fange ich um fünfeinhalb Uhr mein Tagewerk wieder an, schlafe also nie über viereinhalb Stunden.*[437]

Natürlich wird die Liebe zwischen Vater und Tochter durch die Anfälle von Despotismus – Franziska nennt es »Sclaverey« – nicht gefördert, aber sie wird auch nicht nachhaltig beschädigt. Knigge und Philippine haben alles in allem ein gutes Verhältnis zueinander. Sie haben gemeinsam musiziert, Knigge hatte ihr eine Querflöte geschenkt und sie selber im Flötenspiel unterrichtet, so dass Philippine schon mit dreizehn Jahren bei einer Stamitz-Aufführung mit dem Orchester konzertieren konnte, während der Vater auf dem Fagott spielte. Philippine sieht in ihrem Vater ein Vorbild, dem sie nacheifern möchte. Knigge fördert das natürlich. Schon 1785 hatte er dafür gesorgt, dass im »Magazin für Frauenzimmer« ein Gedicht Philippines unter dem Titel »Lied eines zehnjährigen Mädchens« abgedruckt wurde.[438] Als Philippine fünfzehn Jahre alt war, erschien – auch mit Hilfe des Vaters – ein 150 Seiten starkes Buch: »Versuch einer Logic für Frauenzimmer, herausgegeben von Philippine, Freiin Knigge«. Die fünfzehnjährige Autorin erklärt im Vorwort, es handle sich um Aufzeichnungen nach dem »mündlichen Vortrage meines lieben Vaters, in den Stunden des Unterrichts, den er mir widmete«.[439]

Knigges Bemühen, seiner Tochter alles mit auf den Weg zu geben, was er zu bieten hat, dürfte allerdings zu manchen Übertreibungen geführt haben – sieben Stunden am Tag hat er das arme Kind traktiert. Wie aus einer Tagebuchnotiz aus dem Jahr 1787 hervorgeht, umfasste der Lehrstoff: *Mathematik, Geschichte, Erdbeschreibung, Music, Generalbaß, theatralischer Tanz, Fechten, Springen, Ballspiel, Kartenspiel, Italienisch, Französisch, höhere Arithmetik, Prosodie, Rhätorik, Calligraphie; nach ganz neuer, selbst ausgegrübelter Methode: Declamation.*[440] Eindringlich ermahnt Knigge immer wieder seine Tochter, sorgfältig mit der Sprache umzugehen.

Auch in der Zeit ihrer Konflikte arbeiten Vater und Tochter zusammen. Sie übersetzen gemeinsam den Text von Mozarts »Figaros Heyrath« (Knigge die Arien, Philippine die Dialoge und Rezitative) und Salieris Oper »Der Talisman« ins Deutsche. 1795 erscheint eine Übersetzung von Thomas Sheridans »Jonathan Swifts Leben«. Dass Philippine bei diesen schriftstellerischen Aktivitäten nicht nur dem Wünschen und Drängen des Vaters nachgab, wird sich nach Knigges Tod zeigen. Philippine publiziert weiter, darunter Romane, aber auch »Lebensregeln, Winke des guten Tons und der feinen Gesellschaft für Jungfrauen und Mädchen, welche in die große Welt eintreten« (1826) und einen »Seelenspiegel für junge Damen aus den höheren Ständen, welche Bildung des Verstandes, Vernunft und Herzensgüte mit Lebensklugheit, Anstand und feiner Sitte zu vereinigen wünschen« (1830).

Philippine heiratet 1798 den Offizier Claus Friedrich Freiherrn von Reden. 1823 veröffentlicht sie unter dem Namen von Reden die »Kurze Biographie des Freiherrn Adolph Knigge«, eine in der Tat kurze und konventionell floskelhafte Lebensbeschreibung des Vaters, den sie um fast ein halbes Jahrhundert überlebt. Sechs ihrer Kinder erreichen das Erwachsenenalter. Sie stirbt am 10. Dezember 1841 und ist auf dem Garnisonsfriedhof in Hameln beigesetzt. Ihre Mutter Henriette ist zu diesem Zeitpunkt bereits 33 Jahre tot, ihr Ehemann eineinhalb Jahre.

Philippine hatte zu den Eltern ein gespaltenes Verhältnis. Die Mutter war eher die kühle, berechnende Frau, die mit ihrem Ehemann unzufrieden und überhaupt vom Verlauf ihres Lebens enttäuscht war. Der Vater dagegen war warmherzig und entschlossen, alles für seine Tochter zu tun, was in seinen Kräften stand. Der Aufgabe ihrer Erziehung kam er mit Leidenschaft nach, obgleich er theoretisch der Meinung war, dass junge Frauen nicht von Männern erzogen werden sollten. Im praktischen Umgang kümmert Knigge sich um alle Einzelheiten: *Sey sparsam im Geld ausgeben.*[441]

Am Beispiel der Erziehung seiner Tochter fällt auf, wie sehr es für Knigge – wie für seine Zeit und auch noch zwei Jahrhunderte später – selbstverständlich ist, zwischen der Erziehung von Jungen und der von Mädchen zu unterscheiden. Mädchen sollen anpassungsfähiger sein als Jungen, sie sollen mehr auf die Meinung anderer Leute achten, sie sollen Haus und Hof, Kinder und Küche als ihren eigentlichen Lebensbereich akzeptieren. Erst recht in Fragen der Sexualität misst Knigge mit zweierlei Maß, wie alle seine Zeitgenossen. Zwar sind für ihn die Ausschweifungen des Mannes ebenso verwerflich wie die einer Frau. Wegen der unterschiedlichen Folgen aber muss schon in der frühen Erziehung ein größerer Wert auf die eheliche Treue der Frau gelegt werden. *Auf der Keuschheit der Weiber beruht nicht nur der Seelenfrieden des Mannes, der Hausfrieden, das Glück der Familie, sondern auch das Recht und die Sicherheit des Eigenthums, die Zuneigung des Vaters zu seinen Kindern, und die Ruhe einer ganzen Generation.*[442]

Bei dem Versuch, die Beziehung zwischen Knigge und seiner Tochter zu verstehen, bleibt bis heute Philippines Umgang mit dem Nachlass des Vaters rätselhaft. Auffallend ist schon der Fehler, dass in der »Kurzen Biographie« ein falsches Geburtsjahr des Freiherrn angegeben wird. Erstaunlich ist auch der Duktus der spärlichen Biografie. Und dann der Verbleib des Nachlasses! Wie geraten die von Knigge sorgfältig, ja pedantisch zusammengestellten Papiere in eine alte Kiste, die dann irgendwann zufällig vermodert und verstaubt wieder auftaucht? Vielleicht war Philippines Verhältnis zum Vater, alles in allem, so ambivalent, dass ihre Aufmerksamkeit – neben der Familie mit sechs Kindern und eigener schriftstellerischer Arbeit – einfach nicht ausreichte, um sich nach dem Tod des Vaters um dessen Nachlass zu kümmern. Vielleicht aber war auch die Belastung durch die alles andere als freiheitlichen Erziehungsmethoden des Vaters so stark, dass ihr jede Erinnerung unangenehm war. Vielleicht ist es aber auch ganz einfach der Lauf der Welt, dass die Jungen nach vorn schauen und sich um ihr eigenes Leben kümmern.

DER OBERHAUPTMANN

»Auf immer nach Bremen«
Statthalter des Kurfürsten

Am 8. November des Jahres 1790 kommt Knigge mit Frau und Kind in Bremen an, um seinen Dienst anzutreten. *Morgen ziehe ich auf immer nach Bremen,* hatte er am 3. November an seinen Freund, den Schauspieler und Theaterdirektor Großmann geschrieben. Schon vorher, am 24. September, hatte er *die Personen, die zum hannoverschen Etat gehörten, sodann die Bürgermeister und Syndici* aufgesucht und sich ihnen vorgestellt. Der 38-jährige Schriftsteller übernimmt ein Staatsamt. Davon hatte er in jungen Jahren geträumt. Jetzt ist aus dem Traum eine bescheidene Wirklichkeit geworden, und diese Wirklichkeit verschafft ihm zum ersten Mal seit Kassel ein festes Einkommen. Sein Gehalt beträgt 1000 Reichstaler im Jahr, hinzu kommen freie Wohnung und Reisekostenerstattung. Knigge erkennt nüchtern, dass die Stelle *nicht äußerst einträglich und wichtig* ist. Aber sie ist *ehrenvoll, angenehm und ziemlich unabhängig, und überdies seinen durch langes Harren sehr herabgestimmten Wünschen vollkommen angemessen«.*[443]

Knigge ist jetzt Oberhauptmann der kurfürstlich-hannoverschen Regierung. Er hat sich um die Besitzungen zu kümmern, die in der freien Reichsstadt Bremen eine Enklave bildeten und zu Hannover gehörten. Zugleich ist er »Scholarch« und führt die Aufsicht über den Dom, die Domschule, ein Waisenhaus, eine Lateinschule und das Athenäum, eine Art Hochschule. Er besorgt auch die Grenz- und Zollangelegenheiten des Kurfürstentums in Bremen. Im Kontakt mit den Bremer Bürgern erlebt Knigge eine solide Gesellschaft mit einer um Ausgleich und Fortschritt bemühten Verwaltung der öffentlichen Dinge, einer bescheidenen, aber aufgeschlossenen Kultur und – natürlich – einigem Konfliktpotential, insbesondere jetzt, so kurze Zeit nach dem Ausbruch der Französischen Revolution. Die hannoversche Enklave in der Stadt ist wie ein Staat im Staate und weder beim Rat noch bei den Bürgern willkommen. Auch das Nebeneinander der lutherischen und der reformierten Konfession enthält Zündstoff. Umso erstaunlicher ist, dass Knigge schnell an Ansehen, ja sogar an Beliebtheit gewinnt. Wie sehr er umgekehrt selbst von den Lebensverhältnissen in Bremen und der Lebensart der Bremer Bürger angetan ist, kann man in der 1793 erschienenen Schrift *Briefe, auf einer Reise aus Lothringen nach Niedersachsen geschrieben, herausgegeben von Adolph Freiherrn Knigge* nachlesen. Darin beschreibt der Autor sehr liebevoll die Tugenden der Bremer: Gutmütigkeit, Treuherzigkeit, Dienstfertigkeit, Gastfreundschaft und Wohltätigkeit, Einfachheit und Familiensinn.

Die lutherische Domgemeinde hatte schon 1705 eine Freischule für Arme eingerichtet. 1771 hatten auch die reformierten Pastoren nach langen Vorbereitungen eine Freischule gegründet, in der die Kinder kostenlos in Lesen, Schreiben, Rechnen und Religion unterrichtet wurden. Der Zulauf zu dieser Freischule war so lebhaft, dass 1787 eine zweite Schule dieser Art eingerichtet wurde.

Hinzu kam in Bremen eine Privatschule, die seit 1781 von dem Lehrer Wilhelm Christian Müller (1752–1831) geführt wurde. Müller vermittelte – wie es in der Zeit der Spätaufklärung häufig formuliert wurde – eine Erziehung zum »nützlichen Bürger« und »glücklichen Menschen«. Eine andere Bremer Schule, das traditionsreiche Gymnasium, erwies sich dagegen als reformunfähig. Es war als lateinische Gelehrtenschule angetreten, verlor aber nach zweihundertjährigem Bestehen immer mehr Schüler an die zum Teil neu gegründeten Universitäten, in denen besonderer Wert auf die Naturwissenschaften gelegt wurde. Im Unterschied zur Gelehrtenschule in Bremen wurde hier auch der Fächerkanon modern ausgebaut. Zum Beispiel wurde die Beschränkung der Geschichte auf die Kirchengeschichte zugunsten einer Weltgeschichte aufgegeben.[444]

Knigge konnte seine Aufgaben als Scholarch in einem gut kultivierten Feld beginnen. Allerdings hatte der Geist der Französischen Revolution auch in Bremen alte Spannungen aufbrechen lassen. Der Dauerkonflikt zwischen Rat und Bürgerkonvent, also zwischen Regierung und Volksvertretung, war ständig virulent, vor allem in den Fragen der Staatsschulden und der Steuerpolitik. Immer wieder weitete sich dieser Konflikt zu offenen Unruhen aus. Die Bürger der Unterschicht erhoben sich gegen die tonangebende bürgerliche Oberschicht. Der Bremer Chronist Hermann von Post schildert die Lage im Jahr 1791 – Knigge hatte sein Amt als hannoverscher Oberhauptmann gerade angetreten: »Der unglückliche Geist der Widersätzlichkeit gegen Obrigkeit und Vorgesetzte, gegen Gesetz und Ordnung, welche Frankreich damals zerrütteten, äußerte sich in diesem Jahr ebenfalls durch fast ganz Deutschland, besonders unter den Handwerksgesellen und der geringen Volksklasse. Freiheit und Gleichheit, oder vielmehr Ungebundenheit, waren das Streben dieser Leute.«[445]

Knigge war also auch in Bremen mit den Auswirkungen der Französischen Revolution konfrontiert. Seine Mission in Bremen ist für ihn aber auch darüber hinaus wegen zahlreicher Rechts- und Kompetenzüberschneidungen äußerst heikel. Angesehene Bürger Bremens zum Beispiel, die sich für das zum Dom gehörende Waisenhaus engagieren, müssen hinnehmen, dass sie in allen Angelegenheiten des Waisenhauses vom hannoverschen Oberhauptmann beaufsichtigt werden. Für die Domprediger gilt umgekehrt: Sie können sich, wenn sie wollen, mit dem Bremer Rat anlegen und dabei zu verstehen geben, dass eigentlich die Regierung in Hannover zuständig sei. Knigge kann also jederzeit zwischen die Fronten und dadurch in eine prekäre Lage geraten.

Zwar war die lutherische Domkirche erst 1774 renoviert, die Orgel verbessert und ausgebaut worden,[446] das Leben rund um den Dom fand Knigge jedoch eher anstößig. In einem Brief an die Regierung in Stade benennt er die Missstände: Während der Gottesdienste herrscht ständige Unruhe, der *hiesige Pöbel* nimmt keine Rücksicht auf die Heiligkeit des Ortes, in den verborgenen Winkeln der Kirche wird *Unfläterey* getrieben und der Dom-Umgang ist, besonders in der Dämmerung, ein *Schauplatz aller möglichen Unanständigkeiten*. Außerdem ist die Dom-Uhr in schlechter Verfassung, sie schlägt unrichtig oder bleibt ganz stehen, und schon seit Jahren ist ein Zeiger heruntergefallen.[447]

Auch die Zuständigkeiten für die sozialen Einrichtungen und Schulen in Bremen werfen Probleme auf. Sie unterstehen zum Teil der Stadt, zum Teil der hannoverschen Regierung. Es gibt drei Waisenhäuser, von denen eines hannoverisch und lutherisch ist.[448] Für den höheren Unterricht gibt es zwei Schulen: das 1528 vom Rat der Stadt errichtete Pädagogeum, das 1584 zum Gymnasium und 1610 zum »Gymnasium illustre« ausgebaut worden war – und die 1642 von den Schweden gestiftete lutherische Domschule, die 1681 einen akademieartigen Überbau, das Athenäum, erhielt und dem Oberhauptmann unterstand.[449]

Schon bald nach seinem Amtsantritt (1790) kümmert Knigge sich darum, dass die Lehrer der Lateinischen Domschule durch die Aufnahme in die Witwen- und Waisenkasse einbezogen werden und für sich und ihre Familien eine Altersversorgung bekommen, wie sie die Professoren des Gymnasiums schon haben. Knigges eigene Einkünfte aus dem Staatsdienst sind so bescheiden, dass er nach Nebeneinnahmen Ausschau halten muss. Die geselligen Verpflichtungen in Bremen, die von den Bürgern sehr ernst genommen werden, erfordern einige Aufwendungen. Er wird also auch als hoher Verwaltungsbeamter nicht nur publizieren, um Einfluss auf die Diskussion im Lande zu nehmen. Er braucht die zusätzlichen Einnahmen und bittet Nicolai, ihm weiterhin Aufträge für Rezensionen in der »Allgemeinen Deutschen Bibliothek« zu geben.[450]

Wie aus einem Brief an Nicolai zu erfahren ist, muss Knigge beim Amtsantritt in Bremen den Titel eines weimarischen Kammerherrn und den goldenen Ansteckschlüssel nach Weimar zurückgeben – wieder eine Kränkung. Er wohnt jetzt mit Familie und Gesinde im ehemaligen erzbischöflichen Palais, unmittelbar neben dem Dom.[451] Der riesige Bau ist in schlechtem Zustand, so dass es den neuen Bewohnern trotz der Größe an Platz fehlt.[452] Knigge bittet gleich nach der Ankunft um einige Umbauten und Renovierungsarbeiten – *die Unkosten dieser kleinen Verbesserungen würden sich nicht hoch belaufen*.[453] Der Umzug ist zwar mühsam, aber Henriette lebt angesichts des neuen Prestiges und der Aussicht auf die Teilnahme an den glanzvollen Festlichkeiten der Bremer Gesellschaft auf.

Auch Knigge ist zufrieden. Nur seine gesundheitlichen Probleme drängen sich immer ärger in den Vordergrund. Blasen- und Nierenentzündungen verursachen Schmerzen und Fieber. Er kann tagelang das Bett nicht verlassen. Die winterliche Kälte und Feuchtigkeit setzen ihm zu. Aber er denkt nicht daran, den Kampf gegen die heimtückische Hinfälligkeit aufzugeben. Immer wieder rettet er sich in seine Arbeit, in Geselligkeiten und in die Musik. Auch sein Humor kommt ihm zu Hilfe. ... *wie es mir geht – von allen Seiten gut – aber damit der Teufel sein Recht behalte, sechs Tage in der Woche krank.* Und weiter schreibt er: *Der liebe Gott wird alt und man sieht, dass er den Geschäften nicht mehr so recht vorstehen kann.*[454] Das ganze erste Jahr in Bremen scheint von seiner Krankheit bestimmt zu sein. Trotzdem bleibt er geduldig und heiter. Am zweiten Weihnachtsfeiertag schreibt er von *fast unerträglichen Schmerzen*, zugleich aber: *Ich kann noch immer den kleinen Kitzel nicht unterdrücken, über Narrheiten zu lachen und gegen Bübereyen zu eifern.*[455]

Über alle seine *Amts-Verrichtungen* hat Knigge ein Tagebuch geführt, das – im Unterschied zu seinen persönlichen Tagebüchern – erhalten geblieben ist und zusammen mit der Dienst-Registratur teils im Staatsarchiv Bremen, teils im Niedersächsischen Staatsarchiv in Stade aufbewahrt wird.

Dieses Tagebuch zeichnet ein farbiges Bild vom Alltag des Gemeinwesens und hält viele Einzelheiten aus der Kniggeschen Amtsführung fest – von den Gebühren für die eigene Bestallung (125 1/2 Reichstaler) und Beeidigung (5 Reichstaler) bis zum Trinkgeld für den Pedell und den Regierungsboten. Der Bremer Senat beginnt die Zusammenarbeit mit einer vertrauensbildenden Maßnahme und schickt dem neuen Oberhauptmann 12 Stübchen Rheinwein – das Maß für ein »Stübchen« Wein betrug in Bremen 3,22 Liter. Es fängt also gemütlich an. In der Folgezeit geht es dann ums Übliche: um Mieten (zum Beispiel für die Buden auf dem Markt oder die Stellplätze für Pferde), um Erlaubnisse, Rechte und Vergünstigungen bei der Nutzung eines festen Platzes in der Kirche oder des Domhof-Brunnens und immer wieder um Trinkgelder. Knigges Dokumentation berichtet von der Bibliothek, der Verschließung der Kirche, der Reinhaltung des Dom-Umgangs, der Witwenkasse der Schullehrer, den Freitisch-Stipendien, von

Fischerei und Handwerksrechten. Selbst die Streitigkeiten zwischen den Dompredigern und dem Küster bleiben dem Oberhauptmann nicht erspart. Erstaunlich oft muss er an der Beerdigung eines Waisenkindes teilnehmen. Er kümmert sich wie ein Bürgermeister um Anträge und Verordnungen, um Konferenzen und Kollekten, kurz: um alle die Dinge, die in einem selbstständigen Gemeinwesen geregelt werden müssen. Dabei muss Knigge sich oft entschuldigen, weil seine schwache Gesundheit ihn an der pünktlichen Wahrnehmung seiner Amtsgeschäfte hindert.

Zwischen Knigge und den Bremern entwickelt sich trotzdem ein gutes Einvernehmen. Dazu trägt Knigges Einsatz für das Gesellschafts- oder Liebhabertheater bei. Einige der alteingesessenen Bremer Bürger wissen zwar nicht recht, ob sie es für eine gute oder eine schlechte Nachricht halten sollen, als bekannt wurde, der neue Oberhauptmann der kurhannoverschen Besitzungen in der Stadt sei ein Schriftsteller, der sehr am Theater interessiert sei. Die meisten der Honoratioren leben ganz gut mit der Tatsache, dass Bremen überhaupt kein Theater mehr unterhält. Schließlich ist so etwas teuer, und der moralische Nutzen der Schauspielerei erscheint den Bremern eher fragwürdig. So will man es dabei belassen, dass die Bühne in der umgebauten Reithalle, die seit 1786, seit vier Jahren also, geschlossen ist und geschlossen bleibt. Dann kam jedoch alles ganz anders.

Im Qualm der Fettlampen
Knigge und das Theater

Kaum hatte der neue Oberhauptmann seine Koffer ausgepackt, bitten ihn einige junge Leute trotz der Bedenken der älteren Generation, im Auditorium der Domschule ein Liebhabertheater eröffnen zu dürfen.[456] Damit kündigt sich eine Sensation an.

Als Knigge nach Bremen kam, hatte es jahrelang keine öffentliche Aufführung mehr gegeben – für Knigge ein unerfreulicher und unhaltbarer Zustand, obgleich er selber Bedenken gegen den Theaterbesuch von Jugendlichen hat. Wie es scheint, hielten die konservativen Bürger, die reformierten Prediger und auch die Ratsherren Theateraufführungen für überflüssig und schädlich. Die Begründung für die theaterfeindliche Einstellung gibt Knigge in den *Briefen aus Lothringen* wieder: Nur in einer großen Stadt wie Hamburg könne man sich derartige Belustigungen als notwendiges Übel leisten. In Bremen sei das aber anders. Handwerksleute und Dienstboten – so meinten die maßgeblichen Bürger – sollten nicht ihr Geld und ihre Zeit in ein Schauspielhaus tragen, schon gar nicht ihre Arbeitszeit. Denn um einen Platz im Theater zu bekommen, würden diese Menschen schon um drei Uhr nachmittags ins Schauspielhaus drängen und für insgesamt mehr als sechs Stunden verschwinden, anstatt zu arbeiten und sich mit einem kurzen Besuch im Wirtshaus zu begnügen. Auch sei noch niemals bewiesen worden, dass jemand durch ein Schauspiel moralisch gebessert worden wäre. Das ausschweifende Leben der Theaterleute sei ebenfalls hinreichend bekannt. Kurzum: die Bremer wollten Schauspiele, Mummereien, Fastnachtsspiele und Messvergnügungen lieber den Residenzen und großen Städten überlassen.

Knigge formuliert im *Umgang* seine Reserve gegen das herkömmliche Theater und die Schauspielerei recht drastisch: *Was für Menschen sind gewöhnlich diese Theater-Helden und Heldinnen? Leute, ohne Sitten, ohne Grundsätze, ohne Kenntnisse; Abentheurer ...*[457] In seiner Schrift Ueber Schriftsteller und Schriftstellerey nennt er das Theater sogar ein *nothwendiges Uebel*.[458] Er kommt darin den Meinungen im Bremer Magistrat entgegen, dessen Zurückhaltung in Sachen Theater auf einer tiefen Skepsis in Bezug auf den sittlichen Nutzen der teuren Einrichtung beruht. Michael Rüppel hat Knigges Ambivalenz gegenüber dem Theater analysiert. Danach teilt Knigge nicht nur die aufklärerisch-moralischen Vorbehalte gegen die Bühne. Ihm macht vor allem die emotionale Seite des Theaters zu schaffen.[459] Knigge bleibt, so Rüppel, höchst zurückhaltend, weil er glaubt, dass die Vernunft auf der Bühne zu kurz kommt. Das Schauspiel wirkt ebenso doppelbödig wie die Musik, die das Gemüt zu reinen und moralischen Gefühlen, aber auch zu »üppigen und schwelgerischen Trieben« bewegen kann.

Folgt man dieser Gedankenspur, gilt es nahezu als gefährlich, das Schauspielhaus zu besuchen. Noch gefährlicher aber ist der Umgang mit Schauspielern und Schauspielerinnen, den *frechen Buhlerinnen*. Ebenso gefährlich ist es, die Schauspielerei selber zu betreiben: *Die tägliche Abwechselung von Rollen benimt dem Character die Eigenheit; Man wird zuletzt aus Gewohnheit, was man so oft vorstellen muß; Man darf dabey nicht Rücksicht auf seine Gemüths-Stimmung nehmen, muß oft den Spaßmacher spielen, wenn das Herz trauert, und umgekehrt; Dies leitet zur Verstellung ...*[460]

Im Kontakt mit den jungen Theaterfreunden in Bremen scheint Knigge seine Bedenken zurückzustellen, weil er inzwischen eine andere Vorstellung vom Theater entwickelt hat. Es scheint, als wolle er die Gefahren des Theaterlebens gerade dadurch beseitigen, dass er die Jugendlichen und die Bürger der Stadt an die Bühne heranführt. Er geht dabei behutsam zu Werke. Eine öffentliche Bühne einzurichten, ist ohne die Zustimmung des Rates nicht möglich. Anders wäre es aber bei einem Liebhabertheater, das ohne die Mitwirkung von Berufsschauspielern auskommt. So etwas gab es zum Beispiel am Weimarer Hof, wo Goethe den Orest gespielt hatte. So etwas hatte Knigge ja auch schon am Hof von Hanau ausprobiert. Sollte er nun in Bremen nicht ebenso vorgehen? Eine für den Senat unverbindliche Einrichtung könnte am ehesten die nach beiden Seiten offenen lutherischen, die theaterfeindlichen reformierten und die theaterfreundlichen katholischen Kreise unter einen Hut bringen.

Knigge handelt strategisch klug. Er beantragt bei der zuständigen Behörde in Stade die Genehmigung, ein »Gesellschaftstheater« errichten zu dürfen. Dafür will er das Auditorium der Domschule zur Verfügung stellen. Als die Genehmigung vorliegt, geschieht etwas völlig Unerwartetes. Die Familie des Kaiserlichen Residenten von Vrintz mit ihren vier Kindern Therese, Lisette, Nanny und Carl Optatus Joseph übernimmt die Führung einer Bürgerinitiative, die eine Theatergesellschaft gründet, Geld sammelt und sich als Schauspieler zur Verfügung stellt. Einige Honoratioren schließen sich an, und an Zuschauern mangelt es auch nicht. Das erste Stück, das aufgeführt wird, ist August von Kotzebues »Die Indianer in England«. Der Hörsaal des Athenäums hat für etwa 240 Zuschauer Platz. Der Eintritt kostet einen Gulden, der Überschuss der Einnahmen wird an die Armen verteilt. *Wir spielen für Geld,* schreibt Knigge an Großmann in Hannover, *nach Abzug der Unkosten wird der Rest den Armen gegeben ... Der Zulauf ist groß. Hätten wir Raum, so könnten die Armen reich werden.*[461]

Das in Bremen Unerwartete ist geschehen: das Liebhabertheater wird ein Erfolg. Für die Theaterfreunde in Bremen ist die Ankunft des Oberhauptmanns Knigge also ein Glücksfall. Knigge übernimmt gelegentlich selber eine Rolle und überredet seinen Freund, den damals berühmten Schauspieler, Theatermanager und Prinzipal Gustav Friedrich Wilhelm Großmann, in Bremen zu gastieren. Es gelingt, Großmann an Bremen zu binden, indem man ihm anbietet, fünf Jahre lang – bis zum Winter 1795/1796 – in den Wintermonaten Oktober bis Januar mit seiner Truppe in Bremen auftreten zu können. Er lässt sich auch als Schauspieler einladen und ist sich nicht zu schade, gemeinsam mit Laienschauspielern aufzutreten.[462]

Zum Repertoire des Gesellschaftstheaters gehören Lessings »Emilia Galotti«, Schillers »Kabale und Liebe« und Ifflands »Die Jäger«. Philippine von Knigge spielt die Emilia und die Louise, Adolph Freiherr Knigge den Musikus Miller und (wahrscheinlich, die Besetzungsliste ist unvollständig überliefert)[463] den Oberförster Warberger. Zu den insgesamt 29 Stücken des Bremer Gesellschaftstheaters gehören natürlich auch Shakespeare-Bearbeitungen, Lustspiele aus dem Französischen, Stücke von Friedrich Ludwig Schröder (in denen Knigge mitspielt) und August von Kotzebue, in dessen Stück »Die Indianer in England« Knigge die Rolle eines gichtkranken Kaufmanns übernimmt.

Angefangen hatte Knigges ambivalentes Verhältnis zum Theater damit, dass der 23-Jährige 1775 an einer Ausschreibung teilnahm. Der Hamburgische Theater-Direktor Friedrich Ludwig Schröder schrieb, zusammen mit dem Verleger Bode, einen Wettbewerb unter Autoren aus. Wer sich zutraute, ein Trauerspiel oder ein Lustspiel zu schreiben, konnte teilnehmen. Knigge schrieb sein erstes Stück, *Warder – ein Drama in fünf Aufzügen*. Es war eine Vater-Sohn-Geschichte. Aber er bekam das Manuskript zurück mit der Begründung, derartige Stücke gebe es schon reichlich. In der Tat gab es den Stoff schon in französischen Bühnenstücken. Aber Knigges Text ist wohl ganz unabhängig davon entstanden.[464] Schröder wollte das junge Talent aber nicht entmutigen und bot ihm an, für das Hamburger Theater zu arbeiten und Lustspiele aus dem Französischen zu übersetzen.

1777 sollten ihm diese Erfahrungen zustattenkommen, als er in Hanau am Hof des Erbprinzen Wilhelm zu Hessen ein Liebhabertheater leitete und auch sein eigenes Erstlingswerk *Warder* zur Aufführung brachte. Hanau war auch der Ort, an dem Knigge die Theatertheorie entwickelte, die er später in seinen »Dramaturgischen Blättern« anwandte: Hauptzweck des neuen Theaters sei die *lebendige Darstellung menschlicher oder wenigstens die Menschheit interessierender Scenen*. Das Theater müsse solche Szenen mit Wahrheit und Nutzen auf die Bühne bringen und so zur Selbsterkenntnis und zur Menschenkunde beitragen. Dass gerade das Theater den sittlichen Ansprüchen einer Gesellschaft genügen müsse, ist für ihn ohnehin klar. Denn die Schauspielkunst mache an sich wollüstig und leichtsinnig, wenn sie nur Phantasie und Sinnlichkeit reize. Und sie verleite zur Intoleranz, wenn sie Menschen zur Beschimpfung freigebe.[465]

Knigges Bemühen, dem Theater so etwas wie einen ideologischen Sinn zuzuweisen, ist wohl vor allem der Versuch, den Rousseau'schen Vorbehalt gegen jede Verfeinerung der Sitten in Luxus und Müßiggang und gegen die Verbindung von Kultur und Korruption auszugleichen.

Mit seiner unabhängigen Theater-Initiative hat Knigge ein ganz neues Interesse an der Bühne ausgelöst und den Weg zu einem neuen Theaterleben in Bremen geebnet. Die Wiederbelebung des Theaters wirkte wie eine Initialzündung: wenig später erbaute die Stadt Bremen ein neues Schauspielhaus mit 1500 Plätzen. Dagegen kann sich Knigges eigenes Theater ab 1792 nicht mehr behaupten. Sein Erfolg hat ihn also selber von der Bühne verdrängt. Aber unter den Bremer Theaterfreunden muss eine wunderbare Aufbruchstimmung geherrscht haben, zumal es vielen Theatern in Deutschland schlecht ging. Knigge hat die harte Realität des Theatergeschäfts gekannt. Er schreibt von den kleinen Häusern, *in welchen, hinter bemaltem Segeltuche hervor, durch den Qualm der Fett-Lampen illustriert, unsre in Helden, Staatsmänner, Königinnen und Damen verkleideten Perückenmacher und Cammermädchen auf das Brettergebäude hervortreten.*[466]

Daran gemessen war in Bremen eine Ausnahmesituation entstanden, weil Knigge in der Auswahl der Stücke Rücksicht nahm auf die geschäftlichen Notwendigkeiten. *Funfzigmal zwey Groschen auf der Gallerie sind ihm mehr werth, als sechs halbe Gulden im Parterre, und im Uebrigen ein leeres Haus! Der Schauspiel-Direktor muß, statt dem Geschmacke des Publicums durch seine Wahl, Richtung zu geben, diese jenem unterordnen. Es ist daher freylich ungerecht, ihm ein Verbrechen daraus zu machen, daß er so wenig für den bessern Theil des Publicums thut, wenn dieser bessre Theil so wenig für ihn thut.*[467] So führt Knigge die Stücke von Schröder auf, die im Milieu der Kaufleute spielen und das ganze dramatische Potential kaufmännischer und familiärer Erbschafts- und Geldangelegenheiten auf die Bühne bringen. Hier bewährt sich Knigges dialogisches Konzept von einem Theater, das für die Zuschauer gemacht wird.

Dieses Konzept hatte Knigge im Gedankenaustausch mit seinem Freund Gustav Friedrich Wilhelm Großmann entwickelt, der seit 1787 in Hannover als Schauspieldirektor tätig war. Nach dem Erfolg seiner Inszenierung des Ritterschauspiels »Otto von Wittelsbach« (von Joseph Maria Babo) hatte man dem brillanten Theatermann angeboten, das große Schlosstheater samt Garderobe und Dekoration mietfrei zu übernehmen. Er durfte nicht nur über alle Einnahmen verfügen, sondern erhielt auch noch einen jährlichen Zuschuss von 1000 Talern. Die Gegenleistung bestand darin, dass die Theatertruppe dreimal wöchentlich, montags, mittwochs und freitags eine Aufführung garantierte.[468]

Weil sie erfolgreich waren, musste es für Großmann und Knigge ein Vergnügen sein, alle ihre Erfahrungen noch einmal zu bündeln und auf das Theater in Bremen anzuwenden. Mit Großmann an seiner Seite konnte Knigge die Linien weiterführen, die ihn schon seit seiner Zeit in Hanau mit dem Theater verbanden: eine Theatertheorie formulieren, fürs Theater schreiben, selber Theater spielen, übersetzen und schließlich auch als Theaterkritiker Einfluss nehmen.[469]

Kein Rhythmus im Quartetto
Knigge und die Musik

Es ist der 18. Mai 1789. Im Schlosstheater zu Hannover wird eine Oper aufgeführt. Die Musik hat ein Wiener Compositeur geschrieben, der für die Musikliebhaber in Hannover nur einer von vielen war: ein gewisser Wolfgang Amadeus Mozart, der noch ganz im Schatten italienischer Star-Komponisten wie Paisiello, Piccini oder Salieri stand. Das war allein schon eine Frage der Quantität, denn die drei Italiener hatten zusammen immerhin 300 Opern auf den Markt geworfen.[470] Vor drei Jahren war »Le Nozze di Figaro« in Wien uraufgeführt worden.

Das Libretto des Italieners Lorenzo da Ponte hatte der Baron Knigge zusammen mit seiner Tochter Philippine ins Deutsche übersetzt. Die deutsche Erstaufführung in Hannover unter dem Titel »Der lustige Tag oder Figaros Hochzeit« war ein Höhepunkt im Leben des Barons, ebenso die Aufführung in Bremen am 18. Oktober 1794. Und für die Nachwelt ist die Übersetzung der absolute Höhepunkt in der musikalischen Liebhaberlaufbahn Knigges, sein Geschenk an die zeitgenössische Welt der Oper. *Der Text der Arien ist von mir.* Knigge empfindet die Übersetzung eher als eine Nachdichtung, weil die Entsprechung von Text und Takt höchste Sprachkunst erfordert. Über die musikalische Faszination hinaus muss ihn der Stoff der Oper interessiert haben, weil in der Figur des Grafen Almaviva, der auf seinem ius primae noctis besteht, die ganze Willkür und Verkommenheit des Hofadels zur Geltung kommt. Das Libretto nach dem Stück »Der tolle Tag oder die Hochzeit des Figaro« von Beaumarchais hatte bereits die Grenzen der Sittenkomödie gesprengt. Unverkennbar waren die gesellschaftskritischen Ansätze – weshalb Ludwig XVI. die öffentliche

Aufführung in Paris verboten und auch, in gleicher Konsequenz, Joseph II. die für den 3. Februar 1785 vorgesehene Aufführung im Wiener Kärntnertor-Theater untersagt hatte.[471] Erst eine durch Da Ponte entschärfte Fassung machte den Weg für den subversiven Siegeszug der Mozart-Oper frei, die mit der Figur des Figaro erstmals einen Angehörigen des Bürgertums als Helden auf die Bühne brachte: eine Person, die »in ihrer Beherztheit ..., ihrem Wissen um ihr unveräußerliches Recht ... zum erstenmal auf der Opernbühne im Bewusstsein ihres Menschentums« agiert.[472] Die Reaktion des Publikums bei der Wiener Premiere war denn auch recht kühl, was Wolfgang Hildesheimer in seinem Mozart-Buch damit erklärt, dass eben die Leute da saßen, die das Thema anging und die gemeint waren.

In der Turbulenz von Missverständnis, Irrtum und Verwechslung entpuppt sich das Geschehen als grelles Sittengemälde, dessen Farben dann auch durch die Anmut und Größe der mozartschen Musik nicht gemildert werden. Der Friseur ist dem Aristokraten geistig und moralisch überlegen, auch wenn er als Ankläger zugleich der Intrigant ist und insofern ein Teil des Systems bleibt. Wie Mozart wird auch Knigge von der sozialrevolutionären Kraft des Stoffes angetan gewesen sein. Wie Knigge war auch Mozart von der Spiritualität der Freimaurer mit ihrer Überwindung der ständischen Grenzen beeinflusst.

Die Übersetzung von Vater und Tochter Knigge hat sehr zum Erfolg der Oper in Deutschland beigetragen, vor allem durch die Übertragung der Dialoge und Rezitative in Prosatexte, die Knigges vierzehnjährige Tochter Philippine übernommen hatte.[473] Die Übersetzung wurde anderen Übersetzungen vorgezogen, zum Beispiel der von Goethes Schwager, dem Weimarer Bibliothekar Christian August Vulpius. Knigge dürfte das mit Genugtuung registriert haben, denn – wie man in seinen Rezensionen Vulpius'scher Stücke lesen kann, hielt er nicht viel von Vulpius. Dass der Reclam-Verlag nach Knigges Tod den Text von »Figaros Hochzeit« als eine Übersetzung von »Knigge-Vulpius« herausbrachte, hätte er zu Recht als Affront empfunden.

Knigges Leben war eng mit der Musik verbunden, er war ein leidenschaftlicher Musikliebhaber: *Und wenn in Abrahams Schoße keine Music zu hören ist, so nehme ich mein Clavier mit dahin, nebst Pedale, und gebe dem Erzvater Stunden im Generalbaß.*[474] Der Baron besaß wahrscheinlich sogar das absolute Gehör.[475] Von sich selbst sagt er, er sei *ein Musiker mit Leib und Seele*.[476] Obgleich er sich als Dilettant verstand, legte er großen Wert auf professionelle Qualität. Im *Journal aus Urfstädt* lässt er den Schulmeister Ehrenfels an den Herrn Meyer schreiben, das mitgeschickte Quartetto könne er gleich wieder zurücknehmen, *es ist keinen Pfifferling werth.* – *Etwas von Music* sind die beiden Passagen überschrieben, in denen Knigge in essayistischen Exkursen über Grundsatz- und Detailfragen der Musik handelt: ob die Tonkunst zu schlaff und weichherzig mache, ob die Musiker wohl eine Ahnung davon haben, wie sich ihre Musik auf die Menschen und den Charakter einer Nation auswirke, ob man im Alter den Geschmack an der Musik verliere und was eigentlich die Qualität einer Komposition ausmache. Musik ist für Knigge Poesie, nicht Prosa, und es ist schlimm, wenn *gar kein Rhythmus in diesem Quartetto* ist und es so scheint, *als hätten unsere neuern Compositeure davon keine Idee.*[477] Die Sätze aus dem *Journal* spiegeln die Bedeutung, die er der Musik beimisst. Sie hat sein Leben von Anfang an begleitet. Es gehörte zur Ausbildung eines jungen Adligen, ein Instrument spielen zu lernen und möglichst auch mit den Grundlagen der Kompositionslehre vertraut zu werden. Knigge spielte also Clavichord, Fagott und Querflöte, komponierte, übersetzte Opernlibretti und schrieb Musikkritiken, deren Genauigkeit und musiktheoretische Kompetenz er wohl vor allem dem Kapellmeister und Komponisten Bernhard Anselm Weber verdankt, der von 1787 bis 1790 Musikdirektor in Hannover war.

Die Rezensionen Knigges werden von Musikwissenschaftlern gelegentlich als »rein affektiv« abgetan. Ihnen wird vorgehalten, er vermeide »das Glatteis musikalischer Detailfragen«, doch zeigt gerade seine Liebhaberkritik immer wieder, dass er als Journalist vor allem für das Publikum schreibt. So ist am 6. März in den »Dramaturgischen Blättern« zu lesen: *Jeder will zeigen, dass er seine pausierten Tacte richtig gezählt hat. Kömmt also an ihn die Reye, so streicht, bläst, oder brüllt er darauf los. Sein Nachbar will ihm nichts schuldig bleiben, und so geht dann ein höllisches Spectakel an.*[478]

Bei Knigges Verhältnis zur Musik wird man immer die »literarische Gattung« seiner Äußerungen im Umgang mit dieser Kunst beachten müssen, auch wenn man die »Defizite musiktheoretischer Grundlagen« beklagen will.[479]

Von Knigges Kompositionen sind nur wenige als Partitur erhalten: ein Konzert für Fagott, Streicher und Basso continuo (1775), sechs Klaviersonaten (1781) und zwei Klavierlieder, die er im *Journal* als Werke des Schulmeisters Victor Ehrenfels veröffentlichte (1786). Nicht erhalten sind die Sinfonien und Messen, von denen die Tochter Philippine 1830 berichtet. Alle diese musikalischen Arbeiten betrieb Knigge mit leichter Hand, spielerisch und mit der Distanz eines Menschen, dem jederzeit vor Augen steht, dass er kein Mozart ist. *Ich bin kein großer Tonkünstler*, lässt er den Schulmeister Ehrenfels sagen.[480] Deutlicher noch drückt er sich im *Geständnis meiner Poligraphie* aus: er habe *an musicalischen Sachen nichts herausgebracht als sechs schlechte Clavier-Solo's* – die seien aber, weil sie auf starkem Papier gedruckt seien, sehr gut geeignet *zum Einschlagen von Schuhen und Stiefeln.*[481] Trotz dieser ironischen Distanz zu sich selbst sind die Sonaten vergnüglich anzuhören, wenn man das historische Interesse an Knigges Person an die erste Stelle rückt. Sie sollten auf dem Clavichord gespielt werden.[482] Dieses Instrument hat zwar ein geringeres Klangvolumen als das spätere Forte-Piano, das mit dem heutigen Klavier zu vergleichen ist. Aber der Spieler hat die Möglichkeit, den Ton auch nach dem Anschlag zu beeinflussen und zum Beispiel ein Vibrato hervorzubringen, weil die Tangente an der Saite bleibt, solange die Taste gedrückt wird. Bei den Hammerklavieren dagegen ist dies nicht möglich, da die Hämmer nach dem Anschlag sofort wieder zurückklappen.[483] Deshalb hat Knigge auch das Clavichord dem modischen Forte-Piano vorgezogen.

Wenn Knigge selber musizierte, spielte er zumeist Flöte oder Fagott. Mit diesen Instrumenten half er gelegentlich aus, zum Beispiel in der Hofkapelle von Hanau. Sein eigentliches Engagement für die Musik aber ist, wie bei allen seinen Veröffentlichungen, publizistischer Natur. Er schreibt Rezensionen und Kritiken und publiziert, vor allem in seinen »Dramaturgischen Blättern«, musiktheoretische Überlegungen.[484] Dabei macht er Front gegen Künstler, die nur an die Kunst und nicht auch an das Publikum denken. »Auch die Musik ... gehört für Knigge zum großen Feld des Moralischen.«[485] Also geht er aus von der Wirkung der Musik auf die Zuhörer. Diese Wirkung und Wechselwirkung ist, wie in der Literatur, ein Kommunikationsprozess. Nicht nur die künstlerische Produktion an sich, sondern auch die Rezeption findet deshalb seine Aufmerksamkeit. *Allein, ist es nicht traurig, daß die Tonsetzer und Tonkünstler gar keine Ahnung davon fühlen, daß sie es, so gut wie alle übrigen Schriftsteller und Redner, verantworten müssen, was für Wirkung ihre Werke und Vorträge auf das Zeitalter und auf den Charakter der Nation haben?*[486] Im Folgenden wirft Knigge allerdings den Künstlern vor, sie setzten in Vergnügen und Unterhaltung auf den schlechten Geschmack des Publikums. Insofern würden sie doch mit dem Publikum kommunizieren, dies aber auf eine Weise, die nach unten zieht. Und darüber würden sie wiederum die Bildung des guten Geschmacks und die Orientierung nach oben vernachlässigen.

Der Ton der Knigge'schen Rezension von Mozarts Figaro ist voller Respekt und Bewunderung: *Die Musik zum Figaro ist so, wie sie von Mozart zu erwarten war; groß und schön, voll neuer Ideen und unerwarteter Wendungen, voll von Kunst, Feuer und Genie ... Mozart ist einer der glücklichen Genien, die Kunst mit Natur, und dabey Gesang mit Grazie zu verweben wissen. Rasch und feuervoll wagt er nun Ausfälle, und ist kühn in der Harmonie ...*[487]

Mozart ist für Knigge, wie Carl Ditters von Dittersdorf, ein Vertreter der neuen Musik. Deshalb übt er im Detail auch Kritik an der »Entführung aus dem Serail«. Er fragt sich, warum die *herrliche Composition von Mozart im Ganzen das Herz so mancher Leute ... leer läßt*. Knigge kann sich das nicht erklären und befragt einen Experten.[488] Dessen Erklärung lautet: Die Musik der Oper ist, erstens, *hie und da zu ernsthaft für das Sujet einer comischen Oper*, und zweitens, *der Tonsetzer (Mozart) ist zu geschwätzig mit den Blasinstrumenten gewesen*. Durch die Dominanz der Bläser wurden, so die Kritik, die Sänger in ihrem Vortrag gestört. Alles in allem läuft die Kritik des konservativen Knigge darauf hinaus, dass Mozart zu ungewöhnliche Harmonien setzt, die etwas Beunruhigendes haben: *Solche fremde Harmonien verrathen den großen Meister, aber sie gehören nicht für das Theater.*

Damit erhebt Knigge noch einmal seine Forderung nach Vermittlung der Kunst an den Zuhörer. Die Kunst soll »wirken«. Deshalb bedauert er jede Gefährdung der Wirksamkeit. *Dies Quartett* (gemeint ist das Quartett am Ende des zweiten Aufzugs der »Entführung«) *ist ein wahres Meisterstück für den Kenner; aber wie Wenige werden den Werth der darinn angebrachten Kunst fühlen!*[489] Dann aber schlägt sofort wieder seine Bewunderung für Mozarts Kunst durch: *Aber o! mögten alle Tonsetzer im Stande seyn, solche Fehler zu begehn! Und welche herrliche einzelne Stücke sind nicht in dieser Oper!* Mit dieser Bemerkung ist Knigges Welt wieder in Ordnung. Wer kann schon *alle einzelnen Schönheiten dieser Oper herzählen?*

Es ist, neben dem traditionellen Musikgeschmack, wohl das Rousseau'sche Denkmuster, das Knigge vor allzu viel Kunst und Künstlichkeit warnen lässt. Es ist die Natürlichkeit, die dabei zu kurz kommt, und es ist das Leichte und Fließende der Melodie, das dabei verloren geht. Dadurch werde das verständige Hören der Musik zu anstrengend, und deshalb seien Mozart wie auch Haydn in ihren Anfangszeiten so wunderbar, bevor sie sich später *im Gewühl der Töne* verlieren würden.[490]

Knigges musiktheoretische Gedanken sind konservativ – in einer Zeit, in der ein drei Jahre altes Stück bereits als veraltet galt. Aber er rechtfertigt sich mit Argumenten: *Ich habe es immer nicht verdauen können, wenn man sagt: man verliehre im Alter den Geschmack an Music, und das käme daher, weil man nicht zu gleichen Schritten mit dem sich immer verändernden Geschmacke des Zeitalters in Schreibart und Vortrage fortrücke – Das ist nicht wahr, mein Herr! Die Vervollkommnung der Kunst in jedem Lande hat seine Perioden; aber die Werke der wahrhaftig großen Künstler sind für jede Zeit, für jedes Alter ...*[491]

Knigges Nähe zur Musik schlägt sich auch in seinen Romanen nieder. Immer wieder finden sich Wörter, Begriffe und Metaphern aus der Musiksprache. Wenn zum Beispiel in einem Roman ein Konzert stattfindet, sind Hinweise auf aktuelle Musikstücke eingebaut. Und im *Peter Claus* wird der zeitgenössische Musikbetrieb verspottet, indem der Held seine Erfahrung als Virtuose zum Besten gibt: Wenn er in einfacher Kleidung und bescheiden mit dem gewöhnlichen Postwagen in die Stadt kommt, dann kann er sogar *besser wie der selige Generalfeldmusicus Orpheus spielen* – er wird keinen Erfolg und nur kärgliche Einnahmen haben. Wenn er aber mit der Extrapost vor dem ersten Gasthaus am Platze vorfährt und, in Samt und Seide gekleidet, seine *Empfehlungsbriefe von vornehmen Halbkennern an vornehme Halbkenner* vorzeigt, dann braucht er sich keine Sorgen zu machen: Er wird, besonders wenn er eine hübsche Sängerin bei sich hat, als der erste Virtuose seines Zeitalters behandelt und wird *ganze Säcke voll Dukaten verdienen.*[492]

Hinter seinen Äußerungen über die Musik und ihren Sitz im Leben der Gesellschaft kommt also wieder die Lust an publizistischer Gesellschaftskritik zum Vorschein. Auch insofern lehnt Knigge das L'art-pour-l'art-Prinzip ab.

Die Tücke der Begebenheiten
BLANCHARDS BALLON

Es geht ihm auf die Nerven, wenn ein Ereignis in den Zeitungen so breitgetreten wird, dass man als Leser keinen anderen Ausweg mehr sieht, als sich zu ekeln. Als der französische Aeronautiker Jean Pierre Blanchard (einige nennen ihn auch François Blanchard) das Schauspiel seiner Ballonfahrt nun auch in Braunschweig bietet, ist es für Knigge so weit. Blanchard gibt seine 32. Luftnummer. Die Massen strömen wie bei einer Wallfahrt zusammen, *um das Wunder des heiligen Blanchard zu sehen.*[493] Die Zeitungen berichten von nichts anderem. Den Freiherrn Knigge muten die Begleiterscheinungen dieses Triumphs der Technik, vielleicht sogar der Triumph selber, eher als närrische Hanswursterei an.

Der Massenauflauf als solcher jedoch scheint Knigges Beobachtungsleidenschaft herauszufordern.[494] Eigentlich reist er nach Braunschweig, um Freunde zu treffen. Aber als das große Ereignis näher rückt, reizen ihn auf einmal doch das Zusammenströmen des Publikums, das *Gewühle der Neugierigen* und die Gelegenheit zu angenehmen und lustigen Bekanntschaften. So jedenfalls lässt er in den kurzen Reisenachrichten des *Journals aus Urfstädt* seinen Hauptmann Weckel an den Herrn von Hohenau schreiben.

Im wirklichen Leben bleibt Knigge distanzierter. Zwar hält er sich am 10. August 1788 in Braunschweig auf, zwar nimmt er das Spektakel der Ballonfahrt als Vorlage für einen lustigen Roman, doch besteht dessen Pointe gerade darin, dass die Personen der kleinen Reisegesellschaft den Moment verpassen, um dessentwillen sie die zweitägige Reise nach Braunschweig unternommen haben: den Augenblick des Ballonaufstiegs, die *große Luftbegebenheit.*

Je mehr aber in der *Reise nach Braunschweig* Begebenheiten erzählt werden, die mit der Ballonfahrt gar nichts zu tun haben, desto mehr kommen die Tücken aller Begebenheiten an den Tag, in die Menschen sich aus Neugier, Abenteuerlust oder Leichtsinn verwickeln lassen.

Eine kleine Reisegesellschaft aus Biesterberg reist in zwei Kutschen. Außer dem Ich-Erzähler sind mit von der Partie: der Pfarrer Schottenius, der Amtmann Waumann, der Förster Dornbusch, der Kandidat der Theologie Krebs und Musjö Valentin, der *eheleibliche* Sohn des Amtmanns. Für sie alle wird der Ausflug zu einer Reise in die große, weite Welt. Man isst und trinkt schon unterwegs im Wagen, kehrt aber trotzdem am Mittag in einem Wirtshaus ein, um *Pferde und Menschen mit einem ordentlichen Futter zu versehen*[495] und beschließt zugleich, am Abend das berühmte Gasthaus des Herrn Lauenstein in Hildesheim aufzusuchen und dort zu übernachten. *Ein teutscher Original-Roman und ein teutsches Original-Schauspiel sind sehr geschmacklos, wenn nicht darin von Mahlzeiten die Rede ist.*[496]

In Hildesheim am Nachmittag angekommen, besichtigt man zunächst den Dom und die Stadt und stößt bei der Rückkehr ins Gasthaus auf eine reisende Schauspielertruppe, die gerade unter großer Lärmentwicklung die »Agnes Bernauer« probt. Lautstark vermengen sich der Text des Dramas und die Regieanweisungen zu einem wirren Durcheinander. Die Leute aus Biesterberg, vor allem Musjö Valentin und der Förster, sind fasziniert und abgestoßen zugleich – das Image von Schauspielern ist nicht das beste bei den soliden Bürgern aus der Provinz. Musjö Valentin hält die Leute ganz einfach für verrückt. Der Förster kann das Theatergeschehen in der Probe nicht von der Wirklichkeit trennen, fühlt sich ritterlich verpflichtet, die Partei der Schwächeren zu ergreifen und mischt sich zugunsten der Bernauerin ein. Rechtzeitig zur Abendtafel versöhnt man sich wieder zu einem großen Gelage, das am frühen Morgen einen delikaten Skandal nach sich zieht: Musjö Valentin, der im Bett seines Vaters schlief, hatte in der Nacht einen gewissen Ort aufsuchen müssen, war auf dem Rückweg zu seinem Schlafplatz in ein falsches Zimmer geraten und hatte sich ahnungslos in das Bett der Frau des Prinzipals gelegt und sofort weitergeschlafen. Am Morgen dann: Entsetzen, Beschuldigungen, Drohungen, Beteuerungen. Die Gäste beruhigten sich erst, als Valentins Vater, um die Ehre aller Beteiligten wiederherzustellen, dem Prinzipal dreißig Reichstaler als Entschädigung anbot – schließlich war keine Zeit zu verlieren, wenn man »Herrn Blanchards Himmelfahrt« noch miterleben wollte. Zügig brach man auf.

In Peina sollen die Pferde gewechselt werden. Es ist auch an der Zeit, sich ein Mittagessen zu genehmigen. Aber jetzt zeigt sich, dass die Anzahl der Schwierigkeiten im Quadrat der Annäherung an Braunschweig zunimmt. Weil zu viele Neugierige zu der *blanchardschen Hannswursterey* unterwegs sind, gibt es keine frischen Postpferde. Man muss warten, bis welche zurückkommen. Während der Wartezeit wird getafelt, und neue Bekanntschaften führen zu neuen Geschichten und alten Verwicklungen. In amüsanten Gesprächen werden kleine und große Seitenhiebe ausgeteilt, nicht nur gegen den Herrn Kotzebue. Der Amtmann, dessen Belesenheit in Frage gestellt wird, brüstet sich mit Goethe. *Neulich fiel mir auch ein kleiner Tractat in die Hände, betitelt »Die Leiden des jungen Werther«.*[497] Man weiß nicht recht, ob hier der Seitenhieb gegen den Amtmann oder gegen Goethe geführt wird.

Dann aber gerät die Reisegesellschaft im Gedränge auseinander, und alle verpassen, aus unterschiedlichen Gründen, den Ballonaufstieg – was für den Autor vor allem eine Gelegenheit ist, neue bizarre Geschichten von fremden Zeitgenossen zu erzählen. »Für die Figuren ist das Ende des Romans eine einzige Verwirrung, die zeigt, wie auf dieser unglücklichen Reise alles verkehrt gehen soll.«[498]

Dazu gehört, dass sich Hauptsachen in Nebensachen verwandeln. Die »Wirkungen erweisen sich durchgängig als unproportional zu den Ursachen.«[499] Zum glücklichen Ende der Geschichte wird denn auch geheiratet, und ein Kind wird geboren. Über dem ganzen Roman liegt eine heitere Stimmung, auch wenn er nicht in allen Sequenzen komisch ist. Nahezu übermütig sind die Details gezeichnet, die Zwischenfälle ausgeschmückt, Reflexionen und Polemiken eingeschoben.

Knigge hat die Arbeit an der *Reise nach Braunschweig* bewusst *als Erholung von ernsthaften Geschäften* und als Gegenprogramm zu seinen körperlichen Schmerzen aufgefasst – 1791 litt er bereits seit einem Jahr an einer Nieren- oder Blasenkrankheit, die sich als seine Krankheit zum Tode erweisen sollte.[500] Er suchte die permanenten Schmerzen *durch unschuldiges Scherzen* zu mildern.[501] Für ihn ist charakteristisch, dass er seinen leichtesten und leichtsinnigsten Roman in jener Lebensphase schreibt, in der er allmählich zu begreifen beginnt, dass seine Zeit schon früh zu Ende gehen wird. Er reagiert auf diese Ahnung, indem er jede Gelegenheit nutzt, sein publizistisches Schicksal herauszufordern und gegen die Krankheit und gegen die Schmerzen anzuschreiben.

Paul Raabe nennt *Die Reise nach Braunschweig* »eine in Prosa ausgeführte Komödie, die alle Handlungselemente und szenischen Möglichkeiten ausschöpft, in diesem Sinn also ein komischer Roman ist, wie Knigge sein Buch bezeichnet.«[502] Raabe zufolge entspricht Knigges Schilderung in vielen Einzelheiten dem Ideal des Aufklärungsromans, wonach die Handlung dem »wirklichen Leben« entnommen ist. Unter Hinweis auf Friedrich Wilhelm von Reden, einen Sohn von Knigges Tochter Philippine, also einen Enkel Knigges, berichtet Raabe, dass die Figuren des Romans – der Amtmann, der Pfarrer, der Förster – »aus dem Leben gegriffen sind« und konkrete Vorbilder hatten. Auch die Beschreibung der Stadt, der Opernaufführung und des Maskenballs entspricht genau dem, was man in der »Braunschweiger Zeitung« lesen konnte. Sogar die Pointe, dass die neugierig Angereisten den Moment des Ballonaufstiegs verpassen, geht nach Knigges Enkel auf das Erlebnis eines Nürnberger Kaufmanns und seiner Familie zurück.[503]

Die *Reise nach Braunschweig* ist ein authentisches Sittenbild des späten 18. Jahrhunderts, ein Bild, das den Blick auf die Gemütsart und die Lebensweise der Menschen, ihre Gastfreundlichkeit und herzliche Kontaktbereitschaft, aber auch auf die Allgegenwart von kleinen Gaunern und Betrügern freigibt. Sie ist dadurch eher eine Reportage als ein Roman. Das Komische besteht nicht in aufgesetztem Situationswitz, sondern in der Lebensnähe und Alltäglichkeit der erzählten Geschichten, in der Gratwanderung zwischen Erhabenem und Lächerlichem, Gutem und Bösem, Seriosität und Scharlatanerie.

Knigge unterliegt der Faszination des Reisens umso intensiver, je weniger er selbst seine Reisepläne verwirklichen kann. Er schreibt, um sich aufzuheitern, nicht irgendeine heitere Geschichte, sondern erzählt Begebenheiten vom Reisen. Im *Journal aus Urfstädt* greift er eben nicht nur nach der beliebten Form der achtziger Jahre des 18. Jahrhunderts, dem literarischen Journal, sondern zugleich nach der ebenfalls beliebten Form des Reiseberichts. Der fiktive Autor Franz von Weckel, der den Lesern Knigges schon seit dem *Roman meines Lebens* und der *Geschichte Peter Clausens* bekannt ist, schreibt Reisenachrichten: *Hier sind indeß einige kleine Reiseanecdoten.*[504] Die Schilderung skurriler Persönlichkeiten wie die eines *lutherischen Pfaffen* oder eines anmaßenden Jungadeligen stehen neben der beiläufigen Erwähnung einer ledernen Luftmatratze (*mit hermetisch verwahrten Nähten*), mit der im Reisegepäck man die Ausstattung schlechter Gasthäuser abpolstern kann.

Die *Kurzen Reisenachrichten* enthalten auch die Schilderung von Veranstaltungen und Ereignissen, zum Beispiel eines Maskenballs: *Ich versichere Sie, die ganze Mummerey war sehr unterhaltend*. Knigge, der die Aufklärung und die kritische Beobachtung nicht lassen kann, spießt sogleich wieder Missstände auf: die Verschwendung, mit der ein Adliger Schnee aus dem Harz herbeischaffen lässt, nur um eine Schlittenfahrt ausrichten zu lassen, und überhaupt all die Maskeraden, Schlittenfahrten, Tanzfeste. Aber er verschont auch sich selbst nicht: *Ich denke immer, da ich nun bald ein alter Kerl bin, und die jungen Mädgen lieber mit glatten Jünglings-Gesichtern als mit runzlichten Figuren tanzen, so muß ich, durch die Lebhaftigkeit, mit welcher ich das Ding angreife, diese Unannehmlichkeit versüßen, welches mir denn auch um desto eher gelingt, da würklich unsere heutigen entnervten Jünglinge so wenig wahrhaftes Feuer, so wenig Kraft haben, daß ein gesundes, frisches Mädgen, sechs solcher papierenen Männerchen in Einem Abende niedertanzt.*[505] Knigge ist zu diesem Zeitpunkt gerade etwas über vierzig Jahre alt.

Zu den Merkwürdigkeiten, von denen der Hauptmann von Weckel erzählt, gehört auch eine Anekdote aus der Kiste schwarzer Pädagogik: Im ansbachischen Eschenbach werden einmal im Jahr die Schulkinder in ein kleines Zimmer gesperrt, das dann *mörderisch angeheizt* wird, um den Kindern einen Begriff vom Fegefeuer zu geben. Nach einiger Zeit werden sie in einen anderen Raum geführt, *wo man ihnen Kuchen, Bretzel und zu Trinken reicht, um ihnen einen Vorgeschmack vom Himmel zu geben.*[506]

Die Vision von interessanten Reisen verlässt Knigge nie. Selbst, als er im Sommer 1792 seine Tage größtenteils im Bett verbringen muss, schreibt er Reisebriefe. Diese fiktiven, aber auf Erfahrungen und Beobachtungen beruhenden Briefe sind, so das literarische Konstrukt, von einem Mann geschrieben, der nicht mehr mit einem sorgenfreien und ruhigen Leben in Europa rechnet, Kriege und *innere Gährung* voraussieht und nach Amerika auswandern will. *Es ist nun fest bey mir beschlossen, theuerster Freund! auf immer verlasse ich diese Gegenden,* schreibt er aus Metz. Die Briefe sind also Abschiedsbriefe von einer Abschiedsreise durch deutsche Länder und Städte. Die Stationen sind Saarbrücken, Zweibrücken, Bad Dürckheim, Heidelberg, Darmstadt, Frankfurt, kleinere Orte in Hessen, Kassel, Kahnfahrten auf der Fulda und der Weser, schließlich Bad Hersfeld, Hameln, Meinberg, Nenndorf, Hannover, Celle und endlich, besonders ausführlich, Bremen.[507] Er beschreibt Landschaften und Bauwerke, Hoffeste, Jagdszenen und gastfreundschaftliche Begegnungen, er registriert seit einem früheren Besuch eingetretene Veränderungen: *die Leute kommen mir verschlossener, furchtsamer und niedergeschlagner vor, wie ehemals.*[508] Alles ist *interessant für den Menschen-Beobachter.*[509] Im Kloster Corvey zum Beispiel erwähnt er zunächst das prächtig gebaute Kloster, merkt dann aber an, dass *unter der Aufsicht des gefürsteten Abtes eine große Anzahl wohlbeleibter Mönche gefüttert wird.*[510] Durch alle diese kleinen Beobachtungen sind die Darstellungen kurzweilig und erklären durchaus den Leseerfolg. Die Buchbesprechungen waren positiv, die erste Übersetzung, ins Niederländische, kam schon im Erscheinungsjahr 1793 auf den Markt.

In diesen Abschiedsbesuchen und Abschiedsbriefen blickt nicht nur der fiktive Briefschreiber, sondern auch der Autor Knigge ein letztes Mal auf seine alte Welt. Der Abschied fällt schwer. Als wolle er sich noch einmal vor Augen führen, was er aufgibt, beschreibt der Reisende, dankbar und kritisch zugleich, welche Menschen er trifft und was er vorfindet. Von der Tapetenherstellung bis zur Sprache, vom Theater bis zur Höflichkeit – alles wird liebevoll geschildert, aber auch sehr kritisch gewürdigt. Der Briefschreiber interessiert sich für fast alles: die Stadtentwicklung, zum Beispiel Kassel als *Mittelding zwischen Paris und Berlin*, das Bildungs- und Erziehungswesen (in Celle) oder die Einrichtungen der Hansestadt Bremen, wo er auf der Durchreise nach Amerika eine Weile bleibt und viele der gastfreundlichen Bewohner kennenlernt.

Auf mehr als sechzig Seiten gibt er Einblicke in das Leben der alten Hansestadt, und natürlich sprechen aus den Briefen Knigges eigene Erfahrungen, die er seit 1790 in Bremen gemacht hat. Für ihn war die 40 000 Einwohner zählende Stadt längst zur Heimat geworden, und die Briefe über Bremen spiegeln seine Gefühle, vor allem seine Hochachtung für die Stadt. Zwar verkennt er nicht, dass die Umgebung Bremens *dem Auge wenig Vergnügen gewährt*, zwar vermisst er öffentliche Gärten, wie man sie aus Leipzig, Hamburg, Wien oder München kennt, doch findet er große Lobesworte für die öffentlichen Einrichtungen wie die Polizei (der Begriff umfasste damals die gesamte Verwaltung der Polis), die Waisenhäuser und Armen-Anstalten, die Schulen, das Militär, die ärztliche Versorgung und auch den Stadtrat und die Kirchen. Er preist den Fleiß der Kaufleute und Handwerker und lobt die Aufgeklärtheit der Bürger, begrüßt aber – auch hier höchst widersprüchlich –, dass Juden nicht Einwohner der Stadt sein dürfen und fremde Juden sich nur zur Zeit des Freimarktes und nur *unter gewissen Bedingungen* in Bremen aufhalten dürfen.[511]

Viele Werke Knigges sind mit Reiseabenteuern ausgeschmückt. Außer in der *Reise nach Braunschweig* und im *Roman meines Lebens* spielen im *Amtsrath Gutmann* Reisenachrichten eine Rolle, und auch der *Umgang mit Menschen* befasst sich mit den Herausforderungen des Reisens.[512]

Für Knigge sind die in seine Schriften verwobenen Reiseberichte natürlich ein willkommenes Vehikel für die Lust, der Gesellschaft den Spiegel vorzuhalten und die Ideale der Aufklärung anschaulich zu machen. Schon Jonathan Swift mit »Gullivers Reisen«, Voltaire mit »Candide« und Daniel Defoe mit »Robinson Crusoe« waren mit fiktiven Geschichten diesen Weg gegangen. Forster hatte mit seiner »Reise um die Welt« (1777) sogar die europäische Kultur im Ganzen infrage gestellt. Und Nicolai hatte mit seiner »Beschreibung einer Reise durch Deutschland und die

Schweiz« (1781) eine kritische Bilanz der Aufklärung gezogen. Seither sind immer wieder Reiseberichte der Horizont, vor dem eigene Wege und Welten infrage gestellt oder angeeignet werden: Seumes »Spaziergang nach Syrakus«, Goethes »Italienische Reise«, A. v. Humboldts Bericht über seine Expedition nach Südamerika, Darwins Tagebücher, Pückler-Muskaus Reiseerzählungen, Eichendorffs »Taugenichts«, Tiecks »Wanderungen« und Heines »Reisebilder«. Diese Tradition wird sich bis ins 20. Jahrhundert fortsetzen mit Autoren wie Kisch, de Beauvoir, Andersch, Böll, Koeppen, Canetti, Nooteboom, Enzensberger und anderen.

Knigges Reiseberichte sind weniger Reisebeschreibungen als politische Reisereportagen, auch und gerade dann, wenn sie Teil einer literarischen Fiktion sind. Er übernimmt die Forderung Johann Gottfried Seumes, Reisebeschreibungen sollten »immer nahe bey den Thatsachen sein«. Deshalb gehört für ihn zur Reisebeschreibung immer auch die Auseinandersetzung mit den politischen und gesellschaftlichen Verhältnissen an den jeweiligen Höfen und im Leben der Bürger eines Landes. Er schildert die Zustände in exemplarischen Situationen, und er tut es mit deutlichem Interesse für den aktuellen Stand der Dinge, von dem er weiß, dass er sich ändern kann und ändern wird. Seine Beobachtungen folgen einem offenen Raster, sein Blick ist der Blick des Journalisten, der nicht irgendetwas beweisen will, sondern der beschreibt, was er sieht. Wie man an den *Briefen aus Lothringen* erkennt, spielt bei Knigges politischen Reiseberichten die Herausforderung eine große Rolle, die für ihn und seine Zeitgenossen in Europa durch die Existenz der Vereinigten Staaten von Amerika entstanden ist.[513] Dabei ist es »eine sehr gekonnte publizistische Strategie, die Beschreibung der deutschen Zustände auf das Ideal Amerika prallen zu lassen.«[514]

Auch im *Umgang* beschäftigt sich Knigge auf 24 Seiten mit dem Reisen und spart nicht mit Ratschlägen, die von der richtigen inneren Einstellung bis zur Kleiderfrage reichen. Aufschlussreich sind besonders jene Passagen, in denen Knigge thematisiert, wie man auf Reisen vermeiden kann, übers Ohr gehauen zu werden. Er muss unglückliche Erfahrungen gemacht haben. Die Lust am Reisen hat er trotzdem nicht verloren. Er weiß, dass Reisen gesellig macht, dass man Bekanntschaften schließt und das Leben leichter wird, weil man seine *häuslichen und andere Sorgen* nicht mitnehmen kann.[515]

Vom Geist der Utopie
PETER CLAUS

Es ist ein ehrwürdiges Muster. Man beschreibt einen Ort, den es gar nicht gibt und erreicht damit zweierlei: Die Gegenwart kann kritisiert, die Zukunft entworfen werden. Die Verhältnisse des eigenen Gemeinwesens werden scharf gezeichnet, alles Negative zum Vorschein gebracht – und zugleich entsteht ein Idealbild, das alles Positive aufleuchten lässt. Das Ideal im Dort und Übermorgen stellt sich dem Unzulänglichen im Hier und Heute entgegen. Alle Utopien der Geschichte haben dies getan, von Platons »Politeia« und Thomas Morus »Utopia« bis zu Aldous Huxley und George Orwell.

Auch in der deutschsprachigen Literatur des 20. Jahrhunderts findet sich die Denkfigur des Utopischen erstaunlich oft, etwa bei Christian Morgenstern (Auf dem Fliegenplaneten), Franz Werfel (Stern der Ungeborenen), Arno Schmidt (Schwarze Spiegel), Walter Hasenclever (Der politische Dichter), Elias Canetti (Die Befristeten), Friedrich Dürrenmatt (Porträt eines Planeten), Günter Kunert (Futuronauten), Carl Améry (Der Untergang der Stadt Passau), und Hans Magnus Enzensberger (Utopia).

In Knigges Werk nimmt der Geist der Utopie einen beträchtlichen Raum ein – die utopische Erzählung ist ein für die Aufklärung typisches literarisches Genre: in der *Geschichte Peter Clausens*, der *Geschichte des armen Herrn von Mildenburg*, in den *Verirrungen des Philosophen oder Geschichte Ludwigs von Seelberg*, in *Benjamin Noldmanns Geschichte der Aufklärung in Abyssinien*, im *Zauberschloß* und auch im *Politischen Glaubensbekenntnis Josephs von Wurmbrand*.[516] In die *Geschichte Peter Clausens* hat Knigge die utopische Erzählung vom Traum des Herrn Brick als eine selbständige Einheit eingefügt. Die Erzählung gibt sich nicht als eine in sich geschlossene

Sequenz, sondern als eine Reihe von immer wieder unterbrochenen Fortsetzungen – was möglicherweise als literarisches Symbol für die Bruchstückhaftigkeit des utopischen Abenteuers von Christoph Heinrich Brick verstanden werden kann. Brick begibt sich nämlich in das archaische Goldene Zeitalter, indem er sich einer Entdeckungsfahrt des Kapitäns Cook in die Südsee anschließt. Damit gibt Knigge seiner Erzählung eine aktuelle Note, denn Cooks Reise hatte gerade, 1772, stattgefunden. Knigge folgt dabei der alten Vorstellung, ein Teil des Paradieses habe sich irgendwo erhalten und sei durch geographische Besonderheiten von der Sintflut verschont geblieben. Ein Sohn Adams habe dort eine Kolonie gegründet, und seine Nachkommen sprächen hebräisch oder aramäisch. K. H. Göttert weist darauf hin, dass Kolumbus einen der Sprache Jesu mächtigen Juden an Bord hatte, um sich mit den Bewohnern des Paradieses verständigen zu können.[517]

Auf seiner Weltreise trifft Knigges Seefahrer auf drei Varianten utopischer Gesellschaftsmuster, die immer wieder eine gewisse Realitätsferne und Naivität spiegeln: Auf einer tropischen Insel wird er von der Lebensart, Unschuld und Naivität der Bewohner so überwältigt, dass er eine Eingeborene zur Frau nimmt und seine Reisegefährten allein weitersegeln lässt. Bald aber muss »Bricki« – so nennt ihn seine Geliebte – erkennen, dass er die Zivilisation entbehrt (*Ich wünschte mir Bücher*). Zugleich erlebt er sich als wilden, schändlichen Europäer, dessen *Geblüth erhitzt* wird vom Anblick der natürlichen Grazie eines jungen, blühenden Mädchens. Sofort meldet sich das schlechte Gewissen: *Auf diese Art nagte das Gefühl meiner eigenen Unwürdigkeit, die unruhige Thätigkeit, und das gewohnte Verlangen nach immerwährendem Wechsel ... an meinem Gemüthe.*[518] Als dann seine im fünften Monat schwangere Geliebte darunter leidet, dass er alle Heiterkeit verloren hat, findet Brick sich im Traum eines Morgens am Strand wieder: *Ich saß einsam am Ufer des unruhigen Meeres, und machte mir selbst Vorwürfe, daß ich im Begriff wäre, ein ruhiges Völkgen durch meine armselige Cultur um Glück und Frieden zu bringen – Flieh, weil es noch Zeit ist, und sollte Dir's das Leben kosten.*[519] Mit dem Gedanken *Was wird Dein treues Weib sagen?* findet der träumende Brick einen kleinen Nachen am Strand und lässt sich darin aufs offene Meer treiben. Er erreicht die Eiszone, die Cook nicht durchdringen konnte, wird in schneller Fahrt durch eine Rinne fortgerissen und trifft jenseits der Eismassen auf ein stilles Meer, das immer wärmer und lieblicher wird, je mehr er sich dem Südpol nähert. Gegen Abend sieht er *das flache Ufer eines schönen Landes voll herrlicher Gewächse und Bäume.* Er wundert sich darüber, dass seine Anschauung nicht mit seinen Kenntnissen übereinstimmt. *Ich weiß wohl, meine werthesten Freunde! Daß es Euch unglaublich vorkommen wird, wenn ich Euch erzähle, daß grade unter dem Pole ein so liebliches Clima herrscht, da es, nach der gemeinen Meinung, nirgends kälter seyn müßte als da.*[520]

Brick ist hungrig und müde. Er isst von den Früchten, die er in großer Fülle vor sich sieht, und schläft ein. Als er aufwacht, stehen vor ihm ein Mann und eine Frau, beide von unerhörter Schönheit, nackt, voller Hoheit und Würde. *Das strahlende Ebenbild des großen Schöpfers glänzend auf der heitern Stirne.* Man verständigt sich in Zeichensprache, man verständigt sich gut. Brick bemerkt, während er den beiden folgt, dass sie eine Art von Hebräisch sprechen. Das Paar betrachtet den Ankömmling verwundert, mitleidig, bedauernd. Brick empfindet die geringe Achtung, *mit welcher diese ungezierten Geschöpfe auf ein Männlein herabblickten, das zu einer Nation gehört, die sich rühmt, die Herrschaft des Erdbodens zu Wasser und zu Lande zu besitzen und alle übrigen Völker zu cultiviren.*

Das schöne Paar führt den Europäer in ein Dorf, in dem alte Leute sitzen und Kinder umherspringen. *Gesundheit, Freude und Unschuld auf den Gesichtern.* Brick wird freundlich aufgenommen. Die Einwohner erzählen ihm von ihrer Herkunft und ihrer Geschichte, die sie auf einen Sohn Adams zurückführen, der hier eine Kolonie unverdorbener Menschen gegründet habe, die dann von der großen Überschwemmung, der Sintflut, verschont geblieben sei. Die Menschen hier sind zwar nicht unsterblich, doch kennen sie weder Krankheit noch Gebrechlichkeit. Sie brauchen wenig Schlaf. Sie essen nie das Fleisch ihrer Mitgeschöpfe. *Welch ein Leben! – Keine Krankheiten – Kein Eigenthum – Kein Luxus – Keine Leidenschaften – Keine Fürsten – Keine Pfaffen!* Und sie sterben gesund: *Ein sanfter Schlaf nahm jeden zu einer besseren Sphäre Vorbereiteten, nach einer langen Reye glücklich und sorgenlos verlebter Jahre aus der sichtbaren Welt hinweg.*

Brick begreift, dass er unter diesen vollkommenen Menschen nicht bleiben kann.[521] Er fühlt sich zu schwach und *von einem Heer unruhiger Leidenschaften bestürmt*. Ein Greis, der Bricks Trauer spürt, nimmt ihn bei der Hand und erklärt ihm, dass er in einer anderen Welt zu einer höheren Stufe der Vollkommenheit gelangen könne. Jetzt aber solle er weiterreisen in ferne Länder und in seinem Vaterlande sterben. *In unsern Gefilden aber darffst Du nicht länger bleiben.* Der Alte reicht ihm eine geheimnisvolle Frucht, die ihn in einen tiefen Schlaf versetzt und entrückt. Als er aufwacht, findet er sich an jenem Strand wieder, an dem er in den Nachen gestiegen war. Er fragt sich, ob alles nur ein Traum war: *Wer will es wagen, meine Freunde! zu entscheiden, ob es wirklich also gewesen ist, oder nicht?* Bald findet sich Brick, jetzt wieder in seiner Roman-Realität diesseits des Traums, in einem utopischen Gemeinwesen vor, wieder also an einem utopischen Ort. Hier haben sich sechzig Familien auf einer Insel einen egalitären Staat geschaffen, in dem jeder gleich viel besitzt und gleich viel verbrauchen darf.[522]

Wie im *Traum des Herrn Brick*, arbeitet Knigge auch in anderen Arbeiten mit einer Denkfigur, die ihm die Kritik am Bestehenden und zugleich die Beschreibung eines Ideals erlaubt. Damit baut er eine Brücke zwischen seinem konservativen Staatsverständnis und seinen späteren revolutionstheoretischen Schriften. Fast unmerklich nähert er sich dabei in den Familienromanen der Struktur des Staatsromans. Die Motivik des Familienromans dient ihm als Einkleidung politischer Problemstellungen.[523] Zum Beispiel im *Zauberschloß*. Hier will der Prinzenerzieher den Thronerben nicht zum Fürsten, sondern zuallererst zum Menschen erziehen. Aber er scheitert an der Unmöglichkeit, einen jungen Menschen ohne Rücksicht auf seinen zukünftigen Stand zu erziehen, wenn dieser schon längere Zeit unter dem Einfluss seines Milieus gestanden hat. Die Einebnung von Standesunterschieden wird nicht durch individuelle Erziehung und Bildung ermöglicht, sondern nur durch eine politische Reform. Nicht umgekehrt.

Ebenso scheitern alle Bemühungen des Grafen im *Amtsrath Gutmann* (1794), nach seiner Zeit im Hofdienst der unerträglichen Leere und Apathie, der *Seelen-Erschlaffung* und Langeweile zu entkommen. Dietrich Naumann spricht von der »Genese der Melancholie aus der Handlungshemmung«.[524] Graf Tunger (1791) kann seine Depression nur privat lösen, nicht politisch oder gesellschaftlich: Er zieht sich in sein altes Schloss zurück, das früher einmal ein Kloster gewesen war, und kümmert sich nur noch um die Renovierung des alten Gemäuers. Er gibt Bälle und Jagd-Partien und lädt seine Gäste oft für mehrere Wochen ein. Doch er bleibt trotzdem isoliert und verlassen, obgleich er seine Wohltätigkeit ständig ausweitet und auch nicht unbeliebt ist. Zwar entschläft er schließlich *sanft und ruhig,* aber Knigges Schilderung seiner Lebensgeschichte lässt keinen Zweifel daran, dass für ihn die private Idylle niemals das Modell eines utopischen Lebensentwurfs sein kann.

Glückseligkeit ist Lebensgenuss
NOLDMANN

Deutlicher noch verfolgt Knigge den Gedanken vom Zusammenhang zwischen individueller Glückseligkeit und gesellschaftlichem Wohlergehen in den Arbeiten, die er in seinem *Literarischen Testament* den politischen Schriften zuordnet: in dem satirisch-utopischen Roman *Benjamin Noldmanns Geschichte der Aufklärung in Abyssinien* (1790) und dem *Politischen Glaubensbekenntnis Josephs von Wurmbrand* (1792). Hier geht es offen und kaum verschlüsselt um nicht weniger als den Entwurf einer Geschichtsphilosophie zwischen Fortschrittsglauben und bloßer Verfallstheorie im Sinne Rousseaus.[525] Die Kritik an den spätabsolutistischen Systemen in Europa wird umgesetzt in Überlegungen zur Reform des staatlichen und öffentlichen Lebens. Als Satire und Utopie ist der *Noldmann* »Analyse, Diagnose, Prognose und Programm der deutschen Aufklärungsbewegung um 1790.«[526]

Noldmann – der Name taucht schon in der *Geschichte Peter Clausens* auf – ist Advokat in Goslar. Ihn hat ein Angebot erreicht, mit dem ihn sein Vetter Joseph von Wurmbrand, inzwischen Minister beim Negus von Abyssinien, bittet, bei der Einführung der Aufklärung in Abyssinien behilflich zu sein. Noldmann bricht sofort auf. In Afrika angekommen, staunt er darüber, wie stark die kleinen Fürstenhöfe den Verhältnissen in Deutschland nahekommen: die gleiche Willkür, die gleichen infantilen Marotten (*Den König von Bugia fand ich beschäftigt, Zahnstocher aus Sandelholz zu schnitzeln*), die gleichen Unsitten, die gleiche Habgier, Wollust und seelenlose Dummheit.[527]

Noldmann soll den Kronprinzen auf einer Reise durch Deutschland begleiten. Der Thronfolger soll sich zusammen mit Noldmann ein Bild von der Aufklärung machen. Die Reisegruppe trifft in Hamburg ein, die ersten Eindrücke sind hell und freundlich: *Es war eine unbeschreiblich angenehme Empfindung für mich, als wir in Hamburg an das Land stiegen.*[528] Für Noldmann ist Hamburg das Muster für ein gutes republikanisches Gemeinwesen mit demokratischer Verfassung. Umso deutlicher kommt schon hier an den Tag, dass der weitere Verlauf des Aufenthalts in Deutschland unter keinem guten Stern steht. Der abyssinische Prinz gewärtigt lauter höchst peinliche Erlebnisse. In Kassel tritt er in den Militärdienst, um eigene Erfahrungen zu machen. Die aber wachsen sich zu einer Katastrophe aus, als der Prinz eines Tages ohne Rücksicht auf seinen Stand und seinen Status als Gast mit zwanzig Stockschlägen traktiert und *einige Stunden krumm geschlossen* wird, weil er zu spät zum Dienst erschienen war und dann auch noch *naseweis* geantwortet hatte.

Von da an geht alles schief: Die Ausschweifungen des Prinzen machen ihn krank, in Wien verträgt er das Essen nicht und in Prag wird er von einem heftigen Fieber befallen. Er wird von Gaunern, der Post und der Polizei übers Ohr gehauen, leidet unter den Geschmacklosigkeiten in den Kirchen – katholischen wie protestantischen – und muss erleben, dass in einigen deutschen Staaten sogar die Folter noch erlaubt ist und auch angewendet wird. Kurzum, der abyssinische Prinz kehrt verwirrt und verdorben in seine Heimat zurück. Noch während seiner Reise durch Deutschland war im fernen Abyssinien plötzlich und unvorhergesehen der Negus gestorben. Der Prinz tritt dessen Nachfolge an, aber keineswegs als aufgeklärter Herrscher, sondern als zynischer und unmenschlicher Despot.

Es stellt sich heraus, dass der Prinz auf seiner Reise durch Deutschland von der Aufklärung rein gar nichts verstanden, stattdessen aber die despotischen Allüren unaufgeklärter Potentaten übernommen hat. Als dann im Nachbarstaat Nubien eine Revolution gegen die dortigen Despoten ausbricht, schickt der neue Negus zur Niederschlagung des Aufruhrs Truppen in das benachbarte Krisengebiet, ohne vorauszusehen, dass seine Soldaten von den nubischen Revolutionären vor allem lernen, Freiheit und Menschenwürde zu respektieren. Sie weigern sich nach ihrer Rückkehr in die Heimat, ihre Waffen gegen das eigene Volk zu richten. Zu diesem Zeitpunkt, so der Roman, liegt der Negus jedoch an einer Entkräftung darnieder, die er sich *durch allerhöchstdero Ausschweifungen* zugezogen hat.[529] Er flieht vor dem aufgebrachten Volk und der »Volks-Armee« und stirbt außer Landes. Nachfolger wird sein Bruder, der fern vom Hof in einem Kloster gelebt hatte, so dass er nicht von der bisherigen Politik korrumpiert ist. Er entwickelt unverzüglich ein Programm für die anstehenden Reformen. Er setzt sich vorübergehend an die Spitze der Armee und beruft ein National-Collegium ein, um Reformen durchzusetzen und eine Staatsverfassung zu erarbeiten. Die Reformen zeigen die Handschrift einer neuen, einer utopischen Politik. Die Monarchie und der Adel werden abgeschafft, die Demokratie in Abyssinien wird begründet.

Knigge bekennt sich im *Noldmann* offen zu einer republikanischen Verfassung und zu den Menschenrechten, wie sie die Französische Revolution formuliert hatte. Er wählt die Romanform, um freier mit den utopischen Versatzstücken seiner Geschichte umgehen und leichter die Verzahnung mit den politischen Realitäten der unmittelbaren Gegenwart herstellen zu können. Weiteren Spielraum verschafft er sich durch surreale Verfremdungen, wenn er zum Beispiel von einem 1800 Jahre alten Grafen in seinen besten Jahren und einem Lakaien erzählt, der *noch nicht viel über 500 Jahre* bei diesem Grafen diente.

Der Geschichte einer misslungenen Informationsreise durch Deutschland – das Licht der Aufklärung wird verdunkelt durch das Unvermögen der Menschen – gibt Knigge also schließlich doch noch ein glückliches Ende. Er sprengt jetzt endgültig die Form des Romans, indem er auf 115 Seiten den Entwurf einer Verfassung vorlegt und *allgemeine Begriffe von bürgerlicher Freiheit und Gesetzgebung* formuliert. Er behandelt die Funktionsweise der Staatsämter und der Stände, er wirft die Frage der väterlichen Gewalt in der Kindererziehung auf, des Eigentums und des Erbrechts, des Steuerrechts, der Religion, der Justiz und der Polizei, des Kriegswesens und schließlich der Wissenschaft und der Kunst. Damit gehört Noldmanns Geschichte endgültig dahin, wo der Journalist Knigge sie selbst platziert hat: zu den politischen Schriften.

Der Roman ist eine Reaktion auf die Französische Revolution.[530] Er wird zum utopischen Entwurf einer neuen Staatsverfassung, in der die bürgerliche Freiheit ausgerufen und eine neue Gesetzgebung angekündigt wird. Der Text beginnt mit der Deklaration der Glückseligkeit: *Glückseligkeit ist Lebens-Genuß, und um des Lebens genießen zu können, muß man frey sein.*[531]
Anders als im republikanischen Staatsentwurf der Französischen Revolution wird hier die konstitutionelle Monarchie gefordert. In Knigges Verfassungsentwurf wird der König auf sechs Jahre gewählt, ist aber an die Gesetze gebunden. Seine Person *ist nicht heiliger als die eines jeden anderen nützlichen Bürgers, ihm wird keine Art von äußerer, sclavischer Verehrung bewiesen, er ist kein Gesalbter und kein Statthalter Gottes.*[532] Auch der erbliche Adel, die entsprechenden Titel und die Leibeigenschaft werden abgeschafft. Die Verfassung erklärt die Ehe als Einehe für schützenswert, regelt aber auch die Möglichkeit der Ehescheidung, die Rechte der Kinder, die schulische Bildung, die Stellung der Lehrer (sie gehören *zu der geachtetsten Classe unserer Mitbürger*), die Ausstattung der Schulen, die Freiheit der Berufswahl, das Erbrecht, die Verteilung von Grund und Boden, die Regelung der Steuern und Abgaben, die Rolle der Religion, der Justiz und der Polizei. Die Gewerbefreiheit gilt für alle. Die Zünfte, und auch die Todesstrafe, werden abgeschafft.
Knigge hat überlegt – trotz der Sorge, er könne sich dadurch lächerlich machen – seinen Verfassungsentwurf an die französische Nationalversammlung zu schicken, nachdem diese alle Schriftsteller aufgefordert hatte, Material für ein neues Gesetzbuch zu liefern.[533] Umso erstaunlicher ist die Tatsache, dass Knigges Verfassungsentwurf zunehmend die Züge einer dirigistischen Überregulierung annimmt, so zum Beispiel, wenn der Lohn *für Gesinde, für Arbeitsleute, Tagelöhner etc. im ganzen abyssinischen Reiche* einheitlich vorgeschrieben wird und dann gelten soll: *wer mehr nimmt, oder mehr bezahlt, wird bestraft.*[534] Oder wenn alle Einzelheiten bei Begräbnissen einheitlich und genau vorgeschrieben oder genaueste Einreisebestimmungen erlassen werden. Sehr weitgehend werden auch die Fragen des Militärs und der Wehrpflicht geregelt, ebenso der Umgang mit alten Menschen, mit den Wissenschaften oder den Universitäten. Auch im utopischen Abyssinien bleiben das

Militärregime und die Zensur bestehen. Schauspiele werden nicht geduldet. Knigge will damit offenbar bewusst machen, dass eine wahre und umfassende Aufklärung unter den Bedingungen von Absolutismus und Despotie nicht möglich ist.[535]

In der Tat muss man aus der Perspektive des 21. Jahrhunderts – mit den Erfahrungen aus Militärdiktaturen, kommunistischen und realsozialistischen Regimen – diese Auswüchse des Staatsdenkens in die Nähe jener despotischen Herrschaftsstrukturen rücken, die Noldmanns Verfassungsentwurf gerade überwinden will. Es wäre überdies ein Missverständnis, wollte man den Verfassungsentwurf im *Noldmann* in allen Einzelheiten als Spiegelbild der politischen Überzeugungen Knigges verstehen. Denn der Roman stellt am Ende selber die Distanz zu dem Maßnahmenkatalog des Entwurfs her, so dass zum Beispiel K. H. Göttert ambivalent resümieren kann: »Knigges politisches Denken ist in seinem Kern nicht progressiv, wenn auch vielleicht nicht schlichtweg konservativ.«[536] Nicht nur, dass Noldmann zugibt, *wie Manches wohl vorerst noch ganz unausführbar ist.*[537] Auch das *abschließende Gespräch mit dem Prinzen* relativiert die Festlegungen des Verfassungsentwurfs. Noldmann sieht die Sache ganz anders als der Prinz. Er ist begeistert von seinem eigenen Text: *Ich war so entzückt über den Inhalt – er war so ganz aus meiner Seele hingeschrieben – daß ich mich in dem Drange meiner Empfindungen dem Prinzen zu Füßen warf und ausrief: Erhabenster Monarch! Wie ist es möglich, daß ein Fürstensohn so den heiligen Natur-Gesetzen und Menschenrechten das Wort reden kann?*[538] Der Prinz jedoch reagiert nüchtern: *Ich sehe wohl, daß Du den Europäer nicht ganz vergessen kannst.* Und dann gibt er Noldmann und seinem Vetter Wurmbrand zu verstehen, dass beide nicht in Abyssinien bleiben können und dass er schon alle Vorbereitungen für die Abreise nach Kairo getroffen hat, von wo sie dann mit dem Schiff nach Europa weiterreisen können. Im Roman heißt es zum Schluss: *Mit diesen Worten verließ uns der gute Prinz ohne unsre Antwort zu erwarten.*

Politisches Glaubensbekenntnis
WURMBRAND

Knigge ist unbeirrbar. Neben seinen Amtsgeschäften als Oberhauptmann und trotz seiner allgegenwärtigen Krankheit arbeitet er in schier unglaublicher Geschwindigkeit an den Werken, die ihm für den Rest seines Lebens viel Ärger und viel Ehre einbringen und die ihn zu einem wahrhaft politischen Schriftsteller machen sollen. Die Schriften, die mit den Namen Noldmann, Schaafskopf und Wurmbrand benannt sind, erscheinen in rascher Folge.

Europa ist in den Jahren nach dem Sturm auf die Bastille von Revolutionsangst und Gewalt erschüttert. In Deutschland geht die Angst vor dem Übergreifen des Revolutionsfeuers um, die staatliche Zensur beobachtet jede Regung kritischen Denkens mit verschärftem Argwohn. Entsprechend wächst die Bereitschaft zu verbaler Gewalt, vorauseilender Denunziation und nervösen Übergriffen der staatlichen Behörden. Mancher Autor versteckt sich hinter einem falschen Namen oder bleibt anonym. Dann halten sich die staatlichen Fahnder an den Verleger. Mancher wird mit einer Geldstrafe belegt, wie - im Fall von Knigges *Wurmbrand* - der Verleger Christian Friedrich Helwing in Hannover.

Knigge hatte schon 1791 zum Deckmantel der Anonymität gegriffen, als er die beiden Teile des Romans *Benjamin Noldmanns Geschichte der Aufklärung in Abyssinien oder Nachricht von seinem und seines Herrn Vetters Aufenthalte an dem Hofe des großen Negus, oder Priesters Johannes* herausbrachte. Jetzt bedient er sich der literarischen Form der Satire: *Des seligen Herrn Etatsraths Samuel Conrad von Schaafskopf hinterlassene Papiere; von seinen Erben herausgegeben.*[539] Die *kleine Posse* erscheint offiziell 1792, nachdem das Manuskript schon 1791 vorlag. Es handelt sich um eine Streitschrift von eminent politischem Zuschnitt. Zwar klingt das vorangesetzte Motto eher wie aus einem Lehrstück für den Umgang mit Menschen entnommen: *Die Narren sollten einem Schriftsteller danken, wenn er ihre Thorheiten so schildert, daß sie selbst in allen Ehren mitlachen können, aber sie verrathen sich mehrenteils durch Zorn.*[540] Aber die gesellschaftspolitische Bedeutung der Satire ist nicht zu übersehen. Es geht nicht um privaten Humor, sondern um die öffentliche Angelegenheit der *Denk-, Sprech- und Preßfreiheit*. Die Grenzen zwischen privat und öffentlich sind offenbar nicht immer leicht zu erkennen. Pfingsten 1792 sieht sich Knigge veranlasst, einen Brief von Sophie von la Roche zu beantworten, in dem die bekannte Schriftstellerin Bemerkungen des Geheimrats Schaafskopf auf sich und ihre literarische Arbeit bezieht. Knigge, seit neun Monaten krank und *höchstens 4 Stunden täglich außer Bette*, erklärt ebenso erschrocken wie glaubwürdig, dass er *auch nicht auf die entfernteste Weise* an sie gedacht habe: *Wenn ich Ew. Gnaden könnte gemeint haben, so wäre ich, nicht Sie, ein Candidat des Pinsel-Ordens.*[541]

Im *Schaafskopf* demonstriert Knigge am Beispiel seiner satirischen Erfindung des Pinselordens, wie sehr die privaten mit den öffentlichen Angelegenheiten verknüpft sein können. Er kommt noch einmal auf seinen Erzgegner Zimmermann zu sprechen, der ihn politisch und persönlich infam angegriffen hatte. Er versenkt diesen Zimmermann jetzt in der Kiste des Pinselordens, indem er ein Mitglied dieser fiktiven Gemeinschaft sagen lässt: *... noch neulich haben wir einen großen, berühmten Arzt aufgenommen, der, nachdem er lange unser abgesagtester Feind gewesen war, sich auf einmal bekehrte, von Staatssachen schrieb, alle seine bisherigen Freunde, die Anhänger der gefährlichen Vernunft, mit Ungestüm von sich stieß und zu unserer Fahne überging.*[542] Auch Kotzebue wird von Knigge wegen der Schrift »Bahrdt mit der eisernen Stirn« bei den Pinseln eingemeindet.[543]

Im März 1792 erscheint dann, wieder anonym und ebenfalls mit einem umständlichen Titel, ein Buch, das sich durch die fingierte Druckortangabe »Frankfurt und Leipzig« geheimnisvoll gibt: *Josephs von Wurmbrand, Kaiserlich abyssinischer Ex-Minister, jetzigen Notarii caesarii publici in der Reichsstadt Bopfingen, politisches Glau-*

bensbekenntnis, mit Hinsicht auf die französische Revolution und deren Folgen.[544] Obgleich es wirklich einen Ort Bopfingen (bei Nördlingen) gibt, könnt man einen Moment lang versucht sein, im *Wurmbrand* nur die Elemente einer übermütigen Satire zu erkennen.[545] Dagegen spricht allerdings der Umstand, dass Knigge seit seinem Amtsantritt in Bremen kein Privatmann mehr ist. Er kann sich nicht darauf verlassen, dass die Veröffentlichung folgenlos bleibt. Zimmermann, der getreue Feind, hat ja nicht aufgehört, Knigge als Umstürzler zu diffamieren.

Zwar wird in der Titelei des *Wurmbrand* kein Verfasser angegeben, die Vorrede aber ist mit vollem Namen unterzeichnet. Ein leichtsinniges Versehen kann das nicht sein. Der Name Wurmbrand ist ja schon aus der Noldmann-Geschichte bekannt. Durch die Unterzeichnung der Vorrede wird sogar die Anonymität beider Schriften aufgehoben. Das kann nur in vollem Bewusstsein des Risikos und der möglichen Folgen geschehen sein. Knigge will mit der halben Entschlüsselung etwas ankündigen. Er will öffentlich bekannt geben, dass er die Furcht vor Zensur und Obrigkeit ebenso hinter sich gelassen hat wie die Rücksichtnahme auf die Kotzebues und Zimmermanns. Die Aufhebung der Anonymität durch die Vorrede und ihre offizielle Beibehaltung im Titel ist ein Akt der Befreiung und die Demonstration einer neuen Unabhängigkeit und letztendlichen Furchtlosigkeit.

Der *Wurmbrand* – Knigge selbst hält das Buch für *das beste Werkchen, das ich je geschrieben habe*.[546] Es atmet in der Tat eine Atmosphäre von Unabhängigkeit und Furchtlosigkeit. Schon die Vorrede offenbart die Stimmung. Deutlicher noch als im *Noldmann* überschreitet Knigge im *Wurmbrand* in seiner politischen Argumentation die Grenze zur politischen Utopie. Knigge unterzeichnet den Text mit der Angabe *Bremen, im Februar 1792*. Offenbar ist die Vorrede erst nach der Fertigstellung des Buches verfasst worden. Möglicherweise wollte Knigge das politische Glaubensbekenntnis zunächst anonym oder eben unter dem Pseudonym Joseph von Wurmbrand veröffentlichen. Knigge begründet den Entschluss, jetzt doch den eigenen Namen zu verwenden, mit dem Versuch einer *wienerischen Zeitschrift*, ihn und andere *freymüthige, Wahrheit liebende Schriftsteller* verdächtig zu machen. *Meine Absicht* dabey ist, das Publikum zu überzeugen, daß ich mir bewußt bin, meine Grundsäzze sind von der Art, daß ich mich ihrer nicht zu schämen brauche, und daß es noch Gegenden in Teutschland giebt, in welchen eine weise Regierung dem Schriftsteller die Freiheit gestattet, über Gegenstände, die der ganzen Menschheit wichtig sind, unbefangen, aber bescheiden seine Meinung zu sagen.[547] Mit der »wienerischen Zeitschrift« ist die »Wiener Zeitschrift« gemeint, deren Herausgeber Aloys Hoffmann einen Text von Knigges Erzfeind Johann Georg Zimmermann veröffentlicht hatte. Der Titel der Polemik lautet: »Politisches Glaubensbekenntniß des Kaiserlich Abissinischen Exministers, jetzigen Churbraunschweigischen Oberhauptmann und Notarii caesarii publici in der Reichsstadt Bremen Adolphs, Freiherrn Knigge im Auszug mitgetheilt«. Knigge wird hier so heftig verleumdet und diffamiert, dass er sich zu einer gerichtlichen Klage gegen Zimmermann veranlasst sieht.[548] Was den Herausgeber der »Wiener Zeitschrift« angeht, begnügt Knigge sich damit, *dem Publico anzuzeigen, dass ich gedachten Hoffmann für einen ehrlosen Lügner erkläre.*[549]

Knigge muss vorsichtig sein – die deutschen Fürsten fühlen sich durch die Vorgänge in Frankreich bedroht und fürchten auch auf der rechten Seite des Rheins Aufruhr, Enteignung und Tod. Knigge muss doppelt vorsichtig sein, da er inzwischen als kurfürstlicher Oberhauptmann in Bremen Staatsbeamter ist. Er sichert sich ab, indem er seine Regierung lobt: *Ich bin in einem Lande einheimisch, wo Wahrheit sich nicht zu verstekken braucht, wo der gütigste Monarch und Die, denen er das Ruder des Staats anvertrauet hat, keiner Zwangsmittel und überhaupt keiner künstlichen Anstalten bedürfen, um Aufruhr und Empörung zu hindern.*[550] Knigge fasst 1792 seine Beurteilung der Lage – in Frankreich hatte die Terreur noch nicht begonnen, der König lebte noch – in dem viel zitierten Satz zusammen: *Wir haben in Teutschland keine Revolution, weder zu befürchten, noch zu wünschen Ursache, wenn nur die verschiedenen Regierungen, statt die Aufklärung zu hindern, mit ihr Hand in Hand fortrükken und die Mittel, Ordnung zu erhalten, mit der Stimmung des Zeitalters in ein richtiges Verhältniß sezzen.*[551]

Die Schrift ist eine der markantesten und mutigsten Wortmeldungen deutscher Intellektueller im Zusammenhang mit der Französischen Revolution. Konkret fragt Knigge: *Welche Folgen haben wir von der französischen Revolution zu fürchten, oder zu erhoffen?*[552] Mit seinen Gedanken, die im Geist der utopischen Verfassungsentwürfe geschrieben sind, will Knigge aber keinen Umsturz hervorrufen, sondern *ein Ideal aufstellen*: »Utopie nicht als konkreter Reformvorschlag, sondern als regulatives Ideal«,[553] das zugleich auch als Gegenbild zur gefühlten Temperatur des politischen Elends gegen Ende der absolutistischen Epoche funktioniert.

Knigge analysiert zunächst die Hintergründe, den Anlass und den Verlauf der Revolution in Frankreich. Er lehnt jede moralische Anmaßung bei der Beurteilung der Ereignisse ab und interpretiert sie objektivistisch aus den Gesetzen der Geschichte und aus den *Ebben und Fluthen der Cultur: Die Menschen sind nur die Werkzeuge in der alles ordnenden Vorsehung.*[554] Als historischer Prozess war die Revolution unvermeidbar und vorhersehbar,[555] *herbeygeführt durch eine Kettenreihe von Begebenheiten und durch die Fortschritte der Cultur und Aufklärung.*[556] Der publizistische Beobachter Knigge setzt sich mit den verschiedenen Meinungen zur Revolution in Frankreich auseinander, auch mit den Menschen, die überhaupt keine Meinung, *sondern die schaafsköpfige Gewohnheit haben, es immer erst abzulauern, wie eine Sache ausfallen wird, und dann hintennach zu versichern: das hätten sie gleich also vorausgesehen.*[557] Knigge rechnet aber auch die Schwierigkeit mit ein, sich mitten im Prozess – er schreibt im Januar 1792 – ein endgültiges Urteil zu bilden, zumal die Tatsachen *von Zeitungsschreibern, Journalisten und anderen Schriftstellern oft äußerst unvollständig, verstümmelt und entstellt vorgetragen werden.*[558]

Sehr differenziert hatte sich ein konservativer Intellektueller in die Debatte eingemischt: August Wilhelm Rehberg. Rehberg war Regierungssekretär in Hannover. Von ihm erschien 1792 eine Rezension des *Wurmbrand* in der »Jenaer Allgemeinen Literatur-Zeitung«.[559] Darin setzt er sich mit Knigges Vorstellung von Staat und Gewalt auseinander. Für ihn ist die staatliche Ordnung, so wie sie ist und ob gut oder schlecht, ein absolutes Gut, das zwar reformiert, nicht aber infrage gestellt werden darf – besser eine schlechte Ordnung als gar keine Ordnung. Für Rehberg ist, im Extremfall, eine einzige ungeahndete Gewalttat ein gefährlicherer Schaden für die

Gesellschaft als der Tod von Tausenden, die aufgrund rechtmäßiger Befehle sterben. Knigge dagegen hält Gewalt auf Zeit, auch gegen die staatliche Ordnung, unter Umständen für gerechtfertigt. Karl-Heinz Göttert meint, Knigge habe in dieser Sache nicht über die begrifflichen Mittel verfügt, auf Rehberg zu antworten. Erst Georg Forster habe die Argumente formuliert, als er erklärte, die republikanischen Gräuel seien »himmelweit verschieden« von den despotischen, weil die öffentliche Volksmeinung dem Gesetz der Notwendigkeit huldige.[560] Forster hat sich damit argumentativ aufs Glatteis begeben. Knigge dagegen kann weiterhin die Französische Revolution einschließlich ihrer Gewalttaten hinnehmen, ohne sie zu rechtfertigen. Er kann auch auf einen staatstheoretischen und moralphilosophischen Überbau verzichten, weil er die Mechanik der Geschichte durchschaut. Er fasst die Erkenntnis einer historisch unvermeidbaren Entwicklung in die Metapher einer Naturgewalt: *Schreibe dem Meere vor, wie weit es fortströmen soll, wenn es den Damm durchbricht, den Jahrhunderte untergraben haben.*[561] Das bedeutet: Wenn eine Regierungsform nicht mehr taugt und das Volk die staatliche Ordnung auch nicht mehr akzeptiert und in einer langen Leidensgeschichte von Not und Unterdrückung in eine verzweifelte Lage gerät, dann kann man nicht eine Ordnung an sich fordern. Wenn eine Regierung also nicht rechtzeitig Reformen einführt und das Volk für die Unterstützung der Ordnung gewinnt und damit Zufriedenheit ermöglicht, muss sie mit gewaltsamem Umsturz rechnen.

Nach seiner Abrechnung mit den Gegnern der Französischen Revolution versucht Knigge die Diskussion um eine Verfassung erneut in Gang zu bringen. *Welche Staats-Verfassung ist die beste?* fragt er in der Überschrift zum vierten Abschnitt. *Diese prahlende Überschrift scheint anzukündigen, daß ich, Joseph von Wurmbrand, mich unterfangen wolle, von Bopfingen aus zu entscheiden, worüber bis jetzt die grössten Staatsmänner noch nicht haben einig werden können, nämlich: welche von den bekannten Staats-Verfassungen das Glück der Völker am besten befördere?*[562] Knigge beantwortet diese Frage mit einer Reihe von staatstheoretischen Überlegungen und misst dann die politische Wirklichkeit an dem uralten Traum der Aufklärung, wie Kant ihn formuliert hat. Dieser Traum bindet Freiheit und Glück an die

Mündigkeit des Menschen: *Es ist ein herrlicher Traum, den Philosophen geträumt haben, aber es ist wohl nur ein Traum, daß einst eine Zeit kommen müste, wo das ganze Menschengeschlecht mündig geworden seyn, den höchsten Grad von Geistes-Bildung erlangt, zugleich seine moralischen Gefühle auf's Höchste veredelt haben und dann keiner Gesezze mehr bedürfen würde, um weise und gut ..., um seiner Bestimmung gemäß zu handeln.*[563]

Der Menschen- und Bestienkenner (Heine über Knigge) macht sich also keine Illusionen. Er weiß nicht nur, dass der größere Teil der Menschen immer unmündig bleibt, sondern sieht auch, dass der Mensch sich gern die Unabhängigkeit rauben lässt und auf eigenes Denken verzichtet, wenn er nur dafür seine Sorgen delegieren kann und der, der für ihn denkt, beruhigende Versprechen gibt. *Der Mensch läßt sich gern täuschen, wenn diese Täuschung nur tröstlich ist.* Deshalb sind für Wurmbrand die politischen und kirchlichen Systeme mitverantwortlich für die Unmündigkeit der Menschen. Schon das römische Recht ist *ein wahres Alphabet des Despotismus.* So aber ist es geblieben in absolutistischen Systemen und kirchlichen Verfassungen – vor allem dann, wenn Thron und Altar ein Bündnis eingehen. *Der Staat maßt sich das Recht an, zu entscheiden, wie man von Gott und göttlichen Dingen denken und reden, und nach welcher Form man dem höchsten Wesen seine Verehrung bezeugen solle.* Mit einer solchen Machthäufung entsteht eine Staatsreligion, deren Übermacht allenfalls Toleranz, nicht aber Respekt vor dem anderen zulässt. Wurmbrand fragt sich, ob jemand auch nur als Nachtwächter sein Brot verdienen könne, also mit einem Berufsverbot belegt wird, der sich den staatskirchlichen Dogmen und Normen nicht unterwirft. Er rechnet mit den staatlichen und kirchlichen Autoritäten ab: Die Überzeugung, die eigene Herrschaft beruhe auf göttlicher Gnadenwahl und berechtige zu jeder Willkür, auch wenn sie der Übereinkunft der Bürger im Contrat social entgegensteht, ist ein grobes Missverständnis: *Sie sehen das ganze Land als ihr Erbstück, als ihr Eigenthum an; sie vertauschen und verkaufen Provinzen, ohne sich darum zu bekümmern, ob die Unterthanen Lust haben, sich einem anderen Herrn zu unterwerfen, oder nicht.*

In genauer Kenntnis der absolutistischen Wirklichkeit schildert Wurmbrand die himmelschreienden Zustände an den Höfen: die Verantwortungslosigkeit, die Verschwendung öffentlicher Gelder, die verbrecherische Kriegsführung, die Heuchelei und die Verachtung für die Repräsentanten des Volkes. Er beschreibt auch die Bevormundung des Volkes und der Fürsten durch einen Klerus, der im Müßiggang *das Fett des Landes verschwelgt* und, vor allem in katholischen Ländern, die Menschen zu *läppischen, kindischen Zeremonien* und zu *den allerlangweiligsten und geschmacklosesten Gebräuchen* verleitet. Bis ins Detail brandmarkt Wurmbrand die sittliche Grundeinstellung des Klerus: *Die reichen Geistlichen führen ein ärgerliches und wollüstiges Leben in der Hauptstadt und lassen drey oder vier Landpfarreyen, welche sie an sich gekauft haben, durch Vikarien versehen. Hierzu werden Die gewählt, welche am wenigsten Besoldung fordern.*

Wurmbrand zeichnet rundherum ein pessimistisches Bild seiner Zeit: Die Pressefreiheit wird von Jahr zu Jahr mehr eingeschränkt. Neben den guten Schriftstellern, durch die die Stimme des Volkes redet, gibt es die Schmeichler am Hof der Fürsten, die gegen die gesunde Vernunft und den freien Untersuchungsgeist zu Felde ziehen.

Es gehört zu Knigges Geschichtsbild, dass nur in den Staaten Revolutionen ausbrechen, deren Regierungen entweder ohne feste Grundsätze oder aber nach grausamen oder unmoralischen Grundsätzen handeln. Wurmbrands Vorbild für ein Staatswesen, das jede gewaltsame Umwälzung überflüssig macht, ist dasjenige Friedrichs II. von Preußen. Friedrich der Große ist für Wurmbrand *das Muster aller Könige, das Wunder aller Zeitalter.* Friedrich ist das Beispiel für die Überlegenheit der Monarchie über Regierungsformen, in denen gewählte Repräsentanten die Staatsgeschäfte führen. Was Knigge vorschwebt, ist die Verbindung zwischen dem Volk und einem Monarchen, der den Staat als seine eigene Sache auffasst, sich immer und überall verantwortlich fühlt und sich zugleich einem allgemeinen Gesetz unterwirft – die konstitutionelle Monarchie. Bei aller Vorliebe für monarchische Strukturen sieht er als Zeichen der Zeit die Notwendigkeit, die politischen Weichen für Verfassung und Volkssouveränität zu stellen. Ein aufgeklärter Staatsmann wie Karl August von Hardenberg hat es in seinen »Denkwürdigkeiten« so formuliert: »Demokratische Grundsätze in einer monarchischen Regierung: dieses scheint mir die angemessene Form für den gegenwärtigen Zeitgeist.«[564]

Mit dieser idealtypischen Synthese – und nicht mit der Vision einer gewaltsamen Umwälzung – vor Augen lässt Knigge seinen Wurmbrand eine Prognose geben: *... ohne Prophet und ohne Aufwiegler zu seyn, kann man es voraus verkündigen, daß allen europäischen Staatsverfassungen eine nahe Umkehrung bevorsteht.*
Man kann bei Knigge – wie in der deutschen Spätaufklärung überhaupt – die Anfänge eines Denkens erkennen, das zu den politischen Bewegungen des Vormärz und darüber hinaus zu den modernen, bis heute gültigen politischen Theorien führt. Die Spätaufklärung in Deutschland ist bereits selbst eine Phase dieses Umbruchs.[565]

Unvollständig, verstümmelt und entstellt
Die Rüge der Regierung

Knigges *Wurmbrand* ist eine gesellschaftsgeschichtliche, geschichtsphilosophische und politische Betrachtung der Französischen Revolution von hohem Rang. Dass seine Analyse der Umwälzungen von seinen Zeitgenossen und vor allem von der staatlichen Zensur als anstößig und besorgniserregend aufgefasst wird, zeigt die tiefe Verunsicherung, mit der die Regierungen in Deutschland die politische Entwicklung und besonders den geistigen Diskurs darüber beobachten. In vielen Fällen können wohl auch die Beamten den differenzierten Gedankengängen der Intellektuellen nicht ganz folgen und versuchen, mit schnellen politischen Winkelzügen langfristige Prozesse zu beeinflussen.

Das Urteil über große Weltbegebenheiten wie die Revolution von 1789 unterwirft Knigge dem Anspruch, durch unparteiische Distanz Vorurteile und Einseitigkeiten zu vermeiden: *Ueber große Weltbegebenheiten kann am richtigsten erst von der Nachkommenschaft geurtheilt werden.*[566] In hermeneutischer Reflexion erkennt Knigge, dass jeder Mensch durch seine *individuellen Lagen* determiniert wird, *solange wir mitten im Gewühle leben ... Selbst auf den geübten Denker, der sich ganz kalt und unbefangen glaubt, würkt heimlich irgendeine von diesen Rücksichten, wäre es auch nur ein vaterländisches oder ein Erziehungs-Vorurtheil, eine vorgefaßte Meinung von denen, welche sich der Sache annehmen, oder dergleichen.*[567] Jedes abschließende Urteil über das, was in Frankreich geschehen ist, würde deshalb jetzt noch übereilt sein. Knigge denkt in diesem Zusammenhang auch über die Verlässlichkeit unserer Informationen nach und kommt zu einer nahezu modern anmutenden Berücksichtigung der Medienmechanik: *Man wende dagegen nicht ein, daß wir offenbar Thatsachen vor uns haben, nach denen wir unsere Meinung berichtigen können! Diese Thatsachen werden uns von Zeitungsschreibern, Journalisten und anderen Schriftstellern oft äußerst unvollständig, verstümmelt und entstellt vorgetragen.*[568] Mit dieser medienkritischen und zugleich philosophisch-methodischen Überlegung schafft Knigge sich die Möglichkeit, die historischen Ursachen der Französischen Revolution zu benennen und die Schuld an den Gräueln nicht den Empörern zuzuweisen, sondern denen, *gegen welche man sich empört.*[569]

Knigges Geschichtsbetrachtung lebt allerdings nicht von der Schuldzuweisung, sondern erwächst aus der nüchternen Einschätzung von Ursache und Wirkung: *Die französische Revolution wurde unvermeidlich herbeygeführt durch eine Kettenreihe von Begebenheiten und durch die Fortschritte der Cultur und Aufklärung.*[570]

Trotz dieser scheinbar mechanistischen Geschichtsbetrachtung entfaltet Knigge zum Schluss, im 8. Abschnitt des *Wurmbrand*, seine Gedanken, *wie allen gewaltsamen Revolutionen vorgebeugt werden könne.*[571] Knigges Antwort überrascht. Denn zunächst scheint er nur moralisch zu argumentieren, feste Grundsätze der Regierenden einzufordern und an Herrschern wie Peter dem Großen, Karl XII. von Schweden und vor allem Friedrich dem Großen zu zeigen, welchen Handlungsspielraum ein Machthaber hat, um dann konkret seinen aufklärerischen und demokratischen Appell anzuschließen: *Berufet die Landesstände, berufet frey gewählte Repräsentanten aus allen Classen der Bürger.*[572]

Mit seinem Aufruf zu Reformen erhält er die politische Brisanz seiner Gedanken bis zum Schluss aufrecht. Er glaubt, in einer Epoche zu leben, in der Kultur und Wissenschaft in allen Ständen zunehmen und deshalb das Volk täglich mehr abgeneigt sein wird, sich gängeln und *im Blinden führen zu lassen*. Deshalb wagt er sogar die Prognose, *daß allen europäischen Staatsverfassungen eine nahe Umkehrung bevorsteht*[573] – womit er wieder das Entstehen einer konstitutionellen Monarchie meint.

Es mag verständlich sein, dass die konservativen Geister in Regierung und Öffentlichkeit Knigges Gedankenwelt für gefährlich hielten und glaubten, in berechtigter Notwehr zu handeln. Sie misstrauten Knigges Beteuerungen seiner Loyalität und seiner Einschätzung der politischen Lage, nach der ein gewaltsamer Umsturz in Deutschland undenkbar sei. Schon hört man von Unruhen in Hamburg und Lübeck, bei den Handwerkern in Hannover und den Studenten in Göttingen. Die Regierenden und ihre Entourage fürchten, dass der Funke der Französischen Revolution auf die deutschen Länder überspringt und einen Flächenbrand entfacht, dem nicht nur die aristokratische Welt von Gottes Gnaden, sondern die gesamte öffentliche Ordnung zum Opfer fällt. Knigges Schrift war in den Augen der kurfürstlichen Regierung in Hannover vor allem deshalb so gefährlich, weil Knigges prägnanter Stil die Dinge kurz, deutlich und allgemeinverständlich zur Sprache brachte. Dadurch konnten auch einfachere Geister verstehen, worum es ging. Durch die damals aufkommenden Leihbüchereien fanden derartige Veröffentlichungen außerdem eine zuvor nicht gekannte Verbreitung.

Angesichts dieser Gefahr wissen nun all die kleinen Duodezbürokratien nicht anders zu reagieren als durch die Errichtung eines Systems von Misstrauen, Zensur, Gesinnungsschnüffelei und Denunziantentum. Im Namen der Sicherheit werden Bürgerrechte wie das Briefgeheimnis, der Besitz bestimmter Bücher oder der Schutz der Privatsphäre außer Kraft gesetzt. Die Umsturzangst in den Ämtern steigert sich bisweilen zur öffentlichen Hysterie, die von der Presse teils aufgegriffen, teils verstärkt wird. Zeitschriften wie das Wiener »Magazin für Kunst und Litteratur« oder die »Eudämonia« schüren die Angst und die Wut und »erheben gegenseitiges Misstrauen und Denunziation zum staatserhaltenden Prinzip«.[574]

Es dauert denn auch nicht lange, bis eine erste Reaktion auf den *Wurmbrand* erfolgt. Am 2. Juli 1792 meldet sich die Regierung in Hannover. Im Namen der »Königlich Großbritannischen, zur churfürstlich Braunschweig-Lüneburgischen Regierung verordneten Geheimräthe« schreibt »gez. von Arnsswaldt« »mit dem größten Befremden«, die Regierung beanstande die äußerst anstößige Schrift und bezweifle, dass die Veröffentlichung mit dem Diensteid vereinbar sei. Die Regierung warf Knigge auch vor, er habe die Schrift veröffentlicht, ohne sie vorher der Zensurbehörde vorgelegt zu haben. Das floskelhaft höfliche Schreiben ist sehr aufschlussreich: »An den Oberhauptmann von Knigge in Bremen.

Unsere freundlichen Dienste zuvor, Edler, Bester, günstiger, guter Freund! Wir haben mit größtem Befremden wahrgenommen, daß von euch, unter dem Titel ›Joseph von Wurmbrand's politisches Glaubensbekenntniß mit Hinsicht auf die französische Revolution‹ eine äußerst anstößige Schrift herausgegeben worden, in welcher die bürgerliche Ordnung und Verfassung sowol, als auch die Religion angegriffen und Empörung vertheidigt und gepredigt wird.«[575] Knigges Benehmen sei entweder »ärgerliche Unbesonnenheit« oder »strafbare Vermessenheit« – und beides könne von seiner Königlichen Majestät nur mit höchstem Missfallen bemerkt werden.

Knigge ärgert sich über den Hinweis auf die Königliche Majestät und das ganze Schreiben des Geheimrats von Arnsswaldt. Sein Verhältnis zur Institution des Königs ist längst sehr distanziert. Knigge will dem Staat dienen, nicht einem einzelnen Menschen. *Wollen denn die Hannoveraner nie begreifen, dass wir keine königliche Bediente sind und dass wir uns nur lächerlich bey Engländern machen, wenn wir uns als einen Schwanz von Großbritannien ansehn?*[576] Auf die Rückseite des amtlichen Schreibens hat er »mit unruhiger Hand und in den hastigen Zügen seinen Ärger verrathend« Folgendes geschrieben: *Diese Sch.. ... von Aristokraten erwidern mir also den Verweis, den sie, ihrer Nachlässigkeit wegen, einige Jahre vorher auf meine Klage von London erhalten haben. Sie wollen mich muthlos machen, damit ich meinen Abschied nehmen soll und sie nachher sagen können, ich sei ein unruhiger Kopf. Über ein Buch, das mir die Achtung der weisesten Männer in und außer Deutschland erworben hat, fertigen sie mich ab wie einen Schulknaben ...*[577]

Natürlich ist Knigge klug genug, sich abzusichern. In der nachträglich vorangestellten Vorrede zum *Wurmbrand* erklärt er seine Loyalität zur Regierung und nimmt den *güthigsten Monarchen* und die, denen er das Ruder des Staates anvertrauet hat, von allen Vorwürfen ausdrücklich aus: *In diesen nördlichen Gegenden kennen wir den Despotismus aller Art gottlob! nicht aus eigener Erfahrung.* Er fügt hinzu: *... ich behaupte, wir haben in Teutschland keine Revolution weder zu befürchten, noch zu wünschen Ursache ...*[578]

In einer solchen Situation werden Feindbilder gebraucht. Besonders gut eignet sich dafür ein Geheimbund wie der Illuminaten-Orden, der zwar in Bayern verboten wurde, dessen geistige Ausstrahlung aber so geheimnisbeladen gegenwärtig geblieben ist, dass es noch immer genügt, jemanden einen Illuminaten zu nennen, um ihn verdächtig zu machen. Inmitten der allgemeinen Hysterie hat Knigge für sich jedoch zu Eindeutigkeit und Angstfreiheit gefunden. Er hat, wie er im letzten Satz des *Wurmbrand* schreibt, seine Seele befreit. Die negativen und aufgeregten Rezensionen[579] und auch den erneuten Angriff Zimmermanns kann er gelassen hinnehmen, obgleich Zimmermann keineswegs zimperlich ist, wenn es darum geht, Gegner in ein ungünstiges Licht zu rücken. So behauptet er jetzt, ohne jede Grundlage in der Sache, Knigge sei selbst der Verfasser einer ihn verteidigenden Schrift mit dem Titel »Rettung der Ehre Adolphs, Freiherrn von Knigge, welchen der Herr Hofrat und Ritter von Zimmermann in Hannover als deutschen Revolutionsprediger und Demokraten darzustellen versucht hat«.[580] Diese Attacke Zimmermanns kommt einer Kriegserklärung gleich.

Teilnahme am Zeitgespräch
Die Öffentlichkeit

Die Lust zu publizieren. Gewiss ist Knigge als Journalist ein Zeitgenosse des »tintenklecksenden Saeculums« (Schiller). Aber dies allein erklärt nicht, dass er ständig den Antrieb spürt, seine Erfahrungen, Beobachtungen und Gedanken der Öffentlichkeit mitzuteilen. Er will etwas bewirken. Er will sich einmischen, will teilhaben am Zeitgespräch. Knigge äußert sich, um wirksam zu werden für seine Ideale. *Schriftstellerey ist also öffentliche Mitteilung der Gedanken; gedruckte Unterhaltung; laute Rede, an Jeden im Publico gerichtet, der sie hören will; Gespräch mit der Lesewelt,* schreibt er 1793.[581] Schreiben ist für ihn »eine Form von politischer Praxis«.[582] Deshalb lässt er sich nicht hindrängen zu politischem Handeln. Er ist Schriftsteller, nicht Politiker.

Der Diskurs der Zeit wird natürlich nur unter den Eliten geführt. Knigge will sich mit seinesgleichen verständigen. Öffentlichkeit, das sind für ihn die gebildeten Kreise im Adel und in der bürgerlichen Elite, nicht der allgemeine »Pöbel«. Zwar sei es nützlich und löblich, die Bauern schreiben, lesen und rechnen zu lehren, aber es tauge überhaupt nicht, ihnen Bücher, Geschichten oder Fabeln in die Hand zu geben, sie sozialkritisch aufzuklären und sie mit viel zu viel aufgeklärtem Wissen unzufrieden zu machen.[583]

Unzufrieden heißt unruhig und unnütz, wie es der preußische Pädagoge Sack formulierte.[584] Noch derber drückt sich der Sprecher der preußischen Konservativen, Friedrich August Ludwig von der Marwitz, aus: »Zu vieles Lernen ertötet den Charakter.« Marwitz findet die »Ursachen der überhandnehmenden Verbrechen« sogar darin, dass der Religionsunterricht vernachlässigt, der informierende Sachunterricht aber gefördert werde. Dieses überzeitliche Erklärungsmuster rückwärtsgewandter Köpfe machten sich damals nicht nur adelige Kreise, sondern auch bürgerliche Gruppierungen zu eigen. Rolf Engelsing zitiert zum Beispiel die Elternschaft der Gemeinde Seehausen bei Bremen, die noch 1848 in einer Initiative gegen Schulreformen erklärte, sie wolle nicht, dass ihre Kinder zu »vielwissenden, aufgeblasenen, anmaßenden, gegen göttliche und menschliche Ordnung immerdar rebellisch gesinnten Leuten erzogen« würden.[585]

Trotz seiner Vorbehalte gegen eine unkontrollierte Ausweitung aufklärerischer Bildung hält Knigge aber daran fest, dass jede kulturelle Weiterentwicklung immer wieder des Austausches von Gedanken und Erfahrungen, also der lebendigen Kommunikation in der intellektuellen Öffentlichkeit bedarf. Diese Bildungsöffentlichkeit war zu Knigges Zeit überschaubar, anders als etwa die Medienkultur des ausgehenden 20. Jahrhunderts. Die literarische Öffentlichkeit war nahezu exklusiv. Schon die Größenordnungen, in denen sich die literarische Kommunikation abspielte, belegen dies. Erst in der zweiten Hälfte des 18. Jahrhunderts stieg die Zahl der Veröffentlichungen und entsprechend die der Leser signifikant an.[586] Erst 1746 wurde in der Berliner Gesindeordnung unterschieden zwischen Bediensteten, die schreiben, und solchen, die weder lesen noch schreiben konnten. Die Zahl deutscher Buchtitel auf der Leipziger Buchmesse stieg zwischen 1764 und 1801 von etwa 1000 auf mehr als 3600. Die Zahl der Leser hatte sich – so eine Schätzung des »Journals von und für Deutschland« aus dem Jahr 1785 – in diesen Jahren nahezu verdoppelt. Dabei rechnete man pro Exemplar eines Buches mit zwanzig Lesern. Eine Buchauflage erzielte höchstens 4000 Exemplare. Goethes Schriften zwischen 1787 und 1790 kamen insgesamt auf eine Auflage von 4000 Stück, Jean Pauls Romane erreichten Auflagen von 750 bis 4000. Bestenfalls 0,4 Prozent der Bevölkerung nahm also eine Publikation zur Kenntnis. Damit war die mögliche Resonanz einer Veröffentlichung von vornherein begrenzt.

Umso intensiver aber entfaltete sich der Gedankenaustausch innerhalb dieser Lesewelt. Wer veröffentlichte, konnte mit einem starken Echo rechnen. Als Verstärker wirkten vor allem die Zeitschriften und Veröffentlichungen wie Nicolais »Allgemeine Deutsche Bibliothek«. Auch die allgegenwärtige Zensur unterstützte unfreiwillig den öffentlichen Diskurs – nichts heizte die Neugier auf ein Buch so sehr an wie ein Titel, der in die Fänge der Zensur geriet. Großes Aufsehen erregten natürlich auch die damals zahlreichen Schmähschriften und Pasquillen aller Art, vor allem, wenn die Angst vor revolutionären Veränderungen die Wahrnehmung trübte.[587]

Knigge beteiligt sich am Zeitgespräch nicht nur als politischer Romanschriftsteller. Er mischt sich auch in das Tagesgespräch ein. Er versteht sich als Journalist, der die aktuellen Entwicklungen beobachtet und sich zu Wort meldet, sobald er glaubt, den Gang der Dinge beeinflussen und für die Verbreitung seiner Grundsätze das richtige Publikum finden zu können. Dass er sich mit seiner journalistischen Arbeit zugleich die Basis für seine bürgerliche Existenz und den Unterhalt seiner Familie schafft, entspricht in jeder Hinsicht seinem Selbstverständnis, wie es sich seit seinem Abschied aus dem Hofdienst entwickelt hatte. Der Journalismus war ja ein neuer Berufszweig, der Knigge die Möglichkeit bot, sein Schreibtalent zu nutzen. Dabei übernimmt er, wie fast alle Journalisten dieser Zeit, automatisch die Rolle, sich für die Pressefreiheit einzusetzen, als Anwalt der Unterdrückten aufzutreten und für Verfassung und Demokratie zu kämpfen.[588] Wie in seinen großen politischen Romanen verfolgt er zwischen 1778 und 1794 seine gesellschaftspolitischen Ziele auch in den kleineren Publikationsorganen wie dem Wochenblatt »Hanauisches Magazin«, den »Oberrheinischen Mannigfaltigkeiten«, dem »Pfalzbaierischen Museum«, dem »Magazin für Frauenzimmer«, dem »Schleswigschen Journal« und dem »Jahrbuch für die Menschheit«.[589] Gegen Ende seiner Laufbahn veröffentlicht er auch in der von August Hennings, dem Bruder von Sophie Hennings-Reimarus herausgegebenen Zeitschrift »Genius der Zeit«. Die Vielfalt dieser Publikationen, in denen Knigge zu Wort kam, zeigt, wie sehr er als Journalist im Geschäft war und wie sehr sein öffentliches Wort gewünscht wurde.

Trotz dieser Alltagsarbeit nimmt sich Knigge die Zeit, die Grundsatzfragen seines Berufes als Schriftsteller und Journalist zu bedenken. Es ist erstaunlich, in welchem Maß er seine Existenz als Schriftsteller reflektiert. Schließlich ist dies nicht nur für ihn, sondern auch für seine Zeit ein völlig neuer Beruf. In seinen der Gattung nach ganz unterschiedlichen Arbeiten kommt er immer wieder auf die Bedingungen und die Qualitätsfragen der Schriftstellerei zu sprechen: in den Romanen, dem *Umgang* und schließlich in der Arbeit *Ueber Schriftsteller und Schriftstellerey*, die 1793, also drei Jahre vor seinem Tod erscheinen wird. Knigge beklagt darin, dass viele den Schriftstellerberuf ausüben, ohne dafür geeignet zu sein. Wie Knigge feststellt, werden solche Leute immer den Grund für ihr Unvermögen bei anderen suchen, nur nicht bei sich selbst, und lieber über die Undankbarkeit des Publikums als über ihre eigene Ungeschicklichkeit klagen. Knigge sucht deshalb nach einem Weg, *daß nicht so viel jämmerliches Zeug dürfte gedruckt werden*.[590] Allerdings mutet der Vorschlag des fiktiven Herrn Müller[591] höchst naiv an, man solle eine *Deputation von redlichen, verständigen und uneigennützigen Männern* einrichten, bei der ein Schriftsteller sein Manuskript vor dem Druck einzureichen habe. Herr Müller steigert seine Naivität noch durch die Behauptung, diese Deputation habe aber keineswegs *die Gebrechen der gewöhnlichen Bücherzensur*.[592]

In der *Geschichte Peter Clausens* erzählt der Held von seinem Entschluss, Schriftsteller zu werden. Bereits vier Wochen später bringt er sein erstes Stück heraus: ein Trauerspiel in sieben Aufzügen. Im Verlauf der fünfstündigen Spieldauer kommen – wie Peter Claus mit gehöriger Ironie berichtet – 27 Personen ums Leben, es werden Seeschlachten geschlagen und ganze Städte verheert.[593] Der an Selbstüberschätzung leidende Peter Claus verfasst aber auch kleinere Schriften: *Niedliche, süße Gedichte, auf ein Blümchen, an den Mond, an eine Silberquelle, und solche Sächelchen ...*[594] Es folgen Geniestreiche in allen literarischen Disziplinen. Schließlich verliert sich der Autor Peter Claus an ein großes Werk über die Freimaurerei: *... es war ein herrliches Buch, voll Weisheit, welches ich schrieb*.[595] Der selbstbezogene Exzess nimmt kein Ende. Schriften über die Bibel, die Reformation der Mönchsorden folgen – nur will niemand sie lesen. Also verlässt der verkannte Dichter die Bücherstadt Leipzig und geht nach Hamburg.

Anders als seine Kunstfigur Peter Claus befasst sich Knigge ernsthaft mit dem *Verhältnis zwischen Schriftsteller und Leser* – so die Überschrift des 10. Kapitels im *Umgang mit Menschen*. Schriftstellerei ist für Knigge die *schriftliche Unterredung mit der Lesewelt: Man sieht itzt die Herausgabe eines Werks und das Lesen desselben als ein Gespräch, als eine Correspondenz mit dem Publico an.*[596]
Der Lesewelt, also dem Publikum, überträgt Knigge alle Urteilsgewalt – mehr als den Rezensenten. Dem Publikum muss das Buch gefallen. Ihm schuldet der Schriftsteller, dass er ein guter Schriftsteller ist und wenigstens dem größten Teil des Publikums gefällt. Damit baut Knigge ein modern anmutendes demoskopisches Moment in seine Überlegung ein und rät, auf *die allgemeine Stimme des Publicums* zu hören. Dieser Blick auf das Publikum – in der modernen Medienphilosophie spräche man von Zielgruppe, vom Adressaten oder vom Nutzer – hindert ihn jedoch nicht, die Grenze zu markieren, an der das gefällige Publizieren umschlägt in jene Anbiederung, die der Tod jeglicher Qualität ist. Knigge nennt als *niedrige Mittel*, mit denen ein Schriftsteller versuchen kann, Gefallen zu finden: das Äußere eines Buches nach dem *Geschmack des Jahres* zu richten, Anekdötchen einzumischen, sich unter den Schutz irgendeines *gelehrten Posaunenbläsers* zu begeben und die *Schreyer im Publico* für sich gewinnen zu wollen.[597]
Knigge lehnt also ein populistisches Konzept von Schriftstellerei und Journalismus ab. Erkennungsmerkmale für Qualitätsjournalismus, wie Knigge ihn fordert, sind Sprache und Stil. Immer wieder kommt er auf die Voraussetzungen und Erscheinungsformen des guten Journalismus zu sprechen und lässt sich dabei auch auf detaillierte Fallbeispiele ein. In einem seiner *Briefe über Erziehung* knöpft er sich das deutsche Silbenmaß und die Bestimmtheit des Ausdrucks vor. In der Polemik *Ueber die neuern Erziehungsmethoden* greift er die Pedanterie in Angelegenheiten der Sprache an. Im *Journal aus Urfstädt* setzt er sich für eine *vaterländische Sprache* ein und stellt die Dialekte ebenso wie die üblichen Satzzeichen infrage – Knigge will das Genuschel und Gezischel der deutschen Mundarten zugunsten der niedersächsischen Sprechweise abschaffen[598] und fordert eine *kraftvolle, körnichte Schreibart*.[599]
In seiner Arbeit über die Schriftstellerei erzählt Knigge in merk-

würdiger Ausführlichkeit die biblischen Geschichten von Joseph in Ägypten und von Tobias nach, dem in assyrische Gefangenschaft geratenen Familienvater. Er nimmt die biblischen Legenden als Beispiele für eine gelungene Anlage, Ausführung und Komposition in seine Beschreibung einer *erhabenen, würdigen Schreibart* auf. Selbst wenn die Josephsgeschichte *gänzlich erdichtet* wäre, bliebe sie doch immer eine *herzergreifende Erzählung*. Den Gesetzen des herzergreifenden Erzählens spürt Knigge immer wieder nach: die Wahl der treffenden Wörter, ihr Wohlklang, der Wechsel von sanften, weichen und rauen, harten Wörtern, die Komposition und der Periodenbau, der Gebrauch von oratorischen Figuren, Gleichnissen und Bildern, der Umgang mit Zitaten und schließlich die Kunst, zu rechter Zeit abzubrechen ...

Folgerichtig behandelt Knigge auch den kleinen Bruder der Schriftstellerei, die Kritik. Er zeigt sich verwundert über die anmaßende Kritiksucht der Journalisten, die ihre Richtersprüche schnurstracks veröffentlichen, auch wenn sie keineswegs Kenner sind und die Wirklichkeit *durch die Brille der Vor-urtheile, des Neides, oder anderer Leidenschaften sehen*. Auf der Gegenseite zeigt Knigge aber auch seine Verachtung für eine bestimmt Sorte von Kritikern, die als *Rezensionsmaschinen* vor sich hin arbeiten und die *Posaune der Critic* längst zu ihrem *Lieblingsinstrument* gemacht haben, mit dem sie Freund und Feind durchblasen. Knigge spricht von einem Mann, den er kennt und den er so genau beschreibt, dass man ihn mit der Medienerfahrung des 21. Jahrhunderts ebenfalls zu kennen glaubt: *... Da setzt er sich zwischen Wachen und Schlafen hin, blättert in einem Buche, hat entweder schon gegen den Verfasser desselben irgendein Vorurtheil gefaßt, oder findet darinn Wahrheiten an das Licht gestellt, die den schiefen Grundsätzen nicht gemäß sind, auf welchen er und seine Gesellen im Finstern ihre literarischen, politischen oder mystischen Plane bauen, und nun gießt der elende Schächer, der vielleicht in keiner einzigen Wissenschaft gründliche Kenntnisse hat, der dem Staate von keiner Seite nützlich, sondern nur ein unverschämter, grober Schwätzer, ein überschreyender Polyhistor und geschäftiger Müßiggänger ist, sein critisches Gift auf die niedrigste Art gegen einen Mann ...*[600]

Diese Sequenz klingt auf den ersten Blick so, als wolle Knigge hier eine persönliche Rechnung begleichen. Doch die Beobachtung schlägt sehr schnell in die Forderung um, dass ein Kritiker nicht nur zensieren, sondern vor allem argumentieren müsse, um den Leser in den Stand zu setzen, die Gründe für das Urteil des Kritikers zu prüfen.[601] Damit aber ist, wie nebenbei, die wichtigste Grundregel für jede Kommunikation und jede Teilnahme am Tages- und Zeitgespräch beim Namen genannt.

In der Wahl seiner Themen lässt sich Knigge von aktuellen Diskussionen anregen. Mit seinen Ansichten zur Frage des Bücher-Nachdrucks greift er in eine damals seit mehr als zwanzig Jahren geführte Diskussion ein. 1791 wird er sich im *Noldmann* gegen ein Verbot des Bücher-Nachdrucks aussprechen.

Seine Position in dieser Frage ist erstaunlich. Denn als freier Schriftsteller müsste ihm eigentlich daran gelegen sein, dass die Freibeuterei zum Schaden der Autoren und Verlage, also der »Verlagsraub« und die Urheberrechtsverletzung unterbunden werden. Knigge argumentiert jedoch sehr differenziert. In einem offenen Brief an seinen Schriftsteller-Kollegen Johann Gottwerth Müller (1743–1828) legt er seine Meinung dar. Müller hatte sich, als Romanautor unmittelbar betroffen, mehrfach auf das heftigste gegen die Praxis gewandt, Bücher ohne Autorenhonorar und Verlagsabgeltung neu zu drucken und zu verkaufen. Wie Müller verurteilt auch Knigge diese Missachtung aller Urheber- und Nutzungsrechte, die allerdings damals auch noch gar nicht juristisch gefasst und gesetzlich eingeführt waren.

Für Knigge ist der Raubdruck eine *Büberei*, aber kein Verbrechen. Am 7. November 1791 schreibt er an Müller: *Ihre gütige Aufforderung: Ihnen die Gründe auseinander zu setzen, die mich bewogen, den Nachdruck für eine Büberey, aber nicht für ein Verbrechen zu halten, das der Staat bestrafen darf, nehme ich mit Freuden an. Ich habe schon den Anfang gemacht, diese Gründe zu Papiere zu bringen; merke aber, dass dieser Aufsatz weitläufiger werden wird, als ich zuerst dachte. Nun muß ich aber fast alles im Bette schreiben, habe wenig heitre Stunden und sehr viel Arbeit: geben Sie mir also gütigst eine Frist! Vor Ende des Jahres aber werde ich Ihnen meine Deduktion überreichen. Nur so viel in Eile: Alle meine Zweifel gegen die Befugniß, den Nachdruck zu verbiethen, rühren daher, dass ich mich nicht überzeugen kann, die juristischen Grundsätze von Eigenthum seyen auf den Inhalt eines zur öffentlichen Mitthei-*

lung bestimmten Manuscripts anwendbar (denn vom Inhalte ist doch eigentlich die Rede; das Manuscript selbst macht dem Verleger niemand streitig) – doch, ich verspare das alles.

Es ist für Knigges Teilhabe am öffentlichen Diskurs bezeichnend, dass er am 7. November schon für die wenigen Wochen bis zum Jahresende seine ausführliche Stellungnahme ankündigt und diese dann auch tatsächlich am 26. Dezember gedruckt übersendet (vom Verlag mit der Jahreszahl 1792 als Erscheinungsjahr versehen). Trotz Krankheit und Bettlägerigkeit arbeitet er schnell und im journalistischen Takt der öffentlichen Debatte.

In Abstimmung mit seinem Freund Reimarus, der sich in zwei Aufsätzen im »Deutschen Magazin« und in einer selbständigen Schrift ebenfalls geäußert hatte, vertritt er die Meinung, der Nachdruck von Büchern sei zwar verwerflich, dürfe ohne gesetzliche Grundlage aber nicht verboten werden. Zur Ostermesse 1793 erscheint dann im Verlag Christian Ritscher in Hannover Knigges Arbeit *Ueber Schriftsteller und Schriftstellerey*. Die Frage des Bücher-Nachdrucks stellt Knigge hier in den Zusammenhang seiner Gedanken über die soziale Funktion der Schriftstellerei und den öffentlichen Auftrag des Schriftstellers. Im Grunde will er die beiden Dinge voneinander abkoppeln.

»Mit gebührender Verachtung«
Der Zimmermann-Prozess

Der Streit mit Johann Georg Zimmermann eskaliert inzwischen so, dass Knigge am 8. August 1792 auf öffentlichen Widerruf und Ehrenerklärung sowie auf Erstattung aller Kosten klagt. »In gebührender Verachtung« hält er in der Klageschrift fest, dass er in dem »ruhigen Bewußtsein (s)einer untadelhaften Denkungsart« alle Anschuldigungen übersehen würde, wenn nicht durch sein öffentliches Amt eine Ahndung und Genugtuung notwendig würden. Die Rechtsvertretung übernimmt der hannoversche Anwalt M. J. Heise.[602] In seinen Einlassungen hatte Zimmermann die alten Anschuldigungen wiederholt und Knigge »einen deutschen Revolutionsprediger und Demokraten« genannt, »einen der schlauesten Volksaufwiegler, der das Rebellionssystem unter uns ämsiger und mit größerer Arglist predigt, als irgend Jemand – einen Mann, der um des lieben Brotes willen unzählige Pasquillen schrieb.«[603] Knigge hingegen veröffentlicht 1793 seine Arbeit *Über Schriftsteller und Schriftstellerey* und lobt darin, als gäbe es die ganze politische Auseinandersetzung überhaupt nicht, Zimmermanns Schreibstil: *Als Muster einer schönen, männlichen, markvollen, edeln und gedrungnen Schreibart kann man die ältern Werke des Ritters von Zimmermann empfehlen.*[604]

Die prozessuale Streiterei aber folgt einer anderen Logik. In seiner Erwiderungsschrift vom 12. November 1792 argumentiert der Beklagte Zimmermann in der Sache: Knigge spreche den Fürsten das Recht über die Untertanen ab, mache den »Gehorsam der Untertanen vom freien Willen des größeren Haufens abhängig und erkläre alle europäischen Staatsverfassungen für fehlerhaft. Was er, Zimmermann, über Knigge sage, sei also keine Verleumdung, sondern die Wahrheit: »... oder verleumdet man wol einen Mohren, wenn man sagt: seine Haut sei schwarz?«[605] Zimmermann pocht also auf die »Reinheit, Lauterkeit und Wohltätigkeit« seiner »unschuldigen, patriotischen Absichten«[606] und behauptet, seine Darstellung Knigges habe »das Gepräge der Wahrheit und Richtigkeit an sich.«[607] Knigge dagegen stellt gerade die Lauterkeit der Absichten seines Gegners infrage, verweist auf das, was er selbst wirklich geschrieben hat und führt seinen Status als Beamter ins Feld: *es ist ärger, einen Beamten Aufwiegler zu nennen, als wenn man einen Arzt für einen vorsätzlichen Giftmischer erklären wollte.*[608]

Damit macht Knigge sich die Rechtslage zunutze. Zimmermann hatte den Fehler begangen, den Oberhauptmann in Bremen, also einen staatlichen Beamten – und nicht nur die Privatperson oder den Schriftsteller Knigge – anzugreifen. Ebendies war gesetzlich unter Strafe gestellt, so dass Knigge einen prozessualen Vorteil gewinnt.

Die Kontrahenten hangeln sich von Klage zu Replik, und von Duplik zu Triplik und Quadruplik durch den Prozess[609], bis schließlich, am 16. Februar 1795, das Gericht den Beklagten Zimmermann wegen »Mißbrauchs schriftstellerischer Befugnis« und »eigenmächtigen Verfahrens gegen des Klägers Ehre und guten Namen« verweist. Daraufhin gibt Knigge, am 4. März 1795, folgende Erklärung ab: *Wenn der Beklagte die ganze Sache ruhen lassen und die mir abgenöthigten Kosten des Prozesses mir ersetzen will, ich meinerseits auf die mir zuerkannte Genugthuung gänzlich Verzicht zu thun, Alles Geschehene zu vergessen und jeden Funken von Feindschaft gegen ihn in meinem Herzen auszulöschen bereit bin.*[610] Sophie Reimarus fasst nüchtern zusammen: »Zimmermann ist moralisch todt und, was noch mehr ist, er hat sich selbst anatomirt ... Nun hat aber seine Zergliederung auch das Nützliche für die Nachwelt, daß man sich vor seinen Krankheiten hüten wird und es wird nicht leicht ein zweiter Zimmermann kommen.«[611]

Durch Knigges Erklärung ist jedoch der Rechtsfrieden hergestellt, der ein knappes Jahr vor seinem Tod dem schwer Kranken ein paar freundlichere, hellere Stunden hätte bereithalten können. Doch schon im März 1795 sieht Knigge sich wieder genötigt, einen Angriff abzuwehren, der sich als Angriff auf sein Leben erweisen sollte. Diesmal sind es Regierungsbeamte, die ihn angreifen.

Die Methoden des Generals
SCHEINMISSION IN STADE

In der von Hermann Klencke herausgegebenen »alten Kiste« findet sich ein Brief Knigges mit Datum vom 11. März 1795, geschrieben in Stade, dem Sitz der Königlich Großbritannischen und Churfürstlich Braunschweig-Lüneburgischen Regierung für die Herzogtümer Bremen und Verden. Aus diesem Brief geht hervor, dass die Regierungsbeamten den bremischen Oberhauptmann ohne Angabe von Gründen nach Stade beordert haben, obgleich er wegen einer *schrecklichen Art von Krankheit* in einem Bettwagen anreisen muss. Am ersten Tag seines Aufenthaltes in Stade erfährt er dann, er solle der sechsundzwanzigjährigen Prinzessin Karoline von Braunschweig und deren Mutter, Herzogin Auguste von Braunschweig, zur Verfügung stehen. Die beiden Damen waren mit Gefolge auf der Durchreise von Braunschweig über Cuxhaven nach London. Karoline war mit dem Prince of Wales, dem späteren König von Großbritannien, Georg IV. verlobt. Die Hochzeit sollte Anfang April in London stattfinden.

Der Auftrag an Knigge war jedoch nur ein Scheinmanöver, hinter dem der kurhannoversche Feldmarschall von Freytag – Knigge nennt ihn schon 1792 den »General Freytag mit der kurzen Stirn« – steckte.[612] Die Geheimräte in Stade betrachteten Knigge eigentlich mit Wohlwollen[613] und äußerten im Hannoverschen Ministerium ihre Bedenken: Es sei keine leichte Sache, für einen Mann von Knigges Rang und »von seinen Eigenschaften Aufträge auszuwählen, von welchen man ihm die eigentliche Absicht nicht durchschauen lassen darf.«[614] Der General bestand jedoch auf seinem Ansinnen.

Knigge hat die Absicht Freytags zu diesem Zeitpunkt noch nicht durchschaut. Er erklärt deshalb wortreich, er sei nicht in der Lage, *der durchlauchtigsten Prinzessinn von Wallis und deren Frau Mutter Königl. Hoheiten, bey ihrer Durchreise durch diese Gegenden meine ehrerbietigen Dienste zu widmen,* selbst wenn er seine tägliche Dosis Opium verdopple: *des Morgens ein paar Stunden, die Zeit der Mittagstafel hindurch und dann wieder des Abends zum Spiele und Abendessen gegenwärtig und in Allem thätig zu sein, was man mir aufgeben wird.*[615] Völlig unmöglich sei es ihm auch, im Gefolge der Prinzessin nach Cuxhaven und Bremervörde zu reisen und in einem offenen Boot auf der Elbe zu fahren.

Knigge wird daraufhin von der Begleitung der Damen dispensiert, auch dies mit einem Scheingrund. Im Ministerium in Hannover findet man es, wie aus einem Brief vom 10. März an die Geheimräte in Stade hervorgeht, auf einmal »überaus nicht tunlich«, Knigge mit der Betreuung der Damen zu beauftragen. Der Grund: Knigges Freund, der Schauspieler und Theaterdirektor Großmann, hatte in Hannover in dem Schauspiel »Papa Harlekin, König; und Söhnchen Harlekin, Kronprinz« auf offener Bühne und in Anwesenheit der beiden durchreisenden Hoheiten gegen den konterrevolutionären Krieg mit Frankreich und gegen Rekrutenaushebungen protestiert und sogar den englischen König Georg III. verspottet – Großmann hatte das »heroische Schauspiel« des Herzogs von Choiseul übersetzt und inszeniert.[616] Großmann war sofort verhaftet worden und sein Freund Knigge galt endgültig als Sicherheitsrisiko. Da man ihn jetzt auf keinen Fall in Bremen haben wollte – man fürchtete den Einmarsch der französischen Revolutionstruppen in Hannover und wollte Bremen vorsorglich von hannoverschen und englischen Truppen besetzen lassen –, dachten sich die Herren um Freytag einen neuen Vorwand aus, unter dem sie Knigge von Bremen fernhalten konnten. Jetzt solle er »das Domkapitel zu Hamburg angehende Geschäfte« wahrnehmen. Nähere Erläuterungen blieben aus. Am 16. März bittet Knigge, auch von diesem Geschäft und einer Reise nach Hamburg dispensiert zu werden. Freimütig setzt er hinzu, was ihm inzwischen klar geworden war: *Unmöglich kann ich dem Gedanken Raum geben, daß es bei diesen Aufträgen blos darauf abgesehen sein solle, mich von Bremen entfernt zu halten.*[617] Er macht auf Pressenachrichten aufmerksam, nach denen er wegen eines unerlaubten Briefwechsels in Stade inhaftiert worden sei. Der Pariser »Moniteur« hatte gemeldet, Knigge sei verhaftet und nach Stade verbannt worden. Dadurch war der an sich schwer durchschaubare Vorgang an eine breite Öffentlichkeit geraten. Die Situation hatte sich verschärft.

Die Herren Geheimräte in Stade antworten zwar am gleichen Tag, halten ihn aber auf Veranlassung der von General Freytag beeinflussten Behörde in Hannover weiter hin. Auf Knigges Vermutung über die wahren Gründe seiner merkwürdigen Aufträge gehen sie nicht ein. Am 19. März wendet sich Knigges Frau Henriette an die Stader Regierung: »... ohne die ihm bei seinen Umständen so nöthigen kleinen Gemächlichkeiten und Kranken-Kost, ohne seine persönlichen Arbeiten liegt er in einem Wirtshause, der Langeweile und nagenden Sorgen preißgegeben und versäumt viele häusliche Geschäfte, die ich nicht zu besorgen verstehe und deren Versäumniß uns Schaden und Verwirrung bringt. Und das alles, ohne die Ursache erfahren zu können, warum man diese ungewöhnliche Behandlung mit ihm vornimmt.«[618]

Knigge geht es wirklich schlecht. Er hatte seit 1789 immer wieder Heilung oder zumindest Linderung in den Heilbädern Norddeutschlands gesucht: Bad Pyrmont und Bad Meinberg (1789), Bad Nenndorf (1792) und Bad Driburg (1792). Die Geheimräte in Stade kennen Knigges Lage, glauben aber, seine Situation nicht verändern zu können. Am 20. März schreibt Knigge selbst wieder und meldet eine Verschlimmerung seiner Leiden, verweist auf die lange Zeit, die er ohne Wartung und Pflege, ohne Familie, ohne Freunde und ohne seinen Arzt auskommen musste und fordert endlich Auskunft über die Gründe, aus denen ihm untersagt wird, nach Hause zurückzukehren. Fünf Tage später, offenbar noch immer ohne eine Antwort, teilt er der Behörde mit, nun sei auch noch seine Frau erkrankt. Am 3. April endlich wird ihm die Rückreise nach Bremen gestattet. Doch schon am 29. März war Knigges Geduld zu Ende gegangen. Er hatte ein letztes Mal die sofortige Abreiseerlaubnis gefordert und angekündigt, er werde nun auch ohne Erlaubnis nach Bremen zurückkehren. Als die Erlaubnis der Behörde dann eintraf, war er bereits in Bremen angekommen. Am 27. April meldet sich die Regierung in Stade noch einmal und erstattet die Reisekosten in Höhe von 150 Talern. Knigge hatte seine Reisekostenabrechnung schon am 9. April unterschrieben. Die Behörde strich ihm alle Ausgaben für Speis und Trank des Kutschers.[619]

Knigge hat die Umstände seiner Abordnung nach Stade erst sehr spät durchschaut. In einem Brief an Sophie Reimarus schildert er am 4. April 1795 ausführlich die Zusammenhänge. Er bestätigt, dass die Geheimräte in Stade ihn *mit ausgezeichneter Achtung und Freundlichkeit* behandelt hätten. Sogar der Minister sei täglich an seinem Krankenbett erschienen. Allerdings berichtet Knigge auch, er habe die Zeit in einem viel zu kurzen Bett, in einem zu ebener Erde gelegenen, zugigen Zimmer verbringen müssen, das zeitweise eiskalt und zeitweise überheizt gewesen sei. Er habe nicht die Möglichkeit gehabt, sich bemerkbar zu machen, und durch das gardinenlose Fenster hätte jedermann hereingaffen können.

In der »alten Kiste« findet sich neben dem Briefwechsel mit der Behörde eine von Knigge geschriebene Notiz über den Besuch des Generals du Plat. Der General bestätigt, dass Knigge tatsächlich von Bremen ferngehalten werden sollte, damit er in der unklaren politischen und militärischen Situation nicht Unruhe erregen könne. Du Plat bestätigt auch, dass es der Feldmarschall von Freytag war, der sich das durchsichtige, tölpelhafte und grausame Verfahren ausgedacht hatte, um den König von Großbritannien, Georg III., zu beruhigen. Selbst als sich die ganze Sache als grundlos herausstellte, schreibt der Feldmarschall an du Plat als dem Kommandierenden General in Bremen: »Auch wollen der General-Lieutenant dem dortigen Oberhauptmann von Knigge, und zwar bloß mündlich, die Eröffnung machen, daß man sich allhier zu ihm versehe, er werde weder mündlich, noch schriftlich etwas unternehmen, wodurch die dortigen Gemüther gegen die jetzige Ordnung der Dinge eingenommen werden könnten; mithin den Fall vermeiden, daß sein dortiger Aufenthalt mit den Umständen nicht verträglich und seine Entfernung für nothwendig gehalten und verfügt werden müßte.«[620]

Aus Knigges Sicht ist die Sorge des Feldmarschalls absurd. Er verwahrt sich auch gegen die Übergriffe des Militärs und erklärt der General habe ihm nichts zu befehlen, er sei nur seinen Vorgesetzten gegenüber weisungsgebunden. Auch der Generalleutnant du Plat wirbt in seinen Briefen an Freytag in sehr vornehmer Weise für die Integrität Knigges.[621] Der General ist jedoch weit entfernt von allem, was Knigge wirklich beschäftigt. Knigge ist als todkranker Mann zu seiner Familie nach Bremen zurückgekehrt. Zu keinem Zeitpunkt seines Lebens hat er daran gedacht, auf der für Feldmarschälle und Generäle relevanten Ebene des politischen Lebens zu agieren oder gar eine militärische Aktion zu befürworten oder anzuzetteln.

»Durchaus bloß für Freunde«
Angriff gegen Lavater

Als hätte er noch nicht genug zu bewältigen, lässt Knigge sich im Sommer 1794 hinreißen, noch einmal eine Mischung aus Parodie und Satire zu schreiben und unter dem Pseudonym Melchior Spießglas zu veröffentlichen. Diesmal ist das Opfer der berühmte und von vielen verehrte Johann Caspar Lavater (1741-1801), Theologe und Pfarrer in Zürich, bekannt vor allem wegen seiner 1775 erschienenen Schrift »Physiognomische Fragmente zur Beförderung der Menschenkenntnis und Menschenliebe«: In dieser Veröffentlichung erläutert er seine These vom Zusammenhang zwischen Physiognomie und Charakter. Lavater hatte bei der Ausarbeitung seiner Theorie auch mit Goethe zusammengearbeitet.[622] Durch seine Silhouetten[623] und seine philosophischen Anmerkungen war er in ganz Europa zu einer Art Guru geworden und hatte sich offenbar auch die Allüren eines Hohepriesters angewöhnt. Genau damit erregt er nun die Spottlust des nüchternen, aber immer noch zu jedem Schalk aufgelegten Freiherrn Knigge. Nach einem Besuch Lavaters in Bremen schreibt Knigge an Nicolai: *H. Lavater hat, bey seiner letzten Reise unter vielen anderen Thorheiten, auch die begangen, mit seinen Jüngern zu verabreden, daß sie, so lange er unterwegs war, sich zu halben Stunden ablösen mußten, um ein permanentes Gebet zu unterhalten. Die Wände der Wirtshäuser auf dem ganzen Striche hat er mit geschriebenen Verslein geziert. Auch an dem Pfeiler, an den die Kanzel gelehnt ist, auf welcher Häfeli hier predigt, hat er sich vergriffen.*[624]

Wenige Wochen nach Lavaters Besuch in Bremen – er war auf Einladung des dänischen Ministers Graf Bernstorff in Begleitung seiner Tochter auf dem Weg nach Kopenhagen – erscheint der erste Teil einer Reisebeschreibung mit dem Titel »Reise nach Kopenhagen im Sommer 1793. Auszug aus dem Tagebuch. Durchaus bloß für Freunde von Johann Caspar Lavater.« Knigge ist jetzt nicht mehr zu halten. Am 31. August 1794 schreibt er an Nicolai: *Mit der größten Indignation habe ich die sehr bedenkenswürdige Reisebeschreibung des Hrn. Lavater gelesen und kann unmöglich unterlassen, etwas darüber öffentlich zu sagen ...*[625] Was er öffentlich sagt und drucken lässt, ist die Persiflage *Reise nach Fritzlar im Sommer 1794. Auszug aus dem Tagebuch. Durchaus nur für Freunde von Joachim Melchior Spießglas, hochfürstlicher Cammerjäger und Titular-Ratzenfänger in Peina*.[626] Die Schrift ist so aggressiv, dass Nicolai es ablehnt, sie zu verlegen. Die *Reise nach Fritzlar* erscheint bei Bachmann und Gundermann in Hamburg.

Liest man den Text, der zugleich Parodie, Persiflage und Satire ist, so ergibt sich ein Lavater-Bild, das einen sehr selbstbezogenen, die bizarrste Lächerlichkeit nicht scheuenden, auf bigotte Weise sich selbst inszenierenden Mann zeigt. Knigge muss sehr gereizt gewesen sein, als er die *Reise nach Fritzlar* schrieb. Denn Lavater war für ihn nicht irgendein Besucher oder gar nur ein ferner, mehr oder weniger berühmter Autor auf der Durchreise. Mit Lavater stand Knigge schon seit langer Zeit in Verbindung. Die Korrespondenz zwischen den beiden, die Jörg-Dieter Kogel 1982 vollständig veröffentlicht hat, begann 1783, als Knigge versuchte, den berühmten Schweizer für den Illuminaten-Orden zu gewinnen, und Lavater sich höflich, aber bestimmt verweigerte.[627] In seinem Brief vom 5. Februar 1783 schreibt Knigge: *Wir sammeln in der Stille die besten unter den Freymaurern und andern Menschen. Warum aber eben unter Freymaurern? Weil diese Männer suchen, folglich Bedürfniß haben, und auch schon der nöthige esprit de corps unter ihnen ist. Daraus formen wir eine geheime Freymaurerey.* Knigge schreibt dem *edlen, besten Mann, den alle lieben und verehren*, sehr offen und verschweigt auch seine Enttäuschung über die christliche Religion nicht, die *durch Eigennutz und Grübeleyen verunstaltet* ist und die Menschen zur Freigeisterei oder Schwärmerei verleitet, weshalb eben durch die Freimaurerei *das Reich der Wahrheit und Freyheit, das ewige Reich* herbeigeführt werden muss.

Lavater antwortet »als Christ und Psycholog« so förmlich, daß er Knigge kränkt und damit wohl die Grundlage für die spätere

Bloßstellung schafft. Möglicherweise ist er dem leidenschaftlichen Werber zu nahe getreten, als er ihm schrieb: »Ich habe, mein lieber Knigge, Ihren vertrauungsvollen Brief diesen Abend erhalten und soll Ihnen billig dafür danken. Gern soll ich an die Güte und Reinheit Ihrer Absichten glauben. Aber mit der Offenheit, die ich, will's Gott, bis zum letzten Odem behalten will, muß ich Ihnen sagen, daß ich auf alle solche weitaussehende, menschliche Machenschaften, Reformationspläne und künstliche, lichtscheue Maschinen, das Menschengeschlecht zu verbessern, als Christ und Psycholog nicht viel, und Ihnen vorauszusagen mich verpflichtet halte, daß dabei nichts Reelles herauskommen wird.« Im gleichen Brief erteilt Lavater auch einen Rat, den Knigge als Anmaßung empfunden haben dürfte: »Eine Bitte – die ich in den Mund Ihrer Gattin niederlege, damit sie berufsmäßiger, gefälliger, wirksamer werde – Hüten Sie sich doch in allen Ihren Schriften vor allen Sticheleien, scharfen Urtheilen, lieblosen Behandlungen aller Menschen, Staaten, Höfe, Städte, die Ihnen entweder Gutes oder Böses oder Nichts gethan haben!«[628]

Dieser übergriffige Ton könnte erklären, warum Knigge in der *Reise nach Fritzlar* Lavaters Attitüde als abgeschmackt bloßstellen möchte. Andererseits hatte die Brieffreundschaft der beiden schon intrigante Zuträgereien überstanden. *Es haben mich seit einiger Zeit verschiedene Reisende versichern wollen, Sie redeten nachtheilig von mir, und hätten unter andern gesagt: Ich stünde mit Jesuiten in Verbindung,* schreibt Knigge am 14. September 1787, und Lavater antwortet sofort, das Gerede sei ein »lächerliches Gewinsel«, er jedenfalls habe »schlechterdings nichts dieser Art gesagt.«[629]

Lavater konnte, wie man auch von Goethe weiß, durch Frömmelei, Dogmatismus und Intoleranz auf die Nerven gehen. Goethe, obgleich ursprünglich von Lavater fasziniert, zweifelte schließlich sogar an dessen künstlerischem Talent. In einem Brief an Charlotte von Stein hatte er schon am 6. April 1782 geschrieben, dass Lavater »es viel zu ernstlich meynt um iemals ein gutes Werck in der Art zu schreiben«.[630] Als freiheitlich gesinnter Menschenkenner kann Knigge Lavaters Lebensart nur befremdlich finden. Mit dem Spott der *Reise nach Fritzlar* distanziert er sich endgültig von dem Prediger, der für so viele zu den Großen der Zeit gehörte.

DER KÄMPFER

Die Schatten der Vergangenheit
Grolmann und Schirach

Wer schreibt und veröffentlicht, tut es unter den Augen der Öffentlichkeit. Bedrucktes Papier wirft lange Schatten. Sie scheinen einem zu folgen, und es ist schwer, aus ihnen herauszutreten. Knigge, der 1784 den Illuminaten-Orden verlassen hatte, wird wenige Jahre vor seinem Tod noch einmal mit der Anschuldigung konfrontiert, er sei Illuminat gewesen und deshalb mitschuldig an der Französischen Revolution. Was war geschehen? Welchen Grund gab es jetzt nach Jahren, auf Knigges Illuminatenzeit zurückzukommen?

Der Gießener Regierungsdirektor Adolph Christian von Grolmann sieht sich 1794 veranlasst, eine Schrift mit dem Titel zu veröffentlichen: »Die neuesten Arbeiten des Spartacus und Philo in dem Illuminaten-Orden jetzt zum erstenmal gedruckt, und zur Beherzigung bey gegenwärtigen Zeitläuften herausgegeben«. Grolmann erneuert die alte Verschwörungsthese, wonach Demokraten, Jakobiner und Illuminaten – alle drei Begriffe werden jetzt als Synonym für Umstürzler benutzt – die Französische Revolution befördert hätten und deren Grundsätze auch für die deutschen Verhältnisse geltend machen wollten. Was kann Grolmann veranlassen, die alten Vorwürfe neu vorzubringen?

Knigge wird von Freunden bedrängt, trotz seiner Krankheit nicht untätig zu bleiben und sich gegen »die verdammte Jacobinerjägerei« (Brandis) zu wehren, zumal Grolmann, der selber Illuminat gewesen war, Knigge mit Namen und Funktion benennt. Knigge entschließt sich, in einem Brief an den Braunschweiger Arzt und Hofrat Joachim Dietrich Brandis Stellung zu nehmen. Brandis veröffentlicht den Brief von sich aus – um Knigge vor der Zensurbehörde zu schützen, »ohne Einverständnis des Schreibers«. Er macht der »buntscheckigen Gesellschaft von Lautsprechern«[631] klar, gegen wen sie eigentlich so unqualifiziert vorgeht. Knigge selbst lehnt es ab, seine Tätigkeit als Illuminat noch einmal zu erläutern, verteidigt aber die Absichten und Ideale des Ordens (*edel, groß, aber phantastisch, unmöglich auszuführen*) und erinnert daran, dass eine große *Anzahl der wichtigsten, würdigsten und gelehrtesten Männer Teutschlands* dem Orden angehört haben.[632] Zu dieser Erklärung passten der neuerliche Angriff und der Rückgriff auf Knigges längst vergangene Illuminaten-Episode überhaupt nicht. Des Rätsels Lösung liegt bei Knigge selbst.

Mit der Satire über die hinterlassenen Papiere des ebenso dümmlichen wie reaktionären Etatsrats Schaafskopf und dessen Pinselorden (1792) hatte Knigge wieder die Nerven seiner Gegner gereizt und darüber hinaus seinen Angriff personalisiert, indem er sich seinen Kritiker Gottlob Benedikt von Schirach (1743–1804) vorknöpfte und ihn und alle seine Gesinnungsfreunde der Lächerlichkeit preisgab: *Wie dem einreissenden Freiheitstriebe, dieser Pest, die zu uns aus Frankreich herüber gekommen ist, entgegengearbeitet werden müsse, davon giebt uns der sehr ehrwürdige Bruder General-Procurator des Ordens, Herr von Sch**ch ... das Muster. So muß man die Facta verdrehen, die Nachrichten verstümmeln, so einseitig urtheilen, so die Fürsten schmeicheln, so die Schwachen in Furcht setzen – o unnachahmlicher Sch**ch! wenn Dir das keine Vermehrung Deiner Pension und Deiner Titel einbringt, so ist keine Gerechtigkeit auf Erden.*[633]

Knigge zieht also alle Register der sarkastischen Polemik. Schirach steht ihm nicht nach. Beide Beteiligte missbrauchen sogar ihre Namen als Waffen: Knigge spricht von *verschirachen* oder *beschirachen*[634], Schirach von *bekniggt*. Selbst ein Buch der jüdischen Weisheitsliteratur muss herhalten, wenn Knigge seinen Gegner als den *Propheten Schirach* lächerlich zu machen sucht. So wird munter gestritten, scheinbar mit dem Florett. In Wahrheit aber werden Keulen geschwungen. Für Knigge geht es um nicht weniger als die Umgestaltung der Gesellschaft. Immer wieder dreht er den Disput der Zeit auf die Spitze, indem er seinen Schaafskopf ungeheure Dummheiten aufsagen lässt, durch die er selbst und die Mitglieder des Pinselordens in ihren gesellschaftspolitischen Standpunkten und ihrem Standesdünkel vorgeführt und nicht nur der Lächerlichkeit, sondern auch der Verächtlichkeit preisgegeben werden. Zum Beispiel: *Leute, die nichts als Talente, Geschicklichkeit und was man Verstand nennt, aber keinen Rang und Titel haben, mögen ganz gute Leute sein, aber sie gehören nicht in vornehme Gesellschaften ... Wollen sie in der Welt etwas gelten, so mögen sie sich einen Adelsbrief, einen Titel, oder in Reichsstädten ein Doctor-Diplom kaufen.*[635]

Die Satire von Herrn Schaafskopf und seinem Pinselorden – Knigges Vergnügen daran, seinen Protagonisten komische oder anzügliche Namen zu geben, tritt hier besonders deutlich hervor – konnte nicht ohne Auswirkung bleiben. Zu viele Menschen in den konservativen Kreisen Norddeutschlands mussten sich von dem Rundumschlag getroffen fühlen. So erscheint es wie programmiert, dass die nächsten Jahre im Zeichen heftiger Auseinandersetzungen stehen würden. Dass es die letzten Jahre im Leben des Adolph Freiherrn Knigge sein würden, konnte niemand wissen. Der intellektuelle und emotionale Stil dieser Kämpfe der Nachrevolutionszeit ist zwar elegant, doch so gnadenlos scharf und persönlich, dass mancher politische Streit späterer Zeiten anmutet wie der akademische Disput friedlicher Philosophen.

Wenige Monate vor Knigges Tod wird Grolmann noch einmal zum Schlag ausholen und Knigge dadurch bedrängen, dass er unter dessen Namen eine Schrift herausbringt, die Knigge als Verschwörer gegen die bestehende Ordnung und als Förderer der Französischen Revolution entlarven soll. Der Titel: »Welt- und Menschenkenntnis, ein Pendant zu dem Buche Umgang mit Menschen« (Frankfurt und Leipzig 1796). Grolmann wird gegen den todkranken Knigge wüten, indem er ihn neben Marat und Robespierre auftreten lässt. Sogar Schiller und Kant, die niemals Mitglieder des Ordens waren, erscheinen als Illuminaten, also als Mitverantwortliche für die umstürzlerische Entwicklung in Frankreich. Anders aber als beim Erscheinen des Buches über die neuesten Arbeiten des Philo und des Spartacus reagiert Knigge nicht mehr.

Die nicht geheime Verbindung
DAS MANIFEST

Von außen betrachtet, mag es aussehen, als könnte die Katze trotz allem das Mausen nicht lassen. Eigentlich hatte er mehrfach versichert, nie wieder mit bündisch organisierten, geheimen Verbindungen etwas zu tun haben zu wollen. Und nun, Ende 1795, denkt Knigge öffentlich und gar nicht geheim in einem Manifest darüber nach, wie man einen *kleinen Circel* von Männern zusammenbringt, die in dauerndem Briefwechsel miteinander stehen und einem *patriotischen Bund* beitreten. Knigge entwirft sogar einen Plan, wie die Mitglieder des Bundes arbeiten und kommunizieren, wie man Verleger gewinnen, Nachrichten austauschen und sich durch Rezensionen ins Gespräch bringen, also eine Art Zitierkartell bilden könne. Da Knigge aber schlechte Erfahrungen mit Geheimbünden gemacht hat, soll die neue Verbindung *sehr öffentlich* sein. Mit dem fingierten Erscheinungsort Wien bringt Knigge das *Manifest einer nicht geheimen, sondern sehr öffentlichen Verbindung ächter Freunde der Wahrheit, Rechtschaffenheit und bürgerlichen Ordnung* an die Zeitgenossen heraus.[636] Es wird seine letzte politische Stellungnahme sein.[637]

Mit diesem Manifest verfolgt Knigge seinen alten Plan, durch einen Bund von Gleichgesinnten eine Umwandlung und Verbesserung der Gesellschaft zu bewirken. In seiner neuen Unabhängigkeit will er zugleich auch provozieren – wissend, dass mutige Herausforderungen notwendig sind, wenn man überhaupt etwas bewegen will. In einem Brief an das Ehepaar Reimarus bekennt er sich zu seiner Absicht, *die Rotte der Verfinsterer in Furcht zu setzen*. Angriffslustig setzt er hinzu: *Man darf diese Bande keinen Augenblick in Ruhe lassen, muß sie durch den kleinen Krieg ermüden, und zur Verzweiflung bringen.*[638]

Im *Manifest* entwickelt Knigge dann zunächst die aufklärerische Idee vom Gesellschaftsvertrag, durch den sich Staat und Gesellschaft als *freundschaftliche Verabredung* konstituieren. Er weiß aber, dass die Verabredung alles andere als freundschaftlich sein wird. In einem großen gesellschaftshistorischen Überblick schildert Knigge die langsame Entwicklung zu einem weltlichen und geistlichen Despotismus, der nach einer Phase der naturwüchsigen Übervorteilung der Schwächeren durch die Schlaueren in ein System gebracht wird, das letztlich sogar auf Gewaltbereitschaft und Krieg hinausläuft: *... die Kunst, ganze Generationen von der Erde zu vertilgen und Menschen, die sich gegenseitig nie beleidigt haben, einander ermorden zu lassen, wird auch zu einer Wissenschaft erhoben ...*[639]

Eine vernünftige Staatsverfassung ist leicht zu entwerfen, aber schwer zu verwirklichen. *Das rastlose Spiel der Leidenschaften, Herrschsucht, Habsucht, Unentschlossenheit, Verkehrtheit, Inkonsequenz* und *Zwist* stehen der Verwirklichung entgegen. Knigge erkennt, dass die weltlichen und geistlichen Machthaber sich nicht von den Wahrheiten, die eine bessere Welt begründen könnten, überzeugen lassen wollen. *Nun werden Einschränkung der Denk- und Preß-Freiheit, Censur-Edicte, Ausspäher, Auflaurer, auf arglose, vertrauete Gespräche, Inquisitionen gegen unschädliche Schwätzer, Zurücksetzung, Verfolgung, Verleumdung freymüthiger Männer – alles wird in Bewegung gesetzt und die bescheidensten Klagen und Vorstellungen zum Frevel gestempelt, um jenen verruchten Zweck zu erreichen.*[640]

So realistisch Knigge die Unfähigkeit des Menschen zu Vernunft und Frieden erkennt, so sehr bewahrt er sich seine Hoffnung auf die utopischen Elemente der Aufklärung und die verändernde Macht freier Vereinigungen. Knigge spricht von wenigen verständigen Freunden der Wahrheit, Rechtschaffenheit und Ordnung, die der Dummheit und Despotie ein Ende machen können. Er teilt mit, dass sich bereits in 24 Städten Deutschlands kleine Zirkel solcher Männer gebildet haben, die in ständigem Briefwechsel miteinander stehen und die jeden klugen und verständigen Mann einladen, ihrem patriotischen Bund beizutreten. Das *Manifest* lässt deutlich erkennen, dass Knigge alle formellen Bindungen – wie er sie bei den Illuminaten kennengelernt und bis zu einem bestimmten Grad mitgetragen hat –, jede Form von Verpflichtung und Kontrolle, jede ideologische Bevormundung und jede Art von Dogmatismus ausschließen will: *Aller Secten- Ordens- und Systemgeist ist uns ein Greuel.*[641] Knigge will nichts als die Idee zugrunde legen, *daß keinem Erdensohne der Weg versperrt werden dürfe, das edelste Geschenk des Himmels, die gesunde Vernunft, frey und ungehindert über alle Gegenstände zu Rathe zu ziehn.*[642] Vor allem ist ihm wichtig, dass in Zukunft kein Geistesdespotismus Wurzeln fassen und kein vorsätzlicher Betrüger das Volk verführen kann. Mit aufklärerischem Pathos fasst das *Manifest* zusammen: *Das Reich der Dummheit, der Vorurtheile und der Autoritäten ist nun einmal zu Ende.*[643]

Warum aber kehrt Knigge zum Konzept einer bündischen Verbindung ausgewählter Männer zurück? Ernst-Otto Fehn hat in seiner Analyse »Geheimbundpläne im Zeichen der französischen Revolution« (1979) herausgearbeitet, dass Knigges *Manifest* mit seinem Geheimbundplan »die logische Konsequenz aus einer besonderen geschichtlichen Situation« war.[644] Da die Vorbedingungen für politische Parteien fehlten, blieb den Vertretern der deutschen Aufklärung nur die Wahl zwischen Resignation und Geheimbund. Fehn weist auf die Stimme eines Adligen hin. Herzog Friedrich Christian zu Schleswig Holstein erklärte 1793 gegenüber dem dänischen Schriftsteller Baggesen: »... solche Verbrüderungen müssen in einem noch unaufgeklärten Zeitalter, wie das unsrige, und zumahl in einem Zeitalter des Despotismus und der Intoleranz, wie das uns zunächst bevorstehende wahrscheinlich seyn wird, mehr oder minder geheim seyn.«[645] Mehr als der Herzog kennt Knigge die Nachteile und Gefahren eines Geheimbundes. Aber er stellt seine Bedenken zurück und bejaht aus politischem Kalkül die Mimikry-Strategie.

Um für seine Vision vom Kampf gegen den Obskurantismus Anhänger zu gewinnen, plant Knigge – als wäre er ein gesunder Mann – eine Reise nach Braunschweig, Celle, Wolfenbüttel, Halberstadt, Weimar, Erfurt, Gotha, Eisenach und Kassel. Diese Reise wird er jedoch nicht mehr antreten.

Der Super-Carga
Die Verteidigung des Herrn Delius

Im Winter 1795/96 wird eine Schrift aus Knigges Feder gedruckt, die der Autor wahrscheinlich schon Anfang 1794 fertiggestellt und später, im Herbst, mit einem Anhang versehen hatte. Ihr Titel: *Kurze Darstellung der Schicksale, die den Kaufmann Herrn Arnold Delius in Bremen, als Folgen seiner nordamerikanischen Handlungs-Unternehmungen betroffen haben.*[646] Der Text, der in der Faksimile-Gesamtausgabe 117 Seiten umfasst, liest sich wie der Schriftsatz eines Anwalts. Knigge schreibt sachlich, genau und detailliert, ohne literarische Ambition. Er bezieht sich allerdings nur auf die Darstellung der einen Seite, des Kaufmanns Arnold Delius. Knigge zählt die juristisch relevanten Fakten auf. Selbst die Details erzählt er so spannend, dass der Leser sich auch heute nicht entziehen kann. Es ist eine Geschichte aus dem frühkapitalistischen Menschenzoo, eine Geschichte vom Fressen und Gefressenwerden, von Vertrauensbruch, Wortbruch und Vertragsbruch – vor allem vom Geld und vom Krämergeist der Geldjäger. Knigge macht sich zum Anwalt des aus Westfalen stammenden Bremer Kaufmanns Delius, dem seine Geschäftspartner in Bremen und Nordamerika – glaubt man den Akten, wie sie Knigge zur Verfügung standen – übel mitgespielt haben, wobei man es auch umgekehrt sehen kann: Dann hätte Delius den Bremer Kaufleuten Heymann und Talla übel mitgespielt.[647]

Die Geschichte beginnt im Jahre 1780. Kaufleute und Politiker hatten sich durch den Unabhängigkeitskrieg in Nordamerika das große Geschäft erwartet, doch unglücklicherweise ging der Krieg viel zu schnell zu Ende: *Für die Kriegszeiten ... schienen die Waaren im Ganzen gut gewählt; nur der Frieden veränderte die Umstände.*[648] Was blieb, war die Möglichkeit zum Geschäft mit Schiffen, Schiffsladungen (Cargo) und Versicherungen (Assecuranzen). Arnold Delius hatte die Idee, den Warenverkehr zwischen Europa und Amerika in großem Stil anzukurbeln. Er schrieb Briefe an mögliche Geschäftspartner in Boston – und bekam prompt den Auftrag, Leinwand und »wollene Zeuge« aus Westfalen mit holländischen Schiffen nach Amerika zu verfrachten. Gezahlt werden sollte in Wechseln, also nicht in Waren oder Geld. Dieser Umstand sollte sich als Ursache für das Desaster des Arnold Delius erweisen.

Im Bremen des Jahres 1780 trägt Delius seinen Geschäftsgedanken zwei Freunden vor, den Herren Heymann und Talla. Denen erscheint das Transatlantik-Geschäft zunächst jedoch zu gefährlich, die Überfahrten zu unsicher. Also gründet Talla zuerst einmal eine Versicherungs-Compagnie als Aktiengesellschaft. Heymann und Delius kaufen Aktien für 500 Reichstaler pro Stück und machen bereits im ersten Jahr 100 Prozent Gewinn. Delius trägt jetzt sein Konzept vom Handel mit Amerika erneut vor – und diesmal stimmen Heymann und Talla zu, unter der Bedingung, dass Delius die Aufgabe eines Bevollmächtigten oder »SuperCarga«[649] übernimmt, also den Kauf und Verkauf der Schiffsladungen mit einer Provision von zehn Prozent verantwortlich führt. Die drei Herren zeichnen Aktien, jede zu 555,5 Reichstalern. Heymann und Talla übernehmen die Direktion und besorgen den Einkauf der Handelswaren, Delius zeichnet für die Verladung und den Transport verantwortlich.

Knigge lässt sich in seiner Verteidigung des bald in Schwierigkeiten versinkenden Delius auf jedes finanzielle, vertragliche und logistische Problem ein. Er zeichnet damit ein eindrucksvolles Bild der Geschäftspraktiken im jungen Amerika kurz nach der Unabhängigkeitserklärung von 1776. Immer geht es darum, Aufträge, Zusagen, Absichtserklärungen und Versprechungen zu barem Geld zu machen. Es wird gebeten und gedroht, Kredit gegeben und genommen, Waren verschifft und zurückgehalten, Schiffe beladen und versenkt, Termine vereinbart und wieder verschoben, Vorschüsse in Aussicht gestellt und nicht gezahlt. *Die Leute* wollen *zum Theil gar nicht bezahlen und lachen über die Drohung, sie zu verklagen.*[650] Am Ende seiner Darstellung muss Knigge feststellen, dass die juristischen Streitereien auch nach Jahren immer noch andauern. *So stehen die Sachen größtenteils noch; der Arrest ist nicht aufgehoben; Herr Delius leidet einen Schaden, der gar nicht zu berechnen ist.*[651] Delius ist längst wieder in Bremen, wird dort von seinen ehemaligen Freunden und Geschäftspartnern unter Druck gesetzt und mit Prozessen überzogen. Er wird sogar unter Stadtarrest gestellt, das heißt: er darf Bremen nicht verlassen.

Knigges Schriftsatz verrät den gelernten Juristen. Man mag spekulieren, was Knigge bewogen hat, sich ohne Mandat und ohne Vergütung so umfassend und über jedes journalistische Interesse hinausgehend auf die Angelegenheiten eines ihm Unbekannten einzulassen.[652] Gerechtigkeitssinn? Hilfsbereitschaft? Wendet man Knigges Moralphilosophie auf sein eigenes Handeln und seine Motive an, so muss die Hilfe für Delius irgendetwas zu tun haben mit Knigges eigenem Leben.

In der Tat: Was Herrn Delius widerfahren ist, spiegelt in vielen Facetten die eigenen Erfahrungen und die eigenen Beschädigungen. Deshalb die Detailversessenheit, deshalb die klare Parteinahme für den unbekannten Mann. Knigge selbst erklärt sich für unparteiisch und begründet dies damit, dass er Herrn Delius niemals kennengelernt habe. Wenn also schon ihm, der krank ist und nicht mehr viel zu hoffen hat, keine Gerechtigkeit widerfährt – weder was sein Vermögen noch was seinen Ruf angeht –, so soll wenigstens einem anderen rechtschaffenen Mann die Wiederherstellung seines Vermögens und seiner Ehre gelingen. Bis zu diesem Ende aber wird *jeder billigdenkende Mann demjenigen sein Mitleiden nicht versagen können, der sich so grausam hat behandeln lassen müssen.*[653]

Knigges Engagement im Fall Delius dürfte auch mit seinem generellen Interesse an Amerika zusammenhängen. Die amerikanische Unabhängigkeitserklärung und der Krieg gegen das Mutterland waren ein unübersehbares Paradigma für die Ausgestaltung des politischen Denkens in Sachen Staat und Gesellschaft, Verfassung und individueller Freiheitsrechte zur Zeit der Aufklärung. Eine weitere Erklärung für Knigges Engagement könnte in einem noch wenig erforschten Kontakt zu einem Agenten liegen, der unter dem Namen William Berczy – eigentlich hieß er Albrecht

Ulrich von Moll – die Interessen einer Gesellschaft wahrnahm, die sich um die Anwerbung deutscher Siedler für das Genesee-Gebiet in Nord-Amerika kümmerte und in diesem Gebiet auch umfangreiche Bodenspekulationen unternahm. Diese Genesee-Association war, sehr wahrscheinlich über freimaurerische Verbindungen, auf Knigge aufmerksam geworden und versprach sich von ihm die publizistische Unterstützung für ihre Anliegen.

Moll alias Berczy schreibt am 28. Januar 1792 in einem Brief: »Alles, was der Mann veröffentlicht, wird in Deutschland mit einer solchen Begierde gelesen, dass ich sicher bin, keine bessere Methode zu finden, unser Unternehmen vorzustellen.«[654] Dass Knigge ein besonderes Interesse an den Vereinigten Staaten von Amerika hatte und möglicherweise sogar selber mit dem Gedanken spielte auszuwandern, geht auch aus den *Briefen, auf einer Reise aus Lothringen nach Niedersachsen geschrieben* (1793) hervor. Diese Briefe von einer fiktiven Reise sind von einem Mann geschrieben, der nach Amerika auswandern will und ein letztes Mal durch Europa reist. Dieser Mann schreibt, er müsse noch mit einem gewissen M*** Rücksprache halten. Steht diese Kombination von M und *** für Moll? Vermischen sich in der Gestalt von Berczy/Moll am Ende Fiktion und Wirklichkeit? An Sophie Reimarus jedenfalls schreibt Knigge am 11. November 1795, der in Wien geborene Moll habe den Entschluss gefasst, am Ontariosee eine Kolonie von fleißigen Deutschen anzulegen. Es sei gelungen, *eine große Anzahl hessischer Sklaven ihrem Tyrannen zu entführen.*[655]

Belegt ist, dass Knigge die Absicht hatte, Siedler aus Hessen für die Genesee-Association anzuwerben. In einem Aufsatz aus dem 19. Jahrhundert, der Auszüge aus Knigges inzwischen verschollenem Tagebuch enthält, ist als Zitat zu lesen: *Ich übernahm einen wichtigen Auftrag; für die Vereinigten Staaten von Amerika Colonisten besonders in Hessen anzuwerben. Ein Geschäft, das mit großer Verschwiegenheit behandelt werden muß.*[656] Knigge ist von derartigen Plänen jedoch abgerückt. Vielleicht wollte er als hannoverscher Oberhauptmann in dieser Sache nicht tätig werden, weil er diplomatische Verwicklungen befürchtete – Preußen und Hamburg suchten bereits die Anwerbung von Auswanderern zu unterbinden – vielleicht hatten ihn auch die Informationen über das Schicksal des Kaufmanns

Delius in Amerika ernüchtert. Jedenfalls wurde der Plan zur publizistischen Unterstützung der Genesee-Association durch ein eigenes Journal nicht in die Tat umgesetzt.

Die Verschränkung des eigenen Schicksals mit dem seines publizistischen Mandanten Delius lässt bei den Zeitgenossen natürlich Zweifel an Knigges Professionalität in dieser Sache aufkommen. Hans-Albrecht Koch formuliert diese Zweifel: »... wäre es dann nicht Aufgabe des professionellen Publizisten gewesen, wirklich Partei zu ergreifen, statt über seine Unparteilichkeit zu räsonieren, und die Papiere des Beschuldigten wenigstens von allem zu purgieren, womit dieser sich selbst bloßstellt?«[657] Die Frage ist jedoch eher müßig, weil Knigge die Delius-Affäre nicht bis zum Ende begleitet. Nachdem Delius die Ernennung zum amerikanischen Konsul in Bremen erwartete, der bremische Senat aber das Exequatur, die völkerrechtliche Zustimmung verweigerte, konnte Knigge nichts mehr für seinen Mandanten tun. Trotzdem hat sein Engagement für Delius den Zeitgenossen, zum Beispiel Sophie Reimarus und Heinrich Sieveking, Respekt abgenötigt.[658]

Ideentauschhandel
Die Freunde in Hamburg

Die Jahre nach der Französischen Revolution waren für die gebildeten Schichten in Europa eine Glanzzeit des intellektuellen Gesprächs und freundschaftlicher Vergewisserung, vor allem in Briefen. Man wollte sich in Disputen und Kontroversen darüber klar werden, welche Auswirkungen die Geschehnisse in Frankreich für die deutschen Staaten und Gesellschaften haben könnten. Adolph Freiherr Knigge war dabei ein unermüdlicher Kommunikator. Sein Umgang mit Menschen, sein Stil war geprägt von neugierigem Interesse, vom Wunsch nach Gedankenaustausch, von der Leidenschaft in der Kunst des Streitens. *Ideentauschhandel* nennt Knigge diesen Dialog zwischen Freunden. In den ersten Jahren als Oberhauptmann in Bremen, in denen das regelmäßige Einkommen mehr Zeit für neue Begegnungen ließ als früher, wurden aus den Gesprächspartnern oft auch Freunde. Es ist faszinierend zu bemerken, wie sich im neuen Freundeskreis die hellwache Beobachtung der politischen Geschehnisse mit philosophischer und theologischer Aufklärung verband.

Die Leitfigur bei diesem intensiven Austausch, vor allem für den Hamburger Freundeskreis, war über seinen Tod hinaus der Vater des Knigge-Freundes Reimarus, der Theologe und Philosoph Hermann Samuel Reimarus (1694–1768). In seinen Veröffentlichungen über die Wahrheiten einer »natürlichen Religion« lehnte er die Idee einer Offenbarungsreligion ab. Die Lehre von der Erlösung der Menschheit durch einen leidenden Christus sei ein Konstrukt der Jünger, die auch die Geschichte von der Auferstehung erfunden hätten. Da Hermann Samuel Reimarus sich der Sprengkraft dieser Sichtweise bewusst war, hielt er sein Hauptwerk

»Apologie oder Schutzschrift für die vernünftigen Verehrer Gottes« zurück. Er wusste, dass von vielen Gläubigen die historische Bibelinterpretation als staatsgefährdend angesehen wurde. Deshalb die publizistische Vorsicht. Erst Lessing veröffentlichte 1774, also nach dem Tod des Autors, Teile des Werkes als »Fragmente des Wolfenbüttelschen Unbekannten« und löste damit den »Fragmentenstreit« aus, die wohl schärfste theologische Kontroverse der Epoche.

Der Sohn des Aufklärungstheologen, der Arzt und Schriftsteller Johann Albert Heinrich Reimarus (1712-1814), gehörte zu Knigges Freunden. Ihm wird Knigge sein letztes Werk widmen: *Ueber Eigennutz und Undank*. Reimarus hatte, medizingeschichtlich gesehen, sehr früh eine Hypothese über den bakteriellen Ursprung ansteckender Krankheiten aufgestellt und praktizierte lange vor der Einführung der Impfpflicht bereits die Pockenimpfung. Er war, ganz in der Tradition seiner Familie, ein Demokrat und Anhänger der Französischen Revolution und hatte in zweiter Ehe die Schwester des Journalisten August von Hennings geheiratet: Sophie. Hennings war Oberamtmann in Plön und Arensbök, beide Orte gehörten seit 1763 zu Dänemark.

Sophie Reimarus wurde bald zum Katalysator des brieflichen Gedankenaustausches zwischen Knigge und Reimarus. Das Haus der Familie war der Treffpunkt der Aufklärer. Herzog Friedrich Christian von Schleswig Holstein sprach von der »Heiligen Familie Reimarus«, der Weimarer Gymnasialdirektor Karl August Böttiger vom »Licht- und Mittelpunkt des geistigen Hamburg«. Dort traf sich ein Freundeskreis, zu dem außer Knigge und Hennings der Hamburger Kaufmann Georg Heinrich Sieveking, Friedrich Gottlieb Klopstock und viele andere gehörten. Knigge genoss in diesem Kreis hohes Ansehen. Umgekehrt brachte Knigge der Hamburger Gesellschaft hohen Respekt entgegen. Er lobte die Verfassung der Hansestadt ebenso wie die Lebensart der Bürger, ihren Geschmack, ihre Kenntnisse, ihre nüchterne Vernunft, ihren Witz und ihre Denkfreiheit.[659] *Ein feiner und ungezwungener und cultivirter Ton herrschte bei beyden Geschlechtern.*[660]

Dreimal hat Knigge sich im Jahre 1790, jeweils für mehrere Wochen, in Hamburg aufgehalten – nirgends in Deutschland könne man so frei und angenehm seine Tage verbringen wie in Hamburg.

An Großmann schreibt er überschwänglich: *Ich gestehe es, noch nirgends habe ich so viel Gastfreundschaft, Cultur in allen Ständen, guten Ton, ausgezeichnete Aufmerksamkeit für Wissenschaften und Talente gefunden, als hier. Man behandelt mich sehr viel besser, als ich verdiene...*[661]

Es ging herzlich und unterhaltsam zu im Kreis der Hamburger Freunde. Immer aber ging es auch um die öffentlichen Angelegenheiten.[662] Sophie Reimarus zum Beispiel schreibt an Knigge über die Lebensplanung seiner Tochter Philippine, aber auch über die schrecklichen Revolutionszeiten in Frankreich oder über die Schriftsteller im Lande. Sie notiert: »Es brennt allenthalben kein helles Feuer der Aufklärung, sondern dicker Rauch und Dampf, der Euch zu ersticken droht.«[663] Der oft kokette Umgangston unter den Freunden ist auch in einem Brief Klopstocks an Knigge deutlich herauszuhören: »Sie wissen, daß ich an der Krankheit des Nichtschreibens jämmerlich darniederliege, also kein Wort weiter von diesem Greuel. Das wußten auch Sie, liebster Knigge; und gleichwohl sind Sie so grausam, mich gerade wegen des Nichtschreibens grausam zu nennen.«[664]

Weniger kokett, dafür aber umso pathetischer redet Johann Reimarus seinen Freund an: »Verehrungswürdiger braver Verteidiger der Menschenrechte ...«[665] Die Briefe des Ehepaares Reimarus zeigen die freundschaftlichste Anteilnahme an Knigges Leben, seiner Arbeit und seiner Krankheit – Reimarus ist ja Arzt. Sophie und Johann trösten Knigge, wenn er leidet, von Zimmermann angegriffen oder von General Freytag verfolgt wird. *Freytag ist denn, wie er es sein muß, verhaßt, ich habe fast keinen Menschen gut von ihm reden hören und im Elysium muß man ihn auch nicht lieb haben, sonst wäre er längst hinübergeholt. Vorausgeschickt hat er Menschen in Menge, er könnte völlig als General da fortleben, aber die Schatten würden keine Kanonen mehr fürchten und da wäre er denn freilich ein elendes Wesen.*[666]

Sie teilen ihm ihre Meinungen mit: über die von Hennings redigierte Zeitschrift »Genius der Zeit« oder über die Sorge, dass die Zeitschrift vielleicht nicht bestehen kann neben den »Horen«, die Goethe und Schiller in Weimar herausbringen. Sophie Reimarus ist diejenige, die den brieflichen Dialog in Gang hält und immer wieder belebt, indem sie von allen ihr wichtigen Personen erzählt, dabei immer ihren Mann einbezieht (»Mein Mann hat den Kant deswegen sehr lieb gekriegt«[667]) und von Vorgängen berichtet, von denen sie glaubt, Knigge könnte sich dafür interessieren.

In Sophies Briefen an Knigge finden sich die Namen nahezu aller Anhänger des neuen Denkens in Norddeutschland: von Knigges Verteidiger Johann Friedrich Ernst Albrecht bis zu Joachim Heinrich Campe und Karl Friedrich Cramer (der Kieler Professor, der wegen seiner Gesinnung entlassen wurde und nach Paris emigrierte), von Georg Forster und den Brüdern Karl Friedrich und Philipp Christian Reinhard (die sich für die Verbreitung der Kantischen Philosophie einsetzten) bis zu Karl Leonhard Reinhold in Jena, der ebenfalls ein Anhänger der Kantischen Philosophie und Vorgänger Fichtes auf dem Lehrstuhl in Jena war. Und natürlich gehörte Gerhard Anton von Halem, der Staatsbeamte und Schriftsteller in Oldenburg, ebenso dazu wie Friedrich Gottlieb Klopstock und Andreas Georg Friedrich von Rebmann. Reinhold ging 1794 nach Kiel, von wo aus er das Ehepaar Reimarus aufsuchte (»Reinhold, den müssen Sie kennen lernen und würden ihn gewiß ebenso lieb haben wie wir«). Der Kreis der Personen, die Sophie Reimarus in ihren Briefen an Knigge erwähnt, besteht vorwiegend aus aktiven Freunden der Demokratie. Sophie erscheint als eifrige Netzwerkerin, die versucht, durch ihre Kommunikation gegenseitige Anteilnahme und Hilfe unter denen zu befördern, die aufgrund ihrer politischen Auffassungen Nachteile, das heißt Entlassung, Verfolgung oder Vertreibung zu gewärtigen haben.

Dass Sophie Reimarus Kants Schrift »Zum ewigen Frieden« von 1795 sofort in ihrer Korrespondenz kommentiert, zeigt, wie stark der Hamburger Freundeskreis am Diskurs der Zeit teilnimmt. Kant hatte ja gerade, am 1. Oktober 1794, einen scharfen Verweis des preußischen Ministers Wöllner wegen seiner angeblichen Religionskritik erhalten. In der Kabinettsordre werden dem siebzigjährigen Philosophen »unangenehme Verfügungen« angedroht, woraufhin Kant verspricht, auf »alle öffentlichen Vorträge die Religion betreffend« zu verzichten. Dass er trotz dieses Versprechens ungebrochen ist, zeigt seine Schrift »Zum ewigen Frieden«, in der er viel politischer wird als in seiner Dogmenkritik: Er nennt als Bedingungen des Friedens das Prinzip der Nichteinmischung in die inneren Angelegenheiten anderer Staaten, die Abschaffung von stehenden Heeren und den Verzicht auf Kolonien.[668] Sophie Reimarus weist also in ihrer Briefnotiz auf die politische Brisanz der Kantischen Philosophie hin, wenn sie berichtet: »Kant's ewiger Friede ist in Berlin verboten, aber so wie der Teufel nicht alles Gute zurückhalten kann, so waren schon 2000 Exemplare davon verkauft.«[669]

Sophie sorgt sich immer wieder um Knigges Gesundheitszustand und trauert voller Mitgefühl um seine verpassten Lebenschancen. Drei Tage nach seinem Tod wird sie schreiben: »Was würdest du seyn, dachte ich, wenn du glücklicher wärest.«[670] Sie liest offenbar auch alles, was Knigge ihr aus seiner literarischen Arbeit schickt. Zuweilen äußert sie Kritik, geht aber sehr behutsam mit dem Freund der Familie um. Ihre Briefe geben, mehr noch als die ihres Mannes, ein lebendiges Bild vom Kommunikationsstil unter den Akteuren der Aufklärung in Norddeutschland.

Knigge hat immer Freunde gesucht und gefunden. Und er hat diese Freundschaften gepflegt. Ein Ausstellungskatalog zum 225. Geburtstag nennt Georg Christoph Lichtenberg in Göttingen, den Arzt Andreä in Hannover, den Dichter Gottfried August Bürger in Göttingen, den Schriftsteller Abraham Gotthelf Kästner, den Philosophie-Professor Schlözer in Göttingen, den Gothaer Schriftsteller Gotter, die Musiker Georg Joseph Vogler und Johann Friedrich Reichardt, der vor allem auch den politischen Publizisten Knigge verteidigte.

In diesen Wochen des Jahres 1796 kann Knigge Anteilnahme und Mitleid gebrauchen. Seine Nieren- und Blasenschmerzen werden immer stärker. Er verbringt ganze Tage im Bett, um durch gleichmäßige Wärme die Schmerzen in Grenzen zu halten. Karl Goedeke erzählt, wie es dem Arzt »Doctor Olbers« immer wieder gelingt, den Patienten so zu behandeln, dass dessen Geist hell und seine Laune heiter bleibt. »Sobald Knigges Schmerzen erträglich sind, versammelt er Freunde und Bekannte an seinem Bett und ist ihnen ein angenehmer Gesellschafter. Er giebt dann sogar kleine Hauskonzerte und spielt selber Flöte oder Fagott. Wenn er allein ist, komponiert er Klaviersonaten, übersetzt aus dem Französischen und liest. Zuweilen, wenn er nicht schlafen kann, liest er die ganze Nacht hindurch und studirt Algebra und Geometrie.«[671]

Zum Charakterbild des Adolph Freiherrn Knigge kann man also hinzufügen, dass er auch als Todkranker lebt wie er immer gelebt hat: ohne Selbstmitleid, in Würde und Diskretion, die Menschen seiner unmittelbaren Umgebung entlastend und aufmunternd. Man kann gut nachvollziehen, wie sehr Knigges Freundeskreis seinen Tod betrauern wird. Man wird auch die gefühlvolle Tonlage der Nachrufe aus diesem Kreis verstehen: die Totenklage des Schriftstellers Georg Friedrich Rebmann, der selber wegen seiner Veröffentlichungen seit 1795 verfolgt wurde und nach Altona entkommen konnte, das damals unter dänischer Hoheit stand – oder des Oldenburger Kanzlei- und Regierungsrates von Halem. Gerhard Anton von Halem veröffentlichte in der von Hennings herausgegebenen Zeitschrift »Der Genius der Zeit« ein Gedicht, »An Knigges Grabe«, dessen oft zitierter Schluss lautet: »Danket dem Retter Tod, dem Schmerzenstiller, ihr Freunde! Denn der Gerettete lebt! Lange noch blühet sein Ruhm. Spät noch schauet Jüngling und Mann in den Spiegel des Lebens; Den er mit fester Hand unter den Menschen erhob. Lange stählet mit Mut sein Name den kämpfenden Weisen; Lang' erbebet beim Wort: Knigge! Der Heuchler und Thor.«[672] Wegen dieses Nachrufs zerbrach die Freundschaft zwischen Halem und Friedrich Leopold Graf zu Stolberg, der den Freund einfach deshalb verurteilte, weil er anderer Meinung war: »Alles was mir heilig ist, war dem Manne zuwider.«[673]

Neben Äußerungen der Wertschätzung erschienen auch, wie zu Knigges Lebzeiten, Geschmacklosigkeiten und Verunglimpfungen seiner Person und seines Werkes. Besonders tun sich dabei die reaktionäre Zeitschrift »Eudämonia oder deutsches Volksglück, ein Journal für Freunde von Wahrheit und Recht« und die »Wiener Zeitschrift« hervor, die beide Knigge und seine Freunde verspotten.

Die Fälschung des Herrn von Kotzebue
Pyrmont

Es muss ein Ort der Verheißung gewesen sein, dieses kleine Heilbad an der Emmer, das zum Besitz des Fürsten von Waldeck gehörte und wie hingezaubert mitten in den Hügeln des Weserberglandes liegt. Wer glaubte, an einer Herzerkrankung zu leiden oder auf ein Magen-, Darm-, Leber- oder Gallenleiden gefasst sein zu müssen, der hoffte, in Pyrmont Gesundheit oder zumindest verständnisvolle Gesellschaft zu finden. Das »Verzeichnis der angekommenen Brunnen-Gäste und Fremden bey dem Gesundbrunnen zu Pyrmont« liest sich wie das Who's Who einer ganzen Epoche der europäischen Geistesgeschichte: angefangen bei Herder, Goethe, Mendelssohn, Iffland, Nicolai, Claudius, Hölty, Klopstock, Lessing, Humboldt, Eckermann, Telemann bis zu nahezu allen Regenten der europäischen Fürstenhöfe samt ihrem Hofstaat, von Zar Peter dem Großen bis zu Preußens Königen und Goethes Ernst August von Sachsen-Weimar-Eisenach. Der Schriftsteller und Verleger Nicolai erinnert sich an »einen Zirkel von schätzbaren Männern und geistreichen Frauenzimmern ..., deren Kenntnisse, feine Sitten, Anmut, fröhliche Laune, Witz und Gutmütigkeit der Konversation jene Urbanität und Unbefangenheit gaben, die den Geist so sehr aufheitern und erhellen kann.«[674]

In diesen Zirkeln konnte Knigge nicht fehlen. Er fühlte sich hier besonders wohl, auch weil Pyrmont als Ort der Begegnung zwischen Adel und Bürgertum berühmt war. Hier erkannte er die Zeichen der Zeit, weil auf der einen Seite der gebildete Adel und das Bildungsbürgertum die Trennung der Stände überwanden und aufeinander zugingen, auf der anderen Seite aber der Stuhl der Gräfin wenigstens sechs Stühle von dem der Bürgersfrau entfernt sein musste.⁶⁷⁵ Seine Beobachtung der Badegesellschaft ist trotzdem nüchtern und distanziert: *Eine Menge von Fürsten, Grafen, Gesandten und andrer Männer, mit und ohne Ordensbänder kreutzten da durch einander.*⁶⁷⁶ Dieser Abstand zum Treiben im Mode-Kurort ist allgegenwärtig in Knigges Berichten aus Pyrmont. Im *Zauberschloß*, in der Geschichte des Grafen Tunger, findet man die Badegäste *angespannt und ebenso rastlos fortgetrieben von großen und kleinen Leidenschaften*. Und in der *Ebbe und Flut von Fremden* erkennt Knigge so viel Zwang, Rangordnungen und politische Rücksichten wie in den Residenzen.⁶⁷⁷

Ob nun aus wohlwollenden oder zynischen Augen betrachtet – Pyrmont ist in jenen Jahren ein Kommunikationszentrum der vornehmen Gesellschaft aus Adel und bürgerlicher Oberschicht, ganz wie die anderen Bäder, die sich im 18. Jahrhundert zu europäischen Luxusbädern entwickelten wie Spa, Bath oder Karlsbad. Was in Pyrmont kommuniziert wird, ist bald an den Höfen Deutschlands, den Ministerien, den Universitäten und den Verlagen zu vernehmen. Die Personalpolitik der Universität Göttingen zum Beispiel wird hier gemacht.

Für Knigge wird Pyrmont sogar zu einem Ort, der sein Schicksal und sein Bild in der Geschichte mitbestimmen sollte. Seine Lebenslinien verknäulen sich hier mit denen des Schriftstellers Kotzebue und des Arztes Zimmermann zu einer Katzbalgerei, die durch ihre politischen Implikationen in einen für alle Beteiligten erbitterten Streit auf Leben und Tod ausartet.

Der populäre Theaterautor August von Kotzebue, der später, im Jahre 1819, von einem Studenten ermordet wird, hält sich in den Sommern 1789, 1790 und 1791 in Pyrmont auf und feiert Triumphe auf der Bühne und in den Salons der erlauchten Gesellschaft.⁶⁷⁸ Zu dieser Gesellschaft gehörte auch der gebürtige Schweizer Johann Georg Zimmermann (1728–1795), in diesen Jahren Hofarzt in Hannover und Badearzt in Pyrmont. Die Zarin Katharina hatte Zimmermann den Wladimir-Orden 3. Klasse verliehen. Damit war ein kleines Adelsdiplom verbunden, so dass Zimmermann sich nun »Ritter von Zimmermann« nennen durfte.

Der Ritter war wegen seiner aufbrausenden Art, seiner ungezügelten Eitelkeit und seiner schroffen Überheblichkeit alles andere als beliebt.⁶⁷⁹ Johanna Schopenhauer, die alles beobachtende und fast alles kommentierende Prominentengattin, schildert Zimmermann äußerst befremdet als »gepudert, frisirt, in vollem Anzug, fast immer den Hut unterm Arm, mit dem Wladimir-Orden prangend«.⁶⁸⁰ Nicht diese Eigenschaften jedoch – es stolzierten viele Pfau-Männer durch Pyrmont – sind es, die zum Eklat des Jahres führen. Was zu Aufsehen, Verstimmung und schließlich zu amtlichen Ermittlungen Anlass gibt, ist eine rätselhafte Schrift mit dem Titel »Doctor Bahrdt mit der eisernen Stirn oder die deutsche Union gegen Zimmermann. Ein Schauspiel in vier Aufzügen«. Als Autor dieses Stückes wird der »Freyherr von Knigge« genannt. Mit schiefem Blick wird auf Knigges Gesundheit angespielt, um die Aufmerksamkeit des Publikums auf ihn zu lenken.

Das Stück ist als Pasquill gemeint, also als Schmähschrift.⁶⁸¹ Der Text greift in die nervöse Auseinandersetzung ein, die nach der Französischen Revolution um Aufklärung und Gegenaufklärung ausgebrochen ist, und arbeitet mit der Waffe des Rufmords. Der gesellschaftspolitisch eifernde Arzt Zimmermann hatte in intellektuellen Zirkeln durch den in Buchform erschienenen Bericht seiner Gespräche mit Friedrich dem Großen Aufsehen erregt. Dabei war er nur als Arzt an das Krankenbett des Preußenkönigs gerufen worden und hatte ihm nicht helfen können. Hinzu kam jetzt seine Attacke gegen den Professor Carl Friedrich Bahrdt. Das Pasquill unter dem Namen Knigge – es handelt sich also nicht um ein frei erfundenes Pseudonym, sondern um den Namen einer allseits bekannten Persönlichkeit – liegt ganz auf der Linie seiner wütenden Polemiken gegen jede Art von Aufklärung.

Schon in der »Zueignungsepistel an den Herrn Schauspieldirektor Großmann«⁶⁸² wird die Spur gelegt, die zu Knigge führen soll: *Ich bin sehr schwach und krank, mein letztes Stündlein naht.* Dass es gegen Knigge als Person gehen soll, wird gleich am Anfang deutlich: *Alle die alten Geschichten, zum Beyspiel, die Eheteufeleyen in Göttingen (und wer vermag die Sterne am Himmel zu zählen) stehen Rabenschwarz vor meiner Seele.*⁶⁸³ Unter den handelnden Personen des Stücks finden sich außer dem *Doctor Bahrdt mit der eisernen Stirn, der uneigennützige Campe, der feinlachende Trapp, der Achselträger Boje, der artige Klockenbring, der kleine geile Mondcorrespondent Lichtenberg,* der *Heerführer Nicolai, der keusche Kästner und Luthers Geist,* dazu noch ein Chor von *Zeitungsschreibern, Journalisten und einigen masquirten Personen, Aufwärtern, Huren und Himmlischen Heerschaaren.* Der Spott kennt keine Grenzen.

Knigge sieht sich veranlasst, in einer Anzeige in der »Staats- und gelehrten Zeitung des Hamburgischen unpartheiischen Correspondenten« zu dementieren, er sei, wie im Titel behauptet, der Autor der Schmähschrift. Es mag der Abscheu vor dem Stil und der hasserfüllten Attitüde des Pasquills gewesen sein, der Knigge veranlasst, eine scharfe Grenze zu ziehen. Denn im intellektuellen Streit um Aufklärung, Revolution und Reform ist eine neue Stufe der Eskalation erreicht worden. Hatte man sich bisher mehr oder weniger mit Sachargumenten bekämpft, zielt das Pasquill des noch immer unbekannten Autors auf die Person des Gegners. Sie soll herabgesetzt, ihre moralische Integrität infrage gestellt und vernichtet werden. Dieser neuen Art der Polemik ist jedes Mittel recht. Sie schreckt auch vor Zweideutigkeiten, geschmacklosen Anzüglichkeiten und bewusst falschen Behauptungen, Unterstellungen und Verleumdungen nicht zurück. Je klebriger die üble Nachrede, desto mehr bleibt hängen. Umso schwerer wiegt natürlich die Frage, wer der Verfasser eines solchen, keineswegs mehr komischen Textes sein könnte, an dessen Ende – so der Höhepunkt des Schauspiels – die gegnerischen Schriften, und mit ihnen jeder Respekt vor Menschenwürde und Meinungsfreiheit, in die Fäkaliengrube geschüttet werden.

Der Kampf dauert Monate und wird über drei Jahre hin in Briefen und Veröffentlichungen immer wieder neu entfacht. Polizei und Regierung mischen sich ein. Auf dem Postamt wird sogar Knigges Post geöffnet.[684] Das Opfer der Schmähschrift wird also auch noch das Opfer ernsthafter Verdächtigungen. Auch Zimmermann wird verdächtigt, das Pasquill zu seiner Verteidigung selber verfasst zu haben. Schließlich bleibt auch der, wie sich herausstellen wird, tatsächliche Autor des Machwerks nicht vor den umgehenden Gerüchten verschont: August von Kotzebue. Beweise allerdings gibt es immer noch nicht.

Da jedoch taucht ein Brief vom August 1791 auf, der den Anfang der Entlarvung markiert. Kotzebue schreibt an seinen Freund

Friedrich Schulz, Romanschriftsteller und Gymnasiallehrer in Mietau, er sei der Verfasser des Pasquills. Dies aber dürften nur ein paar Freunde wissen, schreibt er. Im Übrigen höre er aus Hannover, dass die amtlichen Ermittlungen bald eingestellt würden. Kotzebue treibt ein Doppelspiel. Fast gleichzeitig mit dem Brief an Schulz veröffentlicht er in der »Gothaischen gelehrten Zeitung« vom 19. Oktober 1791 die Erklärung, er habe den Verfasser des Pasquills aufgefordert, sich zu offenbaren, »weil ich nicht länger Lust habe, fremde Sünden zu tragen.«[685]

Tatsächlich erscheint bald die notariell beglaubigte Erklärung eines Mannes aus Reval, er sei der Verfasser, nach dem so lange gefahndet worden sei. Diese Erklärung erweist sich jedoch sehr bald als ein von Kotzebue inszeniertes Täuschungsmanöver. Damit ist er als der wirkliche Verfasser enttarnt.[686] Trotzdem versucht er auch jetzt noch, sich aus der Verantwortung zu stehlen, indem er behauptet, ein früherer Freund habe entscheidend an der Sache mitgewirkt – ein Freund, »dem es Gott verzeihen möge, daß er mich in diese unangenehme Geschichte verwickelt hat«. Jetzt fühlt sich der Pyrmonter Arzt Heinrich Matthias Marcard (1747–1817) vorgeführt. Er distanziert sich von dem Pasquill und teilt mit, vor allem »alles Zotenhafte« sei nicht von ihm, auch nicht die Idee und der Plan. Beide Herren beschuldigen sich also gegenseitig, bis Kotzebue sich Ende 1793 endlich herbeilässt, öffentlich Abbitte zu leisten – nicht ohne auf der Mitverantwortung anderer zu bestehen: Marcard habe ihn mit Material versorgt und Schulz habe ihn nicht davon abgehalten, das Pasquill zu veröffentlichen. Das Urteil über dieses Verhalten bringt Lichtenberg auf den Punkt, als er von »Kotzebue's erbärmlicher Reue« spricht. Und Friedrich Nicolai kommentiert, Kotzebue habe »sich betragen wie ein Stinkthier, nicht aber wie ein rechtlicher Schriftsteller«.

Knigge selbst bleibt gutmütig. In einem Brief an die Königliche Justiz-Canzlei zu Stade schreibt er: *Eigentliche Bosheit mag ihm wol nicht die Feder geführt haben, sondern vielmehr Muthwillen; der Herr Präsident ist ein junger Mann, und bey gewißen Dichtern und sogenannten schönen Geistern darf man es, glaube ich, mit der praktischen Klugheit und Moralität ihrer Handlungen nicht immer so genau nehmen.*[687]

Verloren haben alle bei diesem absurden Streit. Zimmermann

verliert seine Reputation, Kotzebue seine moralische und schriftstellerische Integrität und Knigge sein Zutrauen in die Gutwilligkeit der Aufklärungsgegner. Es wird nicht lange dauern, bis Knigge aus dieser Erfahrung noch einmal bittere Konsequenzen ziehen muss. Gegner entpuppen sich als Feinde, die keine Grenzen mehr kennen, wenn es darum geht, ihn zu diffamieren. So wird Grolmann 1794 unter dem Titel »Die neuesten Arbeiten des Spartacus und Philo« alte Illuminatenschriften herausgeben, um damit Knigge als Aufrührer bloßzustellen. Damit der Leser auch genügend alarmiert ist, entwirft Grolmann in der Vorrede ein wahres Horrorszenario: »Nicht die Franzosen sind die Erfinder dieses großen Entwurfs, die Welt umzukehren, diese Ehre kommt den Deutschen zu. Den Franzosen gehört die Ehre, dass sie mit der Ausführung den Anfang gemacht und was damit im Gefolge – und wie die Geschichte zeigt – ganz im Genie dieses Volkes war: Kopf abschneiden, intrigieren, morden, sengen und brennen und – Menschenfleisch fressen.«[688]

Ein weiteres Buch, fälschlich unter Knigges Namen, sorgt für Aufsehen: »Welt- und Menschenkenntnis, ein Pendant zu dem Buche Umgang mit Menschen«. Knigge erscheint auch hier als Verschwörer und Drahtzieher der Revolution, in einer Reihe mit Marat und Robespierre und zusammen mit Schiller und Kant. In einer Rede, die Grolmann im Dezember 1793 vor einer Freimaurerloge gehalten hat, wird sehr deutlich, warum dieser Orden für so gefährlich gehalten wird: »Die Absicht der Illuminaten geht unstreitig auf eine Weltreformation oder den sogenannten Cosmopolitismus, nach welchem Weishaupt und Knigge den Leuten alles was ihnen bisher ehrwürdig war, die positive Religion, die Staatsverfassung, die bürgerliche Ruhe und Ordnung unter dem Vorwand einer allgemeinen Freyheit und Gleichheit entreissen, die Fürsten ihrer wohlhergebrachten Rechte berauben, und sich die Herrschaft der Welt allein zueignen wollten.«[689] Da Grolmann selbst Illuminat gewesen war, wird sein Urteil als verlässlich angesehen.

Knigge aber versucht, inmitten all dieser Händel, seine philosophischen und gesellschaftskritischen Gedanken weiter zu verfolgen.

Eigennutz, Undank und das Bündnis mit dem Leben
KANT

Die kopernikanische Wende, in die Kant das zeitgenössische Denken führt, zwingt auch Knigge zu einer Positionsbestimmung. In der »Grundlegung zur Metaphysik der Sitten« (1785) erklärt Kant als Zielsetzung seiner Schrift die »Aufsuchung und Fortsetzung des obersten Prinzips der Moralität«. Dieses oberste Prinzip ist für Kant a priori, also vor jeder Erfahrung gültig. Es ist ein Imperativ, und zwar ein kategorischer Imperativ, der die objektive Notwendigkeit einer Handlung setzt: »Handle nur nach derjenigen Maxime (Willensgrundsatz), durch die du zugleich wollen kannst, dass sie ein allgemeines Gesetz werde.« Diese Maxime lehnt Knigge als ethischen Rigorismus und Formalismus ab. Er will die Erfahrung und die Verhältnisse des Handelnden berücksichtigt wissen. Die rigorose Befolgung allgemeiner Gesetze ist für ihn ebenso lebensfremd wie eine allen Vergnügens entkleidete Pflichtethik. Beides richtet seiner Meinung nach nur Schaden an. Den Einspruch gegen Kant haben Goethe und Schiller in ihren »Xenien« auf eine kurze Formel gebracht: »Gerne dien ich den Freunden, doch tu ich es leider mit Neigung,/Und so wurmt es mir oft, daß ich nicht tugendhaft bin.«

Knigge führt den Dialog mit der kantischen Moralphilosophie in den neunziger Jahren, also in der Zeit unmittelbar vor seinem Tode, ohne Kant beim Namen zu nennen. Er tut es, sieht man von den unterschiedlichen Abstraktionsgraden ab, durchaus auf Augenhöhe, wobei er sich auf die praktische Philosophie beschränkt, Kants Begründungssystematik und seine Erkenntnistheorie aber außen vor lässt. Der Kant'schen Grundlegung zur Metaphysik der Sitten und dem kategorischen Imperativ setzt Knigge den »gesunden Hausverstand« als moralisches Handlungsprinzip entgegen. Für ihn gibt es gar kein anderes von der Natur dem Menschen eingepflanztes Gesetz als das: der Vernunft zu folgen.[690] Daraus ergibt sich, *daß unsere jetzigen Begriffe von Tugend und Pflicht gar keine allgemeine, ewige, unwandelbare Wahrheiten, sondern nach den verschiedenen Erfahrungen und Verhältnissen auch verschieden sind und seyn müssen.*[691]

Knigge belegt diesen allgemeinen Satz mit einer Beobachtung: *Kann nicht in Einer Staats-Verfassung, in Einem Himmelsstriche, in Einem Zeitalter etwas zu sagen oder zu thun, Verbrechen oder Thorheit seyn, was in einem anderen Clima, unter anderen Regierungen, zu anderen Zeiten für Tugend und Weisheit nicht nur gilt, sondern auch dadurch würklich Tugend und Weisheit wird, daß es am wirksamsten die Harmonie des Ganzen befördert?*[692]

Schon im *Amtsrat Gutmann* nimmt ein Herr von Fürstenruf für sich in Anspruch, die Tugend um ihrer selbst willen zu lieben und gut zu handeln, bloß weil es gut ist. Damit legt Knigge dem Herrn von Fürstenruf genau den Standpunkt der Kant'schen Moralphilosophie in den Mund. In der Schrift *Über Eigennutz und Undank* (1796) stellt er dem jedoch seine Auffassung entgegen, dass Moral sich nur dann im Leben behaupten kann, wenn sie sich vergewissert, dass eine moralische Handlung auch nützlich ist.

Für Kant sind Nützlichkeitserwägungen das Ende jeglicher Moral. Dies findet Knigge jedoch überspannt und unrealistisch. Trotzdem lehnt auch er den Eigennutz als moralisches Prinzip ab, allein schon deshalb, weil Eigennutz eine subjektive Größe ist, Knigge aber an objektiven und verbindlichen Normen festhält. Er will nicht der Willkür Tür und Tor öffnen. Er hält also, wie an der Religion, so auch an objektiv vorgegebenen Moralvorstellungen fest. Persönliche und gesellschaftliche Ordnung entsteht für ihn nicht aus der Freiheit, sondern aus der Einsicht in die Gesetze des Ganzen, das seinen Teilen immer schon vorausgeht.

Knigge beruft sich dabei wieder auf die Philosophie des Christian Freiherrn von Wolff (1679-1754). In *Eigennutz und Undank* rühmt er die Klarheit und ordnende Kraft der Wolff'schen Philosophie, die in ihren logischen Ableitungen eine Brücke schlägt vom Naturrecht zur Ethik und von der Vernunft zur Politik. Knigge wird wohl auch Sympathie für Wolff empfunden haben, da dieser, wie er selbst, Verfolgungen ausgesetzt war. Der Theologe, Mathematiker und Physiker wurde 1723, unter Friedrich Wilhelm I., als »Religionsfeind und Determinist« aus Preußen ausgewiesen. Wolff lehrte dann an der Universität Marburg, bis Friedrich II. ihn, gleich nach seinem Regierungsantritt 1740, nach Halle als Professor für Natur- und Völkerrecht zurückberief.

Knigge erkennt – in der Tradition von Wolff und Leibniz – drei Triebfedern für das moralische Handeln des Menschen: das Gefühl oder der Instinkt, die Vernunft und die Übereinkunft mit anderen Menschen. Diese Übereinkunft ist wichtig, weil der, der nur die Vernunft zu Rate zieht, durchaus egoistisch und unmoralisch handeln kann. Keine der Triebfedern darf also isoliert wirken. Immer muss die Harmonie des Ganzen ungestört bleiben.[693]

Im Unterschied zu Kant sieht Knigge das moralische Handeln immer im Zusammenhang mit dem Streben des Menschen nach eigener Glückseligkeit. Er erkennt einen Zirkel: *Man soll, sagen die neuern Philosophen, die Tugend nur ihres inneren Werths wegen lieben, suchen und ausüben. Wohl! Was gibt denn aber der Tugend diesen Werth? Der Nutzen, den sie stiftet. Und worin besteht denn dieser Nutzen? In der Beförderung des allgemeinen Wohls, des Wohls der Welt. Warum soll ich dazu mitwürken? Weil ich ein Theil dieser Welt bin. Das ist der Circel, durch welchen wir immer zu unserm eigenen Ich wieder zurückkehren.*[694]

Im zweiten Hauptteil lässt Knigge dann die moralphilosophische Theorie auf sich beruhen und reflektiert die Beobachtungen und Erfahrungen, die er im Lauf seines Lebens gesammelt hat. Wie schon im *Umgang*, beschreibt er jetzt die Menschen und ihre Verhaltensweisen. Aber sein Blick ist pessimistischer geworden, schärfer, analytischer, kritischer. Illusionslos erkennt er, wie sehr *die mehrsten Menschen* handeln, als seien sie der Mittelpunkt der Welt, *als sey alles außer ihnen nur ihretwegen da.*[695] Ob Scheinheiligkeit, Verlogenheit, Verschlagenheit oder Neid, alles wird unter die Lupe genommen. *Es ist sehr unterhaltend für den feinen Beobachter zu sehn, welchen Tauschhandel von Schmeicheley die Menschen unaufhörlich untereinander treiben und wie fast alle ihre Verbindungen auf diese Waren-Speculation berechnet ist.*[696]

Treffsicher formuliert er, wie die Menschen da, wo es ihnen Vorteile bringen kann, *sich gegenseitig mit Beyfall und Lob hinterge-*

hen.[697] Er belässt es jedoch nicht bei der kritischen Larmoyanz, die immer wieder die Grenze zum Misanthropischen überschreitet. Vielmehr benennt er konkrete Missstände der Gesellschaft, etwa die kümmerliche Besoldung der Schullehrer, deren entscheidender Dienst für den Staat schlicht und einfach missachtet wird.[698] Knigge prangert auch die eigennützige Verwendung von Geldern an, die für öffentliche Anstalten wie Hospitäler, Armen- und Waisenhäuser bestimmt sind.[699] Überall entlarvt er den Eigennutz als das Maß aller Dinge. *Oft ist das Wohl ganzer Völker, Länder und Generationen das Opfer eigennütziger Menschen.*[700] Kein Bürger könne deshalb sicher sein, dass er sich auch im folgenden Jahr noch an Wohlstand, Ruhe, Freiheit und Glückseligkeit freuen kann.[701] Diejenigen, die *am Ruder sitzen*, versuchen aus Angst vor Aufruhr die bürgerlichen Freiheiten einzuschränken. Auch die Kirchenleute, Ärzte und Kaufleute, Juden, Büchermacher und Schriftsteller werden noch einmal an ihre öffentliche Verantwortung erinnert, ebenso Künstler, Schauspieler, Tonsetzer, Virtuosen und Buchhändler. Dabei polemisiert Knigge wieder gegen die »neuern Philosophen« – gemeint ist Kant und seine Schule –, die behaupten, man müsse bei der Begründung der Moralgesetze gar nicht an die Folgen oder an die Wirkungen denken, weil die Gesetze eben völlig unabhängig von den Verhältnissen und den Folgen zu beachten seien. Dagegen setzt Knigge seine Situationsethik und besteht darauf, dass die Moralgesetze keineswegs unwandelbar sind, dass die Verhältnisse anders sein können als vorgesehen und dass auf jeden Fall die Folgen einer Handlung bedacht werden müssen.

Die reaktionären Kräfte in Deutschland hatten durchaus begriffen, welche Tragweite die durch Kant ausgelöste kopernikanische Wende des Denkens haben würde. Dies wiederum erkennt ein progressiver Kopf wie Heinrich Heine. Er wird Kant mit Robespierre vergleichen, weil seine »Kritik der reinen Vernunft« von wahrhaft revolutionärer Gewalt sei. Kants Erkenntnistheorie, wonach wir es nicht mit den Gegenständen, sondern nur mit unserer Erkenntnisart von Gegenständen zu tun haben, wir also auch die Existenz Gottes nicht beweisen (aber auch nicht widerlegen) können, hebelt jede Art von Dogmatismus aus, wie er sich in Gestalt von Fundamentalismen aller Art bis heute erhalten hat.

Im zweiten Teil seiner Schrift über den Undank begründet Knigge seine Moralphilosophie noch einmal mit dem Gefühl der Dankbarkeit gegen den Schöpfer. Daraus leitet er eine heitere Bejahung des Lebensgenusses ab. *Wie klein, jämmerlich und unglücklich erscheint uns dagegen nicht der moralische Mensch der neuern Philosophen! – gleichsam der Leibeigene der Natur; verurtheilt, sclavisch unbedingten Gesetzen zu gehorchen, Gesetzen, nach deren Gründen er nicht einmal fragen, die er befolgen soll, sie mögen zu den Umständen passen oder nicht ...*[702] Knigge setzt dieser verbissenen und rigorosen Pflichtethik die *reine Wonne, bey dem Anblicke eines Geschöpfs, das durch uns froh und glücklich ist,* entgegen.[703]

Moralisches Handeln ist für Knigge ein unverkrampftes und großherziges Bündnis mit dem Leben. Kurz vor seinem Tod stellt er sich damit im Entwurf einer humanen Ethik gegen die preußisch-protestantische Strenge. Zum Schluss seines Buches resümiert er noch einmal seine kritischen Beobachtungen zu *politischem Parteigeist*, falschem Nationalstolz, Neid, Eitelkeit, Vorurteil und Leichtsinn und zu dem Unfug, den Adel und geistliche Hierarchie *von jeher angerichtet haben* – und hat dabei selbst die Sorge, dass seine Gedanken *in Menschenhaß ausarten könnten.*[704]

In seinen grundlegenden Diskurs über die Begründung einer Moralphilosophie bindet Knigge seine schon häufig geäußerte Sorge um die deutsche Sprache ein.[705] Er beanstandet den *barbarischen, steifen, pedantischen, unnöthiger Weise mit ausländischen Wörtern und Kunst-Ausdrücken überladenen Schul-Styl.* Er bedauert, dass *mit diesem Abracadabra philosophische Abhandlungen ausgeschmückt werden,* und macht sich lustig über eine Verordnung zur Herstellung von Met, in der die Wörter *transcendental, Perfectibilität* und *Kategorie* vorkommen. Knigge setzt gegen diese Auswüchse von Sprachverwahrlosung seine Forderung, im Gebrauch der deutschen Sprache müsse die Gründlichkeit mit Deutlichkeit und Anmut verbunden sein. Der Forderung nach Anmut fügt er noch eine Erklärung hinzu: *... nicht mit der Anmuth der Poesie oder der Rednerkünste und der sogenannten Schönschreiberey, welche die Einbildung und das Gefühl auf Kosten der Vernunft bestechen, sondern mit der Anmuth, die Klarheit und Würde erzeugen.*[706]

Dieses Thema ist Knigge offenbar so wichtig, dass er einen

neuen Gedankengang noch als Anmerkung hinzufügt: *Es ist, meiner Meynung nach, der höchste Triumph der ächten Wahrheit, Weisheit und Erkenntniß, wenn sie sich in der größten Klarheit und Einfalt darstellen läßt. Die Kunst, über wichtige Gegenstände zugleich gründlich und populär zu schreiben, erfordert ein nicht gemeines Talent und Studium. Wer seine Sätze in einen dunklen Vortrag einhüllt, täuscht gewöhnlich nur gar zu leicht entweder sich selbst, oder will Andre täuschen, indem er neue Worte für neue Sachen hält, oder ausgiebt.*[707]

Über Eigennutz und Undank ist Knigges letztes Werk. Es ist die »Quintessenz seiner leidvollen Lebenserfahrung«.[708] Das Erscheinen des Buches, bei Jacobäer in Leipzig, hat Adolph Freiherr Knigge nicht mehr erlebt. Der Verleger Friedrich Gotthold Jacobäer bezeichnet das Werk als »Gegenstück zu dem bekannten Buche: Über den Umgang mit Menschen«.[709] Die Quintessenz der leidvollen Lebenserfahrung enthält ohne Zweifel misanthropische Züge. Gerade dadurch aber ist das letzte Buch zugleich der Versuch, sich nicht dem Menschenhass zu überantworten, sondern zwischen Eigennutz und Undank einen Weg zu entdecken, den *Kopf und Herz ihm vorzeichnen – aus Liebe zum Ganzen.*[710]

»Hier pökelt man Prälaten«
Die Blumauer-Affäre

Der Wiener Polizei ist offenbar jedes Mittel recht. Sie erhofft sich einen Fahndungserfolg bei der Jagd nach Aufklärern, Demokraten und Jakobinern – und lässt 1796 einen gefälschten Brief an den in ganz Europa verdächtigen Baron von Knigge schreiben. Absender ist vorgeblich der österreichische Schriftsteller Johann Aloys Blumauer, dessen Name in Knigges Ohren – damit rechnen die Geheimdienstler – einen guten Klang hat. Blumauer (1755–1798) ist Verfasser einer frechen Travestie von Vergils »Aeneis«, die in anachronistischen Purzelbäumen Luther, Hus und Rousseau an der Höllenfahrt des Aeneas zum »Garkoch Satanas« teilnehmen lässt: »Hier pökelt man Prälaten, dort fricassirt man Fürsten«.

Blumauer war kurze Zeit Jesuitennovize gewesen, dann Freimaurer geworden und schrieb nun als Hofzensor und Buchhalter antiklerikale Streitschriften zugunsten der josephinischen Aufklärung. Ihn haben die Geheimpolizisten am Wiener Hof ausersehen – ohne dass Blumauer etwas davon weiß –, seinen Namen für ein infames Täuschungsmanöver herzugeben. Der falsche Blumauer erkundigt sich nach dem »Manifest«, das Knigge anonym mit dem fiktiven Druckort Wien veröffentlicht hatte – deshalb hatte er wohl die Aufmerksamkeit der Wiener Polizei erregt. »Blumauer« fragt nun scheinheilig, ob Knigge eine Verbindung zum Verfasser des Manifestes, das in Wien natürlich verboten war, herstellen könne. In Wahrheit waren die geheimdienstlichen Späher längst auf Knigges Spur. Man hatte durch Stilanalyse festgestellt, dass Inhalt und Sprachfärbung den bekannten Schriften Knigges, vor allem dem *Wurmbrand*, sehr ähnlich waren. Durch den falschen Blumauer wollte man also den Verdacht nur noch erhärten.

Knigges Antwort an den vermeintlichen Blumauer zeigt seine ganze Arglosigkeit. Am 21. Januar 1796 beantwortet er das verfängliche Schreiben aus Wien, das er sofort vernichtet hatte, um keine gefährlichen Spuren zu hinterlassen: *Ihr Brief, würdiger edler Mann! Hat mir eine frohe Stunde gemacht, deren ich jetzt wenige habe ...*[711] Seiner Antwort auf »Blumauers« Fragen schickt Knigge eine Darstellung seines Lebens und seiner gegenwärtigen Situation voraus, die sich wie eine kurzgefasste Autobiografie liest. Er schildert seine Erbschaftsgeschichte, seine Jahre an deutschen Fürstenhöfen, seine Existenz als Schriftsteller und schließlich die »Oberhauptmannschaft« in Bremen. Er verweist auf seine *politischen Glaubensbekenntnisse*, seine Meinung zur Französischen Revolution, seinen Streit mit Zimmermann, die jüngsten Angriffe gegen ihn und schließlich auf seinen Entschluss, *alle Schonung, alle Vorsicht* aufzugeben und mit seinem *Manifest* all denen Mut zu machen, die den politischen und geistigen Despotismus zu Fall bringen wollen. Der falsche Blumauer heuchelt Anteilnahme an Knigges Schicksal: »Wie glücklich, oder wie groß sind Sie, dass Sie bei so vielem häuslichen Kummer und gehäuften körperlichen Leiden noch die Seelenruhe beizubehalten vermochten ...«[712]

Noch immer vertrauensvoll, teilt Knigge dann seinem neuen, unbekannten Briefpartner eine strategische Überlegung mit: *ehe das Werk wirklich im Gange ist*, wäre es nützlich, wenn *sehr viel Lärm darüber geblasen würde*, damit die Polizisten sich mit ihren Nachforschungen schon müde gemacht hätten, wenn die Arbeit der Aufklärer wirklich beginnt. Knigge nennt dann die Namen kleiner Zeitschriften, die bereit sind, Klagen über Belästigung und Betrug abzudrucken.[713] Knigge beginnt, unvorsichtig zu werden. Er nennt die Städte, in denen er Bekannte hat. Deren Namen gibt er allerdings nicht preis. Natürlich versucht der falsche Blumauer, die Namen möglichst vieler der Mitverschworenen aus Knigge herauszuspionieren und nennt von sich aus österreichische Aufklärer, an die Knigge sich wenden könne. Knigge antwortet noch einmal am 14. April 1796 und stellt für August eine Namensliste der potentiellen Freunde der Verbindung in Aussicht.

Wenige Wochen später stirbt Knigge. Der Tod bewahrt ihn und viele seiner Freunde davor, weiter von der Wiener Polizei ausspioniert zu werden und in die Fänge eines nervösen, ängstlichen und skrupellosen Geheimdienstes zu geraten. Denn arglos, wie Knigge ist und wohl auch den Tod schon ahnend, schreibt er an jenem 21. Januar 1796 an den vermeintlichen Gesinnungsfreund: *Nun lege ich alles in Ihre Hände. Was meine Kräfte vermögen, darauf können Sie fest rechnen, und mein guter Wille hat keine Grenzen.*[714]

Der Fülle von üblen Erfahrungen zum Trotz hat Knigge nicht aufgehört, immer wieder Vertrauen zu fassen, auch zu Unbekannten – wenn sie nur Verbündete zu sein schienen. Er hat sich, obgleich er schon tief verwundet war, noch verwundbarer gemacht.

Am Ende der Lebenskraft:
Tod

Bis in seine letzten Lebenswochen hat Knigge die Faszination des Reisens nicht verlassen – das Reisen war des Freiherrn Lust. 1796, während der Planung einer Reise nach Leipzig, Weimar, Gotha, Kassel, Göttingen und Hannover, ergreift die tödliche Krankheit endgültig von ihm Besitz. Er muss in seinem 43. Lebensjahr seine letzte Reise antreten.

Es ist der 6. Mai 1796. Der Tod kommt schnell. Aber er kommt nicht unerwartet. Schon im Juni 1794 hatte Knigge an Nicolai geschrieben, er *schlafe nie länger als 1/2 Stunde in einem fort und nie ohne Opium genommen zu haben.*[715] Immer wieder hatte sich der Tod angekündigt. Jetzt kommt er als Freund. Denn er bewahrt den hart Geprüften vor weiteren Schlägen: Verdächtigungen, Unterstellungen, Demütigung und Verfolgung.

Die Nachrichten über Knigges Sterben sind erstaunlich karg. Nicht einmal die Todesursache ist exakt überliefert. Man wird sie auch damals nicht genau gekannt haben. Von »Nervenfieber, das ihm aufs Gehirn fiel« ist die Rede, auch von Gallenfieber und Nierensteinen. Am Ende soll eine Gesichtsrose das schwache Immunsystem zusätzlich belastet haben. Andere Indizien sprechen für Blasenkrebs als Todesursache.

Die in Gotha erscheinende »National-Zeitung der Teutschen« vom 18. August 1796 spricht von einem »peinlichen Übel, das in den Urinwerkzeugen seinen Sitz hatte«.

Erstaunlicher aber als die medizinische Ungenauigkeit ist das Fehlen aller Nachrichten über die menschlichen Umstände seines Sterbens: Wer war bei ihm in der Stunde seines Todes? Wann genau kam diese Stunde? War es Tag oder Nacht? Hatte er Schmerzen? War ein Arzt zur Stelle? Warum verliert die Tochter in ihrer »Kurzen Biographie« kein Wort über die letzte Stunde des Vaters? Wo war seine Ehefrau? Philippine berichtet nur: »Er starb im 43sten Jahre, also in der Blüthe des männlichen Alters, erschöpft durch Leiden des Körpers und der Seele.«[716]

Karl Gödeke, nach Philippine von Reden der erste Biograf des Freiherrn, befasst sich im Zusammenhang mit Knigges Tod sogar mehr mit der Ehefrau als mit dem Gegenstand seiner Biografie. Er nennt (1844) Henriette von Knigge die »treue Gefährtin auf dem dornenvollen Lebenswege, die achtungswerthe Gattin, welche ihn mit liebevoller Sorgfalt pflegte und die Ebbe und Fluth seiner Launen mit Sanftmuth und unermüdeter Geduld ertrug.«[717]

Die Nachricht von Knigges frühem Tod löst ganz unterschiedliche Reaktionen aus. Bestürzung und Trauer bei seinen Freunden, Gleichgültigkeit oder klammheimlicher, zynischer Jubel bei den Feinden. Knigges Feinde zeigen ihre wahre »Kultur«, indem sie nicht einmal davor zurückschrecken, die Nachricht von seinem Tod anzuzweifeln: Ob er wirklich tot ist? Oder täuscht er den Tod nur vor, um dann umso wirksamer subversiv tätig werden zu können – für Illuminaten und Verschwörer, Umstürzler und Demokraten? Mitleidlos, teilnahmslos, gefühllos reagiert diese Umgebung: Jeder stirbt irgendwann, und wenn es schon mit 43 sein soll, dann ist das sein Problem. Und wenn man schon über die Hintergründe dieses frühen Todes nachdenkt, dann kann man ja sogar – erst recht bei einem Revolutionär und Rosenkreuzer, der zum Katholizismus übergetreten ist – auf die Idee kommen, der frühe Tod sei eine Folge »früherer Ausschweifungen«.[718]

Man begrub ihn im Dom St. Petri zu Bremen. Der Platz in der Südwestecke des südlichen Querschiffs sollte aber nicht seine letzte Ruhestätte sein. 1984 wurde der Leichnam umgebettet, da der Platz für die unter dem Mittelschiff ausgegrabenen Erzbischöfe freigemacht werden sollte. Seitdem liegt Knigge im Durchgang zum Glockenhof unter einer neuen, mit dem Familienwappen geschmückten Steinplatte. Die Inschrift lautet wie auf dem ursprünglichen Stein:

HIER RUHT
ADOLPH FREIHERR KNIGGE
KÖNIGL. GROSSBRITTANISCHER OBERHAUPTMANN
IN BREMEN
ER WURDE GEBOREN DEN 16. OCTOBER 1752
IN BREDENBECK BEY HANNOVER
UND STARB DEN 6. MAI 1796 IN BREMEN

Bei der Öffnung des alten Grabes fand sich, neben einem als blauem Dienstrock erkennbaren Jackenteil und der Namensplatte des Sarges, auch ein goldener Ring, in den folgende Zeichen eingraviert waren: H. C. D. M. S. W. d. B. 1773.[719] Ernst August Freiherr Knigge, der als Sachwalter des Nachlasses von Adolph Freiherr Knigge bei der Umbettungszeremonie im Bremer Dom anwesend war, hat die Buchstaben- und Zahlenfolge dechiffriert. Sie steht für Henriette, Charlotte, Dorothea, Margarethe, Sophie, Wilhelmine de Baumbach 1773, also für die Namen von Knigges Ehefrau und das Jahr der Heirat.

Als man im Jahr 1984 diesen Ring fand, gab es die Überlegung, ihn dem Dommuseum in Bremen zu übergeben. Ernst August Freiherr Knigge empfand dies als »Leichenfledderei«, legte den Ring zurück ins Grab und achtete darauf, dass er auch darin blieb, bis das Grab wieder verschlossen war. »Mich leitete die Ehrfurcht vor dem Leben und Wirken eines Mannes, der meiner Familie angehört und der so lange von der Literaturwissenschaft verkannt, beschimpft und verbannt wurde.«

Sein Bild in der Geschichte
oder: Das doppelte Missverständnis

Warum wurde Knigge so lange verkannt und beschimpft? Warum hat Adolph Freiherr Knigge auch nach seinem Tod nicht nur Freunde, sondern vor allem Feinde gefunden? Warum haben die einen ihn idealisiert und die anderen ihn dämonisiert?

Der Knigge-Forscher Wolfgang Fenner hat in einem Überblick über 200 Jahre Rezeptionsgeschichte (1796-1996) die beiden Linien aufgezeichnet, die der Hochschätzung und die der Missachtung.[720] Was sich beim Tod Knigges im Nachruf Andreas Georg Friedrich Rebmanns spiegelt, gilt in gewisser Weise bis heute: »Die Thoren und Narren in Deutschland feyern ein Freudenfest, und die Klugen und Rechtschaffenen trauern, denn es starb ein edler deutscher Mann, Adolph Freyherr von Knigge. Seit sechs Jahren an sein Bett geschmiedet, der edelsten aller Gottesgaben, der Gesundheit beraubt, war er dennoch ununterbrochen thätig fürs Wohl der Menschheit. Jeder Augenblick, den ihm seine Berufsgeschäfte übrig ließen, ieder Augenblick, worinn die Schmerzen seines körperlichen Zustandes ihn nicht völlig zu Boden drückten, wandte er zu Arbeiten an, die ganz Deutschland genügend bekannt sind. Unermüdet geisselte er Thoren und Affen, wo er sie fand.«[721]

Seither ist Knigge geliebt, immer aber auch bekämpft worden. Politische Meinungsunterschiede spielten dabei offenbar ebenso eine Rolle wie die unterschiedlichsten Zeit- und Literaturauffassungen. »Alle deutschen Demokratennester sind der Widerhall Kniggescher Grundsätze, und Knigge ist der Widerhall der ganzen deutschen Aufklärerpropaganda.«[722] Dies schrieb Knigges getreuer Feind Johann Georg Zimmermann (1728-1795).[723]

Die Situation, in der Zimmermann seine Angriffe auf Knigge

führte und Rebmann seine Verteidigung übernahm, hat sich längst verändert. Eine bizarre Überheblichkeit ist an die Stelle des leidenschaftlichen Urteilens über Knigges Bedeutung getreten. Im Verlauf des 19. Jahrhunderts haben vor allem die Literaturhistoriker die Einordnung Knigges und die Deutungshoheit über sein Werk an sich gerissen – eine, wie sich herausstellt, höchst problematische Entwicklung. Paul Rothenhäusler schreibt in einem Essay zum 150. Todestag Knigges: »An den Vorurteilen über Knigge sind nicht zuletzt die Literaturhistoriker schuld, die Knigge entweder totschwiegen oder ihm in einer Fußnote ein literarisches Pflegekinderdasein bereiteten, dessen Ungerechtigkeit die Empörung von nur wenigen weckte.«[724]

Heute muss man fragen, ob Knigge überhaupt in den Zuständigkeitsbereich der Literaturgeschichte gehört, ob also die Literaturhistoriker das Recht hatten, ihm ein Pflegekinderdasein zuzuteilen. Knigge war in seinen wesentlichen Arbeiten kein Literat, sondern ein Publizist und Journalist. Dies haben schon Schleiermacher und Eichendorff verkannt. Schleiermacher tat ihn als »Virtuosen der Feder« ab, der zu denen gehöre, die »die Kunst nicht um ihrer selbst willen lieben und ehren, sondern immer das Glück, welches damit in der Welt zu machen ist, im Sinn haben, und ihr Geschäft nun, wie Handwerker pflegen, um des Gewinns willen treiben.«[725] Dass Schleiermacher in Knigge auch den Handwerker erkennt, hätte ihn eigentlich auf die Spur der journalistischen Gattung bringen und sein Urteil in die richtige Abteilung lenken können.

Das Gleiche gilt auch für Eichendorff, der in seiner »Geschichte der poetischen Literatur Deutschlands« glaubt bescheinigen zu müssen, Knigge gehöre in die Kategorie derjenigen, die »poetisch null« seien, der ihm aber dann einen »bedeutenden historischen Werth« zubilligt – mit der Begründung, die jedem Journalisten zur Ehre gereichen würde: dass er »uns ein zum Erschrecken getreues und bis auf das kleinste Wärzchen ausgeführtes Daguerreotypbild des deutschen Michels jener wunderlichen Zeit hinterlassen« habe.[726]

Knigge als Publizisten wahrzunehmen und gelten zu lassen, ist Kritikern, Literaten und Germanisten seiner Zeit schwergefallen.

Einer der Gründe mag sein, dass es den Berufsstand des Publizisten und Journalisten noch nicht gab, und die Zeitgenossen jemanden wie Knigge in eine falsche Schublade steckten, in der er dann blieb.

Zu den Urteilen über Knigge gehört eine Kritik in der Beilage zur »Augsburger Allgemeinen Zeitung« vom 23. Oktober 1844. Ihr Autor ist Karl August Varnhagen von Ense (1785–1858), von dem viele der interessantesten historischen Beobachtungen und Beschreibungen aus der Kultur und Politik der Jahre um 1800 stammen und dessen geschulter Blick als Schriftsteller, Diplomat und Offizier, vor allem in seinen Tagebüchern und den »Biographischen Denkmalen«, der Geschichtsforschung genaue und farbige Persönlichkeitsbilder geschenkt hat.[727] Zusammen mit seiner Frau Rahel unterhielt Varnhagen in Berlin den berühmten Salon, der die brillantesten Köpfe aus Literatur, Kunst, Philosophie und Politik um seine Frau versammelte, unter ihnen auch Heinrich Heine, der für den literarischen Journalismus in Europa eine entscheidende Rolle spielte.[728] Am 26. Oktober 1844 teilte Varnhagen in einem Brief an Heine mit, in seine Literaturkritik über Knigge habe die »bayrische Zensur, oder in Furcht derselben die Redaktion, einige garstige Korrekturen ... hineingepfuscht«.[729] Wir wissen nicht, wie weitgehend die staatliche Zensur Varnhagens Äußerungen in der Sache oder in der Diktion verändert hat. Der vorliegende Text ist eine hintergründig ambivalente, aber immer anständige Würdigung Knigges und der damals gerade erschienenen Knigge-Biografie von Karl Gödeke. Für Varnhagen gehört Knigge zu den »eigenthümlichen Gestalten deutschen Lebens, die in den letzten zwanzig Jahren des achtzehnten Jahrhunderts auf dem öffentlichen Schauplatz eine große Bedeutung hatten (und) auf die gesammte Nation einwirkten«.[730]

Varnhagen unterliegt aber auch noch dem Missverständnis einer fatalen Verwechslung von publizistischer Wortmeldung und zeitloser Dichtung: Er stellt Knigges Arbeitsweise in Frage, indem er beanstandet, Knigge habe seine Schriftstellerei »zu sehr an Gelegenheiten und Umstände geknüpft«, anstatt mit »tiefergriffenem Gemüth« einer gebietenden Vernunft zu folgen, unabhängig von all den aktuellen Entwicklungen. Das bedeutet: Varnhagen akzeptiert nicht Knigges Selbstverständnis als Publizist, der naturgemäß versessen ist auf die Gelegenheiten und Umstände. Trotzdem vermag Varnhagen anzuerkennen, dass Knigge sich dabei nie verloren und seine ethischen Grundsätze nie verraten hat, auch wenn er im Kampf gegen Falschheit und Tücke zuweilen selber mit den gleichen Waffen hantierte wie seine Gegner. Varnhagen wird niemals vulgär (wie später die Herren Bock und Schmidt), doch ist seine Kritik bei genauem Hinsehen nicht frei von Hinterhältigkeit, zum Beispiel, wenn er die »Raschheit des Verstandes, die Lebhaftigkeit seines Auffassens, die Wärme seines Vortrags, die Vielfachheit seiner Stoffe und Tonarten« lobt, um dann hinzuzufügen, alles dies hätte nicht eine so große Wirkung beim Publikum entfalten können, wenn Knigge nicht »die bequeme breite Mittelstraße« gegangen und der Fluss seiner Rede nicht so rasch und seicht dahingeströmt wäre. Von der gleichen Doppelbödigkeit ist dann auch Varnhagens Meinung, Knigge sei auf einer »Stufe der mittleren Bildung wahrlich nicht gering zu schätzen«, und auf eben dieser Stufe sei seine Beredsamkeit anzuerkennen und »sein Witz und seine Laune noch heute nicht völlig zu verwerfen«. In derartigen Formulierungen kündigt sich selbst bei einem Geist von der Fairness Varnhagens die herablassende Art des Umgangs mit Knigge und mit dem neuen Genre »Journalismus« an, auf die man sich im 19. Jahrhundert einigte.

Zwei Urteile bilden den Tiefpunkt der feindseligen und die literarische Gattung des Knigge'schen Werkes ignorierenden Einstellung. Beide sind literarhistorisch wirksam geworden und nur deshalb verdienen sie Interesse. Das eine findet sich in einem Brief an den Herausgeber des Göttinger »Literarhistorischen Taschenbuchs«. In typischer Intrigantenmanier schrieb ihn 1845 ein gewisser, auch in anderen Schriften vor allem als Denunziant hervorgetretener Adolf Bock, anstatt seine Gedanken zu publizieren und sich öffentlich der Debatte zu stellen. Der Brief wurde im 3. Jahrgang dieser Zeitschrift bekannt gemacht. Bock schreibt darin, es sei gut, dass Knigge »so ziemlich der Vergessenheit anheimgefallen ist«, und schüttet einen ganzen Kübel von Zensuren über Knigge, sein Werk und seine Person aus. Ein Vielschreiber sei er, ohne jede Originalität, ein rein subalternes Talent, oberflächlich, unkünstlerisch, in Moral und Politik »die Lauheit, das Laviren, das Um-den-Brei-Herumgehen, die Mattherzigkeit und Feigheit« als erstrebenswert verkündend.[731] Es fehle Knigge an »wahrem Ernst, es fehle »der innere Zwang, die edle Begeisterung«.

Die Fehlurteile und Fehlinterpretationen Bocks sind ein eindrucksvoller Beweis dafür, wie wenig die Zeitgenossen das neue Genre der politischen Publizistik überhaupt verstanden haben. Aber auch ein Grundproblem wird deutlich: Jede Kritik ist abhängig von dem Blickwinkel, unter dem sie formuliert wird. Der Gegenstand der kritischen Betrachtung erscheint wie unter einem Prisma, das ihn je nach Richtung des Lichts in eine andere Farbe taucht. Diese hermeneutische Differenz entspricht eigentlich einer Binsenweisheit der Erkenntnistheorie, wonach alles, was rezipiert wird, nach den Modalitäten des Rezipierenden aufgenommen wird. Dieses selbstverständliche Grundgesetz des Verstehens wird erst dann zum Problem, wenn es ignoriert oder geleugnet wird, wenn ein Autor es nicht kennt oder nicht anerkennt, weil es ihm an Bildung oder Anstand fehlt.

Bock gibt selbst ein Beispiel für seine Unfähigkeit, hermeneutisch reflektiert zu argumentieren. Zu einer Sequenz im *Schaafskopf* bemerkt er: »Es ist durchaus nicht im Sinne der Satire gedacht, wenn der Pinselorden es für zweckmäßig hält, sich des Jugendunterrichts zu bemächtigen, weil die Jugend noch für Alles empfänglich sei. Denn das ist, wenn noch so unbedeutend, doch richtig gedacht.«[732] Vom Sinn und Zweck einer Satire versteht Bock also so wenig wie von der Notwendigkeit, historische Bedingtheiten als solche zu erkennen. Sein ideologischer Fundamentalismus kann nur mit der eigenen Elle messen – was er mit peinlichem Pathos zu verbrämen sucht (»Knigge kennt keine Tugend der Kraft, er kennt nur die Butterblumen der Schwäche«). Überhaupt hat es ihm der Gedanke der Kraft, vor allem als nationale Kraftentfaltung angetan. Deshalb wirft er Knigge vor: »Gegen Kraftgenies wird geeifert, aber vergessen, daß die ernste und anhaltende Richtung des Denkens und Strebens am ersten im Stande ist, vor weichlicher und süßlicher Sünde zu bewahren.«[733]

Zum Teil ist Bock auch einfach uninformiert. Er behauptet zum Beispiel, Knigge habe mit keinem der Großen seiner Zeit im Briefwechsel gestanden und nimmt dies als Indiz für seine Mittelmäßigkeit. »Lauter unbedeutende, zum Theil erbärmliche Menschen gruppiren sich um ihn.« In Wahrheit hat Knigge Lessing, Schiller, Lavater und Klopstock getroffen und mit ihnen korrespondiert, ebenso mit Bürger, Schlegel, Nicolai und Reimarus. Bocks Auslassungen haben deshalb eher den Charakter einer Schmähung als den eines Gutachtens, als das Bock seinen Brief offenbar verstanden wissen wollte.

Da Bock auch Nachahmer gefunden hat, kann man ihn trotz der Schwäche seiner Argumente nicht einfach übergehen. Unter dem mokanten Titel »Allerhand Tugendbolde aus der Aufklärungsgilde. Gegen den Willen ihrer Verehrer ins rechte Licht gestellt« veröffentlichte ein gewisser Sebastian Brunner 1888 einen Text über Knigge, der zunächst unterstellt, der Freiherr habe mit Hilfe der Freimaurerei die Menschheit sozialistisch umschaffen wollen. Dann versucht Brunner, in unsystematischer Kategorienmixtur, den Schriftsteller Knigge als unchristlich, dilettantisch und fade abzuqualifizieren, indem er Bock mehr oder weniger abschreibt.[734]

Das zweite Urteil, das für die Wirkungsgeschichte Knigges von Belang ist, stammt von dem Goetheforscher Erich Schmidt (1853-1913). Er nimmt 1882 den Ton von Bock in noch schärferer Form auf. Wenn man bedenkt, dass Schmidt als Entdecker des »Urfaust« gilt und eine große Lessing-Biografie geschrieben hat, muss man seine Polemik gegen Knigge in der »Allgemeinen Deutschen Biographie« als Entgleisung empfinden. Schmidt demonstriert gleich zu Beginn, dass es die Person Knigges ist, die er treffen und vernichten will: »Die unsicheren Familienverhältnisse haben früh auf Knigges Charakter ungünstig eingewirkt. Fertigkeit, Selbstzucht, gründliche Arbeit waren ihm versagt.«[735] Ohne zu argumentieren, verteilt er Zensuren: »Knigge hat nie seine Haut zu Markte getragen. Er war Philanthrop vor allem für sich, nie hingebender Schwärmer, nie Diener der Ideen.«[736] Knigge habe nichts gelernt, auf der Universität ein lockeres Leben geführt, sich nur herumgetrieben und »mit erbärmlichen Menschen umgeben«. »Gänzlich weggeschnitten« sei bei ihm der christliche Glaube. Nie treffe man in seinen Werken »edlen Mannesstolz, energische Charaktere, voll Geist und Adel der Gesinnung ...«

Damit war – im Namen der deutschen Germanistik und des wilhelminischen Nationalgefühls – der Stab über Knigge und sein Lebenswerk gebrochen. Kaum ein Literaturhistoriker wagte es mehr, differenzierter und genauer als Bock und Schmidt zu argumentieren. Der arrogante Zeitgeist im Deutschland des Kaiserreichs hatte keinen Platz für Autoren, die nicht als deutsche »Kraftgenies« daherkamen. In den Literaturgeschichten des 19. Jahrhunderts kam Knigge als eigenständige Größe dann auch gar nicht vor. Literarhistorische Vergleiche wurden entweder, wie bei Bock und Schmidt, nur dazu benutzt, Knigge in Grund und Boden zu versenken oder sie fanden im falschen Saal statt, das heißt: Die spezifische Gattung des Knigge'schen Werkes wurde verkannt. Die literarhistorische Auseinandersetzung mit Knigge verfehlte, wie beim journalistischen Werk Heinrich Heines, das Thema. Denn Knigge schreibt als Publizist und Journalist. Er schreibt nicht, um Literatur zu produzieren, sondern um sich in das Geschehen seiner Zeit und seines Landes einzumischen.

So sehr Knigge aber aus politischen Gründen verdächtigt und bekämpft worden ist und so sehr unqualifizierte Phrasen die Wahrnehmung Knigges im 19. Jahrhundert beeinflusst haben, so sehr ist inzwischen neben die Geringschätzung in wachsendem Maße eine differenzierte Würdigung getreten. Ein Blick auf die neueste Knigge-Forschung, die Editionen der Werke, Quellen und Dokumente zeigt, dass Knigge, etwa seit 1955 (zuerst in der DDR, dann in der Bundesrepublik) aus dem gesellschaftlichen und politischen Diskurs nicht mehr wegzudenken ist. Der Ton, in dem heute über Knigge gesprochen wird, unterscheidet sich deutlich von der herablassenden Art, mit der noch 1936 der H. Goverts Verlag glaubte, sich in einem Verlagsvorwort zu Grabes Biografie »Das Geheimnis des Adolph Freiherrn von Knigge« von ihm distanzieren und ihn zugleich in Schutz nehmen zu müssen. Knigge wird darin als das »mehr komische Widerspiel einer entscheidenden Generation der deutschen Geistesgeschichte«, als »amüsante« und »merkwürdige Figur«, als »tragikomische Verkörperung« der Aufklärung und als »Eulenspiegel des tintenklecksenden Jahrhunderts« bezeichnet, der »die unbekannte anonyme Seite des 18. Jahrhunderts in Deutschland schlagender und witziger als irgendein anderer« illustriere.

Heute kann man feststellen: Knigge wird ernst genommen. Erst in der größeren historischen Distanz ist ein differenziertes Bild seiner publizistischen und politischen Bedeutung möglich geworden. Die Äußerungen zum 100. Todestag Knigges im Jahre 1896 bemühten sich um eine vorurteilsfreie Würdigung. Dabei wurde einmal die »eminent politische Persönlichkeit« in den Vordergrund gerückt, ein anderes Mal der Philosoph (»natürlich als Philosoph à la mode«[737]) oder auch das »vielverketzerte große Kind«, das nun – nach übertriebenem Staunen und Tadeln der Zeitgenossen und Verunglimpfung der Späteren – nach hundert Jahren eine ausgeglichene Beurteilung verdiente.[738]

Der österreichische Publizist Hans Feigl (1869-1937) plädierte dann 1911 für Fairness gegenüber Knigge: »Man muß überhaupt Knigge nicht im geringsten überschätzen und kann sich seiner recht bescheidenen Stellung in der Literatur bewußt bleiben, und wird dennoch gewissen Urteilen, wie die A. Bocks, entgegentreten müssen.«[739]

Wäre die spezifische Gattung der Knigge'schen Publikationen erkannt worden, dann hätte man ihm nicht eine »recht bescheidene Stellung« in der Literaturgeschichte bescheinigen müssen. Die literaturhistorischen Vergleiche – Knigge und Goethe und Schiller und Lichtenberg und all die anderen – kranken daran, dass sie bei Knigge das Thema verfehlen. Denn Knigge schreibt als Journalist, auch wenn er über den Tag hinaus schreibt. Nicht Knigge scheitert also an der Literaturgeschichte, sondern die meisten deutschen Literaturhistoriker scheitern an Knigge, weil sie Unvergleichbares vergleichen und deshalb mit falschem Maßstab messen.

1954 hat Wolfgang Peters das Profil Knigges als Publizist herausgearbeitet.[740] In den »Beiträgen zur Kulturgeschichte Niedersachsens« fand seine Arbeit jedoch nur eine begrenzte Öffentlichkeit.[741] Peters räumt zunächst mit dem Vorurteil auf, Knigge sei durch den Zwang, von seiner »Vielschreiberei« leben und mit seiner Arbeit Geld verdienen zu müssen, daran gehindert worden, Qualitätsarbeit abzuliefern. Historisch gesehen, steht Knigge ja am Beginn einer Entwicklung zu einer ganz neuen Berufsart.[742] Er ist »Journalist im vollen Sinn des Wortes« (Peters). Dies aber schließt, wie die weitere Entwicklung des Journalismus gezeigt hat, Tiefgang und Gedankenfülle und schon gar nicht die Kunst des Schreibens aus. Im Gegenteil. Die Vorbehalte vor allem deutscher Literaturwissenschaftler und Literaten gegen journalistische Veröffentlichungen aus ihrem Fachbereich muten manchmal an wie der Versuch, dem Anspruch einer zugespitzten und gekonnten Schreibart entkommen zu wollen. Da wird dann kurzerhand der souveräne Umgang mit Sprache als Indiz dafür genommen, dass es mit der wissenschaftlichen Fundierung oder künstlerischen Tiefgründigkeit nicht weit her sein könne. »Gut geschrieben« wird flugs zum Synonym für oberflächlich und wissenschaftlich wie künstlerisch belanglos. Literaturwissenschaftlern, also Menschen, die sich beruflich mit Sprache befassen, kann es dagegen passieren, dass ihre mit Blick auf die akademische Zunft abgefassten Abhandlungen den Eindruck erwecken, als seien diese nicht mit der Feder des Schriftstellers, sondern mit dem Besenstiel des Schamanen geschrieben. Diese Statthalter des Tiefsinns handeln also oft in berechtigter Notwehr, wenn sie die Gedankenschärfe oder Schreibform eines journalistischen Erzeugnisses nur wegen seiner sprachlichen Eleganz angreifen.

Wolfgang Peters weiß, dass bei einem Kunstwerk »die Vertiefung in die Zeitumstände nur ein Hilfsmittel des Verständnisses, eine Vorbereitung der ästhetischen Würdigung« ist – und er weiß, dass gerade dies beim Journalismus die Hauptsache ist. Peters folgert daraus, dass der, der dies nicht sieht, »den Grundcharakter des Kniggeschen Schaffens (verkennt).«

Die literarischen Verurteilungen sind wie die politischen Vorwürfe gegen Knigge oft miteinander vermischt und überdies ins Persönlich-Moralische gewendet worden. Aus dem Demokraten wurde der »Jakobiner«. Und für den Fall, dass jemand 1795 noch nicht verstanden hatte, was ein Jakobiner ist, erklärte ein anonymer Autor allen »Regenten der Erde«, die Jakobiner seien »eine Gesellschaft von Menschen, welche keinen Gott, keine Unsterblichkeit der Seele, keine Strafe, und keine Belohnung, keinen einzigen sittlichen Grundsatz, kein Recht, keine Ehre, und keine Schande, keine Treue und Glauben, kein Menschengefühl, keine Schuldigkeit und keine Danksempfindung kennen.«[743]

Diese Beschreibung hat nichts mit dem zu tun, was sich hinter dem Begriff »Jakobiner« verbirgt. Zu den Ur-Jakobinern in Frankreich gehörten auffällig viele Ärzte und Priester, weil die Menschen in diesen Berufen besonders engen Kontakt zu den benachteiligten und verwahrlosten Schichten hatten. Auch viele Schauspieler schlossen sich den Jakobinern an, weil sie selbst zu den Ärmsten der Armen gehörten und ohne jede Sicherheit von der Hand in den Mund leben mussten, nichts zu verlieren hatten und durch die Revolution nur gewinnen konnten.

Wenn Knigge als Jakobiner bezeichnet wurde, war dies zumeist als Denunziation gemeint. Mit dem Schlachtruf »Jakobiner« konnte man jederzeit ein Kesseltreiben gegen jeden auslösen, der nicht ins Klischee passte. Der Vorwurf war so undifferenziert, dass sogar typische Vertreter der herrschenden Kreise, wie zum Beispiel der preußische Staatskanzler Karl August Fürst von Hardenberg, als »Jakobiner« beschimpft wurden. Der Begriff diente dazu, politische Gegner zu vernichten und jedes Eintreten für Menschenrechte, Pressefreiheit oder den Abbau von Privilegien als Umsturzversuch zu denunzieren. Unter der Ambivalenz der Bezeichnung leidet die deutsche Germanistik bis heute, wenn sie darüber diskutiert, ob es vertretbar ist, Knigge einen jakobinischen Schriftsteller zu nennen oder nicht.[744]

Der Vorwurf des Jakobinismus zeigt die Stoßrichtung der antiaufklärerischen Propaganda: Man muss verneinen, dass die soziale und politische Umwälzung in Frankreich eine Folge sozialer und politischer Missstände war und stattdessen so tun, als gehörten die Aufklärer, Freimaurer, Illuminaten und Demokraten alle in einen Topf, weil sie alle moralisch verderbt seien und sich in sittlicher Verkommenheit und Anarchie gegen Kirche, Staat und Gesellschaft verschworen hätten.

Dieses alte und jederzeit aktualisierbare Rezept – man nehme den politischen Gegner als minderwertiges Subjekt und mache ihn zum Außenseiter – kann natürlich auch über den Tod hinaus angewendet werden. So wurde in der Rezeptions- und Wirkungsgeschichte des 19. Jahrhunderts immer auch der Versuch unternommen, Knigges moralische und schriftstellerische Integrität infrage zu stellen.

Erst am Ende der Weimarer Republik begann – zunächst vorübergehend – eine differenzierte wissenschaftliche Auseinandersetzung mit Knigge. Drei Dissertationen erschienen allein zwischen 1931 und 1933.[745] Ebenfalls 1933 ordnete Barbara Zaehle Knigges *Umgang* als Synthese zwischen weltmännisch-höfischer Bildung und bürgerlicher Moral ein und wertete diese Synthese als einmalige und einzigartige Leistung Knigges, wenngleich auch sie einen »Mangel an schöpferischer Originalität« erkennen und im *Umgang* ein typisches Produkt jener »seichten und verwässerten Periode« der Aufklärung sehen will. Möglicherweise aber ist auch Zaehles Arbeit wieder nur ein typisches Produkt ihrer Zeit, die mit einem deutlichen antiaufklärerischen Affekt Knigges Bedeutung »nicht im Weltanschaulichen«, sondern auf gesellschaftsethischem Gebiet vermutet, wobei für Zaehle »Gesellschaftsethik« auch nur die Zusammenfassung der Gesetze und Forderungen der jeweilig herrschenden Schicht ist.[746]

Während der Nazi-Herrschaft brach die wissenschaftliche Beschäftigung mit Knigge wieder ab – als Freimaurer war er von vornherein verfemt. Und als jemand, der schon als »Jakobiner« beschimpft worden war, genügte jetzt die Charakterisierung als Aufklärer und Demokrat, um ihn als gefährlichen Umstürzler aus dem öffentlichen Diskurs auszuschließen. Der Schriftsteller und damalige Doktorand Hans Georg Brenner konnte 1933 seine Dissertation nicht mehr vollenden. Er wurde aus der Berliner Universität entlassen, konnte sein Material 1936 nur noch für eine teilweise sehr spekulative Biografie verwenden und unter dem Pseudonym Reinhold Th. Grabe veröffentlichen.[747]

Nach 1945 erwachte das Interesse an Knigge durch die Arbeit der Germanistin Hedwig Voegt aus der DDR, durch die Veröffentlichungen von Iring Fetscher und die Arbeiten von Werner Krauss, Jürgen Habermas und Reinhart Koselleck erneut.[748] Mit dem 200. Geburtstag Knigges am 16. Oktober 1952 wurden dann neue Töne und neue Sichtweisen spürbar. Es war, als besinne man sich nach dem Zusammenbruch der deutschen Kultur zwischen 1933 und 1945 mit wieder erworbener Neugier auf den Verfasser des *Umgangs*, aber auch der politischen und pädagogischen Schriften. Träger und Kommunikator dieses neuen Interesses an Knigge waren zunächst die deutschen Volkshochschulen und Zeitschriften wie die 1947 gegründete Reihe »Westermanns Pädagogische Beiträge«. Deren Begründer Hans Sprenger (1899-1973) veröffentlichte 1952 einen Artikel mit dem Titel »Der Mann, der die Menschen kannte«.[749]

Darin entdeckt Sprenger den *Umgang* für die Nachkriegszeit in Deutschland. Er sieht das Werk als Erziehungsbuch und Knigge als Pädagogen: »Ein sonderbares Buch und ein ebenso sonderbarer Verfasser.« In der Aufbruchsstimmung der Nachkriegsfreiheit übernahm Sprenger den »pädagogischen Enthusiasmus« Knigges. Er weiß, dass »Knigges verkehrte Welt« immer »noch nicht in die richtige verwandelt« ist.[750] Mit Blick auf die Schnittmenge gleicher Erfahrungen in beiden Epochen sieht er, daß Knigge mehr böse als gute Erfahrungen gemacht hat, und dass er die Welt als verkehrte Welt erlebt hat: »Oft sah er die Redlichen verachtet, gelehrte Männer blieben zurückgesetzt, die Geistreichsten wußten am wenigsten zu gefallen. In den höchsten gesellschaftlichen Ehren sah er dagegen oft mindere Geister und fragwürdige Charaktere. Er weiß namentlich in seinen erzählenden Schriften nicht nur schöne Koseworte für sie – Windbeutel, Schafsköpfe, Schöpse, Plusmacher, Pinsel – er zeichnet mit seinen Worten öfter auch gelungene Porträts. In dieser verkehrten Welt ergreift Knigge Partei für die vom Glück gemiedenen Klugen und Redlichen gegen die Meister in der Welt der Kabalen.«[751] Knigge war ein Menschenfreund, aber mehr noch war er ein Menschenkenner.

Ein Revolutionär aber war er nicht. Man hat diesen Begriff benutzt, um den Freiherrn als Publizisten zum Schweigen zu bringen. Man wollte ihn verjagen oder wenigstens demütigen, vor allem wegen seines Eintretens für die Ideale der Aufklärung und der Französischen Revolution. Das Urteil, alle deutschen Demokratennester seien der Widerhall Knigge'scher Grundsätze, und Knigge sei der Widerhall der deutschen Aufklärungspropaganda, ist falsch. Bei aller Hochschätzung für die Ideale der Französischen Revolution will Knigge in Deutschland keine Revolution mit all den Begleiterscheinungen einer gewaltsamen Umwälzung. Vielmehr stellt er sich – wie die preußischen Reformer Stein, Hardenberg, Gneisenau und Scharnhorst – eine »Revolution von oben« vor.[752] Knigge war auch nicht, wie Wolfgang Hardtwig 1988 in der Frankfurter

Allgemeinen Zeitung schrieb, ein »verhinderter Umstürzler«, schon gar nicht in seinem Buch *Über den Umgang mit Menschen*.[753] Richtig ist, dass er leidenschaftlich darunter litt, dass der moralische Wert eines Menschen und seine gesellschaftliche Stellung so oft auseinanderfallen, der Schlechtere dem Besseren befehlen kann, und die Bedeutung von Amtsträgern nicht an ihrer Leistung gemessen wird. Er appellierte an die Verantwortung der Machthaber und war überzeugt, dass zum Beispiel Knechte und Mägde nur dann verwahrlosten, wenn die Herrschaft ihre Fürsorgepflicht verletzte.

Hat also die Akzeptanz Knigges unter dem Jakobiner-Verdacht und all den anderen Missverständnissen gelitten? Das Gegenteil scheint der Fall zu sein. Die Etikettierung Knigges als Jakobiner erschwert zwar seine Würdigung als Demokraten – deshalb wird die Frage, ob Knigge zu den deutschen Jakobinern oder Präjakobinern zu rechnen sei, ja auch kontrovers diskutiert.[754] Aber die Kontroversen zeigen, ebenso wie die verschiedenen Editionen der Werke, die Symposien, Kolloquien, Ausstellungen und Publikationen zum 200. Todestag 1996, ein neu erwachtes Interesse an Knigges Person und Werk.

Zwar ist der handschriftliche Nachlass Knigges heute als Ganzes weitgehend verschollen. Aber es gibt die frühen Druckausgaben. Dass seit 1992 endlich eine Werkausgabe auf der Grundlage der frühesten Drucke erscheinen konnte, kommt einem Wunder gleich. Der kreativen Hartnäckigkeit des Herausgebers Paul Raabe, des Freiherrn Ernst August Knigge und des Levester-Kreises für Knigge-Forschung, aber auch dem Engagement der KTO Press Nendeln, dem Verlagshaus Kraus in New York und schließlich dem Verleger Klaus G. Saur ist die 24-bändige Reprint-Ausgabe zu verdanken, die auf die frühen Druckausgaben der Knigge'schen Schriften zurückgeht. Diese Ausgabe ist die Basis der heutigen Knigge-Forschung. Vor allem Paul Raabe hat als Begründer und Motor der neueren Knigge-Forschung wichtige Grundlagen für die Wiederentdeckung Knigges geschaffen. Die Gesamtausgabe bietet nicht nur wichtige Sachinformationen zu Knigges Werk und Lebensgeschichte, sondern vermittelt durch den Faksimile-Druck auch eine sinnliche Anschauung der frühen Veröffentlichungen der Knigge'schen Schriften.

Diese Vorzüge - sowohl die Vollständigkeit in 24 Bänden als auch das Reprint-Format - setzen der Verbreitung des Knigge'schen Werkes in der Öffentlichkeit jedoch gewisse Grenzen. Deshalb ist es nützlich, dass zwischen 1991 und 1996 eine zehnbändige, 3424 Seiten umfassende Ausgabe ausgewählter Werke erschien. Sie wurde von Wolfgang Fenner besorgt, der in Band 10 auch eine biografische Skizze des Freiherrn vorlegte. Diese ist für Forschung und Öffentlichkeit wertvoll, da sie sich auch auf Briefe stützt, die der Autor zum Teil erst aufgefunden und erstmalig in die Knigge-Rezeption einbezogen hat. Die Beschäftigung mit Knigges Werk und dessen Bedeutung für die Gegenwart, die mit dem 200. Todestag 1996 wieder eingesetzt hat[755], erhält dadurch neue Impulse. Es mag deshalb die Hoffnung nicht unberechtigt sein, dass jetzt der wahre Knigge wiederentdeckt, der Roman seines Lebens neu erzählt und sein Werk der modernen Gesellschaft als Anregung und Leitfaden wiedergegeben werden kann.[756]

Das unterschiedliche gesellschaftspolitische und historische Urteil über Knigge führte natürlich, hier wie überall, zu unterschiedlichen Bewertungen seines Werkes. Von seinen zahlreichen Schriften blieben deswegen zunächst nur drei im Bewusstsein der Öffentlichkeit: *Über den Umgang mit Menschen*, *Die Reise nach Braunschweig* und *Über Eigennutz und Undank*. Die ersten Sammlungen des Werkes, Restauflagen und einige Neudrucke, hatten keinen großen Verkaufserfolg. Nur der *Umgang mit Menschen* konnte sich auf dem Markt behaupten, nur als Autor dieses Buches blieb Knigge im Gedächtnis der Öffentlichkeit. Aber bis heute fragen sich die Leser dieses Werkes, warum Knigge eigentlich nur noch der Benimmapostel sein darf, den »man sich nach Belieben entweder als einen altmodischen Tanzmeister oder als einen griesgrämigen Alten vorstellt«.[757]

Das neu erwachende Interesse an Knigge muss sich jedoch damit abfinden, dass der Weg vom falschen zum wahren Knigge weit ist und durch unübersichtliche Zonen der Ungenauigkeit führt. Jenseits dieser Zonen ist Knigge von beklemmender Aktualität. Die europäische Aufklärung, für die er sich eingesetzt hat, ist noch immer unvollendet. Zeitweise ist sie sogar in ihr Gegenteil verkehrt worden. Die Werte der Aufklärung - Achtung der Menschenwürde und der Menschenrechte, Verfassungs- und Rechtsstaat, Trennung von Religion und Staat – sind, bei aller Ambivalenz und Dialektik, ein historisches Erbe weit über die Grenzen Europas hinaus. Ohne dieses Erbe gibt es keine Rettung vor totalitären Ideologien und fanatischen Fundamentalismen. Knigge war sich der Risiken bewusst und warnte vor einer halben oder einer übereilten Aufklärung. Er kannte das Problem der Dialektik der Aufklärung und nahm wahr, *dass in Zeiten der größten Aufklärung ein blinder Glaube an Ammenmärchen am stärksten einreisst.*[758]

Dieser blinde Glaube war für Knigge ein gesellschaftliches, also ein politisches Problem. Nur die Politisierung der Aufklärung, wie er sie betrieb, schafft den Rahmen für die Eigenverantwortung des Individuums und damit für demokratische Prozesse, die in der Lage sind, Aufklärung freizusetzen und zugleich die Dialektik der Aufklärung in der Balance zu halten.[759]

Knigges Skepsis gegenüber jeder Art von scheinbarer Übereinkunft führte ihn folgerichtig zu einem aufgeklärten Blick auf die Relativität jeder Aufklärung: *Man vergesse nicht, dass das, was wir Aufklärung nennen, Andern vielleicht Verfinsterung scheint.*[760] In dieser Dialektik und Relativität kann der Freiherr zurückkehren in das Bewusstsein der Gegenwart. In der Unsicherheit und Beliebigkeit der modernen Welt vermittelt Knigge das Bild einer höchst sensiblen Epoche, die den Umbruch zur bürgerlichen Kultur bewältigen musste. Indem er das Sittenbild der absolutistischen Kleinstaaten in Deutschland unbestechlich nachzeichnete und die Verantwortungslosigkeit des Hofadels und all der kleinen Despoten aufdeckte, markierte er den Übergang zur bürgerlichen Gesellschaft und formulierte ein neues Verständnis von Staat, Religion, Erziehung und Öffentlichkeit. Knigge war einer der ersten Demokraten, für den die Regierten nicht Untertanen, sondern Bürger waren. Er war ein Demokrat, weil er ein Aufklärer war. Er konnte es nicht lassen, mit spitzer Feder für seine Ideale zu streiten – nicht immer klug, nicht immer gut beraten in der Wahl seiner Freunde und Feinde, doch immer mit der Zivilcourage eines Menschen, der nichts zu verlieren hat als seine Irrtümer und Illusionen.

Wer dem Freiherrn Knigge seine Identität zurückgibt und den

wahren Knigge zu Wort kommen lässt, der entdeckt auch seine Aktualität. Der wahre Knigge könnte zu einer Orientierungsinstanz werden: bei der Neubestimmung des Verhältnisses von Gesellschaft und Individuum; bei einem neuen Konzept der Kommunikation über Schichten und Ideologien hinweg; bei der Einforderung des »Prinzips Anstand« in Politik, Wirtschaft und Medienkultur. Knigges scharfe Beobachtung der »Menschen und Bestien« (Heine) ist geeignet, als Navigationssystem zu dienen, das dabei hilft, den Weg zu einer neuen Kultur des Anstands und zur Vollendung der Aufklärung zu finden.

Hinweis zur Zitierweise

In den Anmerkungen werden die Werke Knigges mit folgenden Kurztiteln zitiert:

Allgemeines System: Allgemeines System für das Volk zur Grundlage aller Erkenntnisse. Für Menschen aus allen Nationen, Ständen und Religionen, in einem Auszuge herausgegeben
Auszug eines Briefes: Auszug eines Briefes die Illuminaten betreffend, ohne Einwilligung des Schreibers, aber gewiß in der redlichen Absicht zum Drucke befördert von einem Freunde
Beytrag: Beytrag zur neuesten Geschichte des Freymaurerordens in neun Gesprächen
Bloß für Freunde: Durchaus bloß für Freunde. Von Melchior Spießglas, hochfürstlicher Cammerjäger und Titular-Ratzenfänger in Peina
Briefe aus Lothringen: Briefe, auf einer Reise aus Lothringen nach Niedersachsen geschrieben
Briefe über Erziehung: Briefe über Erziehung
Delius: Kurze Darstellung der Schicksale, die den Kaufmann, Herrn Arnold Delius in Bremen, als Folge seiner nordamerikanischen Handlungs-Unternehmungen betroffen haben
Dramaturgische Blätter: Dramaturgische Blätter
Eigennutz und Undank: Über Eigennutz und Undank. Ein Gegenstück zu dem Buche: Über den Umgang mit Menschen
Gutmann: Geschichte des Amtsrats Gutmann, von ihm selber geschrieben

Journal aus Urfstädt: Journal aus Urfstädt, von dem Verfasser des Romans meines Lebens

Manifest: Manifest einer nicht geheimen, sondern sehr öffentlichen Verbindung

Mildenburg: Geschichte des armen Herrn von Mildenburg, in Briefen herausgegeben von Adolph Freiherrn Knigge. 3 Teile

Noldmann: Benjamin Noldmanns Geschichte der Aufklärung in Abyssinien

Peter Claus: Geschichte Peter Clausens. Von dem Verfasser des Romans meines Lebens

Philo: Philo's endliche Erklärung und Antwort auf verschiedene Anforderungen und Fragen, die an ihn ergangen, seine Verbindung mit dem Orden der Illuminaten betreffend

Predigten:

Sechs Predigten gegen Despotismus, Dummheit, Aberglauben, Ungerechtigkeit, Untreue und Müssiggang

Sechs Predigten über Demuth, Sanftmuth, Seelen-Frieden, Gebeth, Wohlthätigkeit und Toleranz

Sechs Predigten über Trost im Leiden, Bezähmung der Leidenschaften, Gute Werke, Verläumdung, Bibelstudium und Schmeicheley

Reise nach Braunschweig: Die Reise nach Braunschweig. Ein komischer Roman

Reise nach Fritzlar: Reise nach Fritzlar im Sommer 1794. Auszug aus dem Tagebuch

Roman meines Lebens: Der Roman meines Lebens. In Briefen herausgegeben. 4 Teile

Schaafskopf: Des seligen Etatsrats Samuel Conrad von Schaafskopf hinterlassene Papiere, von seinen Erben herausgegeben

Seelberg: Die Verirrungen des Philosophen oder Geschichte Ludwigs von Seelberg

Über Friedrich Wilhelm den Liebreichen: Über Friedrich Wilhelm den Liebreichen und meine Unterredung mit ihm; von J. C. Meywerk, Curf. Hannöverschen Hosenmacher

Über Jesuiten: Über Jesuiten, Freymaurer und deutsche Rosencreutzer. Herausgegeben von Joseph Aloisius Maier, der Gesellschaft Jesu ehemaligen Mitgliede

Über Schriftstellerey: Über Schriftsteller und Schriftstellerey
Umgang: Über den Umgang mit Menschen. 3 Teile
Wurmbrand: Josephs von Wurmbrand, kaiserlich abyssinischen Ex-Ministers, jetzigen Notarii caesarii publici in der Reichsstadt Bopfingen politisches Glaubensbekenntnis mit Hinsicht auf die französische Revolution und deren Folgen
Zauberschloß: Das Zauberschloß oder Geschichte des Grafen Tunger

Anmerkungen

1. M. Schlott (Hg.), *Wirkungen und Wertungen*. S. 112.
2. *Aus einer alten Kiste*, S. 7 und 14.
3. Ebd., S 13.
4. Ebd., S. 13.
5. Ebd., S. 27.
6. Werke, Bd. 24, S. 30.
7. W. Weber, »Schlag nach bei Knigge!«, in: H. Zimmermann (Hg.), *Adolph Freiherr Knigge. Neue Studien*, S. 129.
8. Ebd., S. 130.
9. W. Fenner, »Bürgerfreund, Aufklärer, Völkerlehrer«, S. 85.
10. Ebd., S. 86.
11. J.-D. Kogel, »Über den Umgang mit Kindern«, in: M. Schlott (Hg.), *Wirkungen und Wertungen*, S. 385.
12. Vgl. Ernst August Freiherr Knigge, *Knigges Werke*.
13. W. Weber, »Schlag nach bei Knigge!«, S. 130.
14. Ebd., S. 131 f.
15. Zit. nach M. Schlott (Hg.), *Wirkungen und Wertungen*, S. 18.
16. C. Stephan, »Knigges Aktualität«, S. 91–94. Vgl. auch dies., *Neue deutsche Etikette*.
17. Zur Problematik eines neuen Klassenbewußtseins als »ein Projekt bürgerlicher Aufklärung« vgl. P. Nolte, *Generation Reform*, S. 44 f., 47, 54, 55 f., 62, 66 f.
18. Joseph von Eichendorff, *Geschichte der poetischen Literatur Deutschlands*, zit. nach W. Weber, »Schlag nach bei Knigge!«, S. 130.
19. *Chronik*, Bd. 2, S. 390, Familienarchiv Leveste. Ernst Freiherr Knigge ist der Bruder des erwähnten Freiherrn Wilhelm Knigge.
20. *Aus Knigge's Tagebüchern.* Von seinem Urenkel F. J. Freiherrn von Reden-Esbeck, Sp. 1165–1176. Wo immer es sinnvoll ist, sind im folgenden diese bei Reden-Esbeck zitierten Tagebuchsequenzen einbezogen worden.

21 Jens Baggesen, *Das Labyrinth oder Reise durch Deutschland in die Schweiz 1789*, München 1986. Zit. nach P. Raabe (Hg.), »... in mein Vaterland zurückgekehrt«, S. 40.
22 F. Märker, *Die Kunst aus dem Gesicht zu lesen*, zu Tafel 19, Abb. 41: »ein rücksichtslos vorstoßendes Kinn«, ein »vorschnüffelndes Nasenende«, das »eher zu einem kalten Spionierer als zu einem Menschenfreund« passt, der Blick ist herrschsüchtig, im Mund liegen »Kälte, Kleinlichkeit und Herrschsucht« etc. etc.
23 Ausstellungskatalog, S. 35.
24 M. Schlott (Hg.), *Wirkungen und Wertungen*, S. 115.
25 Ebd., S. 112.
26 Zit. ebd., S. 115.
27 Max Rychner, *Zwischen Mitte und Rand*, S. 197.
28 Werner Milch in der *Frankfurter Zeitung* vom 2. Juli 1935. Milch (1903-1950) war Literaturwissenschaftler und durch die Knigge-Forschung mit Hans Georg Brenner und Max Rychner verbunden.
29 R. Th. Grabe, *Das Geheimnis des Freiherrn von Knigge*, S. 229.
30 H. Peitsch, H. G. Brenner, in: M. Rector (Hg.), *Zwischen Weltklugheit und Moral*, S. 186-206, hier: S. 187.
31 I. Stephan, *Literarischer Jakobinismus in Deutschland (1789-1806)*, S. 125.
32 Walter Grab, *Ein Volk muss seine Freiheit selbst erobern*, S. 49.
33 Dies schreibt K. Goedeke, *Adolph Freiherr Knigge*, S. 14. Seine Biographie aus dem Jahr 1844 wird an einzelnen Stellen in Bezug auf die historische Genauigkeit jedoch in Zweifel gezogen.
34 Ernst August Freiherr Knigge: »Knigges Herkunft«, in: P. Raabe (Hg.), »... in mein Vaterland zurückgekehrt«, S. 93.
35 Ebd., S. 89-93.
36 Philippine von Reden, *Kurze Biographie des Freyherrn Adolph Knigge*, zit. nach der Ausgabe Hannover 1830, S. X.
37 Vgl. zum Ganzen: Francine Klagsbrun, *Der Geschwisterkomplex*, S. 202-224.
38 P. Raabe, »Bemühungen um Rückgabe der Güter«, in: ders. (Hg.), »... in mein Vaterland zurückgekehrt«, S. 34 f.
39 Philipp Carl Baron von Knigge, *Schreiben an meine Gläubiger*. Familienarchiv Leveste.
40 *Göttingische Zeitungen von Gelehrten Sachen* v. 31. August 1747. Knigge-Sammlung Leveste.
41 W. Fenner, »Auswege und Irrwege«, S. 140.
42 Ebd., S. 139.
43 Siehe unten S. 94 f.

44 Werke, Bd. 24, S. 64.
45 Werke, Bd. 1, S. 185.
46 P. Kaeding, *Adolph von Knigge*, S. 10.
47 *Philo*, Werke, Bd. 12, S. D 17.
48 Ebd. Vgl. K. Goedeke, *Adolph Freiherr Knigge*, S. 16.
49 *Internationales Freimaurerlexikon*, S. 356.
50 Brief an Friedrich Nicolai vom 8. März 1788. Staatsbibliothek Preußischer Kulturbesitz, Nachlass Nicolai, Bd. 41, S. 102-105. Zit. nach M. und P. Raabe (Hg.), *Briefwechsel 1779-1795*, S. 74. Vgl. W. Fenner, »Knigges Brief an Friedrich Nicolai«, S. 21 f.
51 W. Fenner, »Knigges Brief an Friedrich Nicolai«, S. 18.
52 Schlegel an Knigge am 30. Mai 1765, in: *Aus einer alten Kiste*, S. 51-59.
53 Goedeke, *Adolph Freiherr Knigge*, S. 16.
54 Zit. (nach Goedeke) in »Knigges Leben«, Ausgew. Werke, Bd. 10, S. 167.
55 Goedeke, *Adolph Freiherr Knigge*, S. 17.
56 Vgl. *Zauberschloß*, Werke, Bd. 7, S. 79.
57 *Zauberschloß*, Werke, Bd. 7, S. 79.
58 *Roman meines Lebens*, Werke, Bd. 1, S. 187.
59 *Philo*, Werke, Bd. 12, S. 17 f.
60 Vgl. W. Fenner, *Auswege und Irrwege*, S 143.
61 *Roman meines Lebens*, Werke, Bd. 1, S. 70.
62 A. Kuhn/J. Schweigard, *Freiheit oder Tod!*, S. 47-51.
63 Ebd., S. 49.
64 Ebd., S. 21 f.
65 *Roman meines Lebens*, Werke, Bd. 1, S. 181.
66 G. F. von Zanthier (Hg.), *Erzählungen und Schwänke*. Die Echtheit der in der Sammlung mitgeteilten Anekdoten ist umstritten.
67 Vgl. K. Goedeke, *Adolph Freiherr Knigge*, S. 21.
68 *Zauberschloß*, Werke, Bd. 7, S. 82.
69 J.-J. Rousseau, *Discours sur l'origine et les fondement de l'inégalité parmi les hommes*.
70 Birgit Nübel, »»... jede Zeile von ihm mit dem wärmsten Interesse««.
71 Ebd., S. 2.
72 *Zauberschloß*, Werke, Bd. 7, S. 81.
73 M. Rychner, *Zwischen Mitte und Rand*, S. 155-163.
74 *Roman meines Lebens*, Werke, Bd. 1, S. 48.
75 Ebd., S. 58 f.
76 Ebd., S. 63.
77 Die hessischen Landgrafen erhielten aufgrund eines Subsidienvertra-

ges vom 15. Januar 1776 für 30 000 Mann (17 000 allein aus Hessen-Kassel) 21 Millionen Taler.

78 *Roman meines Lebens*, Werke, Bd. 1, S. 53.
79 Nach F. Kapp, *Der Soldatenhandel deutscher Fürsten*, S. 49 f.
80 *Roman meines Lebens*, Werke, Bd. 1, S. 65.
81 Ebd., S. 12 (Vorrede »an einige Leser«).
82 Die Hauptfigur, Karl von Hohenau, der Hofmeister Meyer, der Diener Birnbaum, Commerzienrath Müller, Freiherr von Leidthal und Franz von Weckel.
83 *Mildenburg*, Werke, Bd. 6, S. 6.
84 *Peter Claus*, Werke, Bd. 3, S. 762.
85 Faksimile der Ernennungsschreiben bei W. Fenner, »In seiner Durchlaucht Diensten stets willkommen«, S. 36.
86 Sporteln sind Abgaben für Amtshandlungen bei Gericht, von lat. *sportula* (Körbchen, in dem ein Geschenk gebracht wird).
87 *Umgang*, Werke, Bd. 10, S. 42 ff.
88 M. Rychner, »Adolph von Knigge«, in: ders., *Zwischen Mitte und Rand*, S. 197.
89 Ebd., S. 194.
90 *Umgang*, Werke, Bd. 10, S. 591 f.
91 B. Nübel, »Umgang mit Knigge«, S. 8 f.
92 Vgl. die Fakten und Legenden vermischende Biographie von P. Kaeding, *Adolph von Knigge*, S. 49.
93 M. Schlott (Hg.), *Wirkungen und Wertungen*, S. XIX.
94 Zum Ganzen W. Fenner, »In seiner Durchlaucht Diensten stets willkommen«, S. 36–57.
95 *Umgang*, Werke, Bd. 10, S. 284.
96 Vgl. B. Nübel, »Umgang mit Knigge«, S. 9.
97 Die Schrift ist nicht erhalten bzw. nicht überliefert.
98 *Roman meines Lebens*, Werke, Bd. 1, S. 195.
99 Ebd., S. 199.
100 Brief vom 28. September 1779 an Friedrich Joseph Greve (einen in Hanau stationierten hannoverschen Fähnrich, mit dem Knigge sich befreundet hatte), in: »Aus Knigges Briefwechsel«, *Asträa* 21 (1859/60), S. 254.
101 Auf die Alchimie hat sich Knigge am Anfang oberflächlich eingelassen, wohl weil er das Muster alchimistischer Versuche schon seit Kindertagen kannte. Es gehörte zu den kleinen Glücksspielereien am Rand des gesellschaftlichen Lebens, den Gold- und Silberkochereien etwas abgewinnen zu wollen. »Praktisch trieb ich die Alchymie nicht

stark; ein halbes Dutzend kleiner silbernen Caffee-Löffel ist alles, was ich, so viel ich mich erinnere, daran gewendet habe« (*Philo*, Werke, Bd. 12, S. D 23 f.).
102 *Die Freimaurer- und Illuminatenschriften*, Werke, Bd. 12 und 13.
103 1911 schreibt H. Feigl: »Das ganze Ordenstreiben der damaligen Zeit [war] { mit seinen Licht- und Schattenseiten – nicht viel mehr und nicht viel anderes als eine Art Vorläufer unseres gegenwärtigen öffentlichen Parteiwesens«, in: M. Schlott (Hg.), *Wirkungen und Wertungen*, S. 142.
104 *Allgemeines System*, Werke, Bd. 12, S. A 45.
105 Zum Ganzen E.-O. Fehn, »Biographische Anmerkungen (1984)«, in: M. Schlott (Hg.), *Wirkungen und Wertungen*, S. 407–423.
106 *Beytrag*, Werke, Bd. 12, S. C 50.
107 Ebd., S. C 73 f.
108 Ebd., S. C 73.
109 Vgl. P. Kaeding, *Adolph von Knigge*, S. 65.
110 *Beytrag*, Werke, Bd. 12, S. C 77.
111 Ebd., S. C 106.
112 Werke, Bd. 22, S. A. 101–182.
113 Werke, Bd. 22 und 23.
114 Der Brief ist nicht erhalten. Der Entwurf zu diesem Schreiben befindet sich in der Sammlung Leveste.
115 Zit. in: Ausstellungskatalog, S. 21.
116 Brief an Herzog Carl August von Weimar. Stadtarchiv Hannover KM 1914.70 (3).
117 Vgl. H. Höllerer-März, »Goethe«, S. 99–102.
118 Brief an Johann August Alexander von Kalb vom 1. Januar 1776, Stadtarchiv Hannover, KM 1914.70 (1).
119 Knigge an Kalb, Stadtarchiv Hannover, KM 1914.70 (1).
120 Elisabetha Göthe an Henriette von Knigge am 23. Juni 1789, in: *Aus einer alten Kiste*, S. 42.
121 Brief an Sophie Reimarus vom 12. Oktober 1995, zit. nach »Ausgew. Briefe«, Ausgew. Werke, Bd. 10, S. 237.
122 *Eigennutz und Undank*, Werke Bd. 11, S. 145 f.
123 Eine Ausnahme ist der »Venuswagen«, den Knigge »verreißt«.
124 Zit. nach Briefentwurf, Stadtarchiv Hannover.
125 *Roman meines Lebens*, Werke, Bd. 1, S. 332.
126 Ebd., S. 229.
127 Vgl. I. Hermann, *Hardenberg. Der Reformkanzler*, S. 59.
128 *Roman meines Lebens*, Werke, Bd. 1, S. 229.
129 Ebd., S. 227 f.

130 R. von Hessen (Hg.), *Wir Wilhelm von Gottes Gnaden*, S. 188.
131 Aus Knigges Tagebüchern. Von seinem Urenkel F. J. Freiherrn von Reden, Sp. 1173.
132 *Etwas über Theater*, Werke, Bd. 21, S. 1.
133 *Philo*, Werke, Bd. 12, D 21.
134 R. von Hessen (Hg.), *Wir Wilhelm von Gottes Gnaden*, S. 157. Moltke und Zerbst sind Hofdamen, Löw ein Hauptmann, der, zusammen mit Knigge, von Wilhelm als Drahtzieher der Intrige bezeichnet wird.
135 Brief an Nicolai vom 8. März 1788, in: M. und P. Raabe (Hg.), *Briefwechsel 1779-1795*, S. 72 f.
136 Vgl. Ph. Losch, *Knigge in Hanau*, S. 70 ff.
137 Aus einem Brief Friedrich Nicolais vom 21. März 1788 geht hervor, dass Knigge offenbar mit Nicolai erörtert hat, ob er nicht doch am Berliner Hofe sein Glück machen könnte. Am 8. März hatte Knigge dem befreundeten Verleger geschrieben, er könne sich vorstellen, die Stelle eines preußischen Gesandten in Hamburg anzunehmen. Vgl. M. und P. Raabe (Hg.), *Briefwechsel 1779-1795*, S. 71-77.
138 *Philo*, Werke, Bd. 12, S. D 18.
139 Ebd., S. D 24.
140 R. Safranski, *Schiller oder die Erfindung des Deutschen Idealismus*, S. 244.
141 *Philo*, Werke, Bd. 12, S. D 22.
142 W. Fenner, »Begierde, etwas Großes zu wirken«. Knigge und die geheimen Verbindungen«, in: P. Raabe (Hg.), »... in mein Vaterland zurückgekehrt«, S 104-106.
143 *Philo*, Werke, 12, S. D 17
144 *Internationales Freimaurer-Lexikon*, S. 719.
145 *Philo*, Werke, Bd. 12, S. B 9.
146 Ebd., S. D 48.
147 Ebd., S. D 22.
148 Ebd., S. D 19.
149 Ebd., S. D 26.
150 Ebd., S. D 25.
151 *Allgemeines System*, Werke, Bd. 12, A 36 f.
152 Brief an Friedrich Greve, zit. in: W. Fenner, »Auswege und Irrwege«, S. 143.
153 *Philo*, Werke, Bd. 12, S. D 22.
154 Ebd., S. D 24.
155 W. Fenner, »Lessing wäre auch ein Mann für uns«, zit. nach: M. Schlott (Hg.), *Wirkungen und Wertungen*, S. 525-531.

156 G. E. Lessing, *Ernst und Falk, Gespräche für Freymäurer*, zit. nach dem 2. Druck, Wolfenbüttel 1778.
157 Ebd., IV, 27.
158 Zit. in: Fenner, »Auswege und Irrwege«, S. 146.
159 Brief vom 10. April 1779, »Ausgew. Briefe«, Ausgew. Werke, Bd. 10, S. 24.
160 Nicolai an Knigge am 10. Brachmonat (!) 1779, in: *Aus einer alten Kiste*, S. 77.
161 Vgl. P. Raabe, »Knigge als Mitarbeiter von Friedrich Nicolais Zeitschrift ›Allgemeine deutsche Bibliothek‹«, in: ders., »... in mein Vaterland zurückgekehrt«, S. 59 f.
162 »Gs« »Yr«, »Jz«, »Hg« in der *Allgemeinen deutschen Bibliothek*. Hinzu kommen die Kürzel »G«, »Eg« und »Pk« in der *Nationalen deutschen Bibliothek*.
163 *Allgemeine deutsche Bibliothek* (AdB) 53 (1783) p. 406. Niedersächsische Landesbibliothek Hannover.
164 AdB 53 (1783) p. 407.
165 In der Rezension der »Verschwörung des Fiesko zu Genua« schreibt er von den »Fehlern aller neuern seynwollenden Shakespearschen Nachahmer«, AdB 58 (1784), p. 302.
166 AdB 58 (1784) p. 302.
167 AdB 78 (1790) p. 122 f.
168 *Roman meines Lebens*, Werke, Bd. 1, S. 12.
169 M. und P. Raabe (Hg.), *Briefwechsel 1779-1795*, S. 73.
170 Brief an Nicolai vom 8 März 1788, ebd.
171 *Aufrichtiges Geständnis*, Werke, Bd. 6, S. 5 f.
172 Ebd., S. A 1.
173 P.-A. Bois, *Adolph Freiherr Knigge und seine freimaurerische Konzeption*, S. 53.
174 Brief Knigge an Prinz Carl vom Juni 1779, Zit. ebd., S. 55.
175 Brief Knigge an Weishaupt vom Januar 1782. Zit. in: »Knigges Leben«, Ausgew. Werke, Bd. 10, S. 209.
176 Brief vom 14. April 1780 an seinen Freund Greve. Zit. ebd., S. 191.
177 *Philo*, Werke, Bd. 12, S. D 24.
178 Ebd., S. D 24.
179 Ebd., S. D 33.
180 Ebd., S. D 34.
181 Vgl. M. W. Fischer, *Die Aufklärung und ihr Gegenteil*, S. 236.
182 *Philo*, Werke, Bd. 12, S. D 36.
183 W. Milch, »Was steht eigentlich im Knigge?« (1935), in: M. Schlott (Hg.), *Wirkungen und Wertungen*, S. 176.

184 *Philo*, Werke, Bd. 12, D 36
185 *Roman meines Lebens*, Werke, Bd. 2, S. 502.
186 *Umgang*, Werke, Bd. 10, S. 704 f.
187 *Peter Claus*, Werke, Bd. 3, S. 394.
188 Ebd., S. 741.
189 *Eigennutz*, Werke, Bd. 11, S. 171.
190 *Umgang*, Werke, Bd. 10, S. 708.
191 Ebd., S. 710.
192 Dieser Gedanke wurde offenbar in einer späteren Ausgabe des *Umgangs* ausdrücklich eingefügt. Vgl. H. Eisenreich, *Reaktionen*, S. 324.
193 Vgl. A. Rüllmann, *Adolph Freiherr Knigge und die Juden*, S. 153-242.
194 J. Katz, *Geheime Gesellschaften*, S. 51-61.
195 Ebd., S. 60.
196 *Philo*, Werke, Bd. 12, S. D 38 f.
197 Vgl. ebd., S. D 40.
198 Hans Feigl, *Adolph Freiherr Knigge*, S. 141.
199 Nach der altitalischen Göttin Minerva, der Schutzgottheit des Handwerks und der Kunstfertigkeit.
200 U. im Hof, *Das gesellige Jahrhundert*, S. 170.
201 Ebd., S. 169-173.
202 Dazu vor allem R. van Dülmen, *Der Geheimbund der Illuminaten. Darstellung, Analyse, Dokumentation*.
203 Diese Sicht belegt in jüngster Zeit vor allem R. van Dülmen, wie auch schon W. Hofter in seiner Heidelberger Dissertation von 1956, Die Ansicht von Hofter und van Dülmen wird stark relativiert von E.-O. Fehn, »Zur Wiederentdeckung des Illuminatenordens«, S. 231-255.
204 Brief an den theologischen Schriftsteller Magister Godtfried Lebrecht Nathanael Masius vom 29. Juli 1785. Briefentwurf im Stadtarchiv Hannover, KM 1914.70 (6).
205 Zu Knigge und Lessing siehe W. Fenner, »»Lessing wäre auch ein Mann für uns««, S. 478-483.
206 *Über Schriftstellerey*, Werke, Bd. 19, S. 321 ff.
207 *Philo*, Werke, Bd. 12, S. D 42.
208 Ebd., S. D 75.
209 Vgl. Ebd., S. D 77-82.
210 Ebd., S. D 89.
211 Ebd., S. D 104.
212 Ebd., S. D 103.
213 Ebd., S. D 104.
214 Ebd., S. D 105.

215 Brief an einen Freund, Werke, Bd. 24, S. 107.
216 *Philo*, Werke, Bd. 12, S. D 43.
217 Ebd., S. D 45.
218 Ebd., S. D 78.
219 Undatierter Brief Knigges an Weishaupt, zit. nach W. Fenner, »Knigge, Bode und Weishaupt«, in: M. Rector (Hg.), *Zwischen Weltklugheit und Moral*, S. 87.
220 Vgl. Werke, Bd. 13, S. 3-28. Unmittelbarer Anlass für diesen Entwurf ist eine Aufforderung des Herzogs Ferdinand vom 19. Oktober 1780, zur Tagesordnung eines einzuberufenden Konvents freimütig und offenherzig Vorschläge zu machen. »Dies erregte dann auch in mir den Trieb, mich durch dergleichen hervorzutun« (*Philo*, Werke, Bd. 12, S. D 28. Vgl. Werke, Bd. 24, S. 126).
221 Zum Verlauf des Konvents im Einzelnen s. R. von Hessen, »Der Wilhelmsbader Freimaurerkonvent 1782«, S. 10-25.
222 *Philo*, Werke, Bd. 12, S. D 130.
223 Ebd., S. D 128.
224 Ebd., S. D 48.
225 *Ueber Jesuiten*, Werke, Bd. 12, S. B 14.
226 Vgl. ebd., S. B 22.
227 Ebd., S. B 72
228 Vgl. Werke, Bd. 13 und Bd. 24, S. 129.
229 Brief an Johannes Müller vom Juli 1782. Sammlung Leveste.
230 Goethe und Herzog Karl August treten 1783 dem Illuminaten-Orden bei, stellen aber 1785 ihre Aktivitäten wieder ein, als Bode die Berufung Weishaupts nach Jena durchsetzen wollte. Der Herzog und sein Minister Goethe widersetzten sich einer Berufung Weishaupts an die Universität Jena.
231 *Philo*, Werke, Bd. 12, S. D 128.
232 Ebd., S. D 132.
233 Knigge an Weishaupt am 25. Februar 1783. Sammlung Leveste.
234 Knigge an Zwack am 20. Januar 1783. Ebd.
235 Zum Ganzen W. Fenner, »Knigge, Bode und Weishaupt«, in: W. Rector, *Zwischen Weltklugheit und Moral*, S. 83-91
236 Brief an Großmann vom 2. März 1789, Sammlung Leveste.
237 »Knigges Leben«, Ausgew. Werke, Bd. 10, S. 219.
238 Zit. nach ebd.
239 *Aus Knigges Tagebüchern* (Reden-Esbeck), Sp. 1175.
240 Brief an Bode vom 9. Juni 1784, zit. nach »Knigges Leben«, Ausgew. Werke, Bd. 10, S. 221.

241 *Philo*, Werke, Bd. 12, S. D 135.
242 Zum Ganzen Th. Stammen, »Adolph Freiherr von Knigge und die Illuminatenbewegung«, in: W. Müller-Seidel (Hg.), *Die Weimarer Klassik und ihre Geheimbünde*, S. 67-89. »Knigges Leben«, Ausgew. Werke, Bd. 19, S. 218-223.
243 Vgl. *Philo*, Werke, Bd. 12, S. D 136.
244 Brief an Bode vom 19. bis 28. Juni 1785. Geh. Staatsarchiv Berlin, zit. nach »Ausgew. Briefe«, Ausgew. Werke, Bd. 10, S. 35-43.
245 Vgl. Werke, Bd. 24, S. 122.
246 *Auszug eines Briefes die Illuminaten betreffend*, Werke, Bd. 12, S. E 11 f.
247 *Auszug eines Briefes ...*, Werke, Bd. 12, S. E 20.
248 W. Fenner, »In seiner Durchlaucht Diensten stets willkommen«, S. 50.
249 Philippine von Reden, geb. Freiin Knigge, *Kurze Biographie des Freiherrn Adolph Knigge*, Ausgabe Hannover 1830, S. XXIV.
250 Damit sind die eigene Tochter und die Pflegekinder Franziska Zollikofer und Heinrich de Laroche gemeint.
251 *Aus Knigges Tagebüchern* (Reden-Esbeck), Sp. 1166 f.
252 Ebd., Sp. 1173.
253 J. Baggesen, *Das Labyrinth oder Reise durch Deutschland in die Schweiz 1789*, zit. nach P. Raabe (Hg.), »... in mein Vaterland zurückgekehrt«, S. 28.
254 Philippine von Reden, geb. Knigge, *Kurze Biographie*, S. XVIII.
255 Brief vom 13. Mai 1783 an Friedrich Nicolai, in: »Ausgew. Briefe«, Ausgew. Werke, Bd. 10, S. 26.
256 W. Kreutz, *Adolph Freiherr Knigges Heidelberger Jahre*, S. 33-51.
257 Philippine von Reden, geb. Knigge, *Kurze Biographie*, S. XIX.
258 Werke, Bd. 3, S. 3.
259 *Peter Claus*, Werke, Bd. 3, S. 61 f.
260 Ebd., S. 100.
261 Ebd., S. 115 f.
262 Ebd., S. 153.
263 Ebd., S. 157.
264 Ebd., S. 171.
265 Ebd., S. 175.
266 Ebd., S. 749.
267 Ebd., S. 766.
268 Ebd., S. 768.
269 Ebd.
270 Vgl. die Hinweise in Werke, Bd. 24, S. 158.
271 *Aufrichtiges Geständniß meiner Poligraphie*, Werke, Bd. 24, S. 53 ff.

272 Brief vom 7. Juni 1787 an Wilhelm Ludwig Storr, Werke, Bd. 24, S. 155.
273 *Briefe über Erziehung*, Werke, Bd. 16, S. 156.
274 *Journal aus Urfstädt*, I. Stück, Werke, Bd. 17, S. 49.
275 *Briefe über Erziehung*, Werke, Bd. 16, S. 156.
276 Ebd., S. 56.
277 Vgl. H. Brandes, »Für eine aufgeklärte Lesewelt«, S. 25.
278 *Briefe über Erziehung*, Werke, Bd. 16, S. 57 f.
279 *Journal aus Urfstädt*, II. Stück,, Werke, Bd. 17, S. 265-275.
280 Alle Zitate aus dem *Dritten Brief über Erziehung*, Werke, Bd. 16, S. 52-54, 58 und 59.
281 Brief an Knigge vom 14. April 1784, in: *Aus einer alten Kiste*, S. 37.
282 Zu Schiller in Mannheim: R. Safranski, *Schiller*, S. 183-201.
283 Verzeichnis der Rezensionen bei M. und P. Raabe, *Briefwechsel 1779-1795*, S. 267-361. Text der Rezension ebd., S. 195 f.
284 Werke, Bd. 18, S. 517.
285 Ebd., S. 521.
286 *Über Schriftstellerey*, Werke, Bd. 19, S. 326.
287 Friedrich Schiller, Brief an den Herzog von Augustenburg, zit. nach H. Stuke, »Aufklärung«, in: *Geschichtliche Grundbegriffe. Historisches Lexikon zur politisch-sozialen Sprache in Deutschland*, Bd. 1, Stuttgart 1972, Studienausgabe 2004, S. 300-303.
288 Wenn Schiller die Verfassung der Staaten anspricht, tut er es nicht mit dem Begriff der Aufklärung, sondern mit dem der Erleuchtung. Aufklärung ist für ihn eher eine intellektuelle und individuelle Kategorie. Vgl. H. Stuke, *Aufklärung*, S. 302.
289 Aus Knigges Tagebüchern, Sp. 1170. Vgl. »Knigges Leben«, Ausgew. Werke, Bd. 10, S. 257-259.
290 *Aus Knigges Tagebüchern*, Sp. 1170.
291 *Meine eigene Apologie*, Werke, Bd. 16, S. 71.
292 Ebd., S. 87.
293 Ebd., S. 89
294 Bürger an Knigge am 27. Mai 1790, in: *Aus einer alten Kiste*.
295 *Aus Knigges Tagebüchern*, Sp. 1176.
296 P. Raabe (Hg.), »... in mein Vaterland zurückgekehrt«, S. 15.
297 Brief an einen unbekannten Adressaten vom 25. Juli 1778, Stadtbibliothek Hannover, F 62727.
298 Philippine von Reden, geb. Freiin Knigge, *Kurze Biographie*, S. XIX.
299 Ch. Schrader, *Krise der Aufklärung und Neuansatz*, S. 74.
300 Knigge an Nicolai am 8. März 1788, M. und P. Raabe, *Briefwechsel 1779-1795*, S. 12

301 Zum Kammerpräsidenten Graf von Kielmannsegge, zu den Geheimräten von Arnsswaldt und von dem Bussche. In seinem Jugendfreund Hofrat von Rüling und dem Geheimen Justizrat Rudloff wird er ebenso Unterstützung gefunden haben wie durch den Hofrichter von Berlepsch, dessen Frau, Emilie von Berlepsch, er sein Buch »Über den Umgang mit Menschen« widmete. Vgl. P. Raabe, »Knigges Lebenskreis«, in: »... in mein Vaterland zurückgekehrt«, S. 38-43. Hier auch weitere Namen aus Knigges Lebenskreis in Hannover.
302 Brief vom 4. Juni 1788, Stadtarchiv Hannover KM 1914.70 (7).
303 Brief an Rudloff vom 27. Oktober 1788, Stadtarchiv Hannover KM 1914.70 (9).
304 Brief an Claus von der Decken vom 28. Februar 1790, Stadtarchiv Hannover, KM 1914.70 (28).
305 Ausstellungskatalog, S. 92.
306 Wöllners Religionsedikt samt der damit verbundenen Gesinnungskontrolle. Die Verschärfung der Pressezensur und andere politische Repressionen hatten zu einer Radikalisierung der Studenten geführt.
307 *Hamburgische unpartheyische Correspondenten* vom 7. Februar 1792, zit. nach »Knigges Leben«, Ausgew. Werke, Bd. 10, S. 228.
308 Ch. Schrader, »Knigge parodiert Johann Georg Zimmermann«, in: P. Raabe (Hg.), »... in mein Vaterland zurückgekehrt«, S. 107-110.
309 *Journal aus Urfstädt*, Werke, Bd. 17, S. 681 f. Vgl. auch Knigges Brief an Zimmermann vom 22. April 1788, Niedersächs. Landesbibliothek Hannover Ms XLII, 1933 A II, 52.
310 Zum ganzen Zusammenhang vgl. I. Hermann, *Hardenberg*, S. 86-89.
311 Vgl. dazu J.-D. Kogel, »Über den Umgang mit Kindern« (1981), in: M. Schlott (Hg.), *Wirkungen und Wertungen*, S. 377-389.
312 Werke, Bd. 21, S. 80-124.
313 Vgl. Werke, Bd. 24, S. 193 f.
314 Vgl. »Knigges Leben«, Ausgew. Werke, S. 268. Vgl. auch P. Raabe, »Auseinandersetzung mit J. H. Campe und E. C. Trapp«, in: ders. (Hg.), »... in mein Vaterland zurückgekehrt«, S. 53-56.
315 Knigge an Großmann am 2. März 1789, Sammlung Leveste.
316 Vgl. Knigge an Campe und Trapp am 3. November 1792, Herzog August Bibliothek Wolfenbüttel, HAB 927, Briefsammlung Vieweg.
317 Knigge an Campe am 3. Juni 1792, Ausstellungskatalog, S. 70.
318 *Über Schriftstellerey*, Werke, Bd. 19, S. 370.
319 *Zweiter Brief über die neuern Erziehungsmethoden*, Werke, Bd. 21, S. 94.
320 Knigge an Großmann am 2. März 1789. Sammlung Leveste.
321 Vgl. J.-D. Kogel, »Über den Umgang mit Kindern«, in: *Die Schieferta-*

fel. *Zeitschrift für historische Kinderbuchforschung*, Jg. IV, H. 1/2, Hamburg 1981, S. 58-61.
322 *Zweiter Brief über die neuern Erziehungsmethoden*, Werke, Bd. 21, S. 100.
323 *Briefe über die neuere Erziehungsart*, 1. Brief, ebd., S. 85.
324 *Dritter Brief über die neuere Erziehung*, ebd., S. 115.
325 Z. B. im *Dritten Brief über die neuere Erziehung*, ebd., S. 118-121.
326 Vgl. Noldmann, Werke, Bd. 14, 2. Teil, S. 17 f.
327 Noldmann, Werke, Bd. 14, 2. Teil, S. 16.
328 Brief vom 26. Dezember 1791 an Johann Gottwerth Müller, Werke, Bd. 24, S. 147.
329 Vgl. vor allem die *Wiener Zeitschrift*, 2. Bd. H. 4, S. 317-329. Wien 1792.
330 *Allgemeine Literatur-Zeitung vom Jahre 1785*, 3. Bd. Nr. 177, S. 113 f.
331 Die drei Sammlungen erschienen 1783 in Frankfurt a. M., 1785 in Heidelberg und 1788 wieder in Frankfurt a. M. Vgl. *Predigten*, Werke, Bd. 9, S. 204.
332 Werke, Bd. 24, S. 54.
333 *Literarisches Testament*, Werke, Bd. 24, S. 58 f.
334 *Vorrede zur zweiten Sammlung*, Werke, Bd. 9, S. 203.
335 *Predigten*, Werke, Bd. 9, S. 85.
336 Ebd., S. 91.
337 Ebd., S. 90.
338 Ebd., S. 92 f.
339 Ebd., S. 77.
340 Ebd., S. 43.
341 Ebd., S. 175.
342 Ebd., S. 13.
343 Ebd., S. 34.
344 Philo, Werke, Bd. 12, S. D 106.
345 E.-O. Fehn, »Zu Knigges Predigten«, in: M. Rector (Hg.), *Zwischen Weltklugheit und Moral*, S. 71.
346 Ebd., S. 81.
347 *Predigten*, Werke, Bd. 9, S. 503.
348 Ebd., S. 431.
349 Siehe S. 106, 152 f., 161 f., 206, 350 f.
350 Vgl. dazu E.-O. Fehn, *Zu Knigges Predigten*, S. 79.
351 Vgl. ebd., S. 81.
352 B. Zaehle, *Knigges Umgang mit Menschen und seine Vorläufer*; M. Rychner, »Über den Umgang mit Menschen«, S. 155-163; K.-H. Göttert, *Illusionen*, S. 138-173; ders., »Über den Umgang mit Menschen«,

S. 30-34; W. Schneiders, »Knigge im Kontext«, S. 32-42; G. Ueding, »Rhetorische Konstellationen im Umgang mit Menschen«, S. 344-358.
353 M. Rychner, *Über den Umgang mit Menschen*, S. 155 ff.
354 Dazu vgl. R. Safranski, *Schiller oder die Erfindung des deutschen Idealismus*, S. 408-418.
355 G. Ueding, »Nicht zum Speculieren, zum Wirken ist diese Welt«, S. 54.
356 Über die verschiedenen Auflagen, Umstellungen der Kapitel etc. vgl. Werke, Bd. 24, S. 92.
357 W. Schneiders, *Knigge im Kontext*, S. 41.
358 *Über Schriftstellerey*, Werke, Bd. 19, S. 333.
359 Zum Beispiel Carol A. Blackshire-Belay, *Umgang*, S. 57-66.
360 *Umgang*, Werke, Bd. 10, S. 760.
361 Vgl. M. Schlott, »Zur Wirkungsgeschichte Knigges«, S. 218.
362 *Umgang*, Werke, Bd. 10, S. 274.
363 K.-H. Göttert, *Illusionen*, S. 168.
364 Vgl. ebd., S. 165.
365 *Umgang*, »Über den Umgang mit Frauenzimmern«, Werke, Bd. 10, S. 374.
366 Vgl. K.-H. Göttert, *Illusionen*, S 166.
367 Ebd., S. 168.
368 *Predigten*, Werke, Bd. 9, S. 180.
369 Siehe S. 304 f.
370 Vgl. J.-D. Kogel, »Der Freiherr Knigge«. Siehe auch Ausstellungskatalog, S. 119.
371 Knigge in einem Brief an Großmann vom 30. Dezember 1792. Der Briefwechsel mit de Luc findet sich in der »alten Kiste« Nr. 14.
372 *Schaafskopf*, Werke, Bd. 15, S. 88.
373 Ebd., S. 92.
374 Vgl. W. Hardtwig, »Die Lebensbilanz eines verhinderten Umstürzlers«, FAZ vom 24. 12. 1988.
375 Vgl. K.-H. Göttert, *Zweierlei Wege*, S. 43-48.
376 Dazu K.-H. Göttert, *Illusionen*, S. 158 f.
377 Ebd., S. 162 f.
378 Vgl. J. Walter, *Noldmann*, S. 153.
379 Herbert Eisenreich, »Knigge - Über den Umgang mit Menschen« (1961), in: M. Schlott (Hg.), *Wirkungen und Wertungen*, S. 247.
380 W. von Humboldt, *Das achtzehnte Jahrhundert*, zit. nach ebd., S. 489
381 Ebd., S. 491.

382 Ebd., S. 493.
383 Zum Ganzen P.-A. Bois, »Soziale Kommunikation« (1991), in: M. Schlott (Hg.), *Wirkungen und Wertungen*, S. 472-482.
384 *Umgang*, Werke, Bd. 10, S. 741-747.
385 Ebd., S. 745 f.
386 Vgl. W. Drechsel, *Die emanzipativen Intentionen*, S. 72-95.
387 Ebd., S. 77.
388 *Umgang*, Werke, Bd. 10, S. 24.
389 P.-A. Bois, »Soziale Kommunikation«, S. 185.
390 M. Rychner, *Zwischen Mitte und Rand*, S. 210.
391 *Umgang*, Werke, Bd. 10, S. 687.
392 Ebd., S. 644.
393 Vgl. A. Bethmann/G. Dongowski, »Zum Verhältnis von Moral und Politik bei Knigge«, S. 33-44.
394 P.-A. Bois, *Zwischen Revolution und aufgeklärtem Absolutismus*, S. 125.
395 Ausstellungskatalog, S. 103. Dort auch der vollständige Text des Liedes.
396 Knigge an seine Tochter Philippine am 15. Juli 1790, zit. nach »Ausgew. Briefe«, Ausgew. Werke, Bd. 10, S. 79 f.
397 M. Rychner, *Zwischen Mitte und Rand*, S. 206.
398 A.-P. Bois, »Knigge auf dem Freiheitsfest in Hamburg am 14. Juli 1790«, in: P. Raabe (Hg.), »... in mein Vaterland zurückgekehrt«, S. 111-115.
399 P. Rothenhäusler, »Lob der Geselligkeit. Zum 150. Todestag des Freiherrn Adolph Knigge«, NZZ vom 19. Mai 1946 (Beilage »Das Wochenende«).
400 Th. Pittrof, »Die Entwicklung von Kommunikationsvorstellungen«, S. 159-174.
401 Vgl. H. Segeberg, »Deutsche Literatur«, S. 243-265.
402 *Wurmbrand*, Werke, Bd. 15, S. B 24 und B 26.
403 H. Segeberg, »Von der Revolution zur ›Befreiung‹«, S. 205-218.
404 H. Segeberg, »Deutsche Literatur«, S. 207.
405 Vgl. I. Fetscher, »Der Freiherr Knigge und seine Erben«, S. 72.
406 *Mildenburg*, Werke, Bd. 5, S. 4.
407 Ebd., S. 3.
408 Ebd., S. 356.
409 Ebd., S. 358.
410 E. D. Becker, *Der deutsche Roman um 1780*, S. 18.
411 M. Rector, »Über die Grenzen des Umgangs mit Menschen«, S. 56.
412 K.-H. Göttert, *Illusionen*, S. 80 ff. Knigges Bezug zu Wielands *Agathon*

hat Göttert in seiner Arbeit »Agathon und seine Brüder«, in: M. Rector (Hg.), *Zwischen Weltklugheit und Moral*, S. 158-168, herausgearbeitet.

413 K.-H. Göttert, *Illusionen*, S. 79.
414 B. W. Seiler, »Der Schelm«, S. 315.
415 Mildenburg, Werke, Bd. 5, S. 531 f. Vgl. auch die Gedanken über den Umgang mit den Großen der Zeit im *Umgang*, 3. Teil.
416 D. Naumann, *Politik und Moral*, S. 239.
417 Mildenburg, Werke, Bd. 6, S. 169.
418 Ebd., S. 172.
419 Ebd., S. 29.
420 Ebd., S. 30.
421 Brief an die Zensurbehörde Hannover vom 2. April 1789. Niedersächs. Landesbibliothek Hannover, Bibliotheksakten V 96.
422 Brief vom 18. Juni 1789, in: *Aus einer alten Kiste*, S. 213.
423 Knigge an Philippine am 30. September 1789, Kestner-Museum 1914 : 70 (19), Kopie Sammlung Leveste.
424 Knigge an Philippine am 27. Dezember 1789, Kestner-Museum 1914 : 70 (24), Kopie Sammlung Leveste.
425 Johann Ludwig Ewald (1747-1822) war Generalsuperintendent und Konsistorialrat in Detmold. Ihm unterstand das Schulsystem im Fürstentum Lippe. Er galt als Schulreformer und ist Autor der »Phantasien auf einer Reise durch die Gegenden des Friedens«. Vgl. »Knigges Leben«, Ausgew. Werke, Bd. 10, S. 271.
426 Die Affäre wird von Knigge in Briefen an Großmann vom 7. und 22. August beschrieben. Universitätsbibliothek Leipzig. Sammlung Kestner II A. IV, 945. Vgl. »Knigges Leben«, Ausgew. Werke, Bd. 10, S. 263. Manfred Grätz, »Knigge als Erzieher«, in: M. Rector (Hg.), *Zwischen Weltklugheit und Moral*, S. 92-102.
427 Knigge an Großmann am 7. August 1788, Sammlung Leveste.
428 Knigge an seine Tochter am 27. Dezember 1789. Kestner-Museum 1914 : 70 (24). (Die Handschriften sind vom Kestner-Museum an das Stadtarchiv Hannover abgegeben worden. Die ursprünglichen Signaturen gelten aber noch.)
429 Trapp an Großmann am 28. Februar 1784, Universitätsbibliothek Leipzig, II. A IV. 1869.
430 Knigge an Großmann am 20. März 1789, Sammlung Leveste.
431 B. Nübel, »Knigge und seine Tochter Philippine«, S. 63.
432 Brief vom 18. Juni 1789, in: *Aus einer alten Kiste*, S. 214.
433 Brief vom 5. März 1790, Sammlung Leveste.

434 Brief vom 3. August 1789. Stadtarchiv Hannover KM 1914 : 70 (13).
435 Knigge an Philippine am 18. November 1789. Stadtarchiv Hannover KM Cul. 1284.
436 Ebd.
437 Knigge an Großmann am 4. April 1790. Sammlung Leveste.
438 Text des Gedichts bei B. Nübel, »Knigge und seine Tochter Philippine«, S. 63.
439 Zit. nach Ausgew. Werke, Bd. 10, S. 273.
440 Raabe, »Knigge und Philippine«, in: ders., »... in mein Vaterland zurückgekehrt«, S. 31
441 Knigge an Philippine am 18. Juni 1789, Sammlung Leveste. Wie sehr Knigges Erziehungspraxis von Details besessen ist, zeigt eine Stelle im *Journal aus Urfstädt*, II., wo der Herr von Hohenau erklärt, er wolle verhindern, dass seine Kinder »Essen, Verdauen und Ausleeren ... zum Mittelpuncte ihrer Existenz machen«. Er berichtet: »Wir, in unserm Hause, sitzen des Mittags dreyviertel Stunden, abend aber eine halbe Stunde am Tische, und das ist lange genug. Meine Kinder dürfen nicht jeden Augenblick, sondern nur zweymal des Tages auf den Abtritt gehen, und da ich verlange, daß sie dies nicht eher thun dürfen, als bis sie die Nothwendigkeit dazu fühlen; so gestatte ich ihnen nicht mehr als fünf Minuten jedesmal zu diesem unangenehmen Geschäfte.« Werke, Bd. 17, S. 287.
442 *Journal aus Urfstädt*, Werke, Bd. 17, S. 552. Zum Ganzen vgl. B. Nübel, »Knigge und seine Tochter Philippine«, S. 59 f.
443 Knigge an die Regierung des Kurfürstentums in Stade am 27. Februar 1790. Zit. nach »Ausgew. Briefe«, Ausgew. Werke, Bd. 10, S. 78.
444 Zur Situation in Bremen: H. Schwarzwälder, *Geschichte der Freien Hansestadt Bremen*, S. 503-515.
445 Zit. ebd., S. 513.
446 Zur Situation Bremens bei der Ankunft Knigges vgl. Ch. A. Heineken, *Geschichte der Freien Hansestadt Bremen*.
447 Knigge an die Regierung in Stade am 13. Januar 1791. Staatsarchiv Bremen 6,27 - IV. a.18.
448 Die beiden anderen Häuser waren städtisch und somit reformiert (das sogenannte rote und das blaue Waisenhaus, benannt nach der Tracht der Kinder). Siehe Ch. A. Heineken, *Geschichte der Freien Hansestadt Bremen*, S. 138.
449 Ebd., S. 40.
450 Knigge an Nicolai am 22. Oktober 1790, in: M und P. Raabe (Hg.), *Briefwechsel 1779-1795*, S. 93 f.

451 Das Gebäude existiert heute nicht mehr.
452 Eine genaue Beschreibung des alten Baus findet sich bei »Knigges Leben«, Ausgew. Werke, Bd. 10, S. 289.
453 Knigge an die Regierung in Stade am 30. November 1790, Staatsarchiv Bremen, 6,27 I. u. 17.
454 Knigge an Großmann am 20. Januar 1791, Kopie Sammlung Leveste.
455 Knigge an J. G. Müller am 26. Dezember 1791, Kopie Sammlung Leveste.
456 M. Rüppel, *Die Lust zu Schauspielen*, S. 98 f.
457 *Umgang*, Werke, Bd. 10, S. 659.
458 *Über Schriftstellerey*, Werke, Bd. 19, S. 298.
459 M. Rüppel, »Instrument der Aufklärung«, S. 169-185, hier S. 183.
460 *Umgang*, Werke, Bd. 10, S. 660.
461 Knigge am 20. Januar 1791 an Großmann, zit. nach M. Rüppel, »Die Lust zu Schauspielen«, S. 99.
462 Ch. A. Heineken, *Geschichte der Freien Hansestadt Bremen*, S. 247.
463 M. Rüppel, »Die Lust zu Schauspielen«, Anm. 9.
464 Zum Ganzen M. Rüppel, »Die Lust zu Schauspielen«, S. 67-73.
465 *Dramaturgische Blätter*, Werke, Bd. 18, S. 202 und 206.
466 *Über Schriftstellerey*, Werke, Bd. 19, S. 295. M. Rüppel, *Die Lust zu Schauspielen*, S. 99.
467 *Dramaturgische Blätter*, 6. Stück, Werke, Bd. 18, S. 97.
468 P. Raabe, »Knigge und das Hoftheater«, in: ders., »... in mein Vaterland zurückgekehrt«, S. 43 - 46
469 M. Rector, »Knigge und das Hannoversche Theater«, in: P. Raabe, »... in mein Vaterland zurückgekehrt«, S. 99-103.
470 K.-H. Göttert, *Illusionen*, S. 275.
471 Wie in einer Vorahnung der revolutionären Ereignisse von 1789 hatte Ludwig XVI. das Verbot begründet: »Die Aufführung des Stücks wäre eine gefährliche Inkonsequenz, wenn man nicht zuvor die Bastille niederreißen wollte.« Vgl. B. Fay, *Ludwig XVI*.
472 A. Greitner, *Die sieben großen Opern Mozarts*.
473 *Dramaturgische Blätter*, Werke, Bd. 18, S. 499. Eine Synopse der Texte von Da Ponte und den gängigen Übersetzungen findet sich bei R. Fuhrmann, »Adolph Freiherr Knigge und Wolfgang Amadé Mozart«, S. 87 ff.
474 *Journal aus Urfstädt*, Werke, Bd. 17, S. 116.
475 K.-H. Göttert, *Illusionen*, S. 274.
476 *Briefe über Erziehung*, 3. Brief, Werke, Bd. 16, S. 67.
477 *Journal aus Urfstädt*, Werke, Bd. 17, S. 157.

478 Werke, Bd. 18, S. 349 f.
479 A. Fischer, »Cantores amant humores«, S. 76.
480 *Journal aus Urfstädt*, Werke, Bd. 17, S. 426.
481 Zit. nach O. Rosteck, »Die Werke der wahrhaftig großen Künstler sind für jede Zeit«, S. 92.
482 Der Titel der Klaviersonaten lautet allerdings »Six sonates de clavecin seul«, also für Cembalo.
483 Vgl. dazu die musiktechnischen Details bei O. Rosteck, »Die Werke der wahrhaftig großen Künstler sind für jede Zeit«, S. 94.
484 Siehe Werke, Bd. 18. Eine Aufstellung der Beiträge in: Werke, Bd. 24, S. 164-174. Im Nachlass Mozarts fanden sich Knigges *Dramaturgische Blätter* mit den Rezensionen der »Entführung« und des »Figaro«.
485 K.-H. Göttert, *Illusionen*, S. 276.
486 *Journal aus Urfstädt*, Werke, Bd. 17, S. 105 f.
487 *Dramaturgische Blätter*, 32. Stück, Werke, Bd. 18, S. 504 f.
488 Der Musikexperte ist Bernhard Anselm Weber (1764-1821). Vgl. *Dramaturgische Blätter*, Werke, Bd. 18, S. 25.
489 Ebd., S. 27.
490 Zur musikgeschichtlichen Einordnung der Knigge'schen Musikästhetik siehe K.-H. Göttert, *Illusionen*, S. 277 ff.
491 Zit. nach O. Rosteck, »Die Werke der wahrhaftig großen Künstler sind für jede Zeit«, S. 96.
492 *Peter Claus*, Werke, Bd. 3, S. 499 ff. Vgl. O. Rosteck, »Die Werke der wahrhaftig großen Künstler sind für jede Zeit«, S. 94 f.
493 *Journal aus Urfstädt*, Werke, Bd. 17, S. 586.
494 Friedrich Lüdeke im Vorwort zu einer 1902 »für die Gegenwart bearbeiteten« Ausgabe, Leipzig und Berlin 1902, S 4. Vgl. auch P. Raabe, »Knigges komischer Roman ›Die Reise nach Braunschweig‹«, S. 91-94.
495 *Reise nach Braunschweig*, Werke, Bd. 7, S. 25.
496 Ebd., S. 27.
497 Ebd., S. 92.
498 R. Selbmann, *Theater im Roman*, S. 37.
499 M. von Poser, *Der abschweifende Erzähler*, S. 96.
500 In mehreren Briefen beschreibt Knigge seine Krankheit als Blasenverschluss, was möglicherweise auf eine Prostatavergrößerung hinweist. Reimarus teilt ihm jedenfalls eine Methode mit, wie man selber mit einem Instrument die Blase öffnen könne.
501 *Reise nach Braunschweig*, Vorrede zur 1. Auflage, Werke, Bd. 7, S. 5.
502 P. Raabe, »Knigge: Die Reise nach Braunschweig«, in: M. Schlott (Hg.), *Wirkungen und Wertungen*, S. 301-310.

503 Ebd., S. 309, Anm. 8.
504 *Journal*, Werke, Bd. 17, S. 76.
505 Ebd., S. 596.
506 Ebd., S. 607.
507 *Briefe aus Lothringen*, Werke, Bd. 20, S. 171-229.
508 Ebd., S. 90.
509 Ebd., S. 103.
510 Ebd., S. 107.
511 Ebd., S. 175 f. Zu Knigges Verhältnis zu den Juden s. S. 101 ff., zu Bremen S. 197-202.
512 Vgl. *Umgang*, Werke, Bd. 10, S. 492-516.
513 Vgl. A. Bürgi, *Weltvermesser*.
514 Ebd., S. 128. S. auch W. Griep und H.-W. Jäger (Hg.), *Reise und soziale Realität am Ende des 18. Jahrhunderts*.
515 *Umgang*, Werke, Bd. 10, S. 492-521.
516 Zum Ganzen s. K.-H. Göttert, *Illusionen*, S. 184-235. Christine Schrader, *Krise der Aufklärung*. Vgl. die Utopien, die mit den Namen J. Swift, Cyrano de Bergerac, von Holberg, Morelli, De Mercier, Heinse und Graf zu Stolberg-Stolberg verbunden sind.
517 K.-H. Göttert, *Illusionen*, S. 189.
518 *Peter Claus*, Werke, Bd. 3, S. 314.
519 Ebd.
520 Ebd., S. 327.
521 Vgl. dazu R. Schlögl, *Alchemie und Avantgarde*, S. 117-142.
522 Vgl. G. Bersier, *Wunschbild und Wirklichkeit*, S. 154 f.
523 D. Naumann, *Politik und Moral*, S. 232 f.
524 Ebd., S. 236:
525 I. Fetscher, »Hatte Knigge eine politische Theorie?«, in: M. Rector, *Zwischen Weltklugheit und Moral*, S. 148.
526 J. Walter, »Adolph Freiherrn Knigges Roman ›Benjamin Noldmanns Geschichte ...‹«, S. 177.
527 Werke, Bd. 14, I. S. 62.
528 Werke, Bd. 14, II. S. 8.
529 *Noldmann*, Werke, Bd. 14, III. S. 159.
530 Wolf Kaiser, *Epochenwende und Erzählform*, S. 42 f.
531 *Noldmann*, Werke, Bd. 14, III, S. 171.
532 Ebd., S. 187.
533 Vgl. Brief an Campe und Trapp vom 3. November 1792, Herzog August Bibliothek Wolfenbüttel, HAB 937, Briefsammlung Vieweg.
534 *Noldmann*, Werke, Bd. 14, III, S. 254.

535 Vgl. D. Naumann, *Politik und Moral*, S. 241. Vgl. auch die Ausgabe des Noldmann von Asfa-Wossen Asserate (2006) und die Besprechung von Jens Bisky in der *Süddeutschen Zeitung* vom 11. Juli 2006.
536 K.-H. Göttert, *Illusionen*, S. 219.
537 Noldmann, Werke, Bd. 14, III, S. 285.
538 Ebd., S. 286.
539 Werke, Bd. 15, S. 5-136.
540 Werke, Bd. 15, S. 2.
541 Brief an Sophie von La Roche vom 26. Mai 1792, (»am Abend vor Pfingsttag 1792«), Stadt-Bibliothek Trier. Abgedr. in: J. H. Wyttenbach, *Auswahl von Briefen berühmter Personen*, S. 24 f.
542 Werke, Bd. 15, S. A 43.
543 Ebd., S. A 109.
544 Ebd., S. B 1-173.
545 Wurmbrand erwähnt Bopfingen noch einmal bei der Frage, welche Staatsverfassung die beste sei: »Diese prahlende Überschrift scheint anzukündigen, daß ich, Joseph von Wurmbrand, mich unterfangen wolle, von Bopfingen aus zu entscheiden, worüber bis jetzt die größten Staatsmänner noch nicht einig werden können ...« Werke, Bd. 15, B, S. 88.
546 Knigge an Großmann am 10. Juni 1796, zit. nach »Knigges Leben«, Ausgew. Werke, Bd. 10, S. 309.
547 Wurmbrand, Werke, Bd. 15, B S. V.
548 Zur Kontroverse Knigge-Zimmermann s. S. 382-384.
549 *Intelligenzblatt* der Allg. Literatur Zeitung Nr. 23 vom 18. Februar 1792, S. 184.
550 Wurmbrand, Werke, Bd. 15, Vorrede, S. VI.
551 Ebd., S. VII f.
552 Ebd., S. 12.
553 D. Naumann, *Utopie und Moral*, S. 246.
554 Wurmbrand, Werke, Bd. 15, S. 29.
555 Ebd., S. 33.
556 Ebd., S. 68.
557 Ebd., S. 66.
558 Ebd., S. 67.
559 Nr. 261 vom 3. Oktober 1792. Zum Ganzen U. Vogel, *Konservative Kritik an der bürgerlichen Revolution*, S. 68 ff. Siehe auch Ausstellungskatalog, S. 115. K.-H. Göttert, *Illusionen*, S. 199-229.
560 K.-H. Göttert, *Illusionen*, S. 226 f.
561 Wurmbrand, Werke, Bd. 15, S. B 26.

562 Ebd., S. B 88.
563 Ebd., S. 100.
564 Vgl. I. Hermann, *Hardenberg*, S. 248.
565 Vgl. dazu A. Bethmann/G. Dongowski, *Adolph Freiherr Knigge an der Schwelle zur Moderne*.
566 *Wurmbrand*, Werke, Bd. 15, S. B 13.
567 Ebd., S. B 16.
568 Ebd., S. B 67.
569 Ebd., S. B 26.
570 Ebd., S. B 68.
571 Ebd., S. B 152.
572 Ebd., S. B 237.
573 Ebd., S. B 138.
574 P. Kaeding, *Adolph von Knigge*, S 327.
575 *Aus einer alten Kiste*, S. 195 f.
576 Knigge an Großmann am 10. Juni 1792, Univ. Bibliothek Leipzig, Sammlung Kestner II A IV, 945. Zit. nach »Ausgew. Briefe«, Ausgew. Werke, Bd. 10, S. 93.
577 *Aus einer alten Kiste*, S. 197.
578 *Wurmbrand*, Vorrede. Werke, Bd. 15, S. B VI und VII.
579 Vgl. Werke, Bd. 24, S. 151.
580 Brief Knigges an Heinrich Christian Albrecht vom 31. Dezember 1792, Sammlung Leveste.
581 *Über Schriftstellerey*, Werke, Bd. 19, S. 95.
582 W. Beutin u. a., *Deutsche Literaturgeschichte*, Stuttgart 1979, S. 139.
583 Vgl. R. Engelsing, *Analphabetentum und Lektüre*, S. 66.
584 Ebd.
585 Ebd., S. 67.
586 Ebd., S. 56 ff.
587 Vgl. K. Spengler, »Die publizistische Tätigkeit des Freiherrn Adolf von Knigge«.
588 Vgl. J. Popp, »Freiherr Adolph Knigge als Journalist«, S. 214–217.
589 Vgl. ebd., S. 215 f.
590 *Roman meines Lebens*, Werke, Bd. 1, S. 23.
591 Nicht zu verwechseln mit Johann Gottwerth Müller, mit dem Knigge sich 1791 in der Frage des Bücher-Nachdrucks auseinandersetzt. Vgl. S. 255.
592 *Roman meines Lebens*, Werke, Bd. 1, S. 25.
593 *Peter Claus*, Werke, Bd. 3, S. 178 f.
594 Ebd., S. 180.

595 Ebd., S. 188.
596 *Journal aus Urfstädt*, Werke, Bd. 17, S. 690.
597 Vgl. *Umgang*, Werke, Bd. 10, S. 752 f.
598 *Beytrag zur vaterländischen Sprachkunde*, Werke, Bd. 17, S. 203-219 und 576-585.
599 *Über Schriftstellerey*, Werke, Bd. 19, S. 183-253.
600 *Journal aus Urfstädt*, Werke, Bd. 17, S. 531.
601 Vgl. *Journal aus Urfstädt*, Werke, Bd. 17, S. 534.
602 Die Prozessakten liegen heute im Niedersächsischen Staatsarchiv in Hannover und sind in der von Klencke herausgegebenen Schrift *Aus einer alten Kiste*, S. 234-292, veröffentlicht.
603 Ebd., S. 237.
604 *Über Schriftstellerey*, Werke, Bd. 19, S. 194.
605 Prozessakten, *Aus einer alten Kiste*, S. 245.
606 Ebd., S. 247.
607 Ebd., S. 240.
608 Ebd., S. 262.
609 Ebd., S. 268-287.
610 Ebd., S. 291.
611 Sophie Reimarus an Knigge am 24. April 1795, *Aus einer alten Kiste*, S. 135.
612 Brief Knigge an Campe und Trapp vom 3. November 1792. Herzog August Bibliothek, Sammlung Vieweg Nr. 937. Zit. nach »Ausgew. Briefe«, Ausgew. Werke, S. 101.
613 Der Justizrat von Ende wünschte sich sogar, an der Allgemeinen deutschen Bibliothek mitzuarbeiten. Vgl. den Brief Knigges an Nicolai vom 10. Januar 1791, StBPK Berlin, Nachlass Nicolai, Bd. 41, S. 161. Zit. nach »Ausgew. Briefe«, Ausgew. Werke, S. 84.
614 Brief vom 2. März 1795. Vgl. zum Ganzen G. Steiner, »Neues vom alten Knigge«, S. 40-57. Wichtig sind auch Steiners Korrekturen an Klenckes Kürzungen und Weglassungen in *Aus einer alten Kiste*.
615 Brief an die Regierung zu Stade. *Aus einer alten Kiste*, S. 295.
616 G. Steiner, »Neues vom alten Knigge«, S. 44. Steiner hat den Vorgang ausführlich dargestellt in: *Jakobinerschauspiel und Jakobinertheater*, S. 111-135.
617 Knigge an die Regierung zu Stade, *Aus einer alten Kiste*, S. 298.
618 Henriette Freifrau Knigge an die Stader Regierung am 19. März 1795, zit. nach Ausstellungskatalog, S. 125.
619 G. Steiner, »Neues vom alten Knigge«, S. 56.

620 Korrespondenz zwischen Feldmarschall von Freytag, Generalleutnant du Plat und Knigge, in: H. L. von Sichart, *Geschichte der Königlich-Hannoverschen Armee*, Bd. 4. Vgl. auch Ausstellungskatalog, S. 125.
621 Du Plat an Freytag am 14. April 1795, in: H. L. von Sichart, *Geschichte der Königlich-Hannoverschen Armee*, S. 644 f.
622 Vgl. K. R. Eissler, *Goethe*, S. 52.
623 Scherenschnitte, die nach dem französischen Staatsmann Étienne de Silhouette (1709-1767) so genannt wurden.
624 Knigge an Nicolai am 19. Juni 1794, in: M. und P. Raabe (Hg.), *Briefwechsel 1779-1795*, S. 116.
625 Knigge an Nicolai am 31. August 1794, ebd., S. 120.
626 Werke, Bd. 20, S. 232-372.
627 Lessing Yearbook XIV (1982), S. 1-21. Einige der Briefe hatte Klencke 1853 in seiner Sammlung von Briefen, Handschriften und Dokumenten *Aus einer alten Kiste* bereits herausgegeben, S. 43-49.
628 J.-D. Kogel, »Der Briefwechsel Lavater - Knigge«, S. 14 f.
629 Lavater an Knigge, am 26. September 1789, zit. Ebd., S. 19.
630 Zit. Nach K. R. Eissler, *Goethe*, S. 631.
631 Gemeint sind Zimmermann, Hoffmann und Schirach, außerdem ein Versemacher und ein Exjesuit.
632 *Auszug eines Briefes*, Werke, Bd. 12, S. E 20 f.
633 *Schaafskopf*, Werke, Bd. 15, S. A 56 f.
634 Vgl. auch *Über Schriftstellerey*, Werke, Bd. 19, S. 360.
635 *Schaafskopf*, Werke, Bd. 15, S. A 88 f.
636 Das Werk wird im Verlagskatalog der Jahre 1786-1911 des Vieweg Verlags Braunschweig (1911) aufgeführt. Vgl. Werke, Bd. 24, S. 153.
637 Wenn man vom letzten großen Werk *Eigennutz und Umgang* absieht, das erst nach Knigges Tod erschien.
638 Knigge an Reimarus am 24. Dezember 1795. Zit. nach »Knigges Leben«, Ausgew. Werke, Bd. 10, S. 330.
639 *Manifest*, Werke, Bd. 15, S. 19 f.
640 Ebd., S. 37.
641 Ebd., S. 63.
642 Ebd., S. 48.
643 Ebd., S. 67
644 E.-O. Fehn, »Knigges ›Manifest‹«, S. 369-387.
645 Zit. Nach ebd., S. 384.
646 Werke, Bd. 20, S. 375-492. Vgl. auch Werke, Bd. 24, S. 185-188 (E.-O. Fehn).
647 Zum Ganzen H.-A. Koch, »Knigge und Amerika«, S. 111-117.

648 *Delius*, Werke, Bd. 20, S. 385.
649 Es müsste eigentlich Super-Cargo heißen. Vgl. H.-A. Koch, »Knigge und Amerika«, S. 111.
650 *Delius*, Werke, Bd. 20, S. 440.
651 Ebd., S. 482.
652 Zum Ganzen H.-A. Koch, »Knigge und Amerika«, S. 111-117. Koch hält es für möglich, dass Knigge die spannende und materialreiche Geschichte als Fundus für einen Roman nutzen wollte und deshalb so großes Interesse an Amerika hatte. Knigge selbst legt Wert auf die Feststellung, dass er für sein Engagement in Sachen Delius kein Honorar angenommen hat.
653 *Delius*, Werke, Bd. 20, S. 492.
654 W. Berczy an Patrick Colquhoun, einen Teilhaber der Siedlungsgesellschaft, zit. nach E. A. Freiherr Knigge, *Knigges Werke*, S. 310, Nr. 42.01.
655 Brief an Sophie Reimarus vom 11. November 1795. Sammlung Leveste.
656 E. A. Knigge, *Knigges Werke*, S. 312. Nr. 42.01. »Knigges Leben«, Ausgew. Werke, Bd. 10, S. 250. J. Popp, *Weltanschauung*, S. 94.
657 H.-A. Koch, »Knigge und Amerika«, S. 112.
658 Vgl. ebd., S. 117.
659 Vgl. *Mildenburg* und *Noldmann*, Werke, Bd. 5-6 und 14.
660 *Mildenburg*, Werke, Bd. 6, S. 8.
661 Knigge an Großmann am 4. April 1790. Universitätsbibliothek Leipzig, Sammlung Kestner DA IV.945.
662 Zum Ganzen F. Kopitzsch, »Knigge und seine Hamburger Freunde«, S. 70-73.
663 Vgl. Sophie Reimarus an Knigge, in: *Aus einer alten Kiste*, Nr. 33, 34, 35, 37, S. 111-121.
664 Klopstock am 5, Januar 1791 an Knigge, ebd., Nr. 190, S. 334.
665 Johann Reimarus an Knigge am 9. Juni 1792, ebd., Nr. 23, S. 94.
666 Sophie Reimarus an Knigge am 12. Mai 1795, ebd., S. 137 f.
667 Sophie Reimarus an Knigge am 27. Oktober 1795. Reimarus bezieht sich darauf, dass Kant furchtlos, »ohne Bitterkeit und Egoismus«, die Wahrheit sagt.
668 Vgl. A. Kuhn/J. Schweigard, *Freiheit oder Tod!*, S. 66 f.
669 Sophie Reimarus an Knigge am 4. Dezember 1795, *Aus einer alten Kiste*, Nr. 49, S. 150 f.
670 Sophie Reimarus am 9. Mai 1796 an ihren Bruder August, Zit. nach F. Kopitzsch, »Knigge und seine Hamburger Freunde«, S. 73.
671 Vgl. K. Goedeke, *Adolph Freiherr Knigge*, S. 175 f.

672 Zit. nach Ausstellungskatalog, S. 131. Vgl. auch das Gedicht »An Knigges Geist« von Friedrich Wilhelm Schütz (1756-1834), das als Beilage Rebmanns Zeitschrift *Neues graues Ungeheuer* vorgeheftet wurde.
673 Stolberg an Halem am 1. Mai 1800, *Aus einer alten Kiste*, S. 212 f.
674 Zit. nach R. P. Kuhnert, *Urbanität auf dem Lande*, S. 12.
675 Ebd., S. 14.
676 *Peter Claus*, Werke, Bd. 3, S. 510.
677 *Zauberschloß*, Werke, Bd. 7, S. 380.
678 Aufgeführt werden seine Stücke »Bruder Moritz, der Sonderling« (Uraufführung 1790), »Kind der Liebe«, »Die Indianer in England« und »Menschenhaß und Reue«. Vgl. B. Erker/W. Siebers, »... von Pyrmont mit hässlichen Materialien beladen«, S. 73-90.
679 Zur Fehde zwischen Knigge und Zimmermann s. S. 257 f.
680 Zit. B. Erker/W. Siebers, »... von Pyrmont mit hässlichen Materialien beladen«, S. 74.
681 Der Begriff Pasquill geht zurück auf einen »Pasquino« genannten Torso, der seit 1501 vor dem Palazzo Braschi in Rom stand. An diesen Torso hefteten Professoren und Studenten Schmähschriften, mit denen sie ihre Fehden austrugen.
682 Das Verhältnis zwischen Knigge und Großmann war zunächst äußerst freundschaftlich. Später ging Knigge auf Distanz und bezeichnete Großmann als »indiscreten und zweydeutigen Mann« (Brief an Schröder vom 13. April 1795, Wien, Österr. Nationalbibliothek 477/9-1, zit. nach »Knigges Briefe«, Ausgew. Werke, Bd. 10, S. 125.
683 Zit. nach der Ausgabe von 1790, S. A 2.
684 B. Erker/W. Siebers, »... von Pyrmont mit hässlichen Materialien beladen«, S. 78.
685 Zit. nach ebd., S. 80.
686 Zu den Verwicklungen im Einzelnen siehe ebd., S. 80-83.
687 Brief an die »Königliche Justiz Canzlei zu Stade« vom 27. Oktober 1791, Handschr., Sammlung Leveste.
688 *Die neuesten Arbeiten des Spartacus und Philo in dem Illuminaten-Orden*, Erstausgabe 1743, S. IX.
689 L. A. C. Grolmann, *Eine Rede über den Illuminaten-Orden, gehalten in einer Freymaurerloge im Dezember 1793*, Regensburg 1794, S. 13.
690 *Eigennutz und Undank*, Werke, Bd. 11, Nr. 6, S. 17.
691 Ebd., Nr. 8, S. 18.
692 Ebd., Nr. 21, S. 40.
693 Vgl. ebd., Nr. 11, S. 23.
694 Ebd., Nr. 1, S. 50 f.

695 Ebd., Nr. 23, S. 74.
696 Ebd., Nr. 23, S. 98.
697 Ebd., Nr. 24, S. 100.
698 Ebd., Nr. 27, S. 106 f.
699 Ebd., Nr. 35, S. 133 f.
700 Ebd., Nr. 41, S. 142 f.
701 Ebd., Nr. 42, S. 144 f.
702 Ebd., Einleitung zur zweiten Hauptabteilung, S. 347.
703 Ebd., Nr. 4, S. 353.
704 Zum Ganzen F. Vollhardt, »Über Eigennutz und Undank«, S. 45-67. K.-H. Göttert, *Illusionen*, S. 249 ff.
705 Z. B. im *Journal aus Urfstädt* und in der Schrift *Über Schriftsteller und Schrifstellerey*.
706 *Eigennutz und Undank*, Werke, Bd. 11, Nr. 34, S. 416-425.
707 Ebd., S. 425 f.
708 Die Herausgeber in: Werke, Bd. 24, S. 97.
709 Anzeige vom 25. Juni 1796 in der *Allgemeinen Literatur-Zeitung* (Nr. 80, Sp. 666), zit. nach Werke, Bd. 24, S. 97.
710 Vgl. *Eigennutz und Undank*, Werke, Bd. 11, S. 437.
711 Knigge an Blumauer am 21. Januar 1796. Zit. Nach »Ausgew. Briefe«, Ausgew. Werke, Bd. 10, S. 147 f.
712 »Blumauer« an Knigge am 10. Hornung (!) 1796, *Aus einer alten Kiste*, S. 82.
713 Knigge nennt *Genius der Zeit, Archiv der Zeit und ihres Geschmacks, Annalen der leidenden Menschheit, Neue graue Ungeheuer* und *Die Flüchtlinge*. Knigge an Blumauer, in: »Ausgew. Briefe«, Ausgew. Werke, Bd. 10. S. 151.
714 Knigge an Blumauer, abgedruckt bei August Fournier, *Historische Studien und Skizzen*, Wien und Leipzig 1912, S. 27.
715 Knigge an Nicolai am 19. Juni 1794, »Ausgew. Briefe«, Ausgew. Werke, Bd. 10, S. 113.
716 Philippine von Reden, *Kurze Biographie*, S. XXII.
717 K. Goedeke, *Adolph Freiherr Knigge*, S. 186.
718 Vgl. K.-H. Göttert, *Knigge*, S. 284.
719 Die Gräber im Bremer Dom Sankt Petri. Eine biographische, genealogische, soziologische und heraldische Aufarbeitung der dort Begrabenen. *Blätter der MAUS, Gesellschaft für Familienforschung e. V. Bremen*, 15. Heft, April 1996, S. 5-11. Vgl. auch P. Raabe, »Der Nachwelt Nachwelt wird ihn kennen«, S. 90-94.
720 W. Fenner, »Bürgerfreund, Aufklärer, Völkerlehrer«, S. 84-90.

721 Andreas Georg Friedrich von Rebmann, zit. nach M. Schlott (Hg.), *Wirkungen und Wertungen*, S. 18 f.
722 J. G. Zimmermann, »Adolph Freiherr Knigge«, S. 327. Zimmermann war als zeitweiliger Leibarzt Friedrichs II. von Preußen bekannt geworden und stand mit der literarischen Welt in Deutschland in Verbindung, z. B. mit Goethe und Charlotte von Stein. Er hatte u. a. Goethes Schwester Cornelia in Emmendingen behandelt und psychologisch betreut. Goethes und Cornelias Mutter bedankte sich daraufhin bei ihm, gab ihm erstaunlicherweise aber den Rat, etwas zur Heilung seiner eigenen Neurose zu tun. Vgl. K. R. Eissler, *Goethe. Eine Psychoanalytische Studie*, S. 753, Anm. 7.
723 Zum Konflikt zwischen Knigge und Zimmermann s. S. 257 f.
724 P. Rothenhäusler in der *Neuen Zürcher Zeitung* vom 19. Mai 1946 (zum 150. Todestag Knigges am 6. Mai 1796), zit. nach M. Schlott (Hg.), *Wirkungen und Wertungen*, S. 189.
725 Friedrich Ernst Daniel Schleiermacher, *Versuch einer Theorie des geselligen Betragens*, zit. nach W. Weber, »Schlag nach bei Knigge«, S. 130.
726 Zit. nach ebd.
727 Zum Beispiel über Karl August von Hardenberg und Karl von Stein, vgl. I. Hermann, *Hardenberg*, S. 16, 394 ff., 405.
728 Vgl. E. Roll, »Reporter der Freiheit«, S. 64-69.
729 Vgl. M. Schlott (Hg.), *Wirkungen und Wertungen*, S. 81.
730 Zit. nach ebd., S. 82.
731 Zit. nach ebd., S. 89.
732 Zit. nach ebd., S. 98.
733 Zit. nach ebd., S. 102.
734 Sebastian Brunner, *Allerhand Tugendbolde aus der Aufklärungsgilde. Gegen den Willen ihrer Verehrer ins rechte Licht gestellt*, Paderborn 1888, S. 1-3.
735 Erich Schmidt in: *Allgemeine Deutsche Biographie*, Bd. 16, zit. nach M. Schlott (Hg.), *Wirkungen und Wertungen*, S. 125.
736 Ebd., S. 126.
737 Hans von Basedow in M. Schlott (Hg.), *Wirkungen und Wertungen*, S. 132.
738 Ludwig Fränkel in M. Schlott (Hg.), *Wirkungen und Wertungen*, S. 136.
739 Zit. nach M. Schlott (Hg.), *Wirkungen und Wertungen*, S. 146. Rätselhaft bleibt aber der Satz »Knigges Schaffen als Ganzes ist freilich kaum zu retten«, vgl. S. 145.
740 Karl Spengler hat 1931 die publizistische Tätigkeit Knigges im Titel seiner Dissertation angesprochen, jedoch ohne die Gattungsfrage zu stellen und das Berufsprofil zu diskutieren.

741 M. Schlott hat die Arbeit 1998 in seine Dokumentensammlung aufgenommen. *Wirkungen und Wertungen*, S. 206-212.
742 1955 hat auch Hedwig Voegt in ihrer Arbeit über die deutsche jakobinische Literatur Knigge zu den Publizisten gezählt. 1982 rechnet Harro Segeberg Knigge zu den politischen Schriftstellern. »Von der Revolution zur ›Befreiung‹«, in: Schlott (Hg.), *Wirkungen und Wertungen*, S. 390-395.
743 Zit. nach M. Schlott (Hg.), *Wirkungen und Wertungen*, S. XXIII f.
744 Vgl. z. B. I. Stephan, *Literarischer Jakobinismus*, S. 125. Auch in der DDR wurde diese Frage unentschieden diskutiert. Vgl. Nicolao Merker, *An den Ursprüngen der deutschen Ideologie. Revolution und Utopie im Jakobinismus*, Berlin (DDR) 1984: »Der des Jakobinertums bezichtigte Knigge war allerdings kein Jakobiner im eigentlichen Sinne des Wortes, er war aber auch kein eigentlicher Liberaler deutscher Prägung« (S. 49). Hedwig Voegt, *Die deutsche jakobinische Literatur und Publizistik 1789-1800*, Berlin (DDR) 1955.
745 K. Spengler, »Die publizistische Tätigkeit des Freiherrn von Knigge während der Französischen Revolution«; J. Popp, *Weltanschauung und Hauptwerke des Freiherrn Adolph von Knigge*; B. Zaehle, *Knigges Umgang mit Menschen und seine Vorläufer*. Vgl. W. Fenner, »Bürgerfreund«, S. 88.
746 B. Zaehle, »Knigges Umgang mit Menschen und seine Vorläufer«, in: M. Schlott (Hg.), *Wirkungen und Wertungen*, S. 166-173.
747 W. Fenner (»Bürgerfreund«, S. 88) nennt diese Biographie »romanhaft«. Zu den politischen Umständen der Veröffentlichung siehe H. Peitsch/Hans Georg Brenner alias Reinhold Th. Grabe: »Ein Knigge wider den Faschismus?«, in: M. Rector (Hg.), *Zwischen Weltklugheit und Moral*, S 186-206.
748 H. Voegt, *Die deutsche jakobinische Literatur und Publizistik 1789-1800*. Vgl. W. Fenner, »Bürgerfreund«, S. 89.
749 Zit. nach M. Schlott (Hg.), *Wirkungen und Wertungen*, S. 194-200.
750 Zit. nach ebd., S. 199.
751 Zit. nach ebd., S. 195 f.
752 Vgl. I. Hermann, *Hardenberg*.
753 Vgl. W. Hardtwig, »Lebensbilanz eines verhinderten Umstürzlers«, FAZ vom 24.12.1988. Zit. nach M. Schlott (Hg.), *Wirkungen und Wertungen*, S. 435.
754 M. Schlott (Hg.), »Zur Wirkungsgeschichte Knigges«, S. 226-230. H. Voegt, *Die deutsche jakobinische Literatur und Publizistik*, S. 28.
755 Vgl. Heft 130 von *TEXT+KRITIK* und H. Zimmermann (Hg.), *Adolph Freiherr Knigge. Neue Studien*.

756 Ein Indiz für die Wiederentdeckung Knigges ist auch die von Asfa-Wossen Asserate 2006 besorgte Neuausgabe von *Benjamin Noldmanns Geschichte der Aufklärung in Abyssinien,* die der Herausgeber mit einem »äthiopisch-deutschen Brückenschlag« aktualisiert hat.
757 W. Milch, *Was steht eigentlich im Knigge?* (1935). Zit. nach M. Schlott (Hg.), *Wirkungen und Wertungen,* S. 174.
758 *Umgang,* 7. Kap., Nr. 4, Werke, Bd. 10, S. 726.
759 Vgl. A. Bethmann/G. Dongowski, *Adolph Freiherr Knigge an der Schwelle zur Moderne,* S. 17–25.
760 *Umgang,* 1. Kap. Nr. 42, Werke, Bd. 10, S. 97.

Bibliographie

Quellen

Werke: Knigge, Adolph Freiherr, *Gesammelte Werke*, 24 Bände, in Zusammenarbeit mit Ernst-Otto Fehn, Manfred Grätz, Gisela von Hanstein und Claus Ritterhoff. Hg. von Paul Raabe, München 1993
Ausgew. Werke: Knigge, Adolph Freiherr, *Ausgewählte Werke*, 10 Bde., hg. von Wolfgang Fenner, Hannover 1991-1996

Asträa. Taschenbuch für Freimaurer, Sondershausen 1850-1860.
Aus einer alten Kiste. Originalbriefe, Handschriften und Dokumente aus dem Nachlass eines bekannten Mannes, hg. und eingeleitet von Hermann Klencke, Leipzig 1853.
Aus Knigges Tagebüchern, von seinem Urenkel F. J. Freiherrn von Reden-Esbeck. Bibliographische Angaben bisher nicht feststellbar.
Baggesen, Jens, *Das Labyrinth oder Reise durch Deutschland in die Schweiz 1789* (1792), Bibliothek des 18. Jahrhunderts, München 1986
Lessing, Gotthold Ephraim, *Ernst und Falk. Gespräche für Freymäurer*, Wolfenbüttel 1778 (2. Druck)
Kotzebue, August von, *Doctor Bahrdt mit der eisernen Stirn oder, Die deutsche Union gegen Zimmermann. Ein Schauspiel in vier Aufzügen von Freyherrn von Knigge*, Ausg. von 1790
Philippine von Reden, geb. Freiin Knigge, *Kurze Biographie des Freiherrn Adolph Knigge*, Hannover 1830
Raabe, Mechthild und Paul (Hg.), *Adolph Freiherr Knigge/Friedrich Nicolai, Briefwechsel 1779-1795. Mit einer Auswahl und dem Verzeichnis der Rezensionen Knigges in der »Allgemeinen deutschen Bibliothek«*, Göttingen 2004
Zanthier, Georg Friedrich von (Hg.), *Erzählungen und Schwänke zur Unterhaltung und zum Zeitvertreib*, Quedlinburg 1810.
Zimmermann, Johann Georg, »Adolph Freiherr Knigge, dargestellt als deutscher Revolutionsprediger und Demokrat«, in: *Wiener Zeitschrift*, 1. Jg. (1792), H. 6.

LITERATUR

Agethen, Manfred, *Geheimbund und Utopie. Illuminaten, Freimaurer und deutsche Spätaufklärung*, München 1984

Alfter, Dieter (Hg.), *Badegäste der Aufklärungszeit in Pyrmont*, Bad Pyrmont 1994

Ausstellungskatalog der Herzog August Bibliothek Nr. 21 (*»Ob Baron Knigge auch wirklich todt ist?« Eine Ausstellung zum 225. Geburtstag des Adolph Freiherrn Knigge*), hg. von Ernst-Otto Fehn, Paul Raabe und Claus Ritterhoff, Wolfenbüttel 1977

Becker, Eva D., *Der deutsche Roman um 1780*, Stuttgart 1964

Bersier, Gabriele, *Wunschbild und Wirklichkeit. Deutsche Utopien im 18. Jahrhundert*, Heidelberg 1981

Bethmann, Anke/Dongowski, Gerhard, *Adolph Freiherr Knigge an der Schwelle zur Moderne. Ein Beitrag zur politischen Ideengeschichte der deutschen Spätaufklärung*, Hannover 1994

–, »Zum Verhältnis von Moral und Politik bei Knigge«, in: M. Rector (Hg.), *Zwischen Weltklugheit und Moral*

Blackshire-Belay, Carol A., *Umgang. Eine literar- und sprachhistorische Studie zum Wandel des Begriffs*, München 1986

Bois, Pierre-André, »Adolph Freiherr Knigge und seine freimaurerische Konzeption, eine Wende in der deutschen Freimaurerei?«, in: *Internationale Tagung in Köln*, hg. von Helmut Reinalter im Auftrag der Quatuor-Coronati-Loge in Bayreuth, 1998

–, »Soziale Kommunikation im Dienst der politischen Emanzipation am Beispiel Knigges«, in: Alain Montandon (Hg.), *Über die deutsche Höflichkeit*, Bern 1991

–, »Zwischen Revolution und aufgeklärtem Absolutismus. Knigges Vorstellung von der Politik«, in: M. Rector (Hg.), *Zwischen Weltklugheit und Moral*, Göttingen 1999

Brandes, Helga, »Für eine aufgeklärte Lesewelt. Knigges ›Journal aus Urfstädt«, in: *TEXT+KRITIK*, H. 130, S. 23-29

Bürgi, Andreas, *Weltvermesser. Die Wandlung des Reiseberichts in der Spätaufklärung*, Heidelberg 1983

Dierking, Jürgen, »Über den Umgang mit Revolutionen. Ein empfindsamer Jakobiner zu Bremen, Adolph Freiherr von Knigge«, in: *STINT. Literatur aus Bremen*, Nr. 7/Mai 1990, S. 137-141

Drechsel, Wiltrud, »Die emanzipativen Intentionen des Freyherrn Knigge«, in: Kerbs/Müller/Drechsel/Tietjens/Heine (Hg.), *Das Ende der Höflichkeit*, München 1970

Dülmen, Richard van, *Der Geheimbund der Illuminaten. Darstellung, Analyse, Dokumentation*, Stuttgart, Bad Cannstadt ²1977

Eichendorff, Joseph von, *Geschichte der politischen Literatur Deutschlands* (1857)

Eisenreich, Herbert, *Knigge – Über den Umgang mit Menschen* (1961), in: M. Schlott (Hg.), *Wirkungen und Wertungen*, S. 245-249

–, *Reaktionen. Essays zur Literatur*, Gütersloh 1964

Eissler, Kurt R., *Goethe. Eine psychoanalytische Studie*, Basel/Frankfurt a. M. 1983

Engelsing, Rolf, *Analphabetentum und Lektüre. Zur Sozialgeschichte des Lesens in Deutschland zwischen feudaler und industrieller Gesellschaft*, Stuttgart 1973

Erker, Brigitte/Siebers, Wolfgang, »... von Pyrmont mit hässlichen Materialien beladen. Das Bahrdt-Pasquill. Eine literarische Fehde zwischen Aufklärung und Gegenaufklärung«, in: D. Alfter (Hg.), *Badegäste der Aufklärungszeit in Pyrmont*, Bad Pyrmont 1994, S. 73-90

Fay, Bernhard, *Ludwig XVI. Der Sturz in den Abgrund*, München 1976

Fehn, Ernst-Otto, »Knigges ›Manifest‹. Geheimbundpläne im Zeichen der französischen Revolution«, in: P. Chr. Ludz (Hg.), *Geheime Gesellschaften*, Heidelberg 1979

–, *Biographische Anmerkungen zur Funktion der Freimaurerei im letzten Drittel des 18. Jahrhunderts* (1984), in: M. Schlott (Hg.), *Wirkungen und Wertungen*, S. 407-423

–, »Zur Wiederentdeckung des Illuminaten-Ordens. Ergänzende Bemerkungen zu Richard van Dülmens ›Geheime Gesellschaften‹«, in: Peter Christian Ludz (Hg.), *Geheime Gesellschaften*, S. 231-264

–, »Zu Knigges Predigten«, in: M. Rector (Hg.), *Zwischen Weltklugheit und Moral*, Göttingen 1999, S. 68-82

Feigl, Hans, *Adolph Freiherr Knigge* (1911), in: M. Schlott (Hg.), *Wirkungen und Wertungen*, S. 139-151

Fenner, Wolfgang, »Auswege und Irrwege, Adolph Freiherr von Knigge vor seinem Eintritt in den Illuminatenorden«, in: Quatuor Coronati Jahrbuch 29 (1992), S. 139-150

–, »›Lessing wäre auch ein Mann für uns‹. Neuigkeiten über Knigge und Lessing«, in: *Euphorion* 88 (1994), S. 478-483

–, »Knigges Brief an Friedrich Nicolai«, in: *TEXT+KRITIK*, H. 130 (1996), S. 21-22

–, »›In seiner Durchlaucht Diensten stets willkommen‹. Knigge am Hof des Landgrafen Friedrich II. von Hessen-Kassel«, in: B. Nübel (Hg.), *Adolph Freiherr Knigge in Kassel*

–, Beobachtungen über den Umgang mit Menschen, in: M. Schlott (Hg.), *Wirkungen und Wertungen*, S. 483-488

–, »Knigge, Bode und Weishaupt«, in: M. Rector (Hg.), *Zwischen Weltklugheit und Moral*, Göttingen 1999, S. 82-91

–, »Bürgerfreund, Aufklärer, Völkerlehrer. Knigge in Deutschland von 1796-1996«, in: *TEXT+KRITIK*, H. 130 (1996), S. 84-90

Fetscher, Iring, »Der Freiherr Knigge und seine Erben«, in: *Der Monat* XIII (1960), S. 65-74

–, »Hatte Knigge eine politische Theorie?«, in: M. Rector (Hg.), *Zwischen Weltklugheit und Moral*, Göttingen 1999, S. 146-157

Fischer, Axel, »Cantores amant humores. Adolph Freiherr Knigge und die Tonkunst«, in: *TEXT+KRITIK*, H. 130, S. 74-83

Fischer, Michael W., *Die Aufklärung und ihr Gegenteil. Die Rolle der Geheimbünde in Wissenschaft und Politik*, Berlin 1982

Fuhrmann, Roderich, »Adolph Freiherr Knigge und Wolfgang Amadé Mozart«, in: H. Zimmermann (Hg.), *Adolph Freiherr Knigge. Neue Studien.* Bremen 1998, S. 74-91

Goedeke, Karl, *Adolph Freiherr Knigge*, Hannover 1844

Göttert, Karl-Heinz, *Knigge oder Von den Illusionen des anständigen Lebens*, TB München 1995

–, »Über den Umgang mit Menschen«, in: *TEXT+KRITIK*, H. 130 (1996), S. 30-34

–, »Zweierlei Wege in die Moderne«, in: H. Zimmermann (Hg.), *Adolph Freiherr Knigge. Neue Studien.* Bremen 1998, S. 43-48

Grab, Walter, *Ein Volk muß seine Freiheit selbst erobern*, Olten/Wien 1984

Grabe, Reinhold Th. (Hans Georg Brenner), *Das Geheimnis des Adolph Freiherrn von Knigge. Die Wege eines Menschenkenners*, Hamburg/Leipzig 1936

Greitner, Alois, *Die sieben großen Opern Mozarts*, Heidelberg 1956

Griep, Wolfgang/Jäger, Hans Wolf (Hg.), *Reise und soziale Realität am Ende des 18. Jahrhunderts*, Heidelberg 1983

Haase, Carl, »Knigge contra Zimmermann. Die Beleidigungsklage des Oberhauptmanns Adolph Franz Friedrich Freiherr Knigge (1752-1796) gegen den Hofmedicus Georg Ritter von Zimmermann (1728-1795)«, in: Niedersächsisches Jahrbuch für Landesgeschichte, Bd. 57 (1985), S. 137-159

Hardtwig, Wolfgang, »Die Lebensbilanz einer verhinderten Umstürzlers«, in: *FAZ* Nr. 300 (24.12.1988)

Heineken, Christian Abraham, *Geschichte der Freien Hansestadt Bremen von der Mitte des 18. Jahrhunderts bis zur Französenzeit*, Bremen 1983

Hermann, Ingo, *Hardenberg. Der Reformkanzler*, Berlin 2003

Hessen, Rainer von (Hg.), *Wir Wilhelm von Gottes Gnaden. Die Lebenserinnerungen Kurfürst Wilhelms I. von Hessen*, Frankfurt a. M. 1956
-, »Der Wiesbadener Freimaurerkonvent 1782«, in: *Aufklärung in Hessen. Veröffentlichung der hessischen Landeszentrale für politische Bildung*, Wiesbaden 1999
Höllerer-März, Hilde, »Goethe«, in: Christoph Wetzel (Hg.), *Goethe und seine Zeit. Eine biographisch-synoptische Darstellung*, Salzburg 1982, S. 99-102
Hof, Ulrich im, *Das gesellige Jahrhundert. Gesellschaft und Gesellschaften im Zeitalter der Aufklärung*, München 1982
Internationales Freimaurerlexikon, München 2000, Sonderausgabe 2003
Kaeding, Peter, *Adolph von Knigge*, Berlin 1961
Kaiser, Wolf, »Epochenwende und Erzählform. Zu Romanen Knigges, Klingers und Goethes«, in: H. Zimmermann (Hg.), *Der deutsche Roman der Spätaufklärung*, Heidelberg 1990
Kapp, Friedrich, *Der Soldatenhandel deutscher Fürsten nach Amerika. Ein Beitrag zur Kulturgeschichte des 18. Jahrhunderts*, Berlin, ²1874
Katz, Jakob, »Echte und imaginäre Beziehungen zwischen Freimaurerei und Judentum«, in: P. C. Ludz (Hg.), *Geheime Gesellschaften*, S. 51 ff.
Klagsbrun, Francine, *Der Geschwisterkomplex*, Frankfurt a. M. 1993
Knigge, Ernst August Freiherr, *Knigges Werke. Bibliographie der gedruckten Schriften*, Göttingen 1996
Koch, Hans-Albrecht, »Knigge und Amerika«, in: H. Zimmermann (Hg.), *Adolph Freiherr Knigge. Neue Studien*. Bremen 1998, S. 111-117
Kogel, Jörg-Dieter, »Der Briefwechsel Lavater - Knigge«, Lessing Yearbook XIV (1982)
-, »Über den Umgang mit Kindern«, in: M. Schlott (Hg.), *Wirkungen und Wertungen*, S. 377-389
-, »Der Freiherr Knigge«, in: *FAZ-Magazin*, H. 296 (1. November 1985)
-, *Knigges ungewöhnliche Empfehlungen zu Aufklärung und Revolution*, Berlin o. J.
Kopitzsch, Franklin, »Knigge und seine Hamburger Freunde«, in: H. Zimmermann, *Adolph Freiherr Knigge. Neue Studien*. Bremen 1998, S. 70-73
Kreutz, Wilhelm, »Adolph Freiherr Knigges Heidelberger Jahre«, in: *Heidelberger Jahrbuch zur Geschichte der Stadt*, Heidelberg 1996
Kuhn, Alex/Schweigard, Jörg, *Freiheit oder Tod! Die deutsche Studentenbewegung zur Zeit der Französischen Revolution*, Köln 2005
Kuhnert, Reinhold P., *Urbanität auf dem Lande. Badereisen nach Pyrmont*, Göttingen 1984
-, »Badereisen im 18. Jahrhundert - Sozialleben zur Zeit der Aufklärung«, in: Dieter Alfter (Hg.), *Badegäste der Aufklärungszeit in Pyrmont. Schriftenreihe des Museums im Schloß Pyrmont*, Nr. 25 (1994), S. 12-17

Losch, Philipp, »Knigge in Hanau«, in: *Hessische Blätter*, 47. Jg. (1918)
Ludz, Peter Christian (Hg), *Geheime Gesellschaften*, Wolfenbütteler Studien zur Aufklärung, Bd. 5.1, Heidelberg 1979
Märker, Friedrich, *Die Kunst, aus dem Gesicht zu lesen*, Erlenbach-Zürich und Stuttgart 1971
Mitralexi, Katharina, *Über den Umgang mit Knigge. Zu Knigges »Umgang mit Menschen« und dessen Rezeption und Veränderung im 19. und 20. Jahrhundert*, Freiburg 1984
Müller-Seidel, Walter (Hg.), *Die Weimarer Klassik und ihre Geheimbünde*, Würzburg 2002
Nolte, Paul, *Generation Reform. Jenseits der blockierten Republik*, München 2004
Nübel, Birgit, »Knigge und seine Tochter Philippine oder, Über den Umgang mit Frauenzimmern«, in: H. Zimmermann (Hg.), *Adolph Freiherr Knigge, Neue Studien*. Bremen 1998, S. 58-65
-, »›... jede Zeile von ihm mit dem wärmsten Interesse‹. Aspekte der Rousseau-Rezeption bei Knigge«, in: Goethezeitportal. URL, www.goethezeitportal.de (19. 3. 2005)
-, »Umgang mit Knigge. Knigge in Kassel oder Über den Umgang mit Anekdoten«, in: www.goethezeitportal.de
- (Hg.), *Adolph Freiherr Knigge in Kassel*, Kassel 1996
Pittrof, Thomas, »Die Entwicklung von Kommunikationsvorstellungen in Knigges Buch ›Über den Umgang mit Menschen‹«, in: A. Montandon (Hg.), *Über die deutsche Höflichkeit*, Bern 1991
Popp, Joseph, *Weltanschauung und Hauptwerke des Freiherrn Adolph Knigge*, Leipzig 1931
-, »Freiherr Adolph Knigge als Journalist«, in: *Zeitungswissenschaft*, Jg. 6 (1931) H. 4, S. 214-217
Poser, Michael von, *Der abschweifende Erzähler. Rhetorische Tradition und deutscher Roman im 18. Jahrhundert*, Bad Homburg 1969
Raabe, Paul, »Der Nachwelt Nachwelt wird ihn kennen«, in: *Westermanns Monatshefte*, Braunschweig, August 1974
-, »Knigges komischer Roman ›Die Reise nach Braunschweig‹«, in: *Unser Harz*, Jg. 20 (1972), S. 91-94
- »Rechenschaft, Hinweise, Kommentare und Register«, in: ders. (Hg.), *Adolph Freiherr Knigge. Sämtliche Werke. 24 Bände in 6 Abteilungen*, Bd. 24, München 1993 f., S. 27-40
- (Hg.), *... in mein Vaterland zurückgekehrt. Adolph Freiherr Knigge in Hannover 1787-1790*, Göttingen 2002
Reinalter, Helmut (Hg.), *Der Illuminatenorden. Ein politischer Geheimbund der Aufklärungszeit*, Frankfurt 1997

Rector, Martin, »Über die Grenzen des Umgangs mit Menschen. Zu Adolph Freiherr Knigges Romanen«, in: *TEXT+KRITIK*, H. 130 (1996), S. 54-66
- (Hg.), *Zwischen Weltklugheit und Moral. Der Aufklärer Adolph Freiherr Knigge*, Göttingen 1999
Reimann, Paul, »Über den Umgang mit Knigge«, in: *NDL, Neue Deutsche Literatur*, 4. Jg., H. 1 (Januar 1956)
Reinalter, Helmut (Hg.), *Freimaurer und Geheimbünde im 18. Jahrhundert in Mitteleuropa*, Frankfurt a. M. ²1986
Rieck, Werner, »Doctor Bahrdt mit der eisernen Stirn ... Zimmermann und Kotzebue im Kampf gegen die Aufklärung«, in: *Weimarer Beiträge* 12 (1966), S. 909-935
Roll, Evelyn, »Reporter der Freiheit«, in: H. J. Jakobs und W. Langenbucher (Hg.), *Das Gewissen ihrer Zeit*, Wien 2004
Rosteck, Oliver, »Die Werke der wahrhaft großen Künstler sind für jede Zeit. Knigge und die Musik«, in: H. Zimmermann, *Adolph Freiherr Knigge. Neue Studien*. Bremen 1998, S. 92-97
Rothenhäusler, Paul, »Lob der Geselligkeit. Zum 150. Todestag Knigges am 6. Mai 1796«, in: *Neue Zürcher Zeitung* v. 19. Mai 1996
Rüllmann, Almut, »Adolph Freiherr Knigge und die Juden«, in: H. Gronke, Th. Mayer, B. Neißer (Hg.), *Antisemitismus bei Kant und anderen Denkern der Aufklärung*, Würzburg 2001
Rüppel, Michael, »Das Bremer Gesellschaftstheater des Freiherrn Knigge 1791/92«, in: *Bremisches Jahrbuch* Bd. 74/75 (1995/96), S. 107-126
-, »Die Lust zu Schauspielen. Adolph Freiherr Knigge und das Theater in Bremen«, in: H. Zimmermann (Hg.), *Adolph Freiherr Knigge. Neue Studien*. Bremen 1998, S. 98-104
-, »Instrument der Aufklärung oder ›nothwendiges Übel‹?, Knigge und das Theater«, in: M. Rector, *Zwischen Weltklugheit und Moral*, S. 169-185
Rychner, Max, »Adolph von Knigge«, in: *Zwischen Mitte und Rand. Aufsätze zur Literatur*, Zürich 1964, S. 185-222
-, »Über den Umgang mit Menschen«, in: *Schweizer Monatshefte* 1964, S. 155-163
Safranski, Rüdiger, *Schiller oder die Erfindung des deutschen Idealismus*, München 2004
Schleiermacher, Friedrich Ernst Daniel, *Versuch einer Theorie des geselligen Betragens* (1799), in *Werke*, Auswahl in vier Bänden, Neudruck der 2. Aufl. Leipzig 1927/28, hg. von Otto Braun, Aalen 1967, Bd. 2
Schlögl, Rudolph, *Alchemie und Avantgarde. Das Praktisch-werden der Utopie bei Rosenkreuzern und Freimaurern. Vom utopischen Systementwurf zum Zeitalter der Revolution*, hg. von M. Neugebauer-Wölk und R. Saage, Tübingen 1996.

Schlott, Michael (Hg.), *Wirkungen und Wertungen. Adolph Freiherr Knigge im Urteil der Nachwelt. Eine Dokumentensammlung*, Göttingen 1998, S. 207-230 (Das Knigge Archiv. Schriftenreihe zur Knigge-Forschung, Band 1)

-, »Zur Wirkungsgeschichte Knigges«, in: M. Rector, *Zwischen Weltklugheit und Moral*

Schneiders, Werner, »Knigge im Kontext. Zur Geschichte des Schicklichen«, in: H. Zimmermann, *Adolph Freiherr Knigge. Neue Studien*. Bremen 1998, S. 32-42

Schrader, Christine, *Krise der Aufklärung und Neuansatz. Knigges »Geschichte Peter Clausens« im Spannungsfeld von Geheimbund und Öffentlichkeit*, Stuttgart, Weimar 2001

Schüttler, Hermann, »Johann Christoph Bodes Wirken im Illuminatenorden«, in: H. Reinalter (Hg.), *Der Illuminatenorden*, S. 307-321

Schwarzwälder, Herbert, *Geschichte der Freien Hansestadt Bremen*, Bremen, ²1995

Segeberg, Harro, »Deutsche Literatur und Französische Revolution. Zum Verhältnis von Weimarer Klassik, Frühromantik und Spätaufklärung«, in: Karl Otto Conrady (Hg.), *Deutsche Literatur zur Zeit der Klassik*, Stuttgart 1977

-, »Von der Revolution zur ›Befreiung‹. Politische Schriftsteller in Deutschland (1789-1815)«, in: *Neues Handbuch der Literaturwissenschaft*, Bd. 14, Wiesbaden 1982

Seiler, Bernd W., »Der Schelm, der nur noch gibt, was er hat. Adolph von Knigge und die Tradition des Schelmenromans«, in: Friedrich Kienecker (Hg.), *Dichtung, Wissenschaft, Unterricht. Rüdiger Frommholz zum 60. Geburtstag*, Paderborn 1986

Selbmann, Rolf, *Theater im Roman. Studien zum Strukturwandel des deutschen Bildungsromans*, München 1981

Sichart, L. von, *Geschichte der Königlich-Hannoverschen Armee*, Bd. 4 (1789-1803), Hannover 1871

Spengler, Karl, »Die publizistische Tätigkeit des Freiherrn Adolph von Knigge während der französischen Revolution«, Diss., Bonn 1931

Stammen, Theo, »Adolph Freiherr von Knigge und die Illuminatenbewegung«, in: W. Müller-Seidel und W. Riedel, *Die Weimarer Klassik und ihre Geheimbünde*, Würzburg 2002, S. 67-69

Steiner, Gerhard, »Neues vom alten Knigge. Freiherr von Knigge in der Verbannung. Authentisches Material über einen Vorgang zur Zeit der Französischen Revolution«, in: *Marginalien. Zeitschrift für Buchkunst und Bibliophilie* H. 58 (1975), S. 40-56

-, *Jakobinerschauspiel und Jakobinertheater*, Stuttgart 1973

Stephan, Cora, *Neue deutsche Etikette*, Berlin 1995
–, »Knigges Aktualität«, in: *TEXT+KRITIK*, H. 130, April 1996, S. 91–94
Stephan, Inge, *Literarischer Jakobinismus in Deutschland (1789–1806)*, Stuttgart 1976
Stuke, Horst, »Aufklärung«, in: *Geschichtliche Grundbegriffe. Historisches Lexikon zur politisch-sozialen Sprache*, Bd. 1, Stuttgart 1972, Studienausgabe 2004, S. 243–342
Ueding, Gerd, »Rhetorische Konstellationen im Umgang mit Menschen«, in: *Jahrbuch für internationale Germanistik* 9 (1977), S. 27–52
–, »Nicht zum Speculieren, zum Wirken ist diese Welt. Adolph Freiherr Knigge«, in: *Die anderen Klassiker*, München 1986
Valjavec, Fritz, *Die Entstehung der politischen Strömungen in Deutschland 1770–1815*, Kronberg, Düsseldorf 1978
Vogel, Ursula, *Konservative Kritik an der bürgerlichen Revolution*, Darmstadt, Neuwied 1972
Vollhardt, Friedrich, »Über Eigennutz und Undank. Knigges Beitrag zur moralphilosophischen Diskussion der Spätaufklärung«, in: M. Rector (Hg.), *Zwischen Weltklugheit und Moral*. Göttingen 1999, S. 45–67
Walter, Jürgen, »Adolph Freiherrn Knigges Roman ›Benjamin Noldmanns Geschichte der Aufklärung in Abyssinien‹. Kritischer Rationalismus als Satire und Utopie im Zeitalter der deutschen Klassik«, in: *Germanisch-romanische Monatsschrift* 21 (1971), S. 153–180
Weber, Walter, »Schlag nach bei Knigge! Zelebrität und Missverständnis eines Namens«, in: H. Zimmermann, *Adolph Freiherr Knigge. Neue Studien*. Bremen 1998, S. 129–134
Wyttenbach, Johann Hugo, *Auswahl von Briefen berühmter Personen*, Trier 1929
Zaehle, Barbara, *Knigges Umgang mit Menschen und seine Vorläufer. Ein Beitrag zur Geschichte der Gesellschaftsethik*, Heidelberg 1933
Zimmermann, Harro (Hg.), *Adolph Freiherr Knigge. Neue Studien*, Bremen 1998

Zeittafel

1752 16. Oktober. Friedrich Adolph Freiherr Knigge wird auf Gut Bredenbeck bei Hannover geboren.

1763 8. Juli. Knigges Mutter stirbt.
Ende des Siebenjährigen Krieges.

1766 11. Oktober. Knigges Vater stirbt. Gläubiger stellen den überschuldeten Besitz unter Zwangsverwaltung. Knigge wird zum Kammersekretär Augspurg in Hannover in Kost gegeben und erhält, wie schon auf dem elterlichen Gut, Privatunterricht.
Wieland: *Geschichte des Agathon*.

1769 Knigge wird an der Universität Göttingen als Student der Jurisprudenz immatrikuliert und studiert zusätzlich Kameralwissenschaft.
Lessing: *Die Hamburgische Dramaturgie*.

1771 Knigge besucht eine Schwester seiner Mutter in Kassel, wird am Hof des Landgrafen Friedrich II. von Hessen-Kassel zum Hofjunker und Assessor bei der Kriegs- und Domänenkammer ernannt und erhält einen eineinhalbjährigen Urlaub, um sein Studium fortzusetzen.

1772 29. Juni. Knigges einzige noch lebende Schwester Juliane Charlotte stirbt.
Im Herbst tritt er seine Ämter in Kassel an.
In Bayern wird der Jesuiten-Orden verboten.
Lessing: »Emilia Galotti«. Wieland: *Der goldene Spiegel*.
Lavater: *Von der Physiognomik*.

1773 20. Februar. Knigge tritt in die Freimaurerloge »Zum gekrönten Löwen« in Kassel ein. Er heiratet am 22. August die Hofdame Henriette von Baumbach.
Goethe: »Götz von Berlichingen«.

1774 Knigge wird zum Direktor der hessischen Tabakfabrik ernannt. Am 25. November wird die Tochter Philippine geboren.
Goethe: *Die Leiden des jungen Werther*.

1775 Knigge nimmt Ende März seinen Abschied in Kassel, geht (bis 1777) nach Nentershausen und bewirbt sich um eine Stelle am Hof Friedrichs II. von Preußen. Friedrich lehnt ab.
Erstes Theaterstück: »Warder«. Theaterübersetzungen. Kompositionen.

1776 Knigge bemüht sich um eine Stelle am Hof des Herzogs von Sachsen-Weimar-Eisenach. Kurze Begegnung mit Goethe.
Unabhängigkeitserklärung der Vereinigten Staaten von Amerika.

1777 Knigge wird, ohne Anstellung, zum sachsen-weimarischen Kammerherrn ernannt. Reisen nach Hanau, Darmstadt, Karlsruhe, ins Elsass und nach Lothringen. Übersiedlung der Familie nach Hanau. Ehrenamtliche Tätigkeit als »Maître de plaisir« am Hof des Erbprinzen von Hessen in Philippsthal. Am 23. Oktober Eröffnung des Liebhabertheaters in Hanau.
Ballonaufstieg François Blanchards.

1778 Knigge nimmt im August am Freimaurerkonvent in Braunschweig und Wolfenbüttel teil. Begegnung mit Lessing.
Lessing: *Ernst und Falk*.

1779 Knigge beginnt seine ständige Mitarbeit an der *Allgemeinen deutschen Bibliothek* und veröffentlicht seine Schrift *Allgemeines System für das Volk*. Engagement bei der »Strikten Observanz« in Hanau. Winter in Nentershausen.
Georg Forster: *Reise um die Welt*.

1780 Knigge zieht mit Familie nach Frankfurt am Main und etabliert sich als freier Schriftsteller. Er schließt sich den Illuminaten an.
Joseph II. wird Kaiser. Lessing: *Die Erziehung des Menschengeschlechts*.

1781 Zusammentreffen mit Adam Weishaupt in Ingolstadt.
Roman meines Lebens, Teil 1. *Ueber Jesuiten, Freymaurer und deutsche Rosencreutzer*. Sechs Cembalo-Sonaten.

1782 Reisen im Dienst des Illuminaten-Ordens: Göttingen, Hannoversch-Münden, Kassel, Neuwied, Wetzlar und Heidelberg. Teilnahme am Freimaurerkonvent in Wilhelmsbad. Knigge gewinnt Bode für den Illuminaten-Orden. Winter in Nentershausen.

1783 Zerwürfnis mit Weishaupt. Umzug nach Heidelberg.
Geschichte Peter Clausens, 1. Teil. Poetische und prosaische Schriften.
Mozart: »Die Entführung aus dem Serail«.

1784 14. April: Knigge trifft Schiller in Mannheim, anlässlich der Uraufführung von »Kabale und Liebe«. Im Juni scheidet er aus dem Illuminaten-Orden aus.
Winter in Nentershausen.
Kant: *Antwort auf die Frage: Was heißt Aufklärung?*

1785 Sechs Predigten. *Journal aus Urfstädt*, 1. und 2. Teil.
Kant: *Grundlegung zur Metaphysik der Sitten.*

1786 *Beytrag zur neuesten Geschichte des Freymaurerordens in neun Gesprächen. Journal aus Urfstädt*, 3. Teil. Theaterkritiken.
Tod Friedrichs II. von Preußen.
Mozart: »Le nozze di figaro«.

1787 Übersiedlung von Heidelberg nach Hannover.
Die Verirrungen des Philosophen oder Geschichte Ludwigs von Seelberg.
Schiller: »Don Carlos«.

1788 *Über den Umgang mit Menschen*, 1. Auflage im März, 2. Auflage im August. Weitere *Sechs Predigten. Philos endliche Erklärung und Antwort. Über Friedrich Wilhelm den Liebreichen* (Parodie auf Zimmermann). Die erste Nummer der *Dramaturgischen Blätter.*
Eifersuchtsdrama wegen der Pflegetochter Franziska Zollikofer. Reise nach Braunschweig und Wolfenbüttel. Begegnung mit den Pädagogen Campe und Trapp.
Kant: *Kritik der praktischen Vernunft.*

1789 Pädagogikstreit mit Campe und Trapp. Letzter, vergeblicher Versuch, die Verfügungsrechte über die ererbten Güter zurückzugewinnen. Aufenthalt in Detmold, Bad Pyrmont und Bad Meinberg. Veröffentlichung: *Geschichte des armen Herrn von Mildenburg*, 1. Teil, 2. und 3. Teil folgen 1790. Im Mai Aufführung von Mozarts »Figaros Hochzeit« in der Übersetzung von Adolph und Philippine Knigge.
Beginn der Französischen Revolution.

1790 27. Februar: Bewerbung um die Stelle des hannoverschen Oberhauptmanns in Bremen. 14. Juli: Teilnahme an einem Fest zum Jahrestag der Französischen Revolution. Im November: Aufnahme der

Amtsgeschäfte in Bremen. Im Dezember: öffentliche Auseinandersetzung wegen August von Kotzebue.
Kant: *Kritik der Urteilskraft*.

1791 Eröffnung des Liebhabertheaters in Bremen.
Benjamin Noldmanns Geschichte der Aufklärung in Abyssinien. Das Zauberschloß. Samuel Conrad von Schaafkopfs hinterlassene Papiere. Über den Bücher-Nachdruck.

1792 Aussöhnung mit Campe. Klage gegen Zimmermann wegen Verleumdung.
Kur in Bad Nenndorf.
Josephs von Wurmbrand politisches Glaubensbekenntniß. Die Reise nach Braunschweig. 4. Auflage von *Umgang mit Menschen*.
Einmarsch der Koalitionstruppen in Frankreich.

1793 *Über Schriftsteller und Schriftstellerey. Briefe, auf einer Reise von Lothringen nach Niedersachsen geschrieben*. Mitarbeit am *Schleswigschen Journal* und *Genius der Zeit*.
Hinrichtung des französischen Königspaares. Ausrufung der Mainzer Republik.

1794 Kur in Bad Driburg.
Geschichte des Amtsraths Gutmann. Auszug eines Briefes, die Illuminaten betreffend.

1795 Schikane der Regierung: Knigge wird nach Stade beordert. Verteidigung des Bremer Kaufmanns Delius.
Reise nach Fritzlar (Parodie auf Lavater). *Manifest einer nicht geheimen, sondern sehr öffentlichen Verbindung*.
Kant: *Zum ewigen Frieden*. Schiller: *Über die ästhetische Erziehung des Menschen*.

1796 Die »Blumauer-Affäre« der Wiener Polizei. Plan einer Reise durch Deutschland. Am 4. Mai letzter Eintrag ins Tagebuch.
Am 6. Mai stirbt Knigge in Bremen, am 12. Mai wird er im Dom beigesetzt.
Im Juni erscheint posthum sein Werk *Über Eigennutz und Undank*.
Goethe: *Wilhelm Meisters Lehrjahre*.

Danksagung

Mein besonderer Dank gilt Ernst August Freiherrn Knigge, der mir nicht nur seine Bibliothek, sein Archiv und seine »Sammlung Leveste« zugänglich machte, sondern auch wohlwollend, hilfsbereit, kritisch und nahezu allwissend meine Arbeit an der Biographie begleitet hat.

Herzlich danke ich denen, die dieses Buch auf den Weg gebracht haben: Matthias Landwehr und Florian Glaessing, Christian Seeger als dem idealen Verleger, Kerstin Salvador und Krista Maria Schädlich.

Meiner Frau Evelyn Roll danke ich für Anregungen und Kritik in vielen Gesprächen. Ihr ist dieses Buch gewidmet.

Personenregister

Aemilius, s. a. Bode 117
Albrecht, Johann Friedrich Ernst 279
Alexander der Große 33
Alkibiades 33
Althaus, Juliane Ernestine von, geb. Freiin Knigge 43
Althaus, Moritz Wilhelm von 43, 53
Alvensleben, Johann Friedrich Carl von 143 f.
Améry, Carl 223
Andersch, Alfred 221
Andreä III., Johann Benjamin 94, 130, 280
Anna Amalia, Herzogin von Sachsen-Weimar-Eisenach 66
Aquin, Thomas von 170
Arnsswaldt, von, Geheimrat 143, 244 f.
Augspurg, Kammersekretär 32
August, Prinz von Sachsen-Gotha 117
Auguste, Herzogin von Braunschweig 257
Aurel, Marc 81

Baader, Ferdinand Maria, s. a. Celsus 99
Babo, Joseph Maria 206
Baggesen, Jens 19, 124, 141 f., 270
Bahrdt, Karl Friedrich 145 f., 284
Basedow, Johann Bernhard 145, 148, 151
Baumbach, Henriette von, s. a. Knigge, Henriette 51 f.
Beaumarchais, Pierre Auguste Caron de 73, 207
Beauvoir, Simone de 221
Beck, Heinrich 135 f.
Beil, Johann David 136
Berczy, William, eigtl. Moll, Albrecht Ulrich von 273 f.
Bernstorff, Johann Hartwig Ernst Graf 117, 262
Bertuch, Friedrich Justin 66
Birnbaum, Christoph 36
Bischoffwerder, Rudolf von 81
Bischofshausen, Graf von 50
Blanchard, Jean Pierre 214, 216
Blumauer, Johann Aloys 294 f.
Bock, Adolf 303-307
Bode, Johann Joachim Christoph, s. a. Aemilius und Winefried 117-121, 123, 139, 204
Bois, Pierre-André 96, 168, 172, 174
Böll, Heinrich 221

Böttiger, Karl August 277
Brandes, Ernst 164
Brandis, Joachim Dietrich 121, 265
Bredenbeck und Pattensen, Herr von 23
Brenner, Hans Georg, s. a. Grabe, Reinhold Th. 20, 310
Brunner, Sebastian 305
Brutus, Marcus Innius 33
Bürger, Gottfried August 141, 280, 305

Campe, Joachim Heinrich 145, 148 ff., 152 f., 164, 177, 279, 284
Canetti, Elias 221, 223
Carl, Prinz von Hessen-Kassel, jüngerer Bruder von Landgraf Wilhelm 71, 73 f., 89 f., 96
Cäsar, Gaius Julius 33
Celsus, s. a. Baader, Ferdinand Maria 98 f., 105
Choiseul-Amboise, Etienne François, Herzog von 258
Claudius, Matthias 282
Cook, James 224 f.
Costanzo, Marquis, s. a. Diomedes 97 f.
Cramer, Karl Friedrich 279

Dalberg, Heribert von 135 f.
Darwin, Charles Robert 221
Decken, Claus von der 145
Defoe, Daniel 148, 220
Diomedes, eigentl. Marquis Costanzo, auch Marchese Constanzo 97 f.
Ditfurth, Friedrich Wilhelm von 113

Ditters von Dittersdorf, Carl 211
Dohna-Schlobitten, Friedrich Ferdinand Alexander 175
Drechsel, Wiltrud 171 f.
Dürrenmatt, Friedrich 223

Eckermann, Johann Peter 282
Eichendorff, Joseph von 16, 221, 301
Einsiedel, Friedrich Hildebrand von 66
Engelsing, Rolf 248
Enzensberger, Hans Magnus 221, 223
Ernst August, Herzog von Sachsen-Weimar-Eisenach 282
Ernst II., Herzog von Sachsen-Gotha 65, 282
Ewald, Johann Ludwig 188

Fehn, Ernst-Otto 157, 270
Feigl, Hans 105, 307
Fenner, Wolfgang 12 f., 27, 300, 312
Ferdinand, Herzog zu Braunschweig-Lüneburg 88 ff., 97
Fetscher, Iring 310
Fichte, Johann Gottlieb 279
Fielding, Henry 183
Forster, Georg 220, 238, 279
Franz I., Kaiser von Österreich 27
Freytag, Heinrich Wilhelm 257–261, 278
Friedrich Christian, Herzog zu Schleswig Holstein 270, 277
Friedrich II., König von Preußen, (der Große) 30, 44, 53, 63, 65, 79, 146, 240, 243, 290
Friedrich II., Landgraf von

Hessen-Kassel 43 ff., 47 f., 50, 53–56, 62, 71 f., 79
Friedrich Wilhelm I., König von Preußen 290
Friedrich Wilhelm III., König von Preußen 13
Friedrich Wilhelm, Kurfürst von Brandenburg (Großer Kurfürst) 81
Fritsch, Jakob Friedrich von 66 f., 69
Fulda, Carl 50

Gedike, Friedrich 36
Georg II., König von Großbritannien 45
Georg III., König von Großbritannien 143 f., 258, 260
Georg IV., König von Großbritannien 257
Gneisenau, August Wilhelm Anton Graf 311
Gödeke, Karl 51, 178, 280, 298, 302
Goethe, Cornelia Friederica Christiana 146
Goethe, Johann Wolfgang von 60, 66 ff., 74, 85, 117, 119, 137, 139 f., 146, 172, 177, 180, 184, 202, 216, 221, 248, 262, 264, 278, 282, 288, 307
Goethe, Katharina Elisabeth 67, 69
Goeze, Johann Melchior 86
Görres, Johann Joseph von 177
Gotter, Friedrich Wilhelm 280
Göttert, Karl-Heinz 163, 167 f., 224, 232, 238
Goverts, Henry 20, 306
Grab, Walter 21

Grabe, Reinhold Th., s. a. Brenner, Hans Georg 17, 310
Grolmann, Adolph Christian von 265, 267, 287
Großmann, Gustav Friedrich Wilhelm 136, 149, 188 ff., 192, 195, 203, 205 f., 258, 278, 284

Habermas, Jürgen 310
Halem, Gerhard Anton von 279, 281
Hardenberg, Karl August Fürst von 71, 148, 240, 309, 311
Hardtwig, Wolfgang 311
Hasenclever, Walter 223
Haydn, Joseph 212
Heine, Heinrich 12, 15, 167, 221, 239, 291, 302, 306, 315
Helwing, Christian Friedrich 233
Hennings, August 249, 277 f., 281
Hennings-Reimarus, Sophie 249
Herder, Gottfried 117, 139, 282
Heymann, Hermann 271 f.
Heyne, Christian Gottlob 36
Hildesheimer, Wolfgang 208
Hoffmann, Aloys 236
Hoffmann, E. T. A. 12, 167
Hoffmeister, Jacob 50
Hölty, Ludwig Christoph Heinrich 282
Hör, Johann Martin 191
Hoym, Familie von 86
Hoym, Louise von 34
Humboldt, Alexander Freiherr von 148, 221, 282
Humboldt, Wilhelm Freiherr von 148, 167, 177, 282
Hund, Karl Gotthelf von 60

Hus, Jan 294
Huxley, Aldous 223

Iffland, August Wilhelm 136, 203, 282

Jacobäer, Friedrich Gotthold 293
Jean Paul (Johann Paul Friedrich Richter) 248
Joseph II., Kaiser von Österreich 74, 156, 208
Jung-Stilling, Johann Heinrich 139

Kalb, Johann August Alexander von 67 ff.
Kant, Immanuel 170, 238, 267, 278, 280, 287 f., 290 f.
Karl August, Herzog von Sachsen-Weimar-Eisenach 66, 69, 79, 117
Karl I., Landgraf von Hessen 45, 96
Karl Theodor, Kurfürst von Bayern 74
Karl VII., König von Frankreich 45
Karl XII. König von Schweden 243
Karoline, Prinzessin von Braunschweig 257
Kästner, Abraham Gotthelf 280, 285
Katharina I. (die Große), Zarin von Rußland 283
Katz, Jacob 103
Kaufmann, Christoph 67
Kielmannsegge, Ludwig Friedrich Georg 143
Kisch, Egon Erwin 221

Klencke, Hermann 9, 17, 19, 257
Klopstock, Friedrich Gottlieb 175, 177, 277 ff., 282, 305
Klotz, Christian Adolf 86
Knebel, Karl Ludwig von 66
Knigge, Ernst August 14, 299
Knigge, Ernst Franz Georg Adam 17
Knigge, Friedrich Ulrich 23
Knigge, Henriette, geb. von Baumbach, s. Henriette von Baumbach 64, 67, 69, 97, 120, 123, 188 f., 193, 195, 198, 259, 298
Knigge, Juliane Ernestine Charlotte 25
Knigge, Kurt 17
Knigge, Louise Wilhelmine 24, 30
Knigge, Philipp Carl 23-28, 30 f., 143
Knigge, Philippine 10, 53, 63 f., 77, 97, 120, 123, 141 f., 175, 187 f., 191-194, 203, 207 f., 210, 217, 278, 298
Knigge, Wilhelm 17
Koch, Hans-Albrecht 275
Koenig, Heinrich 50 f.
Koeppen, Wolfgang 221
Kogel, Jörg-Dieter 263
Köhler, Schulmeister 187 f.
Kolumbus, Christoph 224
Koselleck, Reinhart 310
Kotzebue, August von 203 f., 216, 234 f., 283 f., 285 ff.
Krauss, Werner 310
Kuhn, Axel 37
Kunert, Günter 223
Künzel, Wilhelm 17

La Roche, Sophie von 234
Lavater, Johann Kaspar 165, 262–264, 305
Leibniz, Gottfried Wilhelm 81, 141, 290
Lenz, Jakob Michael Reinhold 67
Leopold I., Kaiser von Österreich 23
Leporin, Dorothea Christiane 37
Lessing, Gotthold Emphraim 86–90, 92, 107, 159, 203, 277, 282, 305
Lichtenberg, Georg Christoph 36, 147, 280, 284, 286, 307
Löw, Hauptmann 76
Loyola, Ignatius von 115
Luc, Jean André de 165
Ludwig XVI., König von Frankreich 207
Luther, Martin 33, 285, 294

Maier, Joseph Aloisius 82
Marat, Jean Paul 267, 287
Marcart, Heinrich Matthias 286
Maria Theresia, Kaiserin von Österreich 45
Marschall, August Dietrich 119
Marwitz, Friedrich August Ludwig von der 247
Mendelssohn, Moses 92, 282
Mieg, Johann Friedrich 139
Milch, Werner 20
Moll, Albrecht Ulrich von, s. Berczy, William 273 f.
Moltke, Hofdame 76
Morgenstern, Christian 223
Morus, Thomas 223
Mozart, Wolfgang Amadeus 193, 207 f., 210 ff.

Müller, Johann Gottwerth 184, 253
Müller, Wilhelm Christian 196
Musäus, Johann Karl August 66, 117

Naefe, Carl Friedrich Ernst von 9 f., 20
Naumann, Dietrich 226
Nicolai, Christoph Friedrich 31, 76, 92, 94, 125, 184, 198, 220, 262 f., 282, 285 f., 297, 305
Nooteboom, Cees 221
Nübel, Birgit 41, 50

Orwell, George 223

Paisiello, Giovanni 207
Pappritz, Erica von 14
Pestalozzi, Johann Heinrich 148
Peter I. (der Große), Zar von Russland 33, 243, 282
Peters, Wolfgang 307
Piccinni, Niccolò Vito 207
Pittrof, Thomas 175, 177
Plat, du, Georg Jusua 260 f.
Platen, August von 12, 167
Platon 223
Ponte, Lorenzo da 207 f.
Post, Hermann von 197
Pückler-Muskau, Hermann Fürst von 221
Pütter, Johann Stephan 36, 65

Raabe, Paul 10, 17, 156 f., 217, 312
Ramdohr, Friedrich Wilhelm Basilius von 175
Rebmann, Andreas Georg Friedrich von 14, 279, 281, 300 f.

Reden, Claus Friedrich Freiherr von 10, 193
Reden, Friedrich Wilhelm von 217
Reden, Philippine von, geb. Freiin Knigge 10, 193, 298
Reden-Esbeck, F. J., Freiherr von 18
Rehberg, August Wilhelm 237 f.
Reichardt, Johann Friedrich 280
Reimarus, Hermann Samuel 276 f.
Reimarus, Johann Albert Heinrich 254, 276-279, 305
Reimarus, Sophie 256, 260, 274 f., 277-280
Reinhard, Karl Friedrich 279
Reinhard, Philipp Christian 279
Reinhold, Karl Leonhard 279
Richelieu, Armand-Jean du Plessis, Herzog von 33
Ritscher, Christian 254
Robespierre, Maximilien de 267, 287, 291
Rohr, J. B. von 159
Rosenkreutz, Christian 80
Rothenhäusler, Paul 177, 301
Rousseau, Jean Jacques 39 ff., 44, 48 f., 53, 144, 167 f., 194, 228, 294
Rudloff, Wilhelm August 143
Rüling, Georg Ernst von 92
Rüppel, Michael 202
Rychner, Max 20, 43, 48 f., 173, 176

Sack, Pädagoge 247
Safranski, Rüdiger 80, 160
Salieri, Antonio 193, 207
Salomon, König von Israel und Juda 103
Saur, Klaus G. 312
Schalck-Golodkowski, Alexander 18
Schardt, Ernst Carl Constantin 119
Scharnhorst, Gerhard Johann David 311
Schiller, Friedrich von 69, 93, 135, 137 f., 159, 177, 203, 247, 267, 278, 287 f., 305, 307
Schirach, Gottlieb Benedikt von 153, 265 f.
Schlegel, August Wilhelm 28, 305
Schlegel, Johann Adolph 28, 32, 305
Schlegel, Karl Wilhelm Friedrich von 28, 177, 305
Schleiermacher, Friedrich 12, 166 f., 301
Schlözer, Dorothea 37
Schlözer, August Ludwig 36, 280
Schmidt, Arno 223
Schmidt, Erich 303, 305 f.
Schmid, Ludwig Benjamin 158
Schneiders, Werner 160
Schopenhauer, Johanna 284
Schrader, Christine 147
Schröder, Friedrich Joseph 85, 89
Schröder, Friedrich Ludwig 204 f.
Schröder, Johann Balthasar 54
Schulz, Friedrich 286
Schulz, Gotthelf David 83, 92, 286
Schwan, Christian Friedrich 68

Schweigard, Jörg 37
Seckendorff, Karl Siegmund von 66
Seiler, Bernd W. 184
Seume, Johann Gottfried 221
Shakespeare, William 39, 93
Sheridan, Thomas 193
Sieveking, Georg Heinrich 175, 275, 277
Spartacus, s. a. Weishaupt, Adam 104 f., 107 f., 110–114, 118, 265, 267, 287
Spazier, Karl 145 f.
Spießglas, Melchior, Pseudonym von Knigge 262 f., 316
Sprenger, Hans 310
Stein, Charlotte von 66, 146, 264
Stein, Heinrich Friedrich Karl, Reichsfreiherr vom und zum 311
Stephan, Cora 15
Stephan, Inge 21
Sterne, Laurence 39 f., 48, 183
Stolberg, Friedrich Leopold Graf zu 281
Stolberg-Stolberg, Sophie 34
Swift, Jonathan 220

Talla, Heinrich 271 f.
Telemann, Georg Philipp 282
Tieck, Johann Ludwig 221
Trapp, Ernst Christian 145, 148 ff., 152, 187, 189 ff., 284

Ueding, Gert 160

Varnhagen von Ense, Karl August 302 f.

Varnhagen von Ense, Rachel 302
Vergil 294
Voegt, Hedwig 310
Vogel, Siegmund Christian 142
Vogler, Georg Joseph 280
Voltaire (François Marie Arouet) 39, 45, 73, 220
Vrintz, Carl Optatus Joseph von 203
Vrintz, Lisette von 203
Vrintz, Nanny von 203
Vrintz, Therese von 203
Vulpius, Christian August 208

Waitz von Eschen, Jakob Sigismund 53, 63 f.
Watt, James 160
Weber, Bernhard Anselm 209
Weber, Carl Julius 19
Weber, Walter 13, 14
Weishaupt, Adam, s. a. Spartacus 104 ff., 110–114, 116–119, 287
Werfel, Franz 223
Wieland, Christoph Martin 66, 177, 183
Wilhelm IX, Landgraf von Hessen-Kassel 71
Wilhelm, Erbprinz von Hessen-Kassel, Sohn des Landgrafen Wilhelm IX. 71 f., 74 f., 79, 204
Wilhelm, August 28
Wilmsen, Friedrich Philipp 13
Winefried, s.a. Bode 117
Wolff, Christian 159, 168
Wolff, Christian Freiherr von 289 f.
Wöllner, Johann Christoph 81, 146, 279

Zaehle, Barbara 310
Zanthier, Georg Friedrich von 38 f.
Zimmermann, Johann Georg 145–148, 164 f., 234 ff., 246, 255 f., 278, 283–286, 295, 304, 350
Zollikofer, Franziska 187–192
Zwack, Franz Xaver von (Cato) 118

Bildnachweis

Autografensammlung Culemann, Stadtarchiv Hannover 29
Focke-Museum Bremen 1, 30
Bildstelle Hanau 11
Herzog August Bibliothek Wolfenbüttel 5, 19–21, 28
Hessische Hausstiftung, Museum Schloss Fasanerie Eichenzell 6
Historisches Museum Hannover 17, 18
Institut für Stadtgeschichte Frankfurt am Main 12
Kurpfälzisches Museum Heidelberg 14
Ernst August Freiherr von Knigge, Leveste 2, 3, 10, 13, 15, 16, 22–27, 31
museumslandschaft hessen kassel 4, 7
Privatbesitz 8
Dieter Schwerdtle 9

Propyläen ist ein Verlag der Ullstein Buchverlage GmbH
www.propylaeen-verlag.de

ISBN 978-3-549-07260-8

© Ullstein Buchverlage GmbH, Berlin 2007
Alle Rechte vorbehalten
Vorsatzgestaltung unter Verwendung der Handschrift
»Aufrichtiges Geständniß meiner Poligraphie« (Stadtbibliothek Hannover)
Gesetzt aus der Goudy bei LVD GmbH, Berlin
Druck und Bindung: Pustet, Regensburg
Printed in Germany

Hermann Fürst von Pückler-Muskau
Briefe eines Verstorbenen

HERAUSGEGEBEN VON
HEINZ OHFF

1008 Seiten | Gebunden mit Schutzumschlag
ISBN 978-3-549-07296-7

»Noch heute sollten Pücklers ›Briefe eines Verstorbenen‹ Pflichtlektüre zumindest für anglophile Literaturfreunde sein. Einen geistvolleren, rasenderen Reisereporter werden sie schwerlich finden.« FRANKFURTER ALLGEMEINE ZEITUNG

»Die Briefe, die Pückler an seine Frau Lucie schrieb, gehören zu den Perlen deutscher Reiseliteratur. Der Bestseller von 1830 wurde jetzt von Heinz Ohff neu herausgegeben. Wunderbar.« MÜNCHNER MERKUR

»Witzig und geistreich entwirft Pückler ein Sittenbild von Bauern und Dandys, Politikern und Einsiedlerinnen, erzählt von Tischsitten und der Dienerschaft, der Wirtschaft und der Armut.« STUTTGARTER ZEITUNG

PROPYLÄEN VERLAG
www.propylaeen-verlag.de

Wegen dieser Schriftstel-
lereien Sünden neige (?) sich-
nun wird am jüngsten Tage
werden ich von jedem unnütz
soll; Schädliche, verderbliche
Bücher lesen.

Hamburg d 4 April
1790.